행정학 사례연구
성과와 교훈

Case Studies of Korean Public Administration and Policy: Achievements and Lessons

박순애 엮음

고길곤 · 권일용 · 권혁주 · 김병섭 · 김봉환
김상헌 · 김순은 · 박정훈 · 이석원 · 이수영
정광호 · 최태현 · 김정인 · 이광희

도서출판 대영문화사

머리말

이 책은 학부생 및 대학원생들에게 행정학 분야에서 논의되고 있는 이론들을 소개하고 관련 사례를 설명함으로써 다양한 이론들을 좀 더 쉽고 생생하게 학습할 수 있도록 기획되었다. 특히 계량적 방법을 활용한 연구가 주류를 이룬다고 해도 과언이 아닌 요즈음, 사례연구의 의의와 가치를 재조명하는 논의가 점차 활발하게 이뤄지면서 사례 연구를 통한 가설의 제시 및 이론의 검증을 시도하거나 혹은 영향 요인을 탐색하는 논문들이 다양하게 발표되고 있고, 더불어 다양한 정책 분야의 사례를 엮은 단행본들도 여러 권 출간되고 있다. 그럼에도 불구하고 이러한 사례연구들은 사례의 쟁점을 제시하는 데 그치거나 혹은 사례의 전개 과정 및 정부의 정부의 대응 방안과 그 결과를 기술하는 데 치중하는 측면이 있어 정작 사례를 해석하는 이론적인 틀은 정교하게 다루지 못하는 한계가 있다. 특히 사례연구의 이론적 가치를 차치하더라도, 기존에 발굴된 사례들은 정책 과정과 관련한 분야에 치우쳐 있어 행정학 개론 수준의 이론과 사례를 엮어 교육적으로 활용할 수 있는 자료가 아직 많이 부족하다는 것 역시 적잖이 아쉬운 점이다.

이 책은 사례를 이론적 틀에 기초하여 분석함으로써 학생들로 하여금 '이론에 비춰본 해석(interpretations in light of theories)'의 모범을 보이는 데 초점을 두었다. 더불어 기존 이론의 현실적합성을 고려해 볼 수 있는 기회, 새로운 이론(가설)을 제시해 볼 수 있는 기회, 그리고 대안을 평가하고 개선안을 생각해 볼 수 있는 기회 등 교육적 측면에서 사례연구의 장점을 최대한 활용할 수 있도록 했다.

첫째, 학생들 수준에서 행정학 분야의 이론을 쉽게 이해하는 것과 더불어 현실 사례에 적용하는 방법을 학습할 수 있는 기회를 마련하고자 노력했다. 즉, 사례를 분석하는 틀은 어떻게 구성해야 하는가? 사례를 분석할 때에는 어떠한 이론적인 측면을 고려해야 하는가? 이론에 비춰보았을 때 사례의 쟁점 혹은 대안의 마련에 어떠한 문제점을 발견할 수 있는가? 등에 대한 모범을 제시했다.

둘째, 행정학 분야의 사례들은 시간의 흐름과 대상의 특성 변화에 민감하기 때문에 기존 이론의 현 상황에 대한 적합성과 타당성을 숙고하고 의문을 품어보도록 하는 데 유용하게 활용될 수 있다. 더불어 사례를 통해 학생들로 하여금 실제로 일어난 사건에 대해 왜 이러한 문제가 생겨났고, 어떻게 해소되었으며, 또한 대상집단 혹은 사회 전체에 어떠한 결과를 초래했는가 등을 스스로 생각해 볼 수 있도록 함으로써 공공 부문(정부)의 특성과 정책의 속성을 이해하고 학습해 볼 수 있도록 구성했다.

셋째, 의사결정 모형에 관련한 앨리슨(Allison, 1971)의 연구나 정책집행에 관한 윌다브스키와 프레스만(Wildavsky & Pressman, 1973)의 연구에서 보듯이 사례연구는 학문적인 차원에서 이론의 발견에 매우 유용하게 활용될 수 있다. 이 책은 독자층을 행정학·정책학 분야를 공부하는 학부생 및 대학원생을 대상으로 하고 있기 때문에 사례연구를 통한 이론의 형성보다는 이론을 이해하고 적용하는 연습을 쉽게 해볼 수 있도록 하는 데 중점을 두었다. 사례의 제시와 더불어 이를 분석하는 이론과 분석틀을 함께 기술함으로써 연구자가 현상(사례)을 관찰한 맥락을 학생들로 하여금 알 수 있도록 설명하고, 동일한 현상에 대한 다양한 추론의 기회를 제공함으로써 이론(가설)을 재구성해 볼 수 있도록 기획했다.

넷째, 사례연구는 학생들에게 실천적 차원에서도 훌륭한 효과가 있다. 행정학은 사회문제에 대한 대안을 제시하는 처방적인 성격을 갖는 학문이다. 따라서 정책문제의 속성을 깊이 있게 이해하고, 실제로 정책에 작용하는 변수들, 그리고 환경적 요인들을 파악할 수 있도록 함으로써 유사한 정책문제가 발생했을 때 어떠한 대안을 마련할 것인가에 대한 창의력과 상상력을 계발할 수 있도록 했다. 특히 변화하는 환경 속에서 지속적인 정책 대안을 제시해야 하는 행정학의 특성상 사례연구는 정책을 시행하는 과정에서 발생하는 문제들에 대한 해법을 찾는 데 매우 유용한 훈련이 될 수 있다.

이 책은 이러한 사례연구의 교육적 효과를 극대화하기 위해 기존의 저서들과 같이 정책 분야별로 사례를 엮는 방식보다는 행정학 개론서 편제를 따라 사례를 발굴해 제시함으로써 행정학 학습의 효율성을 높이는 것과 더불어 행정학 개론서에서 다루지 못한 사례들을 수록해 풍부한 내용이 담기도록 했다.

구체적으로, 제1장은 행정의 가치 중에서 책임성과 관련한 이론을 세월호 사례에 비춰 설명해 정부 및 관료가 추구해야 하는 행정 가치를 좀 더 생생하게 이해할 수 있도록 했다.

제2장은 정부조직 개편에 대해 논의하면서 특히 최근 신설된 국민안전처를 중심 사례로 삼아 이론 및 사례에 대해 고찰했다. 기존 행정학 개론서에서는 조직 관리 및 행태에 관한 다양한 이론들을 소개하고 있지만, 정작 매 정권마다 혹은 굵직한 사건을 해결하기 위해 행해지는 조직개편을 깊이 있게 다룬 책은 드물다. 이에 이 책에서는 실제 행정 현장에서 이뤄지고 있는 조직개편 사례를 살펴봄으로써 기존 이론서에 대한 보완적 논의가 이뤄질 수 있도록 했다.

제3장은 공공관리 분야에서 주요하게 논의되고 있는 협력적 거버넌스에 대해 미국과 한국 사례를 중심으로 논의했다. 특히 거버넌스는 행정 및 정책의 성공적 집행을 위한 핵심적인 요인으로서 제시되고 있는데, 이 장에서는 다양한 거버넌스 형태 중 특히 협력적 거버넌스에 중점을 두어 기본 개념에 대한 설명 및 거버넌스의 분석틀과 사례를 심도있게 논의했다.

제4장은 정부조직 및 관리 과정과 관련한 사례로 정보공개제도를 제시했다. 정보공개제도는 정책의 추진 과정 및 효과에 대한 다양한 사항들을 외부에 공개하도록 함으로써 관료제 내·외부 간 정보비대칭을 해소해 행정의 민주화를 꾀하는 데 매우 유용하지만 한편으로는 행위자들 간의 전략적 행동이나 담합을 유도하는 측면도 논의되고 있는 실정이다. 이 장에서는 기존의 관료제 이론을 학습한 이후 정보공개제도의 의의에 대해 생각해 보고, 그 명과 암을 고찰해 본다.

제5장과 제6장은 국가 재정 및 예산에 관한 사례와 이론으로 구성되었다. 제5장은 재정개혁에 관한 이론적 논의를 통해 현행 예산제도의 기초를 이루는 Top-down 예산제도를 분석했다. 특히 재정사업 심층평가 현황을 분석함으로써 Top-down 예산제도 운영 상태를 진단하고 관련 쟁점을 제시했다. 제6장은 우리나라 예산 및 재정의 가장 기초가 되는 정부회계제도에 대해 상세히 설명하고, 재정지표를 통한 국가재정 상태를 분석해 제시했다. 이러한 논의를 통해 기존 개론서에서 논의되고 있는 예산결정 이론과 예산제도의 발전 과정 등에 더해 실제 우리나라에서 운용되고 있는 회계제도와 예산제도의 실례를 명확하게 파악할 수 있도

록 했다.

제7장과 제8장에서는 공공정책과 관련한 이론 및 사례를 제시했다. 제7장은 자문형 ODA 사업평가 사례를 정책평가이론, 특히 프로그램 논리 모형을 통해 분석했다. 제8장에서는 경전철 사례를 통해 정책실패의 이론 및 관점을 세부적으로 제시해 정책실패의 원인과 대안을 다방면으로 숙고해 볼 수 있도록 했다.

제9장에서는 지방자치를 주제로 하여 주민자치회 시범 실시 사례를 통해 정부간 관계(중앙-지방)를 살펴보았다. 기존 행정학 개론서나 지방자치 이론서에서는 지방자치와 관련한 정치적 및 경제적 이론과 지방자치제도의 변화 과정 등을 자세히 소개하고 있지만 미시적 측면에서의 자치제도나 사례는 상대적으로 드물게 다뤄지고 있다. 이러한 점을 고려해 이 장에서는 정부간 관계에 대한 논의와 더불어 주민자치회 실시 사례를 비중 있게 다룸으로써 중앙-지방정부 간 관계를 정치·행정·재정적 측면에서 다양하게 고찰해 볼 수 있도록 했다.

제10장부터 제12장까지는 공공 서비스와 관련한 사례와 이론으로 구성했다. 제10장은 공공 서비스의 최종 이용권자인 시민의 선택권을 존중하기 위해 도입된 바우처 사례를 중심으로 공공 서비스 전달 방식 및 체계에 대해 논의했다. 제11장은 정부가 공공 서비스를 직접 공급하는 경우, 수요자의 관점에서 행정 서비스 과정과 핵심 경로를 파악하고 개선 방안을 제시했다. 제12장은 기존 행정학 개론서에서 잘 다루고 있지 않은 기금(신용기금)에 대한 논의를 진행하고, 학자금 대출 사례를 통해 공공기관이 직접 제공하는 서비스에 대한 논의를 좀 더 쉽게 이해할 수 있도록 했다.

이처럼 이 책에서는 행정의 가치, 조직 및 관리 과정, 재정 및 예산, 공공정책, 지방자치, 갈등관리, 행정개혁 등 행정학 개론서에서 주요하게 다루고 있는 주제들을 망라해 다양한 사례를 담고자 했다. 특히 저서의 주요 독자층을 학부생들과 대학원생으로 선정한 만큼, 이 책의 구성은 행정학 개론에서 다루고 있는 기본적인 이론들을 좀 더 쉽고 명확하게 이해할 수 있도록 집필되었으며, 끝까지 흥미를 가지고 학습할 수 있도록 실생활에 밀접한 사례를 선별해 이론적인 틀로써 해석해 보았다. 또한 생각해 볼 문제들을 포함해 심화학습과 응용이 가능하도록 했다.

이 책을 시작으로 향후 지속적인 행정학 분야의 사례 발굴을 통해 학생들이 좀 더 행정학에 흥미를 갖기를 바라며, 또한 교육적인 측면에서도 좋은 자료로 활용되기를 기대한다. 이 책이 발간될 수 있도록 적극적으로 참여해 주신 필진 교수님들께 진심으로 감사드리고, 물심양면으로 도와주신 대영문화사 임춘환 사장님께도 감사의 말씀을 전한다. 그리고 이 책이 나오기까지 많은 시간과 노고를 아끼지 않은 이희선 박사, 이광훈 박사, 윤지경 연구원, 손지은 연구원, 길정아 연구원, 박민근 연구원, 장준구 연구원, 현승숙 연구원에게도 고마움을 전한다.

2015년 3월
관악캠퍼스에서
박순애

차 례

제 1 장

관료 (無)책임성의 재해석: 세월호 사고를 중심으로*

김병섭 · 김정인

제 1 절 서론

대한민국 온 국민을 슬픔으로 몰아넣은 세월호 참사 발생 후 100여일이 지났다. 제주행 여객선 '세월호'의 침몰로 탑승자 476명 중 사망자가 294명에 이르고, 아직도 실종자가 10여명에 이르고 있다. 이토록 많은 사상자와 실종자가 발생한 것도 마음이 아프지만, 우리를 더욱 분노하게 하는 것은 사고 발생 시점부터 생중계로 온 국민이 지켜보고 있는 가운데, 배 안에 있는 많은 탑승자를 그대로 수장시켰다는 사실이다.

구조의 시간과 가능성이 있었음에도 불구하고 국민의 생명을 구하지 못한 정부

* 이 글은 「한국행정학보」 제48권 제3호(2014 가을). pp.99-120에 실린 내용을 일부 수정, 보완했음을 밝혀둔다.

의 대응에 대해 거의 모든 언론은 일제히 무능, 무책임이라고 비판하고 나섰다(예: 조선일보 2014년 4월 22일자 사설; 중앙일보 2014년 4월 24일자 사설; 경향신문 2014년 4월 29일자 사설; 동아일보 2014년 4월 29일자 사설). 한 걸음 더 나아가, 언론은 국민의 이익을 우선시해야 할 관료가 마피아집단처럼 자신들의 집단이익, 혹은 사익(私益)을 우선시하고 있다면서 연일 '해피아', '관피아' 등의 명칭으로 정부 관료를 비판하고, '과연 정부 관료제가 국민을 위해 존재하는가?'라는 의문을 제기하고 있다.

이러한 비판과 관련해 박근혜 대통령은 5월 19일 세월호 참사에 대한 대(對)국민 담화에서 "해경은 본연의 임무를 다하지 못했으며", "해경을 지휘 감독하는 해수부도 책임에서 자유롭지 못하고", "국민 안전을 최종 책임져야 할 안전행정부도 제 역할을 다하지 못했다"고 공감을 표하면서, 해경 해체, 안전행정부 조직 분리 등의 정부조직개편안을 처방으로 제시했다. 아울러 "안전관리 규정들이 원칙대로 지켜지고 감독이 이뤄졌다면 참사가 발생하지 않았을 텐데", "민관 유착 때문에 누구도 잘못을 바로잡지 않았다"고 안타까워하며, '관피아'를 문제의 핵심으로 비판했다. 또한, 이러한 관피아 문제의 시정을 위해서는 퇴직 공직자의 취업 제한 기관 및 재취업 제한 기간 확대, 인·허가 규제 업무 및 조달 관련 공직 유관단체 임원에 공무원 임명 배제, 민간 경력자 채용 비율 50%까지 확대, 고시제도 폐지 등의 대책을 제시했다.

어떻게 해서 한국 정부 관료가 이렇게 무능하고, 무책임하며, 자신들만의 이익을 위하는 관피아로 비판받고 해체 위기에 처하게 되었는가? 높은 사명감과 능력으로 국가 발전을 주도해 발전국가론의 전형적인 사례로 회자되던(예: Amsden, 1989), 그래서 지금 세계의 많은 나라와 국제기구들이 학습을 하고 있는[1] 한국 정부와 관료들은 다 어디로 갔는가? 역량이 떨어졌거나 시대에 맞지 않기 때문인가? 그렇다면, 유엔(UN)이 매년 전 세계 행정 서비스 중에서 모범적인 사례를 선정해 수여하는 유엔공공행정상을 한국이 매년 거의 빠짐없이 수상하고 있는 것은 어떻게 설명해야 하는가? 경제와 달리 안전에 대한 의식이 부족해서 그런 것인가? 그렇다면 공직 전체를 비판하는 이유는 무엇이며 채용제도까지 바꾸려는 것은 어떻게 이해

1) World Bank, Inter-American Development Bank, Asia Development Bank 등개발도상국의 발전을 후원하고 있는 기관들에서는 아주 빈번하게 한국 정부와 정책을 학습하는 세미나가 개최되고 있다.

해야 하는가? 그리고 안전의 경우에도 세월호 참사의 경우와 달리, 중국 어선의 우리 영해 내 불법 조업을 목숨을 바쳐 단속하는 해경의 모습은 어떻게 이해해야 하는가? 어떤 일에는 무능하고, 어떤 일에는 책임을 다하며, 또 어떤 일에는 사심을 버린다면, 그러한 차이는 왜 발생하는가? 차이를 나타나게 하는 것은 정부 기능인가? 목표 또는 지시의 구체성인가? 지식인가? 훈련인가? 아니면 개인의 윤리 수준의 차이인가?

이러한 의문이 드는 것은 이것이 세월호 참사에 대한 진단 및 그 처방과 맞물려 있기 때문이다. 5월 19일의 정부 대책에 대해, 어떤 이는 "우선순위를 가리지 않고 대책을 남발한 대책 과잉"이라고 비판하고(마이데일리, 2014년 5월 22일자), 또 어떤 이는 "동문서답에 불과하다"(노컷뉴스, 2014년 5월 20일자)고 말하고 있는데, 이것은 문제에 대한 진단, 그리고 원인과 대책 간 인과관계에 대한 의문이 있기 때문이다. 국민의 분노와 슬픔을 생각할 때 정부는 어떠한 대책이라도 제시할 수밖에 없었을 것이나, 그 대책이 대증적(對症的)인 처방에 그친다면, 아무런 실효성도 없이 또다시 사고가 반복될 가능성이 많다. 그동안 대형 사고가 터질 때마다 정부는 수많은 대책을 지속적으로 발표해 왔지만 대형 참사가 재발되고 있는 가운데, 제대로 된 원인 규명과 이에 기초한 대책을 수립할 필요가 있음을 더욱 절감하게 해준다.

이와 관련해 우리가 주목해야 할 핵심적인 개념은 '책임성'이다. 상호 모순된 현상과 처방이 나타나는 것은 '책임성'에 대한 개념 규정과 이해가 서로 다르기 때문이다. 즉, 어떤 책임을 다하지 못했다는 것이 규명되어야 그에 대한 책임 추궁도 할 수 있고 처방도 제시할 수 있기 때문이다. 세월호 참사 대응 관련 조정기제(control tower)를 청와대로 봐야 할 것인지, 중앙대책본부로 봐야 할 것인지, 법적 책임과 정치적 책임은 어디에 물어야 할 것인지를 놓고 여·야가 지속적인 갈등 양상을 나타냈으며(세월호 침몰 사고의 진상 규명을 위한 국정조사 특별위원회, 2014), 세월호 특별법 제정을 놓고도 정치적 갈등은 계속되고 있다. 정부의 부실로 대형 안전사고가 발생하는 경우에도 공무원을 형사 처벌할 수 없다고 비판하는 것도(예: YTN, 2014년 5월 5일자) 책임성 개념과 무관하지 않다. 이러한 상황에서 '관료의 책임성은 무엇이며, 관료는 어디까지, 어떻게 책임을 질 것인가?'를 되짚어 볼 필요성이 있다.

따라서, 이 연구는 책임성 개념을 중심으로 세월호 사고에 대한 관료의 책임 또는 무책임을 재해석하는 것을 그 목적으로 한다. 이를 위해 먼저 관료의 책임성에 대한 동·서양의 이론적 논의들을 살펴보고, 다음 이러한 이론적 논의 특히 롬젝과 두브닉(Romzek & Dubnick, 1987)의 논의를 바탕으로 세월호 참사에서 나타난 우리나라 관료의 책임성 문제를 분석해 보고자 한다. 끝으로 이를 토대로 정부 관료제의 책임성을 제고하기 위한 방안을 제언하고자 한다.

제 2 절 관료의 책임성에 대한 이론적 논의

세월호 참사 이후 더욱 강조되고 있는 관료의 책임성은 다양한 이론적 관점에서 논의된다. 특히, 오데가드(Odegard, 1954)는 효과적인 정부 운영을 위해 관료들의 역할이 매우 중요하며, 그들의 역할에 대해서는 반드시 책임이 따르게 된다고 주장한다. 클리어리(Cleary, 1980)는 관료의 전문성이 강조되면서 이들이 정책 의사결정에도 적극 참여하게 됨에 따라, 관료의 책임성은 더욱 커지게 되었다고 보았다. 외국뿐만 아니라 국내에서도 오래전부터 관료의 책임에 대한 논의가 있어 왔는데, 특히 이율곡(李栗谷)은 규범적인 관료 책임론을 강조하고 있다(이광종, 1998). 즉, 율곡 이이는 시대가 바뀌면 법 제도도 현실에 맞게 개선되어야 하며, 이처럼 시대의 흐름에 맞는 통치 체제 정비를 바탕으로 한 관료의 책임이 강조될 때 안민(安民)이 가능하게 된다고 주장하는 것이다. 다시 말해, 낡은 제도 하에서의 관료의 행동 책임은 비난의 대상이 되기 어렵다는 것이다. 이러한 논의는 서양에서도 오래전부터 지속되어 온 제도의 책임 혹은 사람의 책임 논의와 일맥상통하는 것이다. 즉, 정부 운영에서 책임을 물을 때 '관료제 때리기(bureaucracybashing)'가 타당한지? 혹은 '관료 때리기(bureaucrat-bashing)'가 타당한지(Garrett et al., 2006)의 논의가 동양에서도 있어 왔다는 것이다. 따라서 여기에서는 관료의 책임성에 대한 논의를 서양의 관점과 동양의 관점을 분리해 살펴보고 간단한 소결을 제시하고자 한다.

1. 관료의 책임성에 대한 서양의 관점

서양에서 관료의 책임성에 대한 논의는 '프리드리히-파이너 논쟁(Friedrich-Finer debate)'을 중심으로 더욱 발전되었다고 볼 수 있다. 물론 프리드리히-파이너 논쟁 이전에 가우스(J. M. Gaus)는 1936년 그의 글(The Responsibility of Public administration)에서 실적주의를 바탕으로 하는 관료제 하에서도 공무원의 재량은 중요시되며, 이러한 재량권이 '누구를 지향할 것인가'를 중심으로 관료의 책임성이 논의되어야 한다고 주장했다(윤태범 · 강성남, 2001). 과거 엽관제 하에서는 관료의 정치적 책임성이 강조되던 것에 반해, 윌슨(Woodrow Wilson)이 「행정연구(The Study of Administration)」(1887)에서 정치-행정이원론을 주장하며 관료의 전문성을 강조한 이후부터는 관료의 책임성이 행정 기능상의 책임을 강조하는 입장으로 변화해 갔다.

관료 책임성에 대한 논의 중 프리드리히(Friedrich, 1940, 1946)는 관료의 내재적 책임을 강조했다. 좀 더 구체적으로, 관료는 자신의 전문지식이나 기술을 중심으로 책임 판단 기준을 삼으며, 이 과정에서는 관료의 양심과 직업윤리 등이 중요시된다고 보았다. 또한, 그는 국민의 요구나 국민 정서, 혹은 국민 감정에 부응하는 정치적이고 민주적인 관료의 자율적 책임성(responsibility)을 강조했다. 이에 비해 파이너(Finer, 1941)는 관료의 외재적 책임, 즉 제도적이고 법률적인 관료의 책임에 주목했다. 그는 국회 혹은 사법부를 통해 확보되는 관료의 제도적 책임성(accountability)을 강조했다.

이후, 모셔(Frederick Mosher)는 1968년 『민주주의와 공공서비스(*Democracy and the Public Service*)』에서 실적주의를 중심으로 더욱 강조되는 관료의 전문성으로 인해 초래되는 책임과 통제의 모호성 문제를 지적했다. 특히, 관료 전문성 강화를 통해 정책 의사결정이 비선출직 공무원에 의해 많은 영향을 받게 되는 데, 이러한 의사결정은 특히 공무원의 역량이나 출신, 가치에 의해 큰 영향을 받게 된다는 것이다. 이러한 가운데 관료는 민주주의에서 우선시되는 공익에 신경쓰기보다는 편협한 시각으로 부분적인 이익을 추구하게 되는 경향이 발생하게 된다는 것이다. 이는 민주주의의 가치에 부정적인 영향을 미치게 되며, 이러한 문제를 해결하기 위해 관료가 국민에 대한 대표성을 가지고 그들에 대한 책임성을 확보하도록 노력해야 한다고 주장한다(Perry, 2007). 이러한 모셔의 주장에 대해, 페리(Perry, 2007: 11)는 관료의 국민에 대한 책임성 확보를 위해 국민의 정치적 참여를 증대시키는 제도적 개혁(institutional reforms)이 필요하다고 강조했다. 즉, 모셔(Mosher, 1968)와 페리(Perry, 2007)는 민주주의 하에서는 관료가 '누구(즉 국민)에 대해 책임을 질 것인가?'를 고민해야 한다고 주장하는 것이다.

관료의 책임성에 대한 논의는 롬젝과 두브닉(Romzek & Dubnick, 1987: 230)의 연구를 통해 새롭게 조명되었는데 이들은 챌린저호 사고를 통해 바라본 행정통제의 수준(높·낮음)과 행정 책임의 원천(내·외부)에 따라 책임의 유형을 관료적 혹은 계층제적(bureaucratic) 책임, 법적(legal) 책임, 전문적(professional) 책임, 정치적(political) 책임과 같은 네 가지 유형으로 구분했다. 즉, 관료제적 통제 수준이 높고 책임이 내부에 있는 경우를 관료적 혹은 계층제적 책임으로 보았고, 통제 수준이 높고 책임이 외부에 있는 경우를 법적 책임으로 보았으며, 통제 수준이 낮고 책임이 내부에 있는 경우를 전문적 책임으로 보았다. 마지막으로, 통제 수준이 낮고 책임이 외부에 있는 경우는 정치적 책임으로 명명했다.[2]

서양에서의 관료 책임은 행정윤리 확보를 통한 공익 달성을 위해 중요하게 연구되어 왔다. 오늘날 행정윤리 확보는 국민들의 정부 신뢰 향상을 위해 필수 요건이 되고 있으며(박희봉 외, 2013), 이는 비단 서양에서뿐만 아니라 동양에서도 오래전부터 국정 운영의 주요 관심사가 되어 왔다.

2. 관료의 책임성에 대한 동양의 관점

관료의 책임성에 대한 동양에서의 논의는 관료가 공익 결정 주체로서의 역할을 수행한다고 보는 입장인 '만다린(mandarin) 이론'(Aberbach & Rockman, 1988)을 더욱 견지한다고 볼 수 있다. '만다린(mandarin)'의 어원은 신해혁명 이전의 중국 관료를 칭하는 것에서 시작하고 있으며, 좀 더 구체적으로 송(宋)대 이후, 유교의 고전적 교양을 몸에 익힌 독서인이자 지식인으로, 과거시험에 의해 채용되어, 왕의 통치 하에서도 유교적 이상을 구현하려 했던 고급관리를 의미한다(두산백과사전, 2014a).[3] 이렇게 실무지식과 문서, 규정을 통해 왕의 통치 하에서도 자신들이

2) 각 정치 유형에 대한 좀 더 구체적인 설명은 이후 사례분석틀에서 제시될 것이다.

목표하는 유교적 이상 국가를 만들고자 했기 때문에, '만다린'을 '유교적 관인(儒教的 官人)'이라고 칭한다. 이들은 '민(民)'을 모든 결정의 궁극적 판단 기준으로 삼는 사상을 정치의 모토로 삼았다. 따라서 만다린(유교적 관인) 이론은 동양의 국정 운영에서 광범위하게 그리고 면면히 내려오는 사상이라고 할 수 있다.

우리나라에서는 율곡 이이가 송나라의 정치가이자 학자인 진덕수(眞德秀, 1178-1235)가 지은 『대학연의(大學衍義)』의 핵심 내용만을 축약한 『성학집요(聖學輯要)』를 통해 관료의 책임성과 임금의 리더십 방향을 제시했다. 『성학집요』는 이후 조선왕조 국정을 운영하는 주요 지침서가 되었으며, 이 저서의 중심 내용은 임금이 간신을 구분하고 인재를 발탁해 백성들의 사정을 공정하게 살피도록 하여 국정을 운영하게끔 도와야 한다는 것이다. 즉, 과거시험 등을 통해 임용된 관료에 대해 임금은 재량권을 부여하고(empowerment), 이들이 안민(安民) 통치를 할 수 있도록 물적·제도적 지원을 해주어야 한다는 것이다. 특히, 『성학집요』에서는 '수신제가치국평천하(修身齊家治國平天下)'를 강조하며, 이러한 군자의 도리는 무릇 한나라의 임금뿐 아니라 모든 관료에게 적용되어야 한다고 주장했다(박홍규·송재혁, 2012). 임금뿐만 아니라 관료가 자신을 올바로 다스릴 수 있고, 가정을 잘 돌볼 수 있을 때 나라 일을 제대로 할 수 있고, 나아가 천하의 평화를 가져올 수 있다는 것이다. 즉, 동양에서는 관료 또한 자신의 몸과 가정을 덕으로 돌보며 이러한 올바른 가치관과 백성을 위하는 마음으로 맡은바 소임을 다해야 함을 강조했다.

3. 관료의 책임성에 대한 동·서양 논의의 연계

관료의 책임을 바라보는 서양과 동양의 시각은 어느 정도 차이가 있다. 특히, 서양에서는 공무원 인사제도가 엽관제에서 실적주의제도로 변화하면서 관료의 책임성이 도덕적·정치적 책임을 강조하던 측면에서 법적·제도적 책임을 강조하는 측면으로 변화되어 가는 경향이 있었다(Jackson, 2009). 그러나, 동양에서는 오래

---

3) 두산백과사전에 따르면, 만다린이라는 말은 "1589년 이래 문헌상에 나타나는데, 어감은 복잡한 의례(儀禮)와 장중한 위의(威儀)로 둘러싸인 외경(畏敬)과 권력을 함축하고 있다. 송대(宋代) 이후 고급관리는 과거의 급제자 중에서 채용되었으므로 그들은 정형화된 유교의 고전적 교양을 몸에 익힌 독서인(讀書人)이었으며, 현실적인 행정과 재판은 사설 고문인 막료(幕僚)나 법규선례(法規先例)에 밝은 서리(胥吏)의 협조로 실행되었기 때문에, 만다린은 형식과 위엄에 치중한 고급관리를 가리킨다."(http://terms.naver.com/entry.nhn?docId=1091309&cid=40942&categoryId= 31636).

전부터 도덕적 기준과 가치에 기반한 '규범적 책임'을 강조하는 경향이 강했다. 이는 프리드리히(Friedrich, 1940, 1946)와 파이너(Finer, 1941)의 주장 중 프리드리히의 '자율적 책임(responsibility)'과 일맥상통하는 측면이 있다. 그러나, 이러한 자율적 책임성을 강조하기 위해서는 '만다린' 이론처럼 관료가 왕의 통치 하에서도 자신이 국민 전체의 이익이 무엇인지를 판단할 수 있는 자율성이 필요하다. 그렇다면, 우리나라 관료는 자신들의 업무를 수행할 때 어떤 책임성을 어떻게 지고 있을까? 아래에서는 세월호 참사를 중심으로 우리나라 관료의 책임성 문제를 진단해 보고자 한다.

제 3 절 우리나라의 관료 책임성: 세월호 참사를 중심으로

이 연구에서는 앞서 동·서양에서 제시되는 다양한 책임성 논의들을 이론적으로 검토했다. 이러한 다양한 논의들 가운데, 롬젝과 두브닉(Romzek & Dubnick, 1987)은 재난 상황에서 고려되는 책임성의 종류를 통제의 원천과 통제의 정도로 분류해 세계인들의 안타까움을 자아냈던 미국 우주선 챌린저(Challenger)호 폭발사고에 대한 책임성을 분석했다. 즉, 롬젝과 두브닉은 1986년 1월 28일 발생한 챌린저호 폭발사고를 정부기관의 책임성을 중심으로 분석하면서, 미국항공우주국(National Aeronautics and Space Administration: NASA)이 1960년 이후부터 기관의 특성을 반영한 조직의 개혁을 전문성 책임 위주에서 계층제적 정치적 책임 위주로 구축해 가면서 챌린저호 사고와 같은 문제를 발생시켰다고 주장했다. NASA는 고도의 기술성과 전문성을 요하는 조직이며 따라서 전문적 책임성을 강조해야 하는 기관임에도 불구하고, 1960년 이후부터는 조직의 안위를 위해 계층적이고도 정치적인 안정성을 추구했다는 것이다. 이는 공직 분류제도 중 계급제를 택하고 있는 우리나라에서는 더욱 강하게 나타나는 현상이며, 이번 세월호 참사에서도 이러한 경직적 관료제의 폐해가 심각한 수준으로 나타난 바, 이에 연구에서는 롬젝과 두브닉(Romzek & Dubnick, 1987)의 책임성 분류 틀에 따라 세월호 참사의 책임성을 분석해 보고자 한다. 좀 더 구체적인 사례분석 틀은 아래와 같다.

1. 사례분석의 틀: 롬젝과 두브닉의 책임성 유형을 중심으로

앞서 간략히 언급한 것처럼, 롬젝과 두브닉(Romzek & Dubnick, 1987: 230)은 책임성을 기대(expectation)를 얼마나 충실히 실현하는지를 중심으로 분류했다. 즉, 기대의 주체가 내부에 있는지 아니면 외부에 있는지를 하나의 축으로 하고, 그것을 실현하는 데 자율성의 정도가 많은지 적은지를 또 다른 축으로 해서 책임성을 분류했다. 통제 수준이 높고 기대의 원천이 내부에 있는 경우를 관료적 혹은 계층제적 책임으로 보았으며, 통제의 수준이 높고 기대의 원천이 외부에 있는 경우를 법적 책임으로 보았다. 통제 수준이 낮고 기대의 원천이 내부에 있는 경우를 전문적 책임으로 보았으며, 통제 수준이 낮고 기대의 원천이 외부에 있는 경우는 정치적 책임으로 보았다. 아래에서는 롬젝과 두브닉(Romzek & Dubnick, 1987: 228-229)의 책임성 유형에 대해 좀 더 구체적으로 설명하고자 한다.

표 1-1 복합적 개념 하에서 책임성의 하위 범주

		기대의 원천	
		내부	외부
통제의 정도	높음	(1) 관료적 혹은 계층제적(hierachical)	(2) 법적(legal)
	낮음	(3) 전문적(professional)	(4) 정치적(political)

출처: Romzek & Dubnick(1987).

첫째, 관료적 혹은 계층제적 책임성(이후, 계층제적 책임성)은 일반적으로 관료의 계층제를 바탕으로 하고 있으며, 관료들은 계층적 관료조직의 최고 관리자에 대한 책임을 가지게 된다는 것이다. 관료가 책임을 다했다는 말을 할 수 있으려면 상관이 기대하는 것을 충실히 이행했을 경우이다.

둘째, 법적 책임성은 관료가 법이 요구하는 바를 충실히 수행하는 경우를 책임을 다했다고 보는 경우이다.

셋째, 전문적 책임성은 정부가 기술적이고 복잡한 문제를 해결해야 하는 상황이 급증하면서 더욱 강조되기 시작했다. 어렵고 복잡한 문제를 해결할 때 기관의 리더들은 이러한 어려움을 하위 관료들 스스로 해결해 나가길 바라면서 권한을 위임

한다. 관료들 스스로의 전문지식 또는 기술이 문제 해결에 가장 중요한 요인이 되기 때문에 관료 전문성은 중요한 통제 수단이 된다는 것이다. 이는 관료 스스로가 무엇을 해야 하는지(기대되는지)를 판단하고, 이를 실현하는 데 자율성을 가지는 것을 의미한다.

넷째, 정치적 책임성은 관료들이 외부의 정치적 이해관계자의 기대와 요구에 부응할 경우 책임을 다했다고 하는 경우이다. 이때 고려되는 중요한 질문은 '관료는 누구를 위해 일하는가?'이다. 관료들이 신경을 써야 할 이해관계자는 여론, 선출직 공무원, 지역주민, 이익집단, 미래 세대 등 다양하다(Romzek & Dubnick, 1987: 229). 특히, 롬젝과 두브닉은 이들 이해관계자를 대표로 볼 경우 이들이 누구이든 상관없이 관료들은 적극적인 정보공개를 통해 자신들이 대표하는 집단의 정책적 우선순위와 요구에 적극적으로 반응해야 하는 대의정부(representative government)를 근간으로 해야 함을 강조한다. 롬젝과 두브닉(Romzek & Dubnick, 1987)은 행정의 책임성을 상호 배타적으로 분류하지만, 현실적으로 행정의 책임성은 명확하게 구분되어 논의되는 것은 아니다. 명확한 행정 책임성의 구분이 존재하지 않고, 현실에서는 다양한 책임성이 혼재되어 논의되기에 행정의 책임성 문제가 더욱 심각하게 발생하는 것이다.

2. 세월호 참사에서 나타난 우리나라 관료의 책임성

1) 세월호 참사 개요

세월호 참사는 2014년 4월 16일 오전 8시 48분경 대한민국 전라남도 진도군 조도면 부근 황해상에서 청해진 해운 소속의 인천발 제주행 국내선 여객선인 세월호가 전복, 침몰한 사고이다. 인천 출발 당시 수학여행을 떠난 단원고등학교 2학년 학생 325명과 선원 30명 등 총 476명이 탑승했으나, 사고로 2014년 9월 현재 294명이 사망하고 10명이 실종되었다. 이 사고의 책임은 일차적으로 최초 침몰 징후 후 2시간이 넘는 시간 동안 초기 대응을 전혀 하지 못하고 승객들 몰래 탈출한 선장 및 여객선 승무원들, 그리고 배를 무리하게 운행한 청해진해운인 것으로 분석되고 있다. 그러나 사고 발생 후 대응 과정에서 나타난 정부 관료의 책임성 문제도 간과될 수 없다. 세월호 침몰 사고와 관련된 핵심 정부부처인 해양경찰청과 해양수산부의 늑장 대응과 책임 회피, 이후 밝혀지고 있는 여러 가지 적폐(積弊) 현상들이 세월호 사고를 악화시킨 주요인으로 세간에 주목을 받고 있다. 따라서, 이 연구에서는 정부 보고서, 언론보도 등을 통해 나타난 해양수산부(해수부)와 해양경찰청(해경) 등의 정부부처 관료 행태를 중심으로 세월호 참사를 통해 드러난 우리나라 관료의 책임성 문제를 비판적 시각에서 분석해 보도록 한다.

2) 관료 책임성 문제

(1) 관료의 법적 책임성

국가공무원법 제56조에 의하면, 모든 공무원은 법령을 준수하며 성실히 직무를 수행해야 한다. 세월호 사고와 관련한 이러한 법적 책임은 두 가지 차원, 즉 출항 이전과 사고 발생 이후로 살펴볼 수 있다. 먼저 "해수면과 내수면에서 조난된 사람, 선박, 항공기, 수상 레저기구 등의 수색구조 구난 및 보호에 필요한 사항을 규정함으로써 조난사고로부터 국민의 생명과 신체 및 재산을 보호하고 공공의 복리 증진에 이바지하는 것을 목적으로 하는" 수난구호법을 관할하고 있는 것이 해경이기 때문에 사고 직후에 즉각적이고, 적극적으로 인명 구조를 못한 해경은 본연의 임무를 다하지 못했다는 비판을 피할 수 없다. 또한, 재난의 예방 대비 대응 복구와 안전문화 활동, 그 밖에 재난 및 안전관리에 필요한 사항을 규정함을 목적으로 하는 재난 및 안전관리기본법을 관할해 국민 안전을 최종 책임지는 안전행정부도 제 역할을 다하지 못한 책임을 피할 수 없다.

그런데 해경이 제 역할을 다하지 못한 것이 "구조·구난 업무는 사실상 등한시하고, 수사와 외형적인 성장에 집중해 온 구조적인 문제" 때문이라는 박근혜 대통령의 담화문 내용은 또 다른 관점에서 분석될 필요가 있다. 실제 여러 자료에서는 담화문이 지적하는 바와 같이, "해경의 몸집은 계속 커졌지만 해양 안전에 대한 인력과 예산은 제대로 확보하지 않았고, 인명구조 훈련도 매우 부족했다"는 것을 보여주고 있다. 일례로, [그림 1-1]은 2003년도부터 해경 예산이 지속적으로 증가하고 있는 것을 잘 보여주고 있다.

그런데 이를 좀 더 자세하게 살펴보면, 〈표 1-2〉에서 보는 바와 같이, 구조·구난 등의 해양 안전에 관한 예산은 2012년도부터 2014년도 사이 매년 160억 원에서 180억 원 사이인 반면, 해양경비 예산은 이것의 10배가 훨씬 넘는 2,100억~2,200

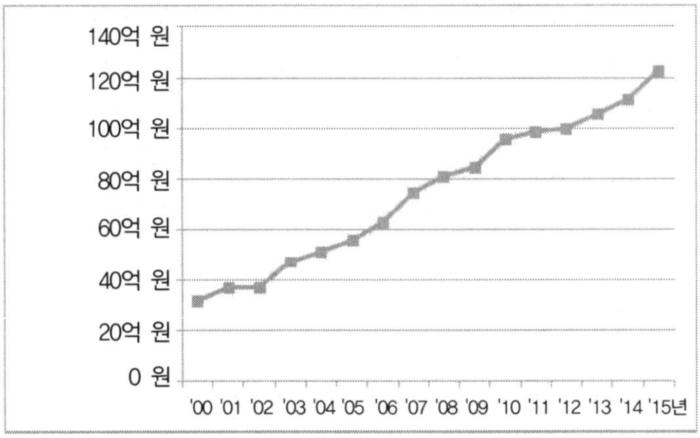

그림 1-1 해양경찰청 세출예산 연도별 변화

출처: 국회 연도별 예결산 자료를 토대로 작성.

표 1-2 2014년도 해양경찰청 소관 세출예산 연도별 변화

(단위: 억 원)

	구분	2012년도 예산 (A)	2013년도 예산 (A)	2014년도 예산안 (B)
총계(일반회계)		10,114	10,572	11,136
성질별	• 인건비	4,716	4,978	5,358
	• 기본 경비	363	371	379
	• 주요 사업비	5,035	5,223	5,399
주요 사업별	• 해양경비 역량 강화	2,154	2,269	2,249
	• 해양안전 서비스 확대	184	167	181
	• 효율적 장비 운용	1,451	1,503	1,629
	• 해안 치안질서 확립	44	46	50
	• 해양 환경보전 인프라 구축	102	107	66
	• 기타 사업	468	1,131	1,224

억 원 수준에 이르고 있음을 알 수 있다.

이러한 예산의 편중은 정부조직의 목적을 잘 반영한 것으로 보여진다. 즉, 정부조직법은 제43조(해양수산부) ②항에서 "해양에서의 경찰 및 오염 방제에 관한 사무를 관장하기 위하여 해양수산부 장관 소속으로 해양경찰청을 둔다."고 하여 경비와 오염 방제가 주된 기능임을 시사하고 있다. '해양경찰청과 그 소속기관 직제'에 관한 대통령령 제25244호는 이를 더욱 잘 보여주고 있다. 직제에 의하면 핵심 조직을 경비안전국(제11조), 정보수사국(제12조), 장비기술국(제13조), 해양오염 방제국(제14조)으로 하고 있어, 안전은 국 단위 업무가 아니고 경비안전국에서 관할하고 있는데 이 국의 주된 업무는 경비 업무이다.

이러한 예산 배분 및 조직 편제가 이뤄진 것은 2000년대 들어 우리나라 해양에서 급증하고 있는 중국 어선의 불법 조업과 관련이 있다. 우리 어민들의 피해가 커지고 폭력적인 중국 어선들의 행동에 대한 불안이 커지면서, 해경의 기능과 조직 역시 해안 치안 기능 강화에 중점이 두어지게 된 것이다. 마침 1993년 292명이라는 사망자를 냈던 서해 페리호 침몰사고 등을 제외하고 이번 세월호 침몰 사고와 같은 대형 사고는 거의 없었기 때문에 자연스럽게 해경의 직무 역량이 해양경비 쪽에 집중되었다고 볼 수 있다. 그래서 해경은 2013년 1월 17일 오전 대통령직인수위원회 업무 보고에서 해양 주권 수호를 위한 '강한 해경' 만들기를 골자로 현안을 설명했던 것이다(연합뉴스, 2013년 1월 17일자).

이러한 관점에서 볼 때 구조 업무를 제대로 수행하지 못한 책임은 크지만, 그렇다고 해경이 본연의 임무를 전부 망각한 것은 아니라고 할 수 있다. 따라서 이를 빌미로 해경 해체를 결정한 것은 논리의 비약이며 오히려 안전을 위한 인력과 예산을 확보해서 경비와 안전을 도모하는 것이 옳은 방향이라고 생각된다. 더구나 세월호 사고로 인해, 해수부와 안전행정부의 조직을 개편해 국가안전처, 인사혁신처를 신설한 것은 부처조직의 규모만 확대하고, 성과를 장담할 수 없어 차기 정부 조직개편에 대한 단초를 제공할 가능성이 크다.

위에서 제시한 논의는 기관 차원의 법적 책임에 대한 것이고, 개인 차원의 법적 책임과 관련해 각 개인이 수행할 직무가 명시되어 있는 경우 개인이 그 책임을 다하지 않았다면 비난을 면하기 어려울 것이다. 가령, 감사원(2014)에 의하면, 진도 VTS는 사고 당시 관제 해역에 있는 82대의 선박 중 특별관제 대상 선박은 세월호를 포함, 18척에 불과해 세월호가 급변침(08:48경) 후 표류하는 것을 08:50경부터 관제 모니터상에서 포착할 수 있었는데도 모니터링을 소홀히 하는 근무 기강 해이를 보였을 뿐만 아니라 내부의 CCTV를 철거하는 등 은폐를 시도한 것으로 드러나, 집행 현장의 해당 공무원들은 처벌을 면하지 못할 것으로 여겨진다.

다음, 담화문의 지적처럼 출항 전 "선박 심사와 안전 운항 지침 등 안전 관련 규정들이 원칙대로 지켜지고 감독이 이뤄졌다면 이번 참사는 발생하지 않았을 것이다." 그런데 "20년이 다된 노후 선박을 구입해서 무리하게 선박 구조를 변경하고, 적재 중량을 허위로 기재한 채 기준치를 훨씬 넘는 화물을 실었는데, 감독을 책임지는 누구도 잘못된 부분을 바로잡지 않아" 사고가 났기 때문에 이것을 법적으로 관할하는 기관은 그 책임을 피하기 어렵다. 감사원(2014)에 의하면, 한국 선급은 복원성 검사 등 선박 검사를 부실하게 수행했고, 운항관리자인 해운조합은 여객선 출항 전, 화물 중량 및 차량 대수, 고박 상태 등을 점검 확인할 임무가 있으나 승무원이 무전 등으로 알려준 수치를 기재하는 등, 그 책임을 다하지 못했다.

그럼 왜 이렇게 감독이 부실하게 이뤄졌는가? 담화문은 "해운사들의 이익단체인 해운조합에 선박의 안전관리 권한이 주어지고, 퇴직관료들이 그 해운조합에 관행처럼 자리를 차지해…, 선박 안전을 관리 감독해야 할 정부와 감독 대상인 해운사들 간에 이런 유착 관계가 있는 한, 선박 안전관리가 제대로 될 수 없었던 것은 자명한 일"이라고 하면서, "국민의 생명을 담보로 끼리끼리 서로 봐주고, 눈감아주는 민관 유착의 고리를 반드시 끊어 내겠다"고 다짐하고 있다. 박대통령의 우리 사회에 대한 이러한 진단을 누구도 부정하기 어려울 것이다.

문제는 민간 유착의 고리를 어떻게 끊느냐 하는 것이다. 이와 관련해, 정부는 퇴직 공직자 취업 제한 강화, 개방성과 전문성을 갖춘 공직사회로의 혁신, 부정청탁 금지법의 조속한 제정 등의 처방을 제시하고 있다. 대체적으로 바람직한 방향으로의 대책들이라고 하겠으나, 좀 더 깊이 있는 분석을 요하는 것들이 적지 않다.

첫째, 공공기관 취업 제한과 관련해 검토가 필요한 사항들이다. 공공기관에 공무원들이 재취업을 하는 것은 공공기관이 존재하기 때문이다. 공공기관이 존재하는 이유는 선박 안전 운행과 관련해 허가, 감시・감독 등의 기능을 수행하기 위함이다. 이와 관련해, 규제론자(예: 민주화를 위한 변호사모임, 2014)들은 선박 연령 기준 완화와 같은 규제 완화가 이번 참사를 불러온 원인이라고 주장하는 반면, 규제 완화론자(예: 최병선, 2014)들은 규제로 인한 경쟁의 부재가 이번 참사의 원인이라고 주장하면서 공공기관의 존재 이유에 대해 상반된 입장을 제시하고 있다. 김일중 교수도 세월호 참사의 근본 원인은 규제 그물망으로 "규제를 당하는 쪽에서 보면 지켜야 할 규제가 너무 많고 감독자들은 무수한 규제의 준수 여부를 감독할 능력이 없어 양측이 유착하게 된 것이며… 이 때문에 반드시 지켜야 할 기본적인 규제의 준수 여부마저 감독되지 않았다"고 설명하고 있다(동아일보, 2014년 6월 23일자). 실제 우리나라의 경우 공사, 공단 등은 물론이고 협회 등 많은 공공기관이 있기 때문에 이들 기관의 존재 이유에 대한 것을 전면적으로 점검할 필요가 있다.

다음 공공기관의 존재 필요성을 인정할 경우, 정부 정책을 수행하는 수단으로서의 성격을 강조할 경우 이를 통제하는 것이 필요한 반면, 기관의 미션을 스스로 알아서 수행하는 것이 더 바람직하다고 볼 경우 기관의 자율성을 강조하게 된다(김병섭 · 강혜진, 2013). 세월호 사고가 정부와 공공기관의 유책의 문제라면, 공공기관에 대한 과도한 통제가 이러한 결과를 초래한 측면이 있다는 말이다. 우리나라의 경우, 공공기관의 역사가 길어지고 있기 때문에 이들에게 더 많은 자율성을 부여하고 이에 기초해 책임을 부과하는 것이 옳은 방향이 아닌가 여겨진다.

그 다음, 공공기관을 통제하려는 경우에도 재정이나 법령 또는 사업으로 통제를 하는 방법이 있고, 인사를 통한 방법도 있다. 후자의 경우 공무원의 전문성을 살리는 취지도 있고, 부처 인사를 원활하게 하는 측면도 있지만, 부처와 공공기관의 연결고리(linking pin)로서의 역할도 있다. 즉, 공공기관의 요구를 부처에 전달하는 반면 부처의 정책 방향에 순응을 용이하게 하는 기제로서의 기능이다. 정부가 정부 업무를 직접 수행하지 않고 이를 외부기관에 위임 위탁을 할 경우 책임성을 확보하기 어렵다는 비판이 적지 않기 때문에(예: Mulgan, 2006), 책임성 확보를 위한 통제장치로서 인사를 이해할 수 있다.

끝으로, 공공기관에 낙하산으로 인사를 내려 보내는 것이 바람직하지 않다면, 공무원보다 정치인이 더욱더 바람직하지 않을 것이다. 그렇다면, 대통령을 포함한 정치권이 이를 자제해야 한다. 그렇지 않고 지금처럼 대놓고 낙하산을 내려보내면서, 공무원들에게는 관피아 운운한다면, 이것은 정말 영(令)이 서지 않는 일이다.

둘째, 공직 개방과의 관련이다. 공직을 개방하고 전문성을 강화하자는 것은 지속적으로 강조되어온 인사정책의 방향이다. 문제는 고시제도를 폐지하고 공직을 민간에 맡기는 경우에 발생하는 부패와 연줄대기, 줄서기 등의 문제를 어떻게 해결할 것인가 하는 것이다. 있는 자의 자제들은 좋은 교육을 받고 소위 스펙을 잘 쌓아 공직 진출이 용이하지만, 그렇지 않은 못 가진 자들의 자제들이 그런 공직 진출 기회를 박탈당한다면 양극화는 더욱 견고해질 우려가 있다. 아울러 전문성과 개방성을 강화하기 위해 도입한 고위공무원단제도로 인해 기술직의 고위공직 진출 비율은 오히려 더 악화되었다는 비판이 있음을 유의해야 한다. 방향이나 의도만 가지고 정책을 실시했다가는 그 반대의 결과를 초래하는 경우가 얼마든지 있음을 알고, 정말 세심한 인사정책을 추진할 필요가 있다.

(2) 관료의 계층제적 책임성

정부조직의 강력한 책임성 확보 장치의 하나는 바로 계층제이다. 고위직에 더 많은 책임을 부여하는 대신 이들에게 더 많은 권한을 제공하며, 밑의 부하들은 상관의 지시나 명령에 순응하도록 하여 책임성을 확보하는 것이다. 국가공무원법 제57조는 공무원은 직무를 수행할 때 소속 상관의 직무상 명령에 복종해야 한다고 하여 이를 뒷받침하고 있다.

세월호 참사와 관련해 주목해 봐야 할 계층제적 책임성은 일선 현장에서 신속하게 그리고 제대로 보고가 이뤄졌는가? 상관은 제대로 된 지시를 내렸는가? 그리고 이 지시대로 집행되었는가 하는 것이다. 감사원의 중간 보고 및 관련 언론보도 등을 중심으로 살펴보건대, 상관의 지시와 일선 관료의 보고 체계는 총체적 부실 상태였다. 감사원의 중간보고를 토대로 사고 상황을 재구성하면 다음과 같다.

가장 먼저 08:50경 사고를 인지했었어야 할 진도 VTS는 이를 인지하지 못했다. 전남소방본부는 08:52 단원고 학생으로부터 최초 신고 접수를 받은 후, 해상사고는 '해경 소관'이라는 사유로 09:13에야 소방헬기 출동 지시를 한다. 세월호가 08:55 제주 VTS에 신고한 뒤, 제주해경서는 08:58 이를 제주 VTS로부터 신고받고도 09:10부터 함정 등의 출동 지시를 한다. 해경은 08:55경 사고를 접수하고도 중앙재난대책본부 국가안보실 등에 보고를 지연(09:33경)했으며, 피해 구조 상황도 6차례나 부정확하게 작성 전파했다. 해경구조본부는 08:58 이후 출동명령을 시달하면서, 구조 활동에 필수적인 탑승 인원, 침몰 정도 등도 제대로 알리지 않아, 효과적인 구조 활동을 어렵게 했다. 진도 VTS는 09:07~09:37까지 30분간 세월호와 단독으로 교신해 선내 긴박한 상황(승객 이동 곤란)을 실시간으로 파악하면서도 구조세력 및 구조본부 등에 전달을 소홀히 했다. 해경본청은 09:37분, 서해해경청 목포해경서는 09:43분, 대다수 승객이 선내 대기 중인 상황을 파악한 후에도, 현장 구조세력(123정, 헬기 등)에게 선실 내부 진입, 승객 퇴선 유도 등을 직접 지시하지 않았고, 현장 지휘에도 소극적으로 대응했다. 해경본청은 10:17 세월호가 100° 이상 전복되었는데도 여객선 자체 부력이 있으니, 차분하게 구조하라고 하여 현장 상황과 동떨어진 지시를 시달했다. 한마디로 보고도 지시도 우왕좌왕, 엉망진창이었다.

제대로 된 지시도 협조도 못하면서, 구조본부는 너무 많이 만들어졌다. 이재은(2014)에 의하면, 세월호 사고의 경우, 범부처사고대책본부, 중앙재난안전대책본부(안행부), 중앙사고수습본부(해수부), 중앙긴급구조본부(해경), 중앙긴급구조통제단(소방방재청), 중앙사고수습본부(교육부), 현장구조지원본부(국방부, 진도), 지방사고수습본부(해경, 인천), 경기도 재난안전대책본부, 안산시 재난안전대책본부, 지방사고수습본부(목포), 전남긴급구조통제단, 진도군 재난안전대책본부, 사고현장 구조지원본부(해군) 등의 대책본부가 설립 가동되었다. 이렇게 많은 구조본부에 보고하고 지시를 받느라 현장에서는 제대로 된 구조 업무를 할 수 없을 지경이었다.

이것이 문제가 되는 것은 우리나라 공무원은 계층제적 책임성, 특히 상관의 지시에 순응하고 상관을 모시는 의전에 대단히 충실하기 때문이다. 하위기관들의 상부기관에의 (상황)보고 의전 때문에 긴급구조 활동이 늦어진 사례로, 가령 세월호 국정조사특별위원회에서 공개된 청와대와 해경의 핫라인 녹취록을 살펴보면 해경은 인명구조보다 해수부나 청와대, 대통령 보고에 더 급급했던 것으로 나타났다(동아일보, 2014년 7월 3일자). 또한, 소방방재청 119 상황실과 목포 해경 사이의 통화 녹취록을 살펴보면 해당 공무원들은 세월호 사고 당일 사고를 수습하고 인명을 구조해야 하는 그 긴박한 상황에서도 의전에만 관심을 보이는 모습을 보이고 있다(노컷뉴스, 2014년 5월 14일자).[4]

이러한 사례는 관료들이 여러 가지 책임성 중 특히 계층제적 책임성에 큰 관심을 두고 있다는 것을 보여준다. 관료들은 계층제적 책임성을 다할 때 여타의 다른

---

4) 이 녹취록에 의하면 소방방재청 119 상황실은 직접적인 구조 활동을 위해 해경과 적극 협조했다기보다는 중앙부처 상부기관 의전에 더 많은 관심을 두었다는 것을 알 수 있으며, 이는 이후 언론 및 국민들로부터 소방방재청이 즉각적인 인명 구조 활동을 등한시했다는 비난을 면치 못하게 만들었다.

책임성 의무로부터 면제되어 왔다. 나아가 상관은 관료들의 인사권 등에 막대한 영향을 미칠 수 있기 때문에 우리나라와 같이 관료제적 성격이 강한 국가에서의 관료들은 계층제적 책임성을 가장 중요한 책임으로 간주하게 된 것이다. 그러나, 계층제적 책임성을 모든 관료가 중요시하다 보면 위에서는 계속 지시 명령만 하고 중간관리자들은 다시 지시를 전달하고, 하위 공무원은 다시 지시를 현장으로 내려 보내는, 그러다 보니 실제 집행 현장에는 지시 명령 이행을 해야 하나, 인력 부족으로 그것을 이행할 수는 없고, 그러나 나중에는 법적 책임을 지게 되는 사람들만 남게 되는 문제가 발생한다. 이러한 계층제적 책임성 강조는 수평적 문화와 민주적 환경이 지배적인 오늘날에도 여전히 나타나고 있는 현상이며, 이에 대한 개혁이 요구된다.

(3) 관료의 정치적 책임성

우리 사회가 민주사회로 진전되면서, 관료들의 정치적 책임성에 대한 관심이 지속적으로 늘어나고 있다. 국민이나 언론, 정치권의 요구에 반응하려는 경향도 늘어나고 있다. 그런데 이것이 이중적인 모습을 나타내고 있다. 즉, 국민이나 언론, 외부기관에 대해 자신들의 성과와 실적이 명확하게 드러난 영역에서는 이를 적극적으로 홍보하고 책임을 지는듯한 행태를 나타내지만, 국민 등으로부터의 비난이 우려되거나 부정적인 결과가 예측되는 부분에서는 책임을 감추거나 회피하려는 행태를 나타내고 있다.

안전행정부는 재난 대응을 총괄 조정하는 본연의 임무(사고 상황 구조자원 파악, 행정적 지원 등)는 소홀히 한 채 언론 브리핑에 집중(1시간 간격, 총 6회)했고, 이 과정에서 사실 확인 없이 구조자 숫자를 집계해 14:00경에는 368명으로 발표했다가 16:30경에는 164명으로 정정해 정부 불신을 초래했다. 결국, 공을 세우려다 망신을 당한 것이다. 해경도 구조 성과가 명확하게 드러날 때에는 언론 보도를 통해 이를 국민들에게 적극적으로 알렸다. 실제 동원되고 있는 구조 인원과 장비를 부풀려 알렸으며, 구조된 인원만을 강조해 해경 자신들이 달성한 업적만을 구체적으로 알렸다. 이를 통해 해경은 자신들이 세월호 구조에 최선을 다하고 있음을 의도적으로 알리려고 했다.

그러나 그 밖의 경우, 예를 들어 민간구조 업체인 언딘 및 민간 잠수부와의 관계에서도 구조 초기에 해경은 이들을 적극적으로 활용해 구조 행위를 하기보다는 구조에 대한 일부 책임을 민간에게 떠넘기려는 행태를 나타냈다. 이와 같이 자신들의 성과가 명확하게 드러나지 않는 부분에서 해경을 비롯한 관료는 자신들의 책임을 민간으로 전가시켜 정치적 책임성을 회피하려고 했다.

이러한 상황을 고려해 보았을 때 관료들은 정치적 책임성에서 자신들이 명확하게 성과 또는 실적이라는 판단하는 것에 대해서는 적극적인 책임성을 지려고 했으나, 그러하지 못한 부분에서는 이를 회피하려고 하는 이중적인 태도를 보였다고 할 수 있다.

이러한 정치적 책임성은 구조활동과 관련해 또 다른 해석을 낳게 해 준다. 목포해경의 (122접수자)는 09:04분 세월호 승무원의 신고를 접수해 선내 상황을 인지하고도 이를 방치해 승객의 갑판 집결, 퇴선 유도 등의 초동 기회를 잃어버렸다. 서해해경청은 09:24 세월호가 진도 VTS를 통해 승객 비상 탈출 여부를 문의하자 "선장이 현장 상황을 판단해서 결정하라"고 대응을 한다. 해경본청은 09:37분 123정으로부터 "갑판과 바다에 사람이 하나도 없다"는 보고를 받고도 즉각적인 선실 진입 등을 통한 승객 퇴선 유도를 123정에 지시하지 않았다. 서해해경청은 09:47분 배가 잠시 후 곧 침몰할 것 같다는 123정의 긴박한 보고에도 승객들의 즉각적인 퇴선 유도보다는 "승객들이 동요하지 않게 안정시키도록" 지시를 한다.

왜 이런 일이 벌어질까? 소벨과 레슨(Sobel & Lesson, 2006)은 이에 대해 관료의 비용편익에 대한 계산 때문이라고 설명한다. 즉, 지시와 대응을 통해 좋은 성과를 낼 가능성이 높은 경우 퇴선을 지시하지만, 반대로 퇴선을 지시해 좋지 않은 결과, 가령 다수 사망자가 발생할 경우의 책임을 피하기 위해 퇴선을 지시하지 않는다는 것이다. 다시 말해서, 퇴선을 지시하지 않아도 비판을 받고 지시해도 비판을 받게 될 경우, 전자는 많은 경우 윤리적 책임, 정치적 책임을 지게 되지만, 후자의 경우에는 형사적 책임을 질 수도 있기 때문에 퇴선 지시를 하지 않는다는 것이다. 특히 어떤 경우에도 언론이 책임을 지우는 방향으로 여론을 몰아가는 경향이 많은 그런 사회인 경우, 최악을 피하는 방법으로 선택을 한다는 설명이다. 우리는 어떤 사회인가? 위급한 상황에서 자신의 전문적 판단에 근거해 최선의 판단을 내린 사람과 그의 결정을 존중해 주고 있는가?

(4) 관료의 전문적 책임성

공무원이 법을 위반하지 않고 상관의 지시를 충실하게 이행했을 경우, 그의 행위로 인한 결과가 좋지 않더라도 책임을 묻기 어렵다. 이것이 법적·계층제적 책임성의 원리이다(Thompson, 1980). 대형 사고가 발생하는 경우에도 주로 일선에 있는 현장 집행공무원을 제외하고 다른 사람을 처벌하기 어려운 것은 바로 이 때문이다. 이런 측면에서 중요한 것이 관료의 전문적 책임성이다. 전문가의 전문성과 직업윤리에 근거한 책임성이 필요하다는 것이다.

그런데 세월호 사고를 처리하는 과정에서 전문적 책임성은 부족한 것으로 나타났다. 세월호 승객을 구조해야 하는 해경은 이러한 대형 사고 처리 경험 부족으로 사고 처리를 어떻게 해야 하는지 제대로 알지 못했다. 그뿐만 아니라, 평소 해경의 해난구조 교육훈련도 제대로 이뤄지지 못했음이 조사 결과 드러남으로써 해경의 구조 전문성 결여는 전문적 책임성 부재로 이어졌다. 해경뿐만 아니라 이들에게 사고 처리 지시를 해야 하는 고위관료들 역시 세월호 사고 처리 방안에 대한 전문지식이 결여되어 있었다. 즉, 과거 발전 국가의 기술관료들은 목표 달성을 위한 명확한 문제 해결 방안을 인식하고 이에 대한 전문가적 지식을 확보하고 있었다고 볼 수 있지만, 오늘날 해경과 해수부 고위관료들은 예측하기 힘든 불확실한 상황과 급변하는 환경에서 발생되는 급박한 문제에 대한 해결 능력이 부족했다고 볼 수 있다. 이는 세월호 구조를 책임지고 있는 고위공무원 대부분이 행정고시 출신으로 전문행정가(specialist)보다는 일반행정가(generalist)의 특성만 강조하는 경향이 있고, 해경 역시 구성원 대부분이 경찰공무원 출신으로 해양구조에 대한 전문지식이 부족할 수밖에 없었다. 또한, 해경은 대규모의 해난구조 훈련 경험 부족으로 실제 위기 상황에서 효과적인 구조 업무를 수행할 수 없었다. 따라서 전문적 책임성을 발휘하기 위해서는 현장 중심의 재난구조가 이뤄져야 하고 또 현장에는 지속적인 훈련이 필요함을 알 수 있다.

공무원의 전문성도 중요하지만, 재난 현장에서 죽어가는 사람들을 보면서 이들을 살려야겠다는 전문가의 직업윤리를 이번 세월호 참사에서 볼 수 없었던 것은 크게 아쉽고 답답하다. 이러한 해경이 어떻게 해양 영토를 수호하려고 목숨을 내걸 수 있었을까? 2008년 9월 25일 목포해경 소속 박경조 경위는 불법 조업을 하고 있던 중국 어선을 단속차 승선하던 중 둔기에 맞아 바다에 추락 후 사망했고, 2011

년 12월 12일 인천해경 소속 이청호 경장은 단속 중 중국 선원이 찌른 칼에 찔려 사망했다. 또한 100여 명이 넘는 경찰관이 전쟁터나 다름없는 중국 어선 단속 현장 등에서 목숨을 걸고 영토를 수호하다 크고 작은 부상을 입었다. 어떻게 한쪽에서는 우리 국민이 죽어가고 있는 것을 보면서도 자신의 안전을 생각하는데 또 다른 쪽에서는 목숨을 걸 수 있었을까? 이것은 추가적인 설명이 필요한 부분이다. 다만 국민과 영토 수호, 해양 경비에서 직업윤리를 바탕으로 자신의 목숨과 신체를 바친 공무원들에게 우리가 이들의 가치를 인정하고 이들에게 감사를 표하기는 했는가 하는 반성이 든다.

(5) 소결

위에서 논의한 바와 같이 세월호 사고 처리 과정에서 나타난 우리나라 관료들의 책임성은 다음과 같이 정리될 수 있을 것이다. 먼저 상관을 모시는 계층제적 책임성은 매우 높게 나타났다. 관료들은 지나치게 상부에 의존(상명하복)해 업무를 처리하고자 했다. 해경과 해수부의 관료들은 지시와 명령을 내리는 고위직과 실제 해난 구조를 담당한 하위직 모두 전문가적 책임성이 매우 부족했다. 그리고 한편으로는 직무 분장 등에 따른 매뉴얼을 중심으로 행동하고 또 다른 한편으로는 이를 어겼기 때문에 법적 책임성은 부분적으로 다했다고 할 수 있다. 그러나, 정치적 책임성에 대해서는 이중적인 태도를 보였다. 그들은 자신들의 성과가 명확하게 드러날 때에만 국민이나 언론, 외부집단에 대한 정치적 책임성을 지고, 성과가 명확하게 발생하지 않거나 비난이 우려되는 경우에는 정치적 책임성을 회피하려는 행태를 보였다. 따라서, 이러한 세월호 사고 처리 과정에서 나타나는 관료의 책임성으로부터 유추해 볼 수 있는 결론은, 우리나라는 관료에 대한 통제의 강도가 지나치게 강해 계층제적 책임성과 법적 책임성은 높게 나타나나 이로 인해 관료의 자율성과 독립성은 저하되어 전문적 책임성이 낮아지고, 정치적 책임성이 이중적으로 나타났다는 것이다. 이는 경직성, 복지부동 등과 같은 전형적인 관료제의 병폐를 초래하기도 했다. 그렇다면, 이러한 관료제의 병폐를 해결하기 위해 관료 책임성 확보는 어떻게 이뤄져야 할까? 우리는 자율적 통제에 기반한 적극적 책임성 확보가 그 방향의 하나임을 다음 결론에서 간략하게 제시하고자 한다(〈표 1-3〉 참조).

표 1-3 세월호 사고 처리 과정에서 나타난 관료 책임성

		내부	외부
통제의 정도	높음	높은 계층제적 책임성	보통 수준의 법적 책임성
	낮음	낮은 전문적 책임성	이중적 정치적 책임성

→ 자율적 통제에 기반한 높은 수준의 책임성 필요

제 4 절 관료 역할과 책임성에 대한 제언

"한국 사회는 세월호 전과 후로 나뉘져야 한다"고 주장하는 사람들이 많다. 세월호의 충격이 너무 크기 때문에 이를 계기로 나라 전체가 바람직한 방향으로 변화되는 것이 마땅하다. 어떻게 하면 그러한 방향으로 나아갈 수 있을까? 이러한 의문에 대해 현재 진행되고 있는 대책에 대한 조언과 함께 관료의 책임성을 제고하는 방안을 개괄적으로 제시하고자 한다.

첫째, 국가 대혁신을 논의할 정도로 심대한 문제이기 때문에 철저한 진단이 필요하다. 대책을 바로 제시하는 것보다는 많은 원인이 어떻게 연결되어 이러한 참담한 결과가 나왔는지를 시간을 가지고 진단 및 대책을 마련하는 것이 필요하다. 예를 들어, 앞에서 살펴본 것처럼, 관료의 공공기관 취업 제한은 과연 그러한 공공기관이 필요하기는 한 것인지, 필요성을 인정할 경우 공공기관을 통제하는 것이 옳은 것인지, 통제가 필요하다면 인사 이외의 방법은 없는지, 인사를 통한 통제가 필요할 경우 관료보다 정치인 등이 더 바람직한지 등등 서로 연결된 질문에 대한 답이 검토되어야 한다. 그뿐만 아니라 하나의 결정, 가령 해운조합법의 제정과 집행에는 많은 사람이 관련되어 있다. 그 때문에 세월호 사고도 많은 사람이 일정 부분 그 책임을 질 수밖에 없다. 따라서 여러 사람이 걸려 있는 책임성(responsibility by many hands) 문제를 책임 소재를 밝히고 부과하는 것은 쉽지 않다(Thompson, 1980). 그럼에도 불구하고 빨리빨리, 대충대충 하는 문화가 문제의 근원일 수도 있는데, 대책도 이렇게 대증적으로 하는 것은 문제의 근원은 지속하면서 새로운 문제를 야기할 가능성이 많다. 한국 사회의 적폐를 해소하고 탈바꿈하려면, 대증적 대응을 해서는 안 될 것이다.

둘째, 그러나 안전불감증을 포함해, 우리 사회의 위기에 대한 경고음은 어제 오늘 나온 것이 아니기 때문에 그 방향이 설정되고 대책이 마련된 것도 적지 않다. 진단 및 분석이 필요하다는 것은 세월호 사고에 대한 것이지, 국가혁신위원회를 만들고 다시 이 위원회에서 진단을 하고 대책을 세우고 이런 일이 이뤄져야 한다는 것은 아니다. 아마도 가장 좋은 방향과 대책은 대통령 공약집이 아닐까 여겨진다. 오랜 시간이 걸렸고, 선거 과정에서 많은 국민의 소리를 들었으며, 이를 공약으로 담아 발표하고 또 대통령 어젠다로 만들었기 때문에 현 정부의 가장 좋은 정책 방향은 공약을 실현하는 것이 아닐까 생각된다.

셋째, 대통령은 대탕평 인사를 하고 낙하산 인사를 하지 않겠다고 공약을 했으나, 그것이 지켜지고 있지 않다. 민관 유착을 강하게 비판하고 공무원집단을 마피아집단과 동일시한 '관피아'라는 용어를 대통령이 사용했다는 것은 그만큼 관료집단에 대한 애정과 배신감이 컸기 때문으로 이해된다. 그리고 그만큼 민관 유착에 대한 거부감이 크기 때문으로 이해된다. 그런데, 바로 이 민관 유착에 못지않게, 어쩌면 더 큰 문제는 바로 정치인들의 낙하산 인사이다. 공약을 실현하기 위한 정치적 임용은 필요하지만, 정실 인사는 해서는 안 된다는 것이 우리 국민들의 일반적인 바람이다. 그럼에도 불구하고 세월호 이후에도 이러한 낙하산 인사가 이뤄지고 있다. 관피아라고 야단친 공직사회에 영이 서지 않는 일이다. 수신제가 치국평천하(修身齊家治國平天下)의 제가(齊家)는 딸린 식솔들을 잘 관리하는 것이 나라 통치의 사전적 전제가 되어야 함을 말한다. 현대적 의미의 식솔에는 선거 과정을 함께 한 사람들도 포함된다.

선거 과정에서 공약한 것처럼, 천하의 인재(人才)와 더불어 국정을 함께 운영하는 것이 훌륭한 대통령으로 가는 길이다. 공정한 인사를 위해 인사혁신처가 아니라 독립적인 중앙인사위원회를 만들고, 부패와 민관 유착의 고리를 끊기 위해 그것을 핵심 미션으로 하는 독립적인 청렴위원회가 부활되어야 한다.

넷째, 관료의 책임성을 확보하기 위한 법적·제도적 보완이 필요하다. 해경의 해체보다 더 중요한 것은 해경이 본연의 임무를 수행할 수 있도록 직제를 정비하고 인력도 보강하는 일이다. 현장의 지휘 권한을 더 확대해서 신속한 대응이 이뤄지도록 하는 일과 조정기구의 정비도 해야 할 과제이다. 그렇게 해야 계층제적 책임성이 확보된다. 그리고 우리나라 관료들은 계층제적 책임성을 충성스럽게 중시하기 때문에, 지도자가 '경제 발전'에서 '국민 행복 및 안전'으로 국정의 목표를 명확하게 전환시키면 가시적인 성과를 낼 수 있을 것이다. 교육훈련을 통한 전문적 책임성을 제고하는 것도 당연히 해야 할 과제이다.

다섯째, 법적 책임성과 계층제적 책임성은 최소한의 성과를 위한 장치이다. 그것이 경제 성장이든 아니면 안전이든 이에 대한 최소한의 성과를 이룩하기 위한 기제이다. 최소한의 성과라도 확보하기 위해 법적·계층제적 책임성 확보 장치를 만드는 것이다. 그러나 이들 장치는 높은 수준, 감동이 있는 수준의 성과를 내기 위한 것은 아니다. 목숨을 거는 것, 온 몸과 마음을 다 바치는 것은 법이나 지시에서 나오는 것이 아니다. 그것은 사명감과 사랑에서 나오는 것이다. 생명에 대한 사랑, 국가에 대한 충성, 이런 것들로부터 도출되는 것이다. 이것을 보벤스(Bovens, 1998)는 적극적 책임성(active responsibility)이라고 하여 법적·계층제적 책임성을 강조하는 소극적 책임성(passive responsibility)과 구별해 사용하고 있다. 다시 말하면, 적극적 책임성은 가치(virtues)를 적극적으로 실현하는 것을 책임을 다하는 행위로 보는 것이다. 따라서, 적극적 책임성은 추구해야 할 가치가 있어야 하며, 그 가치를 실현할 때 자율과 재량성이 있어야 한다. 그리고 그 가치가 실현되었을 때 이를 인정받을 수 있으면 그에 대한 노력이 강화될 수 있다.

이렇게 자율성을 강조하는 것은 관료들이 예뻐서가 아니라 이들의 적극적 책임성을 확보하기 위함이다. 법규정이나 상관의 지시에만 머무르는 것이 아니라 적극적으로 무엇이 추구해야 할 가치인지를 늘 공부하고 또 이를 실현하기 위해 끊임없이 자신을 수양하는 것을 권함에 있다. 즉, 뜻을 성실히 하고 마음을 바로잡는 것(誠意正心)을 강조하기 위함이다. 서양과 달리 동양권에서는 현장에서의 경험과 지식을 바탕으로 공직자가 국민의 의사를 스스로 판단하고 이러한 판단에 따라 국민을 위한 옳은 행위를 하도록 하는 공직윤리에 대한 관심이 많았었는데 이를 잘 활용해 적극적 책임성을 제고할 필요가 있다는 말이다.

끝으로, 이렇게 적극적 책임성을 실현한 관료들을 국민들이 인정하고 감사하게 여기면, 나머지 관료들도 이를 학습하고 관료제 전체적으로 책임성이 강화될 수 있다. 중국 어선의 불법행위 단속에 목숨을 바친 사람들을 우리가 언제 제대로 한 번 인정하고 대접을 했는가? 문제가 발생할 때마다 '관료 때리기'에만 열중하면 소극적 책임성밖에 확보할 수 없다. 관료들이 예뻐서 비판을 해서는 안 된다는 것이 아니라 관료가 적극적 책임성을 다하도록 하기 위해서는 인정할 것은 인정하는 자세가 필요하다는 말이다. 그런 적극적 책임성을 가진 관료가 있었다면, 이렇게 허망하게 많은 희생자를 내지 않았을 텐데 하는 아쉬움이 너무 크기 때문이다.

연구 문제

1. 세월호와 같은 대형사고가 발생해도 왜 책임지는 사람이 없을까? 있어도 늘 말단 직원만 처벌을 받을까? 그 이유를 논해 보고, 책임지는 사회가 되려면 어떻게 해야 되는지 대안을 모색해 보자. 아울러 대통령책임제와 내각책임제 중에서 어떤 제도가 더 국민에게 책임을 잘 지는 제도인지도 논의해 보자.
2. 저자는 소극적 책임성 못지않게 적극적 책임성의 중요성을 강조하고 있다. 그런데, 우리 사회가 위급한 상황에서 자신의 전문적 판단에 근거해 최선의 판단을 내린 사람과 그의 결정을 존중해 주고 있는가? 퇴선 명령으로 사망자와 실종자 304명 중 100명을 살릴 수 있었다고 하더라도 나머지 204명에 대한 책임은 퇴선 명령을 내린 사람에게 오히려 더 큰 비난으로 쏟아지지 않을까?
3. 관계 공무원이 규정을 철저하게 준수하면 제때 배가 출항을 할 수 없다고 해운사들이 아우성이다. 해운사보다 이용 고객들이 불만이 거세다. 이런 경우 규정을 지키는 법적 책임성이 중요한가, 아니면 정치적 책임성이 중요한가? 이 두 가지 책임성을 동시에 충족시키려면 어떻게 해야 할까?

참고 문헌

감사원 (2014). 세월호 침몰사고 대응 실태: 감사 진행 상황. 7월 8일 발표 자료.

김병섭 · 강혜진 (2013). 정책수단과 조직관리, 김병섭외 정책수단론. 파주: 법문사.

두산백과사전 (2014a). 만다린. http://terms.naver.com/entry.nhn?docId=1091309&cid=40942&categoryId=31636.

민주화를 위한 변호사모임 (2014). 세월호 참사 진상 규명 17대 과제: 중간검토보고서.

박천오 · 주재현 (2007). 정부관료제와 민주주의: 정부관료제의 책임과 통제 확보를 통한 조화의 모색. 행정논총, 45(1): 221-253.

박홍규・송재혁(2012). 聖學輯要 진헌의 정치적 성격. 한국철학논집, 35: 189-222.

박희봉・신중호・황윤원(2013). 정부 신뢰의 요인: 정부정책인가? 정치 태도인가? 한국정책학회보, 22(1): 465-495.

세월호 침몰사고의 진상 규명을 위한 국정조사 특별위원회(2014). 세월호 침몰사고의 진상 규명을 위한 국정조사특별위원회 회의록, 제327회 국회(임시회) 2014년 7월 29일자.

엄석진(2009). 행정의 책임성: 행정이론 간 충돌과 논쟁. 한국행정학보, 43(4): 19-45.

윤태범・강성남(2001). 행정윤리의 연구: 이론과 현실 적용. 한국행정학회 동계학술대회 발표논문.

위키백과(2014). 세월호 침몰사고.

이광종(1998). 이율곡의 안민(安民) 교민사상(敎民思想) 규범적 관료 책임론. 한국행정사학지, 6: 59-79.

이재은(2014). 세월호 사고와 바람직한 재난관리체계. 서울행정학회 포럼, 2014년 제2호: 12-17.

이창길(2012). 관료제와 '관료'의 탈일체화: James Q. Wilson의 관점을 중심으로. 정부학연구, 18(3): 5-32.

최병선(2014). 세월호 사고대책을 보고. 한국정책학회 정책논단 6월호.

경향신문(2014). 4월 29일자 사설.

노컷뉴스(2014). 5월 14일자.

______(2014). 5월 20일자.

동아일보(2014). 4월 29일자 사설.

______(2014). 6월 23일자.

______(2014). 7월 3일자.

마이데일리(2014). 5월 22일자.

연합뉴스 (2013). 1월 17일자.

YTN (2014). 5월 5일자.

조선일보 (2014). 4월 22일자 사설.

중앙일보 (2014). 4월 24일자 사설.

Aberbach, J. D. & Rockman, B. A.(1988). Mandates or mandarins? Control and discretion in the modern administrative state. *Public Administration Review*, 48(2): 606-612.

Bovens, M.(1998). *The quest for responsibility: Accountability and citizenship in complex organizations*, Cambridge University Press.

Cleary, R. E.(1980). The professional as public servant: The decision-making dilemma. *International Journal of Public Administration*, 2(2): 151-160.

Denhardt, R. B. & Jennings, E. T. (1989). Image and integrity in the public service. *Public*

Administration Review, 49(1): 74-77.

Finer, H. (1941). Administrative responsibility in democratic government. *Public Administration Review*, 1(4): 335-350.

Friedrich, C. J.(1940). Public policy and the nature of administrative responsibility. In C. J. Friedrich & E. S. Mason (Eds.). *Public policy: A yearbook of the graduate school of public administration* (pp. 3-24). Cambridge, MA: Harvard University Press.

______(1946). *Constitutional government and democracy: Theory and practice in Europe and America*. Boston, MA: Ginn and Company.

Garrett, R. S., Thurber, J. A., Fritschler, A. L., & Rosenbloom, D. H. (2006). Assessing the impact of bureaucracy bashing by electoral campaigns. *Public Administration Review*, 66(2): 228-240.

Gaus, J. M.(1936). The Responsibility of public administration. In J. M. Gaus et al., *The Frontiers of Public Administration*. University of Chicago Press.

Jackson, M. (2009). Responsibility versus accountability in the Friedrich-Finer debate. *Journal of Management History*, 15(1): 66-77.

McSwite, O. C. (2005). Taking public administration seriously: Beyond humanism and bureaucrat bashing. *Administration & Society*, 37(1): 116-125.

Mosher, F. (1968). *Democracy and the Public Service*. New York: Oxford University Press.

Mulgan, R. (2006). Government accountability for outsourced services. *Australian Journal of Public Administration*, 65(2): 48-58.

Odegard, P. H.(1954). Toward a responsible bureaucracy. *Annals of the American Academy of Political and Social Science*, 292: 18-29.

Perry, J. L.(2007). Democracy and the new public service. *The American Review of Public Administration*, 37(1): 3-16.

Romzek, B. S. & Dubnick, M. J.(1987). Accountability in the public sector: Lessons from the Challenger tragedy. *Public Administration Review*, 47(3): 227-238.

Schneider, S. (2005). Administrative breakdowns in the governmental response to Hurricane Katrina. *Public Administration Review*, 65(5): 515-516.

Sobel, R. & Lesson, P.(2006). Government's response to Hurricane Katrina: A public choice analysis. *Public Choice*, 127: 55-3.

Thompson, D. F. (1980). Moral responsibility of public officials: The problem of many hands. *American Political Science Review*, 74: 905-915.

Wilson, W. (1887). The study of administration. *Political Science Quarterly*, 2(2): 197-222.

제 2 장

정부조직 개편:
국민안전처를 중심으로

이 수 영

제 1 절 서론

2013년 출범한 박근혜 정부는 자연재해와 사회재난에 대한 효율적 대응 체계의 필요성을 인식하고, 이러한 재난으로부터 국민의 생명과 안전을 보호하기 위한 정부의 기능을 강화겠다는 목표를 제시했다. 이를 위해 기존의 행정안전부에 국민안전 총괄 부처의 역할을 부여하고 부처 명칭까지 안전행정부로 변경해 각 부처의 재난안전 정책을 총괄·조정할 수 있도록 하면서 대내외에 국민 안전 확보가 정부의 최우선 관심 사항임을 천명했다. 하지만, 2014년 4월 16일 300명이 넘는 생명이 희생된 세월호 참사가 발생하면서 박근혜 정부의 국민 안전 확보 약속은 위기에 처했다. 이에 정부는 세월호 참사의 발생 원인, 구조 과정, 대처 과정 등에 대한 면밀한 검토를 거쳐 해양안전 및 재난관리와 관련된 정부조직인 해양경찰청, 해양수산부, 그리고 안전행정부 사이의 권한 분산, 협업 시스템 부재, 정보 공유 부재, 컨트롤 타워 부재 등을 문제의 원인으로 도출했고, 그에 대한 처방으로 전국가적인 안전 및 재난관리 시스템을 총괄하는 국민안전처를 설치해 국민 안전 확보를 위한 컨트롤 타워의 역할을 부여했다.

이와 같은 정부조직 개편은 우리나라에서는 정권이 교체될 때마다 혹은 사회적으로 큰 반향을 불러일으키는 사건이나 사고가 발생할 때마다 늘 등장하는 후속 조치와 같은 성격을 가지고 있다. 새로운 대통령이 취임하면 의례적으로 정부조직 개편이 일어났던 것이 전자의 좋은 예이고, 이번 세월호 참사 이후의 국민안전처 신설이 후자의 대표적인 예일 것이다. 정부조직 개편의 가장 근본적인 목적은 국민에게 제공하는 행정 서비스의 공급을 좀 더 원활하고 효율적으로 제공할 수 있도록 조직을 변화시킴으로써 행정조직의 목표 및 성과 달성을 강화하는 것이라고 할 것이다.

이 사례연구는 최근 신설된 국민안전처 조직개편(reorganization)의 배경 및 내용을 구체적으로 살펴보고, 조직이론 및 행정이론적인 시각에서 분석해 보고자 한다. 조직이론적 시각에서는 조직을 설계하고 구성하는 기본 원리인 분화 및 전문화, 부성화(部省化), 그리고 조정 및 통합에 대한 논의가 이뤄질 것이다. 이와 동시에, 행정이론의 시각에서는 민영화, 규제 완화, 혹은 분권화와 권한 위임 등을 강조하면서 1990년대부터 전 세계적으로 유행했던 신공공관리론(New Public Management: NPM)적 접근과 이와 달리 협력, 조정, 혹은 상호작용 등을 강조하는 범정부적(Whole of Government) 시각 혹은 뉴거버넌스(New Governance)적 접근에 대한 논의가 이뤄질 것이다. 이러한 조직이론 및 행정이론의 적용을 통해 국민안전처 신설의 이론적 그리고 정책적 함의를 도출해 보고자 한다.

제 2 절 국민안전처 조직개편 개요

1. 신설 배경

2014년 4월 16일에 인천항에서 제주도로 향하던 선박 세월호의 침몰사건이 발생했다. 4월 16일 오전 8시 55분에 최초 사고 신고가 접수되자 재난안전 및 관리기본법에 따라 해양경찰청이 9시 10분부터 구조본부를 가동했고, 9시 40분에 해양수산부에서 중앙사고수습본부를 설치했으며, 9시 45분에 재난대응 지휘부인 안전행정부 장관을 책임자로 하는 중앙재난안전대책본부를 구성·운영했으나, 대책본부의 업무 수행 과정에서 탑승자 및 구조자 집계 오류를 범했고, 부처 간 소통과 협업에서도 문제가 발생하자 4월 17일에 국무총리를 중심으로 한 범부처사고대책본부를 설치·운영했다(국회 세월호 침몰사고 대응 T/F. 1-2).

사회재난의 일종인 이 사고로 인해 선원과 승객을 포함한 탑승객 476명 중 승객 295명이 사망하고 9명이 실종된 상태로 범정부사고대책본부의 활동이 공식 마무리(2014.11.18)되었다.[1] 300명이 넘는 희생자가 발생하는 동안 국가 재난대응 체계가 제대로 작동하지 못했다는 것이 이 사건에 대한 공식적인 평가로 볼 수 있다(국회 세월호 침몰사고 대응 T/F. 1-2). 이에 따라, 대통령은 전반적인 안전행정체계 개편을 언급하며 개별 부처에 분산되어 있던 안전 기능을 통합해 국민안전처를 설치하겠다고 발표했다. 정부는 대통령의 담화문을 반영한 정부조직법 개정안을 6월 11일에 국회에 제출했으며, 개정안은 여야 '정부조직개편 TF'의 합의를 거쳐 11월 7일에 본회의에서 의결되었다.[2] 이 법률은 11월 19일에 시행되어 국가적 재난관리를 위한 재난안전 총괄부처로서 국민안전처를 국무총리 소속으로 설치했다.

2. 기능 및 권한

정부는 해양경찰청과 소방방재청의 업무를 조정해 국민안전처의 차관급 본부로 개편하는 내용으로 정부조직법을 개정하고(법률 제12844호), 국민안전처와 그 소속기관직제[대통령령 제25753호] 및 직제시행규칙을 제정했다. 이에 따르면, 국민안전처는 안전 및 재난에 관한 정책의 수립·운영 및 총괄·조정, 비상 대비, 민방위, 방재, 소방, 해양에서의 경비·안전·오염 방제 및 해상에서 발생한 사건의 수

1) 해양수산부 보도자료. 2014.11.17. 세월호 침몰사고 범정부사고대책본부 해체-11월 18일, 216일간의 공식 활동 마무리.

2) 안전행정부 보도자료. 2014년 11월 18일(화) 석간. '안전한 사회 구현 및 공직개혁을 위한 정부조직 개편 「정부조직법」 개정·시행으로 국민안전처, 인사혁신처 등 출범.'

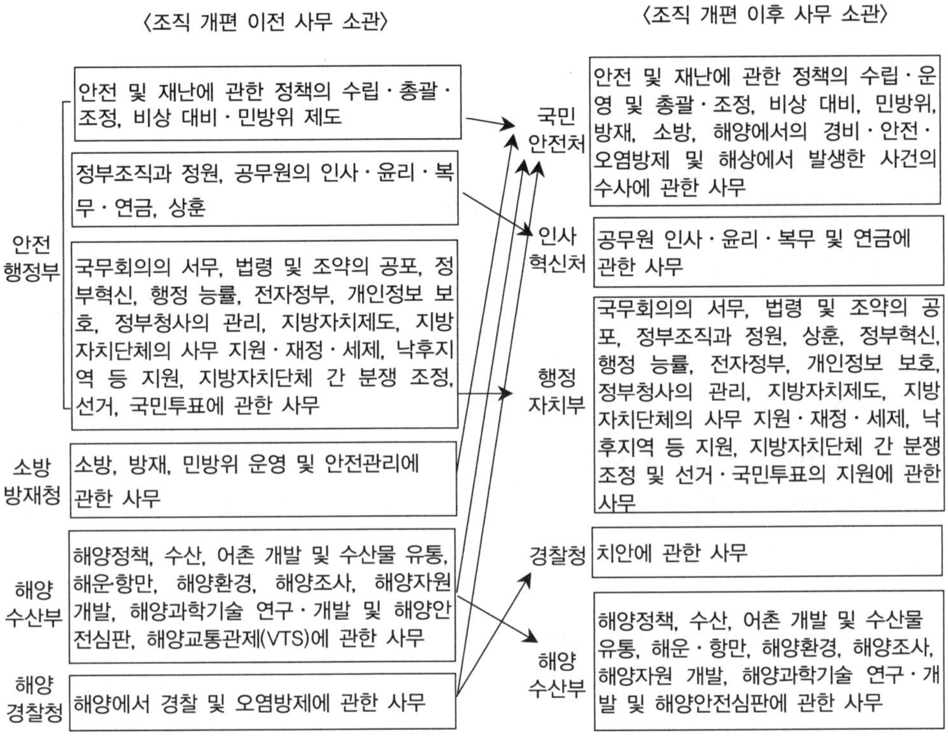

그림 2-1 국민안전처 신설에 따른 정부조직법상 각 기관의 권한 변화 내용

출처: 정부조직법 제22조의2, 제22조의3, 제34조, 제43조.

사에 관한 사무를 관장한다(정부조직법 제22조의2 제1항 및 국민안전처와 그 소속 기관직제 제3조). [그림 2-1]은 국민안전처 신설에 따른 관련 행정 부처들 간의 권한 및 기능 재조정 내용을 보여주고 있는데, 안전행정부의 권한이 신설되는 국민안전처, 인사혁신처, 그리고 행정자치부로 나뉘고, 해양수산부의 권한 일부, 소방방재청, 그리고 해양경찰청이 국민안전처로 소속을 변경했다.

이러한 조직 간 권한 및 기능 재조정은 이를 통해 육상과 해상, 사회재난과 자연재난에 종합적으로 대응할 수 있게 되었다는 의미가 있다. 2002년에 발생한 대구 지하철 방화사건을 계기로 각 부처에 분산되어 있던 재난대응 기능을 통합한 범정부적 재난대응 체계와 현장전문가 지휘 시스템을 구축하기 위해 2004년 소방방재청을 설치했는데, 이때는 중앙대책본부가 구성되면 행정자치부 장관이 본부장을 맡고 소방방재청장이 당연직 차장을 맡아 신속하게 초기 대응할 수 있도록 했다. 하지만 이명박 정부에서 행정자치부가 행정안전부로 바뀌면서 소방방재청의 역할이 축소되었고, 2013년 「재난 및 안전관리기본법」 및 동법 시행령의 개정으로 재난의 종류(육상과 해상, 사회재난과 자연재난)에 따라 담당 부처를 구분하게 되었다. 즉, 안전행정부가 세월호 침몰 같은 '사회재난'에 대응하는 업무를 처리하고, 소방방재청은 태풍 등 '자연재난'을 맡는 쪽으로 이원화되어 혼선이 지적되어 왔는데[3] 국민안전처 신설을 통해 모든 재난에 대해 통합 관리하는 시스템을 마련하고자 한 것으로 볼 수 있다. 다만 육상에서 발생하는 재난과 해상에서 발생하는 재난은 재난의 성격이나 사용되는 기술·장비 등의 차이가 있다는 재난 재해 업무의 특성을 고려해 소방사무를 담당하는 본부장과 해양경비·안전·오염 방제 및 해상에서 발생한 사건의 수사에 관한 사무를 담당하는 본부장을 각각 두도록 했다(동법 제22조의2 제4항).

3. 국가 재난대응 체계의 변화

2014년 11월 19일 정부조직 개편으로 정부의 총 조직 구성은 17부 3처 18청에서 17부 5처 16청으로 변화되었다. 국무총리 소속으로 국민안전처를 설치함으로써 국가 차원의 대형 사고를 총리실에서 직접 관장해 부처 간 업무를 총괄 지휘·조정할 수 있도록 하겠다는 목표를 밝혔고, 국가안전처 장관이 국무총리의 명을 받아 관계 중앙행정기관을 총괄·조정하도록 한 것(정부조직법 제22조의2 제5항)도 재난 안전에 대한 국무총리의 역할을 강화하고자 하는 것으로 평가할 수 있다. 국가 전체적인 재난대응 체계의 특징 변화를 조직개편 전후 비교를 통해 살펴보면, 기존의 국가 재난대응 체계는 국무총리실에 설치되는 자문기구인 중앙안전관리위원회에서 재난 관련 사항을 심의하고, 실제 재난정책의 수립이나 재난이 발생했을 때에는 안전관리 총괄 부처인 안전행정부에 중앙재난안전대책본부를 설치하도록 했다. 따라서 심의 기능과 집행 기능이 국무총리와 안전행정부에 분산되어 있었다고 볼 수 있으며, 안전관리의 최종 책임은 안전행정부 장관에게 있는 것으로 해석될 여지가 있었다[4]([그림 2-2] 참조).

3) 뉴스타파. '기형적 재난대응 시스템', 국가적 수치 초래. ' 2014.4.24. http://newstapa.org.

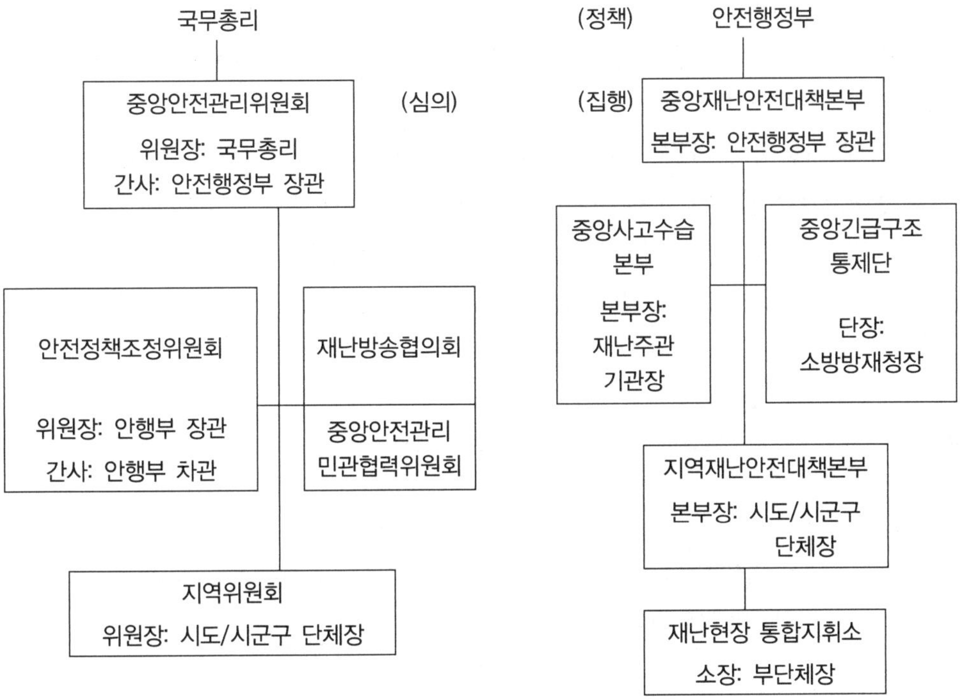

그림 2-2 조직개편 전 국가 재난대응 체계도

(근거법: 재난 및 안전관리기본법 법률 제11994호).

세월호 사건에 대한 대응 과정에서 노출된 국가 재난대응 체계의 문제점을 개선하고자 각 기관에 분산되어 있던 안전 관련 기능을 통합해 재난에 관한 종합 컨트롤 타워를 설치하자는 논의 과정에서 국민안전처(최초 논의된 기관명은 국가안전처)를 청와대가 아닌 국무총리실에 설치하는 것에 대한 비판[5]이 제기되었다. 이에

4) 세월호 사건에 대해 김장수 국가안보실장은 '국가안보실이 세월호 컨트롤 타워가 아니다'라는 발언을 했고, 김기춘 대통령실 비서실장 역시 세월호 침몰사고 진상규명 국정조사 특별위원회 기관보고에서 "재난 및 안전관리기본법에 의하면 최종적인 지휘본부는 안전행정부 장관이 본부장을 맡는 중앙대책본부장으로 되어 있다. 법적으로 안전행정부가 컨트롤 타워"라고 발언했다.

5) 김한길 새정치민주연합 공동대표가 국가재난 시 청와대 국가안전보장회의(NSC)가 위기관리 컨트롤 타워가 돼야 한다. 대통령이 직접 보고받고 지휘해야 국민이 안심할 수 있다고 지적했으며, 학계에서도 대통령 직속의 재난관리 총괄 기구를 설치해야 한다는 주장이 있었다(국회 세월호 침몰사고 대응 T/F 4).

대해 청와대는 재난 발생 시 신속하고 종합적인 대응이 중요하고 현장 집행적 성격이 강하므로 내각의 팀장격인 총리 산하에 국가안전처를 설치하는 것이 필요하고, 안보적 위기 상황에서 대형 재난이 발생했을 때 국가안전보장회의(NSC)의 컨트롤 타워 기능이 분산될 가능성이 있다는 주장도 했다.[6] 논란이 있었지만, 11월 29일 공포·발효된 정부조직법에서 국민안전처를 국무총리 소속으로 설치하도록 하여 결과적으로는 재난대응 정책에 대한 심의와 형성 및 집행이 국무총리 산하에서 이뤄지도록 했다([그림 2-3] 참조). 국민안전처가 국무총리 소속 기관이므로

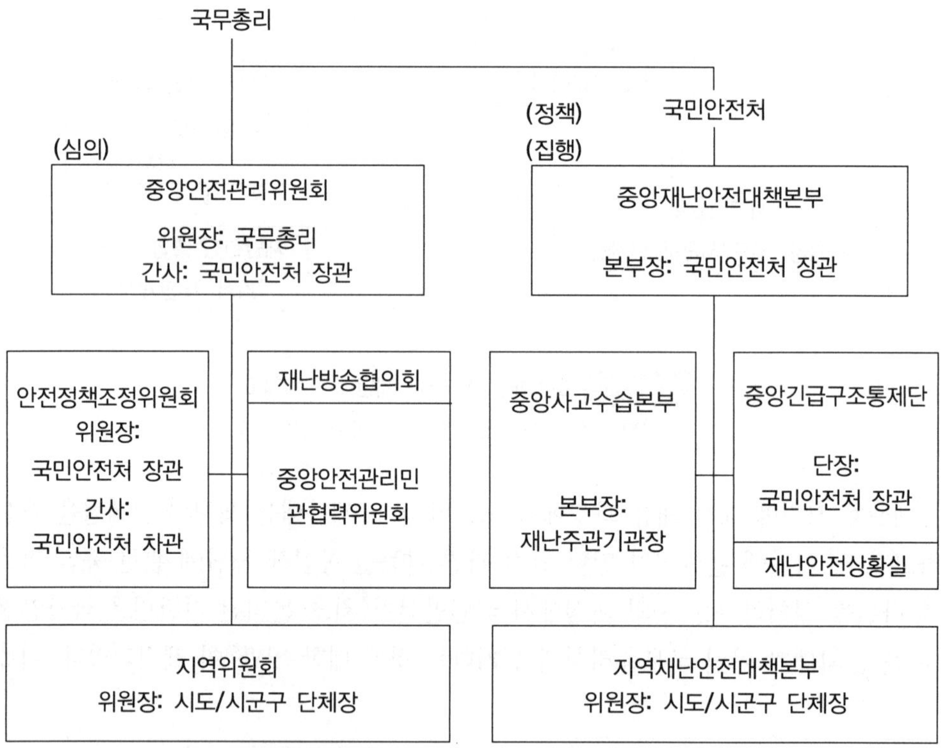

그림 2-3 조직 개편 후 국가 재난대응 체계도

근거법: 재난및안전관리기본법 법률 제12844호.

6) 헤럴드경제. '국가안전처 왜 청와대 아닌 총리실에 두나 논란에 청와대 적극 해명'. 2014.05.20. http://biz.heraldcorp.com.

안전 기능에 대한 최종적인 책임은 국무총리에게 있는 것으로 해석되어 기존의 국가 재난대응 체계에 비해 조정 체계의 위상이 높아진 것으로 볼 수도 있으나, 중앙재난안전대책본부의 본부장이 장관급인 국민안전처장으로 안전행정부 장관이 컨트롤 타워로서 역할을 했을 때와 유사한 문제가 발생할 우려는 남아 있다고 보아야 할 것이다.

4. 국민안전처의 조직과 인력

국민안전처의 본부조직은 1차관 2본부 4실 2조정관 19국(관) 62과로 구성되어 있다. 최고 지도자의 직급은 장관이고, 장관 아래 한 명의 차관이 있으나, 해양경찰청과 소방방재청의 업무를 조정・개편해 국민안전처의 차관급 본부(중앙소방본부, 해양경비안전본부)로 설치해 사실상 세 명의 차관급 책임자가 존재하는 유일한 정부조직이 되었다. 모든 재난에 대한 통합관리를 지향하기 위해 국민안전처를 설치했지만, 해상재난과 육상재난의 성격과 구조 과정이나 장비, 기술 등에 차이가 있다고 보고 소방과 해양의 독립적 운영을 보장하기 위한 목적에서 육상재난을 전담하는 중앙소방본부와 해상재난을 전담하는 해양경비안전본부를 설치했다.[7] 안전행정부의 안전관리 기능과 소방방재청의 방재 기능은 국민안전처의 안전정책실(기획, 재정, 재난 안전 산업 등)과 재난관리실(예방 총괄, 재난 경감, 기후 변화, 사회재난, 자연재난 등)이 담당하고, 항공・에너지・화학물질 유출・가스・통신 인프라 분야의 재난은 특수재난실에서 담당하도록 했다.

국민안전처의 인력은 업무의 이관에 따라 담당 부처로부터 이전해 온 인력 9,372명을 포함해 총 10,045명으로 출범했는데, 신규 인력 673명을 증원할 예정이다.[8] 행정자치부로 개편되는 안전행정부로부터 총 189명의 인력을 이관받았고(행정자치부의 조직 구성은 1본부 3국 11과 1소속이 감소), 그리고 외청의 독자적 지위를 상실하고 국민안전처의 본부 조직이 되는 소방방재청과 해양경찰청으로부터 8,694명이 이동해 왔으며 해양수산부로부터도 275명이 이동해 왔다.

---

7) 이선우. '국민안전처와 인사혁신처 출범에 거는 기대'. 2014.12.01. 시민일보. http://www.siminilbo.co.kr.

8) 안전행정부 보도자료. 2014.11.18. '안전한 사회 구현 및 공직개혁을 위한 정부조직 개편.'

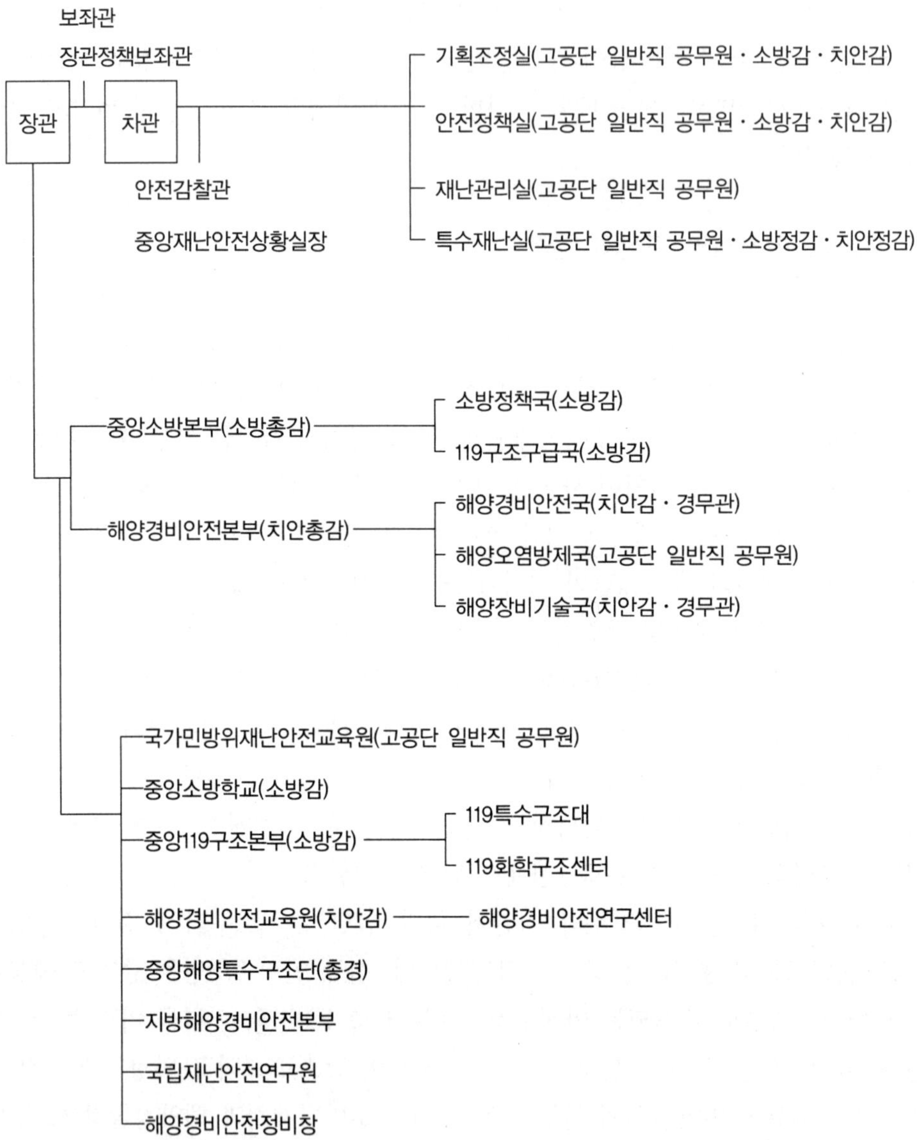

그림 2-4 국민안전처 조직도

출처: 국민안전처와그소속기관직제 및 국민안전처(http://www.mpss.go.kr).

표 2-1 국민안전처로의 사무 이관에 따른 인력 이동 내용

(단위: 명)

기관명	이관사무	고공단	3·4급	4급	4·5급	5급	6급	7급(관리운영7급)	8급(관리운영8급)	9급(관리운영8급)	연구관(전문경력관 가군)	연구사(전문경력관 나군)	총계
안전행정부	안전·재난에 관한 정책 수립·총괄·조정, 비상 대비·민방위 제도에 관한 사무	4	4	8	11	43	36	12 (2)	4 (2)	1 (6)	(4)	(1)	138
	국립재난안전연구원 (책임운영기관)	1	1	1		3	3	1	1		18	22	51
소방방재청		5	5	13	20*	71	112*	40 (3)	11 (2)	15 (8)	3 (6)	6 (4	629
		소방감	소방준감	소방정	소방령	소방경	소방위	소방장	소방교	소방사			
		3	7	17	36	56	72	56*	54	3*			
해수부	해상교통관제사무관				1	4	87	98	51 (12)	14 (8)			275
해양경찰청	해양경비·안전·오염 방제 및 해상에서 발생한 사건의 수사에 관한 사무	1	1	5	4	35	52	93 (4)	113 (16)	42 (119)	3		8,065
		치안총감	치안정감	치안감	경무관	총경	경정	경감	경위	경사	경장	순경	
		1	1	5	7	45	179*	462*	816	1,516	2,057*	2,488*	
	해양경찰정비창 (책임운영기관)			1			4 (17)	6 (18)	13 (22)	7 (83)			214
							경정	경감	경위	경사	경장	순경	
							2	3	9	17	10	2	

주: * 표시는 총 정원의 3퍼센트를 넘지 아니하는 범위에서 공무원의 정원을 따로 정한 경우에는 이체 인원의 수를 조정할 수 있는데, 그 조정된 수를 표시함.

출처: 국민안전처와 그 소속기관직 제시행규칙(총리령 제1105호) 부칙 제3조 및 제4조.

제 3 절 정부조직 개편에 대한 이론적 논의

정부조직 개편에 대한 이론적인 기반은 조직개편이라기보다 일반적인 카테고리와의 연계를 통해 파악해 볼 수 있을 것이다. 여기에서는 조직설계의 기본 원리에 대해 먼저 알아보고, 조직개편의 방식과 목적에 대한 논의를 살펴보고자 한다. 또한, 행정이론의 차원에서 조직개편에 적용해 볼 수 있는 시각에 대해 소개하고자 한다.

1. 조직설계의 기본 원리

조직설계의 기초 구성 요소에 대해 대프트(Daft, 2004)는 다음과 같은 세 가지를 제시하고 있다.

첫째는 분화 혹은 전문화(specialization)인데, 한 직위가 담당하는 직무의 설계 원리를 의미한다. 직무를 수평적으로 혹은 수직적으로 구분해 한 사람 혹은 한 직책이 맡는 업무를 설계하는 원리이다. 하지만, 지나친 전문화는 단조로움이나 스트레스를 유발하는 문제를 가지기도 한다.

둘째는 전문화를 통해 세분화된 직위와 직무를 상호의존성이 높은 것끼리 묶어서 부서로 통합하는 부서화(departmentalization) 단계이다. 예를 들면, 기능 중심, 사업 중심, 지역 중심 등으로 부서화하기도 한다.

셋째는 조정(coordination)인데, 전문화되고 부서화된 조직의 공동 목표를 달성하기 위한 협력 및 조정 기제가 필요하기 때문이다. 부서들 혹은 업무들 간을 수평적으로 또는 수직적으로 연결하고 의사소통이 원활해질 수 있도록 하는 활동을 의미한다.

첫 두 요소가 수직적인 계서제(hierarchy) 개념을 반영하고 있다면, 조정은 부서 간 상호작용(interaction)을 강조한다. 이러한 조정 기제로는 부서나 조직 간 자율적인 네트워크를 통한 조정 및 협력 방식과 계서제적인 권위에 의한 조정 및 협력 방식이 있을 것이다.

2. 공공조직 개편의 방식 및 목적

공공조직 개편은 공공조직에서 일어나는 다양한 기본적인 현상 중의 하나로서, 에머리히(Emmerich, 1971)는 조직개편을 공공조직의 기능이 수행되는 방식을 감독하거나 지휘하는 집행부 최상층부의 능력에 분명하게 영향을 주는 집행 기능의 규모(size), 배치(distribution), 성격(nature)에서의 변화를 의미한다고 정의한다. 이러한 조직개편은 대부분의 정권이 실시해 오고 있으며, 조직개편의 주요 이유로는 관료제가 구조적으로 분절(structural fragmentation)되어 있다는 점과 정치적으로 무감각(political independence)하다는 문제에서 발생하는 비효율성을 들고 있다(Meier, 1980).

공공조직의 개편 방식에 대해 토머스(Thomas, 1993)는 다음과 같은 여섯 가지 유형을 제시하고 있다.

첫째는 집행부 내 조직 간의 계서제적인 관계를 중앙집권화(centralizing)하는 방식인데, 행정부 내 조직들 간의 중복(overlaps)이나 과잉(redundancies)을 제거해 최고결정권자를 중심으로 합리화함으로써 정치적 책임성, 통제(control), 조정(coordination) 등을 강화하려는 시도이다.

둘째는 독립 외청이나 외국을 집행부 내부의 부처로 내부화(incorporating)하는 방식이다. 이는 정부의 활동이나 기능에 대한 집행적인 통제를 강화하고 포획(capture)의 가능성을 감소시키기 위한 시도로 이해할 수 있다.

세 번째 조직개편 방식은 독립 외청이나 위원회를 신설하는 방식인데, 이러한 독립관청이나 다수(multi-headed)에 의해 운영되는 기관은 최고결정권자의 정치적인 통제로부터 자율성을 확보해 정부정책에서 정치(politics)를 제거하려는 의도에서 많이 시도된다.

넷째는 정부기업(government enterprise)이나 공공기관(government corporation)을 창설하는 방식이다. 이 형태의 조직들은 정치적인 통제와 운영에 대한 관료제적인 제약으로부터 상대적으로 자유로운 특성을 가지므로 정부 활동의 일부이지만 시장과 같은(market-like) 운영을 통해 좀 더 높은 경쟁력과 효율성을 추구하기 위한 시도이다.

다섯째는 외주계약 등을 통해 운영상의 다양한 부분을 민간화(privatizing)시키는 방식인데, 민간화의 목적은 일반적으로 효율성 강화 및 정부 규모의 축소에 맞춰져 있다.

공공조직 개편의 마지막 방식으로는 조직구조와는 특정하게 관련되어 있지 않은 개편 전략이다. 즉, 조직구조와 그 정치적인 환경에 대한 재구성 이외의 다른 방식의 개편을 의미하는 것인데, 예를 들면 새로운 사고 방식이나 시각을 조직에 도입하는 것을 들 수 있다. 이러한 방식은 변화에 대한 거부감을 최소화할 수 있으므로 개편의 실현 가능성(feasibility)을 높일 수 있다.

조직개편은 여기저기 흩어져 있는 기관이나 부서들을 한 곳에 모아서 관리자의 감독이나 조정을 수월하게 하기 위해 조직을 단순화하려는 목적으로 많이 이뤄진다(Goodsell, 2004). 또한, 래딘(Radin, 2007)의 주장에 따르면, 정부조직 개편은 사회의 요구와 우선순위 변화에 대응하기 위한 정부의 정책 수단인데, 중앙의 관리기구가 정부 운영 및 서비스 공급의 효율성과 효과성을 강화하기 위한 의도로 추진된다고 한다.

반면, 모셔(Mosher, 1967)는 공공조직 개편의 목표를 네 가지로 제시하고 있다. 첫째는 정부가 추진하는 정책이나 사업을 변화시키려고 조직개편을 시도하는 경우이고, 둘째는 현재의 업무나 과업을 추진하는 과정에서의 행정적인 효과성(effectiveness)을 좀 더 향상시키기 위해 조직개편을 진행하는 경우이며, 셋째는 정부조직 내 개인, 개인 간, 그리고 집단 간의 문제나 갈등 등을 조정하고 완화하기 위해 조직개편을 세부적으로 추진하는 경우이다. 마지막으로는 조직 외부로부터의 압력이나 위협에 대응하고 맞서기 위해 조직개편을 의도하는 경우이다.

앞서 언급한 것처럼 마이어(Meier, 1980)는 정부조직 개편이 주로 집행부의 비효율성을 해결하기 위해 이뤄진다고 말했지만, 이와 동시에 실제로 이러한 목적이 어느 정도 달성되었는지에 대한 확인은 쉽지 않고, 또한 몇몇 학자들은 아예 이러한 목적이 달성되지 않는다[9]는 주장을 제기한다고 지적한다. 윌슨(Wilson, 1989)은 1968년과 1973년 사이의 FBI(Federal Bureau of Investigation)와 DEA(Drug Enforcement Administration) 간의 '준합병(semi-merger)'은 새로운 자원을 제공

9) 이러한 주장의 근거로는 기관이나 부서 간 권력 배열의 변화에 대한 저항, 현재의 운영 시스템/업무/직무기술/근로자에 발생하는 변화로 인한 조직개편에 내재된 비용, 그리고 변화된 조직 규정과 문화에 대한 적응 곤란 등을 언급하고 있다.

하고 기관의 핵심 임무를 재정의함으로써 조직개편 후 과거와 다른 차이를 만들었지만, 이와 달리 다수의 기관을 보건교육복지부(Department of Health, Education, and Welfare)로 합병하는 조치는 통합된 기관들이 계속해서 중앙의 리더십으로부터 독립적으로 움직임으로써 조직개편 전후에 별 차이를 만들지 못했다고 지적한다. 결국 정부조직 개편의 목표(즉, 효과성 혹은 효율성) 달성 여부에 대한 경험적인 증거는 확실하게 제시되지는 않은 상태이고 학자들마다 조직개편의 목표 달성 여부에 대해 의견이 일치하지는 않고 있다.

3. 행정이론 측면에서의 조직개편

비교적 최근에 등장한 행정이론의 시각에서 정부조직 개편을 살펴볼 때 적용 가능한 가장 대비가 되는 두 가지 시각이 신공공관리론(New Public Management: NPM)과 범정부적(Whole of Government: WoG) 혹은 뉴거버넌스(New Governance)적 접근이라고 할 것이다. 1990년대부터 영미 계열의 국가들에서 유행하기 시작한 정부개혁 트렌드를 일반적으로 신공공관리론이라고 통칭하고 있는데, 공공부문과 민간 부문이 본질적으로 유사하다는 전제 하에서 민간 부문의 관리 및 변화 기법을 공공 부문에 적극 도입해 공공 부문의 효율성을 강화하는 개혁을 추진해 나가야 한다는 주장이다. 크리스텐슨과 래그레이드(Christensen & Lægreid, 2007)는 신공공관리론의 특징으로 구조적 위임(structural devolution), 분화(disaggregation), 단목적(single-purpose) 조직 등을 들고 있는데, 이 특성들이 최근 수십 년간 공공 부문 개혁의 핵심이었다고 지적한다.

하지만, 경제학적 시각에 기반한 공공선택론, 주인-대리인 이론, 거래비용이론 등에 영향을 받은 신공공관리론은 시장, 민간기법, 효율성 등을 지나치게 강조함으로써 공공 부문의 중요한 가치인 민주성, 책임성, 형평성 등을 상대적으로 소홀히 할 우려가 대두되었다. 또한, 신공공관리론이 의사결정권 및 구조의 위임 및 분화, 민간 부문의 참여 등을 강조함으로써 공공 서비스의 효율성과 효과성을 강화하기 위해서는 부서 간 혹은 참여자 간 협력 및 조정의 필요성도 강력히 대두되었다. 이에 따라, 협업(collaboration), 네트워크, 조정(coordination) 등을 강조하는 범정부적 접근 혹은 뉴거버넌스적 시각이 등장하게 되었다. 이러한 새로운 시각은 신공공관리론이 주장하는 분절적 구조 및 서비스 공급 방식으로는 행정의 목적을 제대로 달성할 수 없다고 지적하면서 개별 부서나 조직 간의 통합(integration), 조정, 협력 등을 통해 공공 서비스 공급의 질을 향상시킬 수 있다고 이야기한다(Ling, 2002).

제 4 절 국민안전처 신설에 대한 분석

1. 세월호 사건의 원인 및 대책 분석

대통령은 세월호 사건이 발생한 지 34일째가 되던 5월 19일에 세월호 관련 대국민 담화문을 발표해 구조 업무가 실패했다고 인정하고, 그 원인으로 개별 정부 조직인 해양경찰청・해양수산부・안전행정부의 구조적・행태적인 문제와 함께 재난 대응 권한의 분산으로 인한 문제를 지적했다. 〈표 2-2〉는 대통령의 담화에 나타난 세월호 사건의 원인과 해결 방안을 정리하고 있다.

우선, 개별 정부 부처의 측면에서는 해난 사고 발생 시 직접적인 구조 임무를 담당하는 해양경찰청의 해양안전 관련 인력, 예산, 훈련, 역량 부족을 가장 큰 원인으로 들 수 있을 것이다. 해양경찰청은 이러한 임무를 제대로 수행해 내지 못한 것에 대한 책임으로 인해 해체되고 국민안전처 소속의 해양경비안전본부의 형태로 격하되었다. 이와 동시에, 구조 업무와는 직접 관련은 없지만, 해경을 관리 감독하고 국민 안전을 최종적으로 책임지는 해양수산부와 안전행정부도 세월호 사건의 책임에서 자유로울 수 없으므로 해양 안전 관련 기능과 권한을 국민안전처로 넘겨주면서 축소되었다.

다음으로, 재난 대응과 관련된 부처 전체의 시각에서 보면 국민 안전과 관련된 기능과 업무들이 안전행정부, 소방방재청, 해양경찰청, 해양수산부 등 다수의 기관에 분산되어 관장되고 있는 관계로 일사불란하고 통일성 있는 대응이 곤란한 것이 원인으로 지적될 수 있다. 이에 대한 대응으로 국가 전체의 시각에서 분산되어 있는 국민안전 관련 기능과 업무를 조정하고 총괄해 협력을 조장하는 컨트롤

표 2-2 세월호 관련 대통령 담화에 나타난 세월호 사건의 원인과 해결 방안

<table>
<tr><th></th><th>기관명</th><th>업무</th><th>실패 원인</th><th colspan="2">기능 재조정의 내용</th><th>결과(목표)</th></tr>
<tr><td rowspan="3">개별 정부기관의 문제</td><td>해양경찰청</td><td>구조업무</td><td>구조·구난 업무 소홀, 수사·외형적 성장에 집중 해양안전 인력·예산 확보 미흡, 인명구조 훈련 부족[10]</td><td>해체</td><td>수사·정보 기능 경찰청으로 이전
구조·구난과 해양경비 분야 국민안전처로 이전</td><td>해양 안전의 전문성과 책임 강화</td></tr>
<tr><td>안전행정부</td><td>국민안전 최종책임</td><td></td><td>축소</td><td>안전 업무를 국민안전처로 이관
인사·조직 기능 행정혁신처로 이관</td><td>행정자치 업무에 전념</td></tr>
<tr><td>해양수산부</td><td>해경 지휘·감독</td><td></td><td>축소</td><td>해양교통 관제센터(VTS) 국민안전처로 이관</td><td>해양산업 육성과 수산업 보호·진흥 전념</td></tr>
<tr><td rowspan="5">재난 대응 체계상의 문제</td><td colspan="3" rowspan="5">안전과 재난관리 기능이 여러 기관에 분산되어 신속하고 통일적인 대응을 하지 못함.</td><td colspan="3">분산된 안전 관련 조직을 통합, 지휘 체계 일원화 현장 중심 대응
- 육상재난: 현장의 소방본부·지방자치단체·재난 소관 부처가 대응
- 해상재난: 4개(서해·남해·동해·제주) 해양안전지역본부 중심
- 항공·에너지·화학·통신 인프라: 특수재난본부
- 특수기동구조대</td></tr>
<tr><td colspan="3">안전 관련 예산 사전협의권과 재해 예방에 관한 특별교부세 배분 권한 부여</td></tr>
<tr><td colspan="3">재난안전 전문가 중심 조직을 위한 공채 선발 및 순환보직의 엄격한 제한</td></tr>
<tr><td colspan="3">안전혁신 마스터플랜 수립</td></tr>
<tr><td colspan="3">국가재난안전 통신망구축사업 조속히 결론</td></tr>
</table>

10) 대통령은 23회 국무회의(2014.5.23.)에서 '해경의 구조 구난 해상 인력이 전체 인력의 6.6%로 수사·정보 인력의 8.7%보다 낮은 수준이고, 재난구조와 직접 관련된 예산은 해경 전체 예산의 2%에 미치지 못했으며, 다수의 인명구조에 필요한 대형 헬기는 2014년에 1대 구입해 기본적으로 구조구난에 필요한 장비와 장구도 갖추지 않아 왔다'고 지적했다(청와대 브리핑 No.465 2014-05-27).

타워가 필요하다는 지적을 받아들여 국민안전처를 신설하는 조직개편이 단행되었다. 즉, 분산되어 있던 국민 안전과 관련된 다양한 기능, 권한, 조직들을 국민안전처라는 하나의 거대 조직 속으로 통합함으로써 조정 및 협력을 강화해 더 나은 공공 서비스를 제공하기 위한 조직개편이라고 볼 수 있다.

2. 한국 및 미국의 유사 조직개편 사례와의 비교

1) 한국 사례와의 비교

우리나라의 경우 역대 거의 모든 정권은 집권을 시작하던 시기에 의례적으로 정부조직 개편을 추진했다. '새 술은 새 부대에'라는 말처럼 최고결정권자의 공약, 비전, 정책 등을 추진하기에 최적화된 정부조직을 구현하기 위한 의도로 이해될 수 있을 것이다. 또한, 사회적으로 큰 반향을 불러일으키는 사건이나 사고가 발생한 직후에도 조직개편에 대한 논의가 활발해지는 경향이 있다. 이번 국민안전처의 신설은 세월호 사건이라는 너무나 비극적인 사회적 이슈를 촉매로 해서 등장하게 된 것이다. 앞서 논의한 대로 이 국민안전처 신설은 국민 안전과 관련된 권한과 기능이 분담되어 있던 상황 속에서 발생한 비효율적 대응을 개선하기 위해 관련 부처들 간의 조정이나 협력을 원활히 하려는 목적에서 이뤄진 것이다.

역대 정권의 초반기에 이뤄진 정부조직 개편 중 이명박 정부의 조직개편을 살펴보면 이번 국민안전처 신설을 좀 더 용이하게 이해할 수 있을 것이다. 이명박 정부는 '대부처주의(大部處主義)'의 시각을 견지하면서 정부조직 개편을 시도했다. 직전 노무현 정부의 부처 조직이 너무 세분화되어 있어서 하나의 부처가 해결할 수 없고 다수의 부처가 공동 대응을 해야 해결 가능한 소위 '사악한 문제(wicked problems)'에 효율적으로 대처하기가 어렵다는 판단 하에 관련성이 높다고 분석된 부처들을 하나로 통폐합하는 작업을 수행했다. 즉, 부처 간, 정책 간 조정이 활발히 필요한 현대 사회의 정부 활동을 원활히 하기 위해 관련 부처를 하나의 계서제적인 조직으로 통합해 조정을 용이하게 하는 조직개편을 실시한 것이라고 볼 수 있을 것이다. 그 결과 교육부와 과학기술부 일부가 합쳐져서 교육과학기술부로, 과학기술부 일부와 정보통신부 일부와 산업자원부가 합쳐져서 지식경제부로, 농림부와 해양수산부 일부가 합쳐져서 농림수산식품부로, 해양수산부 일부와 건설교통부가 합쳐져서 국토해양부로, 재정경제부와 기획예산처가 합쳐져서 기획재정부로 탈바꿈하게 되었다.

이와 같은 대부처(大部處)로의 통폐합은 관련 권한과 기능 간의 계서제적인 조정 측면에서 장점이 있는 것이 사실이지만, 한 가지 주의해야 할 사항은 조직과 인력의 기계적인 결합만으로는 조직개편의 효과와 목적을 달성하기 어렵다는 것이다. 통합 대상 부서와 조직 간의 기계적인 결합을 넘어서 화학적인 융합까지 이뤄 진정한 하나의 조직으로 거듭나야 소기의 목적을 달성할 수 있는 것이다. 이런 관점에서 볼 때, 이명박 정부의 대부처주의 조직개편은 그렇게 성공적이지는 않았다는 평가를 받고 있다. 통합 대상 조직 및 인력 간에 화학적인 결합은 예상과 달리 용이하지 않았고, 대부처 속에 통폐합된 기존의 부서 간에는 통솔 범위가 과다해져서 권한 및 기능 면에서 균형성을 잃었으며, 의도했던 조정도 활발히 일어나지 않았다.

이러한 이명박 정부의 대부처주의 조직개편의 단점을 극복하기 위해 박근혜 정부는 집권 초에 '전문부처주의(專門部處主義)'를 염두에 둔 조직개편을 시행한 것으로 보인다. 교육과학기술부를 교육부와 미래창조과학부로, 국토해양부를 국토교통부와 해양수산부로 분리해 대부처들을 전문 부처들로 환원시키는 작업이 진행되었다. 이와 더불어, 부처의 수가 많아짐으로써 다수 부처 간 조정 및 협력이 용이하지 않을 수 있다는 우려가 제기됨에 따라 과거에 존재했던 부문별 부총리 제도를 부활시키는 대안을 제시해 기획재정부 장관이 경제 부문 부총리로, 교육부 장관이 사회 부문 부총리로 역할을 수행하게 했다. 하지만, 이 부문별 부총리제는 하나의 부처로 통합되어 엄격한 계서제적인 결속을 받는 상태보다는 조정에서 상대적으로 느슨한 상태라고 할 것이다. 따라서, 이를 보완하기 위해 부처 간 '협업'이나 '칸막이 제거' 같은 슬로건을 강조하고 협업을 시스템화하려는 시도를 함으로써 네트워크를 이용한 자율적 · 체계적 협력을 강화하려는 노력을 많이 기울이고 있다.

이번 거대 국민안전처의 신설은 국민 안전과 관련된 다수의 부처 및 기능을 하나의 부처로 통합한 것으로 박근혜 정부의 협업 및 조정 강조나 칸막이 제거와 맥을 같이하는 차원에서 이해될 수도 있지만, 조금 달리 보면 박근혜 정부가 원래 추진하던 부총리제 같은 제도를 통해 상대적으로 자율적 협력을 강조하면서 정책 조정을 추구하던 방식이 아니라 하나의 대규모 부처로 통합함으로써 좀 더 엄격한 계서제적인 조정 및 협력을 강조하는 방식으로 보인다. 오히려 이명박 정부의 대부처주의와 더 유사한 측면을 갖고 있는 것이 아닌가 생각한다.

2) 미국 사례와의 비교

미국의 경우 전통적으로 정부조직 개편을 빈번하게 시도하지는 않는 특징을 가지고 있다. 우리나라의 경우 조직 자체의 폐지나 신설은 물론이고 조직 명칭의 변화도 상당히 자주 목격되고 있는 편인데 비해, 미국의 경우 1789년에 설립된 재무부(Department of the Treasury)가 큰 조직개편 없이 지금까지도 그 명칭 그대로 유지되어 오고 있다는 사실에서 정부조직 개편이 비교적 흔하지는 않다는 것을 알 수 있다. 그렇지만, 이런 미국 사회도 2001년 9월 11일 발생한 테러사건으로 인해 역사상 유례가 없는 대규모 정부조직 개편을 단행했고, 그 결과 거대 공룡조직인 국토안보부(Department of Homeland Security)가 탄생하게 되었다. 2003년 정식 출범한 국토안보부는 22개의 기존 연방정부 조직을 흡수해 17만 여명의 공무원과 400억 달러에 달하는 막대한 예산을 가진 거대 조직이 되었다.

소위 9·11 테러사건 이후 그 원인에 대한 분석이 이뤄졌고, 가장 큰 문제점으로 안전과 관련된 권한과 기능의 지나친 분산, 너무 많은 전문화된 권한, 그리고 이러한 분산되고 전문화된 권한과 기능 사이의 조정과 협력의 부재 등이 지적되었다(Boston & Eichbaum, 2007). 이러한 문제점들을 극복하기 위해 분절화된 권한과 기능의 효율적이고 효과적인 조정 강화가 제안되었고, 국가 전체적인 큰 틀에서 국가 안전 문제를 일관성 있게 조정하고 총괄해 나갈 컨트롤 타워로 국토안보부를 신설했다(Christensen & Lægreid, 2007). 미국은 우리나라와는 달리 계서제적인 조정 기제보다는 부처 간 자율적 협력을 통한 정책 조정 및 협업이 전통적으로 강조되어 온 시스템인데, 국토안보부의 경우 분산되어 있던 다양한 국가 안전과 관련된 기능과 권한들이 국토안보부라는 하나의 조직체 내부로 통합되어 계서제적인 조정과 감독을 받게 되는 상황이 연출되고 있는 것이다. 신설된 우리나라 국민안전처도 다수의 안전 관련 기능과 조직을 하나의 계서제적인 거대 조직 안으로 통합해 관리하려고 시도했다는 점에서 미국의 국토안보부와 상당히 유사한 점이 많다고 할 것이다.

3. 조직개편 이론의 적용을 통한 분석

앞서 정부조직 개편 문제에 적용 가능한 행정이론으로 신공공관리론과 범정부적 접근(WoG)을 소개했는데, 신공공관리론의 주장에 의하면 정부의 기능과 권한이 한 기관에 집중되어 있기보다는 다수의 혹은 하위 기관에 위임되고 분산되어 있는 것이 좀 더 효율적으로 공공 서비스를 제공하기에 적합하다는 것이다. 반면, 범정부적 접근 시각은 다수 기관이나 조직에 분산되어 있는 기능과 권한을 조정이나 협력 혹은 네트워킹을 강화함으로써 더 나은 질(quality)의 공공 서비스를 제공할 수 있다는 주장이다. 신설된 우리 국민안전처도 기존에 국민안전과 관련된 다양한 업무가 다수의 부처에 흩어져 있어서 위기의 상황이 갑자기 발생했을 때 일사불란하게 대처하는 것이 곤란하다는 이유 때문에 중앙의 계서제적인 조정과 통제를 용이하게 하도록 거대조직으로 신설되었다고 할 것이다.

물론 세월호 사건이 발생하기 전부터 박근혜 정부는 부처 간 칸막이를 없애는 행정을 강조하면서 관련 부처 간 협업을 강화하려는 노력을 꾸준히 추진해 왔으나, 구호로만 머문 것이 아닌가 하는 아쉬움이 남고 이를 극복하고 제대로 추진하기 위해 해경 해체 및 국민안전처 신설이라는 초강수를 둔 것으로 판단할 수 있다. 결국 이번 조직개편은 안전 관련 조직과 기능의 조정과 협력을 강화하기 위한 범정부적 시각을 반영한 것으로 이해할 수 있을 것이다.

제 5 절 결론: 정책적 시사점

조직구조를 설계하는 기본 세 가지 원리는 분화 및 전문화, 부서화, 그리고 조정이라고 앞서 언급한 바 있다. 분화와 부서화를 통해 분산되어 있는 권한과 기능을 적절히 조정해 협력을 통해 시너지 효과를 발휘할 수 있도록 하는 것이 국민안전처 신설이라는 조직개편 사례의 핵심이다. 기존에 다수의 조직과 기관에 분권화되어 있던 국민 안전 관련 기능들이 국민안전처라는 대규모 컨트롤 타워 안으로 내부화됨에 따라 조정이 용이해지고 종합적이고 일사불란한 대응이 가능해졌다는 것이 이번 조직개편이 추구하는 바일 것이다. 그렇지만, 이와 동시에 장기적인 시각과 종합적인 고려가 수반되지 않고 단순히 조직구조만 변화시키는 대증적 조직개편은 한계를 가질 수밖에 없다는 점도 기억해야 할 것이다.

또한, 실제로 임무를 수행하는 공무원의 의식과 행태 변화가 수반되지 않는 조직구조만의 개편도 그 실효성에 한계가 있을 것이라는 점과 통합된 기존 조직이나 부서, 구성원들이 물리적 결합을 넘어 진정한 하나의 조직으로 화학적 융합까지 달성해 내는 것은 정말 쉬운 일이 아니라는 점도 언급되어야 할 것이다. 따라서 사건이나 사고가 발생했을 때 조직 구조를 바꾸는 것만이 능사가 아니라 기존 시스템을 어떻게 하면 좀 더 잘 운영할 수 있을 것인지 그 운영의 묘를 잘 살리려는 노력이 우선되어야 하지 않을까 생각한다(정용덕, 2014). 정부조직 개편과 같은 하드웨어의 변화는 구성원의 의식 및 행태 변화, 조정 및 협업 시스템의 구축, 조직문화의 변화 등과 같은 소프트웨어의 변화가 무르익은 다음에 장기적인 시각에서 이뤄지는 것이 그 부작용을 최소화하는 방법이 아닐까 생각해 본다.

연구 문제

1. 정권이 교체되면 의례적으로 이뤄지는 정부조직 개편의 장단점에 대해 생각해 보자.
2. 조직개편의 목표와 효과에 대해 생각해 보자.
3. 조직개편 이외에 해당 조직의 목표 달성이나 성과 향상을 가져올 수 있는 대안에는 어떤 것들이 있는지 생각해 보자.

참고 문헌

국회 세월호 침몰사고대응 TF. 2014. 5. 세월호 침몰사고 관련 쟁점별 개선 논의 사항.

안전행정부(2013). 정부조직개편 백서.

정용덕(2014). 신설 국민안전처 안착을 위한 과제. 문화일보 2014년 11월 21일 칼럼.

Boston, Jonathan & Eichbaum, Chris (2007). State sector reform and renewal in New Zealand—Lessons for Governance. In Gerald Caiden & Tsai-Tsu Su (eds). *The Repositioning of Public Governance: Global Experiences and Challenges*. Taipei: National University of Taiwan Press.

Christensen, Tom & Lægreid, Per (2007). The Whole-of-Government Approach to Public Sector Reform. *Public Administration Review*, 67(6): 1059-66.

Daft, Richard L. (2004). *Organization Theory and Design*. Thomson.

Emmerich, Herbert (1971). *Federal Organization and Administrative Management*. University of Alabama Press.

Goodsell, Charles T. (2004). *The Case for Bureaucracy: A Public Administration Polemic*. Washington D. C.: CQ Press.

Ling, Tom (2002). Delivering Joined-Up Government in the UK: Dimensions, Issues and Problems. *Public Administration*, 80(4): 615-642.

Meier, Kenneth J. (1980). Executive Reorganization of Government: Impact on Employment and Expenditures. *American Journal of Political Science*, 24: 396-412.

Mosher, Frederick C. (1967). *Governmental Reorganizations: Cases and Commentary*. Indianapolis: Bobbs-Merrill.

Radin, Beryl A. (2007). The Instruments of Intergovernmental Management. In B. G. Peters & J. Pierre (eds). *The Handbook of Public Administration*. Sage Publications Ltd: London.

Thomas, Craig W. (1993). Reorganizing Public Organizations: Alternatives, Objectives, and Evidence. *Journal of Public Administration Research and Theory*, 3(4): 457-486.

Wilson, James Q. (1989). *Bureaucracy: What Government Agencies Do and Why They Do It*. New York: Basic Books.

제 3 장

공적 의사결정 기제로서의 협력적 거버넌스: 미국과 한국의 사례를 중심으로

최 태 현

제 1 절 서론

21세기 들어 한국 사회는 심각한 공공갈등에 직면하고 있다. 한 조사에 따르면 한국 사회가 지불하고 있는 공공갈등 비용은 1인당 GDP의 27%에 달한다고 한다(박준 외, 2009). 이러한 공공갈등은 몇 가지 원인에 의해 발생하고 악화되고 있다.

첫째, 사회의 다원화의 진전이다. 한국 정치에서 1987년 대통령 직선제 이후 선거민주주의가 안정되었다. 1990년대에는 지방자치단체 및 지방의회가 선거에 의해 구성되었고, 1997년 대선 및 2007년 대선에서는 정권의 교체가 이뤄지기도 했다. 이어서 시민사회 영역에서 시민단체들이 다수 생겨나면서 이들의 목소리가 적극적으로 국정에 반영되고 있다. 이와 아울러 사회 각 부문마다 다원적인 세력들이 형성되어 각자 자신의 목소리를 국정 및 정책에 반영하고자 노력하는 가운데 공공갈등은 심화되고 있다.

둘째, 갈등 해소 기제의 부족이다. 민주화와 다원화가 진전되고, 이에 따라 기존에 덮여 있던 공공갈등이 가시적으로 표출된다고 해서 반드시 공공갈등 비용이 심각해지는 것은 아니다. 그러나 한국의 경우 국가 중심의 의사결정 및 조정에 의존하는 제도적 전통이 있고, 위계주의적 의사결정을 정당화하는 문화적 배경에 따라 공공 의사결정은 합의적이기보다는 위계적이고 권위적으로 이뤄져 왔다. 그러나 현재 공공갈등의 중심이 되는 사안들, 예를 들어 도시 재개발 혹은 혐오시설 입지 선정 등은 더 이상 기존의 권위주의적 의사결정으로는 그 성공을 담보할 수 없는 상황이 되었다. 그럼에도 불구하고 새로운 공적 의사결정 기제에 대한 제도적 기반이나 관련 이해당사자들의 행태 변화는 미비하다.

셋째, 신뢰의 부족이다. 한국 사회의 신뢰는 제도에 대한 신뢰나 타인에 대한 신뢰를 막론하고 매우 낮은 상황이다. 신뢰는 갈등 당사자 간에 장기적인 이해 조정을 가능하게 해주는 사회자본인데(Coleman, 1988), 이러한 신뢰의 부족은 갈등 해결을 위한 장기적 기획의 수립을 어렵게 만들고 있다. 갈등 해결을 위한 즉각적인 대안들이 요구되지만, 제시된 대안들은 건설적으로 갈등을 해결하기보다는 미봉책이거나 무리한 재분배의 성격을 띠기 쉽다.

넷째, 리더십의 부족이다. 갈등 해소에서 제3자의 중재는 매우 중요하다. 당사자 간에는 신뢰의 부족으로 인해 양자간 합의로 갈등을 해소하기 어렵기 때문이다. 따라서 갈등 당사자들이 모두 신뢰할 수 있는 조정자, 혹은 리더가 중요한 역할을 하게 된다. 이러한 리더들은 또한 갈등을 건설적으로 해결할 수 있는 자원과 정당성을 동원하는 기능을 하기도 한다. 이러한 리더십은 과거와 같은 권위주의적 리더십이 아닌 조장적 리더십(facilitative leadership)을 요구한다. 그러나 한국에서 아직까지 조장적 리더십의 가치와 행태는 확립되어 있지 않다.

서구 국가들은 지역 개발, 혐오시설 입지, 환경 보호 등 한국 사회의 갈등을 야기하는 문제들과 유사한 공적 문제들을 해결하기 위한 기제로서 협력적 거버넌스(collaborative governance)를 적용해 왔다. 협력적 거버넌스는 이해당사자들이 한데 모여 위계적이 아닌 수평적인 관계에서 상호 신뢰 구축 및 집단 학습을 통해 상호 이익이 되는 대안을 모색하고 이를 함께 집행해 나가는 거버넌스이다(Ansell & Gash, 2008; Robertson & Choi, 2012). 이는 단순히 갈등 상황을 해결하는 데에만 의의가 있는 것이 아니라 이해당사자들이 서로에 대한 신뢰를 구축함으로써 미래의 공공문제 해결을 위한 사회적 자본을 구축한다는 의미도 있다.

이 장에서는 이러한 협력적 거버넌스에 대한 이론적 논의를 소개한다. 이하에서는 우선 미국과 한국의 협력적 거버넌스 사례를 제시하고, 관련 이론들을 검토한다. 그리고 이러한 이론틀에 기반해 미국과 한국의 사례를 분석한다. 결론에서는 사례의 함의에 대해 논의하고 토론을 위한 연구문제를 제시한다.

제 2 절 협력적 거버넌스 사례의 개요

이 절에서는 두 가지 협력적 거버넌스 사례를 간략히 서술한다. 하나는 미국 북캘리포니아의 새크라멘토 지역 수자원 관리 포럼 사례이고, 다른 하나는 부산의 감천문화마을 사례이다. 두 사례 모두 정부와 민간 이해당사자들이 협력을 통해 당면한 문제를 해결했다는 공통점을 가지고 있다. 그러나 미국과 한국, 그리고 사안의 맥락이 다른 만큼 차이점도 많이 가지고 있다. 여기에서는 사례의 개요를 서술한 후 이어지는 제4절에서 좀 더 분석적인 논의를 할 것이다. 미국의 사례는 협력적 거버넌스 개념이 적용되는 전형적인 경우를 보여주기 위해 간략히 서술하고, 한국의 감천문화마을 사례에 좀 더 중점을 둔다.

1. 미국의 새크라멘토 지역 수자원 관리 포럼 사례[1)]

여기서는 새크라멘토 지역 수자원 관리 포럼(Sacramento Area Water Forum: 이하 새크라멘토 포럼) 사례를 간략히 서술한다. 이 사례는 학자들 사이에서 전형적이고 성공적인 협력적 거버넌스 사례로 회자되어 왔다(Connick, 2006; Innes & Booher, 2010). 북캘리포니아의 로우어 아메리칸 강(Lower American River) 수자원 이용과 보존을 둘러싼 이해당사자들 간의 오랜 갈등이 법정 투쟁으로 해결될 수 없었던 상황에서, 이해당사자들은 협력체를 구성해 건설적인 대안을 모색했다.

---

1) 이 절의 새크라멘토 포럼 관련 사실 관계는 코닉(Connick, 2006) 및 이네스와 부허(Innes & Booher, 2010)의 연구에 의존했다.

포럼은 1993년 시작되어 약 6년의 기간이 경과한 후 참여자들 간에 양해각서(MOU)가 체결되었고, 집행을 감독하기 위한 기구가 결성되었다. 그 결과 성공적으로 합의에 이르고 그 합의는 구성 조직 각각에 의해 집행되었다.

이 포럼의 관련 행위자들은 새크라멘토 시 정부, 새크라멘토 카운티 정부, 전기·수도 공급 주체, 개발사업가, 환경운동가, 그리고 일반 납세자 등을 포함했다(Connick, 2006). 이러한 이해당사자들뿐 아니라 포럼을 이끌고 조정하기 위해 외부 전문가(캘리포니아 주립대 새크라멘토 캠퍼스 교수)가 참여했다(Innes & Booher, 2010).

이 포럼은 기획, 조직, 교육, 협상 및 해법 모색, 그리고 집행의 다섯 단계를 거쳤다(Connick, 2006). 기획 및 조직 단계에서는 외부 조정 전문가의 초빙과 그의 주도로 포럼의 목표, 일정, 참여집단을 설계하고, 모든 이해당사자가 참여하는 전체 모임과 아울러 각 분야별 이해당사자들이 참여하는 네 개의 하부 모임을 조직했다. 교육 단계에서는 참여자들이 함께 정보를 공유했다. 여기서 초점은 각 참여자들이 자신의 입장에 유리한 정보를 주장하는 것이 아니라 수자원 개발 및 보전과 관련된 가능한 한 많은 정보를 공유하는 것이었다. 또한 이 단계에서 자신의 입장을 내세우는 것은 허용되지 않았다(Connick, 2006). 이러한 집단 학습을 기초로 다음 단계에서 협상 및 해법 모색이 이뤄졌고 양해각서가 체결되었다. 이후 집행 단계에서는 이를 감독할 모임(the Successor Effort)이 만들어지고 향후 30년 간의 운영이 결정되었다(Innes & Booher, 2010).

2. 한국의 감천문화마을 사례[2)]

이 절에서는 한국의 사례로서 감천문화마을 재개발 사례를 살펴본다. 대표적인 낙후 지역으로 꼽히던 감천마을은 정부와 민간 전문가, 그리고 마을 주민들 간의 협력으로 전통문화와 공간을 보존하면서 새로운 주거지역을 창출한 대표적인 성공 사례로 꼽히고 있다. 성공적인 리모델링을 거치면서 현재는 '한국의 마추피추(Machu Picchu)' 혹은 '한국의 산토리니(Santorini)'로 일컬어지며 2013년 한 해

2) 이 절의 감천문화마을 관련 사실 관계는 본문에 인용된 기존의 연구들 및 신문기사, 정부보고서 등에 의존했다.

동안에만 45만 명 이상의 관광객이 방문하는 도시로 성장했다(유영호, 2013). 더불어 다양한 기관으로부터 도시 경관 및 지역 발전 부문에서 다수의 상을 수상하기도 했다.[3] 이처럼 감천문화마을은 현재 양극화 문제를 해결하고자 하는 많은 도시에 모범 사례로 여겨지고 있다(이영준 · 김진영, 2014). 감천문화마을 혁신의 협력과정을 정리하면 다음과 같다.

우선 감천문화마을은 특수한 역사적 맥락을 지니고 있다. 이 마을은 저소득층이 밀집한 지역으로, 한국전쟁을 겪은 1950년대에 태극도 신도와 6 · 25 피난민의 집단 거주지로 형성되었다(김창수, 2012; 박현희, 2013). 부산의 지리적 특징인 경사면을 이용해 산자락을 따라서 질서있게 계단식으로 주택을 지어 앞집과 뒷집이 서로 전망을 가리지 않고 모든 길이 통하도록 되어 있다(박현희, 2013; 백영제 외, 2011). 1980년대 25,000여 명까지 증가했던 인구는 점차 감소해 2010년 현재 약 10,000여 명 정도이다(김창수, 2012: 235).

감천마을의 '문화마을' 만들기 논의는 2008년에 예술가와 전문가로 구성된 집단이 주민조직의 참여 가능성을 확인하면서 시작되었다(이연숙 · 박재현, 2014). 그리고 '꿈을 꾸는 부산의 마추피추 프로젝트', '미로미로(美路迷路) 프로젝트'가 순차적으로 시행되면서 감천문화마을이 탄생하게 되었다. '꿈을 꾸는 부산의 마추피추 프로젝트'는 〈아트팩토리 인 다대포〉[4]가 문화체육관광부의 마을미술 프로젝트 공모에 제안한 사업이 당선되면서 현실화된 마을미술 프로젝트이다. 1억 원의 예산으로 산복도로 주변에 10점의 길거리 조형물이 설치되었으며, 지역예술문화단체인 〈아트팩토리 인 다대포〉 외에도 예술가, 마을주민, 감정초등학교 학생, 우리누리 공부방 학생이 참여해 10점의 조형물 중 4점을 제작했다(윤희각, 2012).

'미로미로 프로젝트'는 2010년도에 시행된 문화체육관광부 주최 〈2010년 콘텐츠 융합형 관광협력 사업 공모〉에 사하구청과 감천2동 주민들이 공동으로 참여해 응모한 내용이 당선되면서 이뤄졌다(김창수, 2012). '마추피추 프로젝트'와 연계해 5월에서 10월에 걸쳐 3억 8천만 원의 사업비를 투입해 6점의 '빈집 프로젝트'와 5점의 '골목길 프로젝트'가 실행되었다(최강림, 2011: 29).

---

3) 2011년 국토교통부 주최 도시대상, 2012년 아시아 도시경관상 대상, 문화체육관광부 주최 지역전통문화브랜드 우수상, 2013년 대통령 표창인 지역발전대상.

4) 사하구 무지개공단 끝자락에 위치한 문화예술인들의 모임.

2009년의 '마추피추 프로젝트'와 2010년의 '미로미로 프로젝트'로 감천문화마을이 형성되었다면, 2011년에 진행된 '서민생활환경 개선사업'은 감천문화마을의 지속 및 유지에 기여했다. 붕괴 위험이 있는 주택과 담장을 정비하고 공동작업장, 경로당, 보안등을 조성하는 '샛바람 신바람 프로젝트', 골목길·공동화장실 등을 정비하고 공원 조성과 CCTV 등을 설치하는 '방가방가(放家芳家) 프로젝트', 저소득층의 노후주택을 수리하고 순환주택을 조성하는 '홈 마이 홈 프로젝트(Home My Home Project)' 등이 세부 사업으로 실행되었다. 이는 지역 주민의 참여와 함께 생활환경 개선 및 일자리 제공 효과도 있었다(박현희, 2013: 57; 국민대통합위원회, 2014). 한편 감천문화마을의 지속 및 유지는 소득 창출과도 관련이 깊다. 천연염색, 도자기, 천연양초, 비누 등 공동체 사업(community business)을 수행한 것이 그 예이다(김창수, 2012). 그리고 세미나와 아카데미 등을 통해 주민들의 예술 활동을 위한 교육이 시행되었으며, 현재 주민들이 만든 마을 특산품이 아트숍에서 판매되고 있다(이연숙·박재현, 2014).

요컨대 감천문화마을 사례에서는 '마을만들기 프로젝트' 성공을 위해 주민협의회가 능동적으로 운영되어 민관 협력을 가능하게 했으며, 예술가 및 전문가가 직접 참여할 뿐만 아니라 주민 교육을 담당하기도 했다(홍진이, 2013). 한편, 문화체육관광부의 재정적 지원은 마을만들기의 시작을 가능하게 했고, 부산시의 창조도시본부, 사하구의 창조도시기획단은 제도적으로 감천문화마을 조성을 지원했으며, 주민협의회의 2013년의 정관 및 조례 제정 또한 마을만들기의 성공을 뒷받침했다고 볼 수 있다.

제 3 절 협력적 거버넌스 이론

이 절에서는 협력적 거버넌스 이론을 소개한다. 우선 협력적 거버넌스의 개념을 소개하고 이와 관련된 다른 개념들, 그리고 협력적 거버넌스 개념이 전개된 행정학적 배경에 대해 설명한다. 이어서 현재 대표적인 협력적 거버넌스 분석틀로 자주 인용되는 안셀과 개쉬(Ansell & Gash, 2008)의 분석틀을 설명한다.

1. 협력적 거버넌스의 개념 및 관련 논의

1) 협력적 거버넌스의 개념

협력적 거버넌스는 위계적이 아닌 협력적 방식을 통해 이해당사자 간의 이해를 조정하며, 모든 거버넌스 참여자의 이해를 고려해 최선의 대안을 마련하고 이를 집행하는 과정을 지칭한다. 실제 협력적 거버넌스는 단일한 형태가 아니라 매우 다양한 방식의 실천에 의해 구체화되기 때문에 그 개념 정의 역시 다양하게 제시되고 있다.

협력적 거버넌스를 정의할 때 중요한 요소 중 하나는 정부뿐 아니라 시민사회 영역의 참여자들에 의한 의사결정을 강조할 것이냐, 아니면 이들에 의한 집행을 강조할 것이냐이다. 과거 공공 서비스 공급 네트워크를 강조하던 입장(Milward & Provan, 2000)에서는 협력적 거버넌스의 집행 측면을 강조했다. 그러나 최근의 협력적 거버넌스에 대한 주된 입장은 시민사회 참여자들이 의사결정 과정에 의미있게 참여하고 영향을 미칠 수 있는 가능성을 그 핵심 요소로 보는 경향이 강하다(Ansell & Gash, 2008). 두 가지 입장 중 협력적 거버넌스 개념에는 시민사회 참여자들의 의사결정 과정에의 참여를 그 개념 요소로 보는 것이 바람직하다. 왜냐하면 협력적 거버넌스가 공공갈등 해소를 위한 기제로서 의미가 있는 것은 바로 이해당사자들이 스스로 납득할 수 있는 대안을 숙의 과정을 통해 형성한다는 데에 있기 때문이다. 협력적 거버넌스를 집행에 초점을 두고 접근하면 이를 반영하기 어렵게 된다.

협력적 거버넌스의 정의에서 중요한 다른 한 요소는 정부의 위상이다. 위계적 거버넌스에서 정부의 위상은 정책의 결정 및 집행에서 최고의 책임기관이다. 그러나 협력적 거버넌스에서는 참여자들 간의 수평적 관계를 강조하기 때문에 과연 정부는 어떤 위상을 가지는가가 중요한 문제가 된다. 이에 대해서는 정부 역시 다양한 이해당사자들 중의 하나일 뿐이며, 이들이 과거와 같은 특권적 지위를 갖지 못한다고 보는 입장이 있다(Rhodes, 1997). 이러한 입장에서 협력적 거버넌스는 자기조직적 거버넌스의 한 형태로서(최창현, 2009; Folke et al., 2005), 정부의 행위는 집합적 행동의 결과와 직접적인 관련이 없게 된다. 이와는 반대로 협력적 거버넌스에서도 정부는 다른 행위자와는 다른 정도의 책임을 진다고 보는 것이 정당화될 수 있다. 이러한 입장에서는 협력적 거버넌스에 필요한 공적 권위, 자원, 그리고 정당성을 정부가 제공해 줄 수 있다는 점에 주목한다(김창수, 2012; Purdy, 2012). 혹은 정부가 배제된 채 이뤄지는 합의는 집행 가능성이 매우 낮다는 점에 주목한다(Innes & Booher, 2010). 따라서 정부는 수평적 의사결정의 한 참여자이지만, 여전히 매우 중요한 역할을 수행하는 중심적 참여자라고 볼 수 있다.

이러한 논의를 바탕으로 볼 때, 협력적 거버넌스의 정의로서 학계에서 가장 보편적으로 받아들여지고 있는 정의는 안셀과 개쉬(Ansell & Gash, 2008: 544)의 정의이다. 이들은 협력적 거버넌스를 다음과 같이 정의한다.

> A governing arrangement where one or more public agencies directly engage non-state stakeholders in a collective decision-making process that is formal, consensus-oriented, and deliberative and that aims to make or implement public policy or manage public programs or assets.

이 정의에서 강조되고 있는 기준은 여섯 가지이다. ① 협력적 거버넌스에서 의사결정이 이뤄지는 포럼은 공공기관이나 제도에 의해 주창된다, ② 정부 이외의 행위자도 의사결정 포럼에 참여한다, ③ 참여자들은 정부로부터 단순히 자문을 받는 것이 아니라 직접 의사결정에 관여한다, ④ 포럼은 공식적으로 구성되고 집단적으로 회합한다, ⑤ 포럼은 합의에 의해 의사결정을 한다, ⑥ 협력의 초점은 정책 혹은 공공관리이다(Ansell & Gash, 2008: 544-545).

협력적 거버넌스는 네 가지 주요한 속성을 지닌다(Robertson & Choi, 2012: 86).

첫째, 협력적 거버넌스는 집합적이고 평등주의적(collective and egalitarian)인 의사결정 과정이다. 협력적 거버넌스에서 참여자들은 공평한 기회를 부여받는다. 이는 정보의 공유, 공평한 발언의 기회, 그리고 견해에 대한 존중 등을 포함한다. 특히 협력적 거버넌스가 평등주의적이라는 의미는 다른 공적 의사결정 방식에 의해서는 자신들의 이익을 잘 주장하기 어려운 소수자의 의견이 존중된다는 데에 그 개념적 초점이 있다.

둘째, 협력적 거버넌스는 숙의의 과정(deliberative)이다. 숙의의 과정이라는 의미는 의사결정 전에 충분한 정보가 참여자들에게 공유되고, 참여자들은 그 정보의 의미에 대해 숙고할 수 있는 충분한 시간과 자원이 주어지며, 모든 정보는 공평하게 고려되고, 의사결정은 이러한 숙의의 결과여야 한다는 의미이다.

셋째, 협력적 거버넌스는 투표가 아닌 합의에 기반(consensus-oriented)해 의사결정을 한다. 협력적 거버넌스 하에서도 참여자들은 투표에 의한 의사결정 규칙을 세우기도 한다. 그러나 여기에는 두 가지 주의점이 있다. 하나는 투표는 사실상 형식적일 뿐 실제 의사결정은 거의 대부분 숙의를 통한 합의에 기반하며(Till & Meyer, 2001), 투표는 이를 확인하는 절차일 뿐이다. 다른 하나는 투표 규칙도 단순다수결이 아니라 가중다수결 혹은 만장일치제를 원칙으로 한다는 것이다(Coglianese & Allen, 2003; Connick, 2006). 즉, 협력적 거버넌스에서 의사결정은 내용으로서나 형식으로서나 합의가 강조된다.

넷째, 협력적 거버넌스는 참여자 모두에게 이익이 되는 결정(mutually beneficial solutions)을 지향한다. 협력적 거버넌스는 합의에 기반한 의사결정이기 때문에 참여자가 자신의 이익이 침해된다고 판단하면 동의할 이유가 없다. 따라서 참여자 모두가 이익을 얻을 수 있는 대안의 형성은 의사결정을 위한 필요 조건이다. 참여자 모두가 이익을 얻는다는 것은 단순히 참여자의 공통된 최소 이익(the least common denominator)을 의미하는 것도 아니며, 제로섬게임 상황에서 합의에 의한 양보를 의미하는 것도 아니다. 이는 건설적 대안의 모색을 통해 모두가 갈등에 의한 파국 혹은 단독 행동보다 나은 결과를 얻을 수 있다는 것을 의미한다(Thomson & Perry, 2006).

2) 협력적 거버넌스를 비롯한 협력 패러다임의 등장 배경

협력적 거버넌스 개념이 등장하게 된 배경에는 1980년대 이후 지속적으로 전개되어 온 공공 부문 개혁이 있다. 지난 수십 년 동안 공공 부문 개혁으로 인해 전통적인 행정국가는 신공공관리(New Public Management)와 신공공거버넌스(New Public Governance)를 포함하는 '신거버넌스(New Governance)'로 그 성격이 변화해 왔다(Majone, 1997; Osborne, 2006). 여기에는 신공공관리(Hood, 1991; Osborne & Gaebler, 1992; Rhodes, 1997)가 포함되며, 신행정국가(Jessop, 1990), 공동국가(Milward & Provan, 2000) 등도 포함된다.

협력적 거버넌스는 오스본(Osborne, 2006)이 구분한 행정의 세 가지 패러다임, 즉 전통적 행정, 신공공관리, 그리고 신공공거버넌스 가운데 신공공거버넌스의 흐름에 속해 있다. 이 흐름에서는 국가 혹은 사회의 다원성을 가정한다. 그리고 조직 간의 네트워크에 의한 행정을 강조하고, 거버넌스 참여자들 간의 상호의존성과 신뢰를 강조한다.

이러한 신공공거버넌스 패러다임에는 다양한 행정개혁 및 이를 지칭하는 개념들이 뒤섞여 있다. 예를 들어 프로반과 케니스(Provan & Kenis, 2008)는 네트워크 거버넌스(Network Governance)라는 용어를 사용해 이러한 협력 기제의 구조적 특성에 주목했다. 이네스와 부허(Innes & Booher, 2010)는 협력적 기획이라는 용어를 사용해 협력적 거버넌스가 실천적으로는 주로 지역의 개발과 자원 이용, 환경 등에 관련된 기획이라는 측면을 부각했다. 이 밖에도 부문 간 협력(Bryson, Crosby, & Stone, 2006) 혹은 협력적 공공관리(O'Leary & Vij, 2012)라는 용어도 사용되어 왔다.

2. 안셀과 개쉬의 협력적 거버넌스 분석틀

1) 개요

다양한 영역에서 다양한 형태로 협력이 이뤄지는 만큼, 협력적 거버넌스에 대한 연구는 대부분 사례 중심으로 이뤄졌다. 캘리포니아 버클리대학의 동료들인 안셀(Chris Ansell)과 개쉬(Alison Gash)는 전 세계 137개의 협력적 거버넌스 사례 연구를 수집해 협력적 거버넌스의 보편적인 구조를 탐색하고자 했다. 이들은 사례 분석 결과를 초기 조건, 제도 설계, 조장적 리더십, 내부 과정, 그리고 산출로 분류하는 틀을 제시했다.[5] 이하에서는 안셀과 개쉬(Ansell & Gash, 2008)의 분석틀을 간략히 묘사한다.

2) 초기 조건

협력적 거버넌스는 관점에 따라서는 매우 비용이 큰 거버넌스이다. 의사결정이 일방적으로 이뤄지지 않고 오랜 시간 동안의 신뢰 형성과 합의 도출이 필요하기

5) 종합적인 분석틀의 도표는 안셀과 개쉬(Ansell & Gash, 2008: 550)를 참조할 것.

때문이다. 따라서 협력적 거버넌스는 보편적으로 적용될 만한 거버넌스라기보다는 다른 대안에 의해서는 갈등을 해결하기 어려운 경우에 적용되는 것이 바람직하다는 견해가 있다(Innes & Booher, 2010). 이렇게 협력적 거버넌스가 적용될 만한 초기 조건은 권력·자원·지식의 불균형, 이해당사자들 간 협력과 갈등의 역사, 그리고 이 두 요인이 영향을 미치는 참여에의 유인 혹은 제한이다(Ansell & Gash, 2008: 550). 협력적 거버넌스가 공평한 참여를 지향하지만 그것은 규범적인 요청이고, 애초에 참여자들은 매우 다양한 수준의 권력, 물적·인적 자원, 그리고 지식을 보유하고 있다(Purdy, 2012). 이러한 다양한 형태의 자원의 격차는 협력적 거버넌스에 참여할 유인을 높일 수도 있고 낮출 수도 있다. 또한 이해당사자들이 과거에 얼마나 협력을 했거나 갈등을 겪었는지도 참여 유인에 영향을 미친다.

3) 제도적 설계

협력적 거버넌스는 몇 가지 제도적 설계를 필요로 한다. 첫째는 참여자의 범위에 대한 문제이다(Ansell & Gash, 2008: 555). 과연 어떤 범위의 개인이나 집단들을 이해당사자로 보고 정당한 참여자로 볼 것인가의 문제는 언제나 쉽게 합의할 수 있는 사안이 아니다. 또한 참여자는 스스로 나타나는 것이 아니라 협력의 핵심 당사자들이 적극적으로 찾아야 할 필요가 있다(Ansell & Gash, 2008: 556). 둘째, 앞서 논의한 의사결정 규칙, 진행 규칙, 자원의 배분, 집행과 같은 기초적 규칙이 필요하다(Ansell & Gash, 2008: 556). 셋째, 과정의 투명성을 확보할 수 있는 제도가 필요하다(Ansell & Gash, 2008: 556).

4) 조장적 리더십

협력적 거버넌스에서는 참여자들의 수평적 관계를 가정하는 만큼, 협력적 거버넌스에 적합한 리더십은 지시적 리더십(directive leadership)이 아닌 조장적 리더십(facilitative leadership)이다(Ansell & Gash, 2008: 554). 조장적 리더십은 리더 자신이 어떤 결정을 내리는 것이 아니라 집단 구성원들이 결정을 내릴 수 있도록 그 과정을 이끄는 리더십이다(Chrislip & Larson, 1994). 협력적 거버넌스에서 조장적 리더는 협력의 시작점부터 참여자들 간의 관계를 중재하고, 포함되어야 할 이해당사자들을 탐색하는 것을 도우며, 뒤에서 언급할 내부 협력 과정이 원활하게

작동하도록 돕는 역할을 한다. 아울러 그러한 역할에 '머문다.'

5) 내부 협력 과정

안셀과 개쉬(Ansell & Gash, 2008: 550)의 분석틀에 따르면, 협력적 거버넌스의 내부 협력 과정은 순환 과정이다. 우선 면대면 대화로 협력이 시작되고, 이것이 신뢰 형성을 이끈다. 신뢰의 형성은 참여자들이 협력적 거버넌스 과정에 헌신하도록 돕는다. 즉, 자신들의 이익이 상호의존적이라는 사실을 인식하고, 해당 공공 문제를 푸는 일이 자신들의 정당한 일이라는 인식을 공유하는 것이다. 나아가 이를 통해 공통의 목표와 수단 그리고 가치들에 대한 공유된 이해를 개발해 나간다. 이 과정에서 한 번의 대단한 성공보다는 작은 부분들에서 공동 학습, 행동 기획, 그리고 작은 성공들(small wins)을 축적해 나간다. 그리고 다시 면대면 대화로 돌아가 동일한 과정이 반복된다는 것이 안셀과 개쉬의 모형이다.

이러한 과정의 결과 합의 도출, 집행 계획, 그리고 실제 집행이 이뤄진다. 그리고 한 번의 성공적인 경험으로 쌓인 사회적 자본은 유사한 지역 혹은 유사한 사안에서 미래의 협력을 조장한다.

제 4 절 사례분석

이 절에서는 앞선 절에서 논의한 협력적 거버넌스 분석틀을 새크라멘토 포럼의 사례 및 감천문화마을 사례에 적용해 이 두 사례를 협력적 거버넌스의 관점에서 어떻게 분석할 수 있는지를 살펴본다. 협력적 거버넌스 분석틀은 하나의 관념형일 뿐, 현실의 사례가 반드시 해당 분석틀의 모든 요소를 담고 있는 것은 아니다. 또한 특정 사례가 과연 협력적 거버넌스라고 볼 수 있는지도 논란이 될 수 있다. 다만 여기에서 제시한 두 사례는 비교적 전형적인 협력적 거버넌스의 관념에 부합하는 사례들이라고 할 수 있다. 아래에서 각각의 사례를 구체적으로 분석한다. 미국의 사례인 새크라멘토 포럼 사례는 간략히 분석하고 한국의 감천문화마을 사례분석에 좀 더 초점을 둔다.

1. 새크라멘토 포럼 사례분석

1) 초기 조건

새크라멘토 포럼은 협력적 거버넌스 기제를 적용하는 것이 의미있는 초기 조건을 갖추고 있었다. 로우어 아메리칸 강은 매우 넓은 관할 구역을 흐르는 강으로 마치 낙동강처럼 상류지역과 하류지역 등의 이해가 매우 엇갈리는 강이었다(Connick, 2006). 이해당사자들은 매우 오랜 기간 동안 수자원의 보존과 이용과 관련해 서로 법정 투쟁을 벌였으나 궁극적인 갈등 해결책을 찾지 못하고 시간과 자원만을 낭비하고 있던 상태였다. 또한 정부, 개발업자, 수도 공급자, 환경주의자, 일반 주민은 저마다 다른 정도의 권력과 자원, 그리고 정보를 가지고 있었다. 즉, 누구도 이 강의 수자원 관리에 대한 종합적인 그림을 가지고 있지 않았다. 요컨대 새크라멘토 포럼은 오랜 시간 동안의 갈등이 오히려 협력을 대안으로 모색하게 만든 초기 조건을 가지고 있었다고 볼 수 있다.

2) 제도적 설계

새크라멘토 포럼은 매우 계획적으로 제도를 설계했다. 우선 기본 규칙의 제정에 대해 살펴보면, 포럼의 진행을 앞에서 제시한 다섯 단계로 나눠 각 단계에서 수행되어야 할 사항과 금지되어야 할 사항에 대해 분명히 했다(Connick, 2006). 또한 의사결정 규칙(가중다수결) 등 합의를 도출하는 기본 제도에 대해서도 세심하게 설계했다(Connick, 2006). 다음으로 과정의 투명성을 살펴보면 포럼은 각 참여 조직의 대표자들에게 포럼에서 공유한 정보와 결정에 대해 자신이 속한 조직에 돌아가 이를 설명하고 동의를 구하는 것을 의무화했다(Connick, 2006). 나아가 포럼의 결정이 자신이 속한 조직에 해가 된다고 판단될 경우 포럼을 탈퇴하는 것을 막지 않는다는 규칙 또한 수립했다(Connick, 2006). 이를 통해 포럼의 합의 절차가 집단 압력 혹은 강압에 의한 것이 아니라 합의에 의해 진행되도록 보장하고, 절차의 투명성을 확보했다. 마지막으로, 양해각서에 합의하는 데에 6년의 시간이 소요된 새크라멘토 포럼이 성공할 수 있었던 요인 중 하나는 이해당사자들 사이에 다른 대안이 없다는 인식이 초기부터 퍼져 있었다는 점이다(Connick, 2006). 또한 포럼 출범 초기부터 전문 조정자가 관련 이해당사자들을 참여시키고자 노력했다. 이러한 참여의 포괄성과 참여와 협력 이외에 대안이 없다는 인식이 포럼의 성공을 이끈 요인 중 하나이다.

3) 조장적 리더십

새크라멘토 포럼의 또 다른 성공 요인은 조장적 리더십을 갖춘 전문 조정자를 포함했다는 점이다. 포럼은 캘리포니아 주립대 새크라멘토 캠퍼스의 캘리포니아 공공갈등해결센터의 셰리(Susan Sherry)를 조정자로 선정했다(Innes & Booher, 2010). 셰리는 포럼의 성공을 위한 초기 조건, 필수불가결한 참여자 등을 세심하게 검토하고 이들의 참여를 독려했다. 또한 새크라멘토 카운티 정부는 필요한 행정 인력을 공급했으며, 이러한 인력들이 회의를 기획하고, 전략을 수립하고, 발생 가능한 문제를 예측하며, 참여자 간 의사소통을 담당하고, 문서의 초안을 작성하고, 여러 가지 이해관계와 인간관계를 논의하고, 세심한 부분들을 챙기는 역할을 했다(Innes & Booher, 2010: 45). 이러한 조장적 리더십을 실천하는 참여자들의 존재는 협력적 거버넌스의 성공을 위해 매우 중요하다.

4) 내부 협력 과정

새크라멘토 포럼을 연구했던 코닉(Connick, 2006) 및 이네스와 부허(Innes & Booher, 2010)는 포럼의 내부 협력 과정이 신뢰의 형성 과정이었음을 강조한다. 정보가 공유되고, 각 참여자들이 공유할 수 있는 자원과 양보할 수 있는 부분들, 그리고 모두의 이익에 부합하는 대안들이 모색되는 가운데 협력의 내부 과정이 선순환을 했던 것으로 보인다. 주의할 것은 초기에는 이러한 선순환을 자극하는 데에 오랜 시간이 걸린다는 점이다. 면대면 대화와 작은 성공들이 쌓이는 어느 시점에서 신뢰와 헌신이 발생할 수 있다.

5) 결과

새크라멘토 포럼의 결과는 성공적이었다고 평가된다. 6년간의 숙의 결과 향후 30년 간의 공동 집행계획이 수립되어 참여자 모두가 동의했고, 관리 주체가 구성되었다(Connick, 2006). 이러한 가시적인 결과와 아울러 참여자들은 시민으로서 학습했고 상호 신뢰를 쌓았다. 후자는 지속적인 협력을 위해 매우 중요한 결과이다.

2. 감천문화마을 사례분석

재건축과 재개발은 단기간에 광범위하게 진행되는 반면에 문화를 매개로 하는 도심 재생은 좀 더 장기적인 프로젝트로 볼 수 있다. 이 과정에서 주민 간의 갈등 조정이 중요하며, 사업에 참여하는 전문가·주민협의체·공공기관의 협력이 필수적이다(이영준·김진영, 2014). 감천문화마을은 도심의 보존 및 재생을 추진하는 과정에서 주민·예술가·행정기관이 협력적으로 참여하면서 마을의 역사적·지리적 특성과 예술작품을 융합해 생활 친화적인 도심의 문화마을로 탈바꿈했다(박현희, 2013). 추진 체계는 위에서 살펴보았듯이 주민공동체인 감천문화마을 주민협의회가 중심 역할을 수행하며 예술가, 교수 등의 전문가가 자문을 담당했다. 그리고 부산시 창조도시본부와 부산시 사하구 창조도시기획단에서 행정적 지원을 제공했다. 사업의 추진 과정에서 이러한 주체들의 협력은 주민 공동체 자립을 제고하도록 했다.

1) 초기 조건

처음 사업이 시작되었던 2009년 이전에는 주민들에게 마을만들기를 추진할 재원, 조직, 참여의 유인이 없었다. 감천문화마을은 저소득층 밀집지역으로서 혁신을 위한 자원이 부족했고 오히려 인구가 줄고 있는 상황이었다. 이러한 상황에서 초기에 협력에 불을 지핀 것은 민간 예술가와 전문가로 구성된 '마추피추 프로젝트' 및 '미로미로 프로젝트' 활동이었으며, 이에 따른 문화체육관광부와 부산시의 자원 투입이었다. 사업 추진 이후인 2010년에 감천동 문화마을 주민협의회와 부산시의 창조도시본부가 신설되었으며, 사하구의 창조도시기획단은 2011년에 설립되었다.

감천문화마을의 갈등과 협력의 역사는 매우 특이하다. 앞서 사례의 개요에서 보았듯이 감천마을은 일종의 종교공동체로 시작했다. 이후 이러한 공동체의 성격은 마을이 쇠퇴하면서 열어지기도 했으나, 공동체로서의 정체성은 마을의 공간(집의 형태와 도로 등)에 여전히 남아 있었고, 상호 신뢰의 사회적 자본도 어느 정도 남아 있었다. 다시 말해서 갈등의 역사가 협력을 선택하도록 한 새크라멘토 포럼의 경우와는 달리, 감천문화마을 사례는 공동체의 전통이 새로운 마을 혁신을 위한 협력의 밑거름으로 작용했다고 볼 수 있다.

그럼에도 불구하고 감천문화마을 조성이 처음부터 주민의 관심과 참여를 이끌어 낸 것은 아니었다. 오히려 반감을 가지고 생활필수품을 제공해 주기를 희망하는 주민도 있었다(국민대통합위원회, 2014). 그리고 마을에 예술작품이 설치되었을 때 주민들은 무관심하게 반응하기도 했다. 그러나 작품을 관람하려는 사람들이 마을을 방문하기 시작하면서 작품과 마을에 좀 더 관심을 가지고 다양한 활동에 참여했다. 즉, 감천문화마을의 형성을 이뤄냈던 요소로 외부의 참여와 정부의 재정적 지원이 선행했다고 볼 수 있다(이연숙・박재현, 2014). 요컨대, 단순히 마을 혁신을 위한 자원이 존재하고, 협력을 가능케 하는 역사적 맥락이 존재한다고 해서 실제 협력이 이뤄지는 것이 아니라 어떤 협력의 유인 혹은 계기가 있어야 한다는 것을 감천문화마을 사례가 보여주고 있다.

2) 제도적 설계

감천문화마을 사례에서 협력을 위한 제도적 설계의 중심에는 주민협의회의 결성이 있다. 행정기관, 예술가 및 전문가, 주민 사이의 협력은 '감천문화마을주민협의회'에 의해 이뤄졌다. 주민협의회는 2010년에 주민, 예술가, 공무원을 포함해 총 12명으로 구성되었고, 2013년 3월에는 비영리 사단법인으로 등록되면서 조례와 정관이 마련되었다(이연숙・박재현, 2014: 118). 주민협의회는 연 1회 이상의 총회와 월 1회 이상의 운영위원회를 개최해 주민들의 의견을 수렴 및 반영하는 역할을 수행하는데(박현희, 2013: 58), 특히 마을 혁신 진행 과정에서 2012년에 제정한 마을 회칙(이연숙・박재현, 2014)은 중요한 의의를 갖는다. 회칙에서 협의회는 주민과 예술가 및 지역사회단체의 참여와 협의를 통해 생활 친화적인 도심 속 문화마을로 가꾸는 데 기여한다는 목적을 명확하게 제시하고 있다(김창수, 2012). 즉, 감천문화마을 사례에서 주민협의회는 주민들의 의견을 반영하고 협력의 기초를 제공하는 토론장으로 역할하고 있음을 확인할 수 있으며, 기초적인 규칙들이 점진적으로 명확화・공식화되었음을 발견할 수 있다.

주민협의회는 이해관계자들의 협력을 고무시키는 역할뿐만 아니라 마을의 주민들이 능동적으로 마을의 사업에 참여하도록 촉진하는 역할 또한 함께 수행하고 있다. 주민협의회 내에는 '마을기업사업단', '홍보단', '봉사단'이라는 3개 사업단이 있다(박현희, 2013: 58). '마을기업사업단'은 마을 주민 7명을 채용해 '감내카페'와

'감내맛집'을 운영하고 있으며, 수익금으로는 지역 환원 사업을 수행한다. 그리고 '홍보단'은 초등학생에서 70세 노인까지 다양한 연령대로 기자단을 구성해 마을신문을 발행한다. 마지막으로 '봉사단'은 매주 주말에 방문객들을 안내하고 외부에서 방문한 자원봉사자, 청년봉사자들을 대상으로 교육 및 지도를 담당한다(박현희, 2013: 58). 이러한 사업단의 활동은 감천문화마을의 조성 이후에도 협력이 지속적으로 유지되는 데 기여하고 있다. 마을혁신과 관련한 사안에 대해 주민협의회에서 정기적으로 토론이 이뤄지고 있고, 주민들이 사업에 직접적·능동적으로 참여한다는 사실은 절차적 투명성 제고에 긍정적인 영향을 미치는 것으로 볼 수 있다.

감천문화마을 사례에서 이해당사자의 포괄성이 현재까지 큰 문제가 되지 않았다. 이는 문제점이 부각될 만한 기회가 없었다는 데에서 기인할 수도 있다. 왜냐하면 감천문화마을은 강 개발과 달리 사업 시행 범위와 편익이 지역적으로 한정되어 있기 때문에 이해관계자의 범위를 설정하기가 비교적 용이할 뿐만 아니라, 마을혁신 과정에서 주민들 간에 특별한 갈등이 나타나지 않았기 때문이다. 또한 감천문화마을 사례는 외부 민간조직들이 자발적으로 찾아온 경우이다. 그러나 최근 증가한 관광객들로 인한 주민 불편의 증가(이영준·김진영, 2014)는 향후 감천문화마을 문화공간의 관리에서 이해당사자의 포괄성을 재정의해야 할 상황이 닥칠 수 있음을 시사한다.

3) 조장적 리더십

감천문화마을 사례의 가장 큰 특징은 정부 행위자의 조장적 리더십 행사이다. 부산시와 사하구는 민간 예술인과 전문가들로 구성된 예술 프로젝트들의 성공 가능성을 엿보고 감천문화마을 혁신에 참여하기로 결정했다. 이 과정에서 리더십과 관련한 크게 세 가지 특징을 찾아볼 수 있다. 첫째는 감천마을 재개발을 위해 다른 지역과 같은 일방적인 토지 수용 및 택지 재개발 사업을 진행한 것이 아니라 마을 주민들의 의견을 수렴해 현재의 물리적 공간을 활용하는 방향에서 혁신을 위한 대안을 모색한 것이다. 둘째는 대안을 모색할 때도 마을 주민들이 우선 의견을 개진하고 방향을 수립하도록 촉진한 것이다. 마지막으로 감천문화마을 사례의 성공을 바탕으로 이 모델을 다른 부산 지역의 마을들에도 적용할 수 있도록 주도하고 있다는 점이다.

부산시는 2010년에 창조도시본부를 신설하면서 2급에 해당하는 개방직 본부장을 임명해 도시 만들기를 추진하도록 했고(김창수, 2012: 223), 사하구는 2011년에 창조도시기획단을 설립해 행정적 지원을 공식적으로 제공하기 위한 제도적 기초를 수립했다. 즉, 행정 및 전문가 지원 등의 요소들이 먼저 작용한 후에 도시 만들기를 촉진시키기 위한 제도가 형성되었다고 볼 수 있다(이연숙 · 박재현, 2014). 이처럼 지방정부(또는 공공기관)는 제반 행정 지원, 재원 마련, 마을 환경 인프라 조성 등 민간 참여자나 마을 주민들이 독자적으로 수행할 수 없는 일들을 담당하고 있다.

이에 더해 감천문화마을에는 감천2동 주민자치위원회 위원장이 문화마을 조성 과정에서 조장적 리더십을 발휘했다. 그는 30년이라는 시간 동안 마을에 거주했으며, 위원장으로서 자신의 임기 동안 참여자들 간 의사소통의 중개자 역할을 했다(김창수, 2012: 234).

4) 내부 협력 과정

감천문화마을 혁신 성공 사례 속에는 매우 소규모이고 비공식적인 예술인 집단과 주민들과의 대화가 협력 과정의 단초가 되었다는 사실이 있다. 나아가 정부 역시 정책의 일방적 추진을 지양하고 대화를 통해 주민들의 의견을 반영하면서 정책을 형성해 나갔다. 협력적 거버넌스에서 이러한 대화는 신뢰의 구축과 협력 과정에의 헌신에 핵심이 된다. 특히 감천문화마을의 경우 마을이 형성된 역사적 맥락에 따라 주민들 간의 신뢰는 어느 정도 존재했지만, 주민과 예술인 집단, 주민과 정부, 그리고 예술인 집단과 정부 간의 신뢰는 새로이 쌓아나가야 하는 것이었다. 이러한 상황에서 감천동 문화마을 운영협의회와 같은 주민 주도 협의체를 중심으로 한 지속적인 대화는 감천문화마을 협력을 성공적으로 이끌어 내는 데 핵심적으로 기여했다고 평가받는다.

나아가 이러한 신뢰 관계는 대화뿐 아니라 앞에서 언급했던 작은 성공들에 의해 좀 더 신속하게 형성될 수 있었다. 즉, 2009년 6월 〈아트팩토리 인 다대포〉가 문화체육관광부의 마을미술 프로젝트 공모에 당선되었다. 그리고 이것이 단초가 되어 2009년 11월 26일에는 문화체육관광부 장관이 조형물을 보기 위해 감천문화마을을 방문했다(이상헌, 2009). 이어서 2010년도에 '미로미로 골목길 프로젝트'가 당선되고, 감천동 문화마을 주민협의회가 조직되었다. 이들을 바탕으로 2010년 지방 선거에서 '창조도시'로 캐치프레이즈를 설정한 후보가 구청장으로 당선되었고, 이후 관련 공약들이 성공적으로 추진되었다.

외부 참여자들에 의해 주도된 이러한 성공들은 주민들의 자발적인 움직임에 따른 변화와 병행되었다. 예를 들어, 감천문화마을 조성에 참여한 문화예술 부문의 전문가들은 기획 단계에서 지역주민들이 주체적으로 관광과 먹거리에 대해 논의해야 하며, 문화상품이 소득구조를 형성해 가는 '자립형 생활공동체'를 만들 필요성을 제기했다. 주민들은 이러한 요구에 부응해 천연염색, 도자기, 천연양초, 비누 등 공동체사업(community business)을 시작하게 되었다(김창수, 2012: 233-234). 주민들이 제작한 마을 특산물은 아트숍에서 판매되기에 이르렀다.

요컨대 불과 3년 정도의 기간 동안 발생한 이러한 성공과 신뢰 형성은 감천문화마을 혁신에 참여하는 참여자들이 협력 과정에 헌신하는 것을 도왔다.

5) 결과

감천문화마을 사례는 앞서 보았듯이 마을 자체의 환경이 개선되었다는 점이 일차적인 결과이다. 마을의 화장실 개선, 시각적 환경 개선, 인구 감소 중지, 관광객 유치를 통한 수익 창출 등이 그 예이다. 이와 더불어 감천문화마을 사례는 부산시 창조도시본부와 사하구 창조도시기획단을 중심으로 다른 지방자치단체에 확산·적용되려는 움직임이 벌어지고 있다. 이는 새크라멘토 포럼이 'Water Forum Way'라는 이름으로 참여자들에 의해 자발적으로 다른 영역에 적용되기 시작한 것과 유사하지만(Innes & Booher, 2010: 51), 정부 주도적이라는 점에서는 차이가 있다.

감천문화마을 사례는 '센세이셔널'한 부분 또한 존재한다. 2011년에는 낙후지역으로 꼽히는 감천2동을 도시 원형을 살리면서 새로운 마을로 탄생시켰다는 점을 높게 인정받아 선도 사례(도시 재생) 부문에서 국토해양부 주최 '2011년 도시대상'을 수상했다(허용성, 2011). 그리고 2012년에는 민관 공동으로 지역 발전을 성공적으로 이뤄냈다는 점을 인정받으면서 '아시아 도시 경관상'을 수상했다. 기존의 마을 원형을 유지하면서 주민협의회를 조직해 카페 운영 및 신문 발행 등의 활동을 하여 주민이 자체적으로 마을 발전에 기여한 점이 높게 평가되었다(이귀영, 2012).

또한 문화체육관광부 주최 '2012년 지역전통 문화브랜드' 우수상을 수상했다. 추진 협의체(문화예술인, 학계, 주민, 행정기관)를 통한 문화마을 조성 모델, 행정기관의 전담부서와 긴밀한 연계 및 조례 제정, 중장기 계획에 따른 체계적 사업 추진, 문화체육관광부 지원사업의 창조적 활용을 통한 성공 사례라는 점이 높게 평가되었다(김현아, 2012). 이어서 2013년에는 "전형적인 재개발이 아닌 창조적인 도시재생 정책으로 지역 발전의 새로운 모델을 수립했다"는 평가와 함께 대한민국 지역희망 박람회에서 대통령 표창인 지역발전대상을 수상하기도 했다(유영호, 2013). 또한 2013년 4월에는 '2013년 세계 인간 거주환경 및 도시발전 정상포럼'에 초청되어 감천문화마을 사례를 발표하기도 했다(박현희, 2013).

그러나 감천문화마을 사례가 다른 지방자치단체의 마을 혁신에 적용될 수 있을지는 좀 더 지켜보아야 한다. 감천마을은 매우 특수한 맥락을 가지고 있었고, 단시일 내에 많은 자원과 인력이 투입된 다소 예외적으로 행운이 따른 사례이다. 또한 위에서 묘사한 짧은 시기 동안의 센세이션은 이 사례의 예외성을 오히려 부각하고, 혁신의 지속가능성을 담보하는 것은 아니라는 이면이 존재한다. 모든 협력적 거버넌스가 이러한 초기 조건과 풍부한 지원 및 참여를 향유하는 것은 아니다. 이어지는 절에서 이러한 문제를 포함한 협력적 거버넌스의 여러 논점을 살펴본다.

제 5 절 결론 및 시사점

1. 사례의 함의

지금까지 미국과 한국의 대표적인 협력적 거버넌스 사례들을 살펴보았다. 새크라멘토 포럼 사례나 감천문화마을 사례는 정부 주도의 일방적 정책결정과 집행 혹은 법적 분쟁 해결 기제로는 성공을 이루기 어려운 조건에서 어떻게 정부와 민간 행위자들의 협력을 통해 공공갈등을 해결하고 지역 개발을 이룰 수 있는지를 보여준다. 이 사례들은 또한 정부 주도의 해결책을 전제하고 그것이 지역 개발에 효과가 있는지의 문제를 넘어서 공동체가 원하는 방향으로의 해결책을 모색했음을 보여준다. 더불어 협력이라는 기제가 단순히 특정 공공문제의 해결에만 기여하는 것이 아니라 집단 학습과 신뢰 구축을 기반으로 다른 공공문제를 해결할 수 있는 시민사회의 역량을 증진시키는 효과 또한 불러일으킬 수 있다는 것을 보여준다.

협력적 거버넌스는 정책의 결정과 집행에서 속도, 즉 시간적 반응성을 중요하게 여기는 한국의 행정문화에서 색다른 대안을 제시한다. 협력적 기제를 적용했다면 다른 상황으로 흘러갔을 수 있는 많은 경우들, 특히 혐오시설 입지 선정(예: 강문희, 2011; 심준섭 · 김지수, 2011; 정지범, 2011) 등의 사례를 분석해 보면, 정부 주도적인 의사결정이 사안의 급박성이라는 논리로 정당화되어 온 것을 볼 수 있다. 그러나 합의에 기반하지 않은 의사결정은 때로는 해당 이해당사자들의 강한 정치적 반발을 가져왔고, 이로 인해 빠를 것으로 기대되었던 정책 집행은 오히려 거대한 사회적 갈등 비용을 치르고서도 더디게 진행되었다. 이러한 경험은 행정에서 패러다임의 전환을 요구한다. 즉, 의사결정 과정에서 시간과 노력이 들더라도 합의에 기반한 의사결정이 이뤄지도록 노력할 때 그 정책의 질과 집행의 실효성을 확보할 수 있다는 것이다.

2. 정책적 함의

두 사례에 대한 분석을 통해 우리가 얻을 수 있는 정책적 함의를 안셀과 개쉬의 분석틀에 따라 논의하면 다음과 같다.

첫째, 이해당사자들 간 상호작용의 역사가 갈등이었든 협력이었든 협력적 거버넌스는 적용 가능하다는 것이다. 새크라멘토 포럼의 사례처럼 이해당사자들이 심각한 갈등의 역사를 가지고 있는 경우에도 세심한 제도적 설계와 조장적 리더십을 통해 시간이 걸리더라도 문제를 해결할 수 있다. 심각한 갈등의 역사는 오히려 협력이라는 대안 이외에 다른 대안이 없다는 것을 이해당사자들이 학습함으로써 협력적 거버넌스의 성공 가능성을 높일 수 있다. 동시에 감천문화마을 사례에서 보듯이 과거의 협력의 경험은 새로운 협력적 거버넌스의 성공 가능성을 높인다.

둘째, 이해당사자의 참여는 문제를 복잡하게 만드는 것이 아니라 문제를 풀 수 있는 가능성을 높이는 길이라는 인식이 필요하다. 이해당사자를 배제하는 것은 당장의 의사결정은 가능하게 할지 모르지만 집행 과정에서 문제를 야기할 가능성이 높다. 관련된 이해당사자의 동의는 집행 과정의 성공을 위해 필수적인 요소이다. 다음으로 이해당사자의 참여는 그들의 선호와 더불어 그들이 지닌 자원과 지식을 함께 가져온다. 물론 이러한 자원과 지식이 더 나은 대안의 형성에 어느 정도 기여할 것인지는 미리 판단하기 매우 어렵다. 새크라멘토 포럼의 경우 정부, 개발업자, 환경운동단체, 시민들은 각각 행정 인력, 재원, 정당성, 생생한 지역 정보 등을 포럼을 통해 공유했다. 감천문화마을의 경우도 정부가 재원 및 법제화를 제공했고, 민간 예술가 및 전문가들이 기획과 집행을 위한 아이디어와 인력을 제공했으며, 주민들 또한 정당성과 공간, 아이디어, 그리고 집행을 위한 자원들을 제공했다. 이들 중 참여자와 분리해 이용 가능한 자원은 드물다고 볼 수 있다. 공공 부문의 자원과 지식이 점점 부족해지고 시민사회의 역량이 더욱 강화되고 있는 한국의 현실에서 이해당사자의 참여는 더욱 중요해질 것이다.

셋째, 조장적 리더십은 협력적 거버넌스의 성공을 위한 필수 요소이다. 한국 사회에서는 감천문화마을 사례에서 보듯이 협력적 거버넌스에서도 여전히 정부가 리더십을 발휘할 가능성이 높다. 협력적 거버넌스의 개념이나 새크라멘토 포럼 사례에서도 보듯이 정부가 리더십을 발휘하는 것은 협력의 인프라 제공, 합의된 사항의 법적 실효성 확보, 그리고 집행의 성공을 위해 매우 중요하다. 다만 협력적 거버넌스에서 정부의 역할은 조장적 성격에 초점을 두어야 한다는 점에 주의해야 한다. 정부는 협력의 결과 도출되는 합의에 반대할 가능성도 있고, 관료 개인도 이를 반기지 않을 가능성도 있다(Termeer, 2009). 그럼에도 불구하고 정부가 특정 방향으로 합의를 이끌려 하는 것은 협력의 성공 가능성을 낮출 가능성이 크다.

한편 다양한 이해당사자의 조정 역할을 할 수 있는 제3의 조직이나 인물을 찾는 것이 중요하다는 점도 고려할 필요가 있다. 새크라멘토 포럼의 셰리와 같은 중립적이고 조정 능력을 갖춘 리더를 찾아서, 상호 불신으로 시작하는 이해당사자들의 협력을 매개할 수 있는 조정자의 역할을 수행케 하는 것이 도움이 될 수 있다. 감천문화마을의 경우는 감천2동 주민자치위원회 위원장이 마을에 30년을 거주하고 7년의 임기 동안 참여자들 간 의사소통의 중개자 역할을 한 점(김창수, 2012: 234)에서 자생적인 조정자를 가진 경우이다. 그러나 이러한 조정자는 늘 준비되어 있는 것이 아니기 때문에, 갈등 발생 시 조정자의 역할을 할 수 있는 주체가 사회적으로 양적으로나 질적으로 성장할 수 있도록 정부와 시민사회의 노력이 필요할 것이다.

마지막으로, 내부 협력 과정의 핵심은 면대면 대화를 통한 신뢰와 집단 학습이다. 특히 대화(dialogue)는 협력적 거버넌스, 나아가 참여 및 숙의민주주의에서 핵심적인 시민적 실천이며, 이를 위해서는 상대방을 이해하고자 하는 시민적 덕성이 필요하다. 이러한 시민적 덕성은 협력적 거버넌스의 성공을 위한 밑거름이기도 하며, 동시에 협력적 거버넌스의 성공을 통해 고양되기도 한다. 이해당사자들의 면대면 대화를 통한 신뢰와 학습은 그 자체만으로도 협력적 거버넌스의 성과라고 해도 무방하다. 협력적 거버넌스의 관리는 단순히 합의의 도출만을 목표로 하는 것이 아니라 이러한 사회적 자본의 축적이라는 측면 역시 중요하게 다뤄야 한다.

연구 문제

1. 협력적 거버넌스 개념 및 실천에 대한 논의에서 주된 논쟁 중 하나는 주로 한국에의 적용 가능성이다. 정부 주도의 행정이라는 오랜 역사를 지닌 한국 행정에서 협력적 거버넌스가 성공하기는 어려울 것이라는 비판이 가능하다. 협력적 거버넌스는 한국의 공공갈등 문제를 해결하기에 적합한 거버넌스인가? 한국의 현실에 맞는 협력적 거버넌스의 조건과 협력적 거버넌스의 성공을 위해 구축되어야 할 정부의 역량은 무엇인가?
2. 협력적 거버넌스의 성공을 위해서는 세심한 제도적 설계가 필요하다. 한국에서 협력적 거버넌스의 성공을 위한 제도적 요소들은 무엇인가?
3. 협력적 거버넌스에서 리더십은 중요하다. 적절한 제도 설계도 중요하지만 제도의 설계 작업 자체에도 리더십이 필요하고, 제도만으로는 그것이 실제로 어떻게 작동될지 알 수 없기 때문이다. 카리스마적 리더를 요청하는 정치 문화와 협력적 거버넌스의 조장적 리더십은 어떻게 조화될 수 있는가?

참고 문헌

강문희 (2011). 쓰레기 소각잔재매립장 입지 정책. 정용덕 편. 공공갈등과 정책조정 리더십. 서울: 법문사.

국민대통합위원회 (2014). 산동네를 예향으로 만든 주민들의 힘. 사례로 보는 국민대통합 2014. 국민

대통합위원회.

김창수(2012). 도시마을 창조전략: 부산광역시 감천문화마을 재생 사례를 중심으로. 한국비교정부학보, 16(1): 221-246.

김현아(2012). '감천문화마을' 지역전통 문화 브랜드 선정. 부산일보. 2012년 11월 8일(http://m.busan.com/).

박준 외(2009). 한국의 사회갈등과 경제적 비용. 삼성경제연구소 CEO Information. #710.

박현희(2013). 낙후된 산동네가 한국의 대표적 문화마을로: 부산시 사하구 감천문화마을. 국토, 11: 55-60.

백영제 · 김다희 · 이명희(2011). 감천문화마을 이야기. 서울: 도서출판 두손컴.

심준섭 · 김지수(2011). 화장장 입지 정책. 정용덕 편. 공공갈등과 정책조정 리더십. 서울: 법문사.

유영호(2013). 관광객 45만 명 몰려든 달동네…감천마을에 무슨 일? 머니투데이. 2013년 11월 29일(http://news.mt.co.kr/).

윤희각(2012). '한국의 산토리니' 부산 태극도마을, 산비탈을 가득 채운 계단식 집 그리고 꿈과 낭만. 신동아, 2: 399-407.

이귀영(2012). 감천문화마을 '아시아 가장 아름다운…' 2012 아시아 도시경관상 대상 수상. 다이내믹 부산, 제1554호. 2012년 12월 4일(http://news.busan.go.kr/).

이상헌(2009). 생활 · 문화 만나는 곳 오고 싶었다. 부산일보. 2009년 11월 27일(http://news20.busan.com/).

이연숙 · 박재현(2014). 부산 감천문화마을의 지역자산 기반 재생 과정 연구. 한국생태환경건축학회 논문집, 14(3): 111-120.

이영준 · 김진영(2014). 도심 재생 사례 연구: 부산 감천문화마을을 중심으로. 한국콘텐츠학회 2014 추계종합학술대회 논문집.

정지범(2011). 방폐장 입지 정책. 정용덕 편. 공공갈등과 정책조정 리더십. 서울: 법문사.

최강림(2011). 공공디자인을 통한 주거지 도시재생 사례연구. 디자인학연구, 24(4): 23-34.

최창현(2009). 복잡계와 리더십. 홍재환 · 함종석 편. 국가경쟁력과 리더십. 서울: 법문사.

허용성(2011). 부산 사하구, '2011년 도시대상' 장관상. 모닝뉴스. 2011년 10월 14일(http://morningnews.co.kr/).

홍진이(2013). 마을만들기 사업과 지방자치단체의 역할. 공공사회연구, 3(2): 151-169.

Ansell, C. & Gash, A. (2008). Collaborative governance in theory and practice. *Journal of Public Administration Research and Theory*, 18(4): 543-571.

Bryson, J. M., Crosby, B. C., & Stone, M. M. (2006). The design and implementation of cross-sector collaborations: Propositions from the literature. *Public Administration Review*, 66: 44-55.

Chrislip, D. & Larson, C. E. (1994). *Collaborative leadership: How citizens and civic leaders can make a difference.* San Francisco, CA: Jossey-Bass.

Coglianese, C. & Allen, L. K. (2003). Building sector-based consensus: A review of the EPA's Common Sense Initiative. Paper 107. *Scholarship at Penn Law.*

Coleman, J. S. (1988). Social capital in the creation of human capital. *American Journal of Sociology,* 94: S95-S120.

Connick, S. (2006). *The Sacramento Area Water Forum: A case study.* Institute of Urban & Regional Development, IURD Working Paper Series 2006 - 06, University of California, Berkeley.

Folke, C., Hahn, T., Olsson, P., & Norberg, J. (2005) Adaptive governance of social-ecological systems. *Annual Review of Environment and Resources,* 30: 441-473.

Hood, C. (1991). A public management for all seasons? *Public Administration,* 69(1): 3-19.

Innes, J. E. & Booher, D. E. (2010). *Planning with complexity: An introduction to collaborative rationality for public policy.* New York: Routledge.

Jessop, B. (1990). *State theory.* Cambridge, UK: Polity Press.

Majone, G. (1997). From the positive to the regulatory state: Causes and consequences of changes in the mode of governance. *Journal of Public Policy,* 17(2): 139-167.

Milward, H. B. & Provan, K. G. (2000). Governing the hollow state. *Journal of Public Administration Research and Theory,* 10(2): 359-380.

O'Leary, R. & Vij, N. (2012). Collaborative public management: Where have we been and where are we going? *The American Review of Public Administration,* 42(5): 507-522.

Osborne, D. & Gaebler, T. (1992). *Reinventing government: How the entrepreneurial spirit is transforming government.* MA: Addison-Wesley.

Osborne, S. P. (2006). The New Public Governance? *Public Management Review,* 8(3): 377-387.

Provan, K. G. & Kenis, P. (2008). Modes of network governance: Structure, management, and effectiveness. *Journal of Public Administration Research and Theory,* 18(2): 229-252.

Purdy, J. M. (2012). A framework for assessing power in collaborative governance processes. *Public Administration Review,* 72(3): 409-417.

Rhodes, R. (1997). *Understanding governance: Policy networks, governance, reflexivity and accountability.* Buckingham: Open University Press.

Robertson, P. J. & Choi, T. (2012). Deliberation, consensus, and stakeholder satisfaction: A simulation of collaborative governance. *Public Management Review,* 14(1): 83-103.

Termeer, C. J. A. M. (2009). Barriers to new modes of horizontal governance. *Public*

Management Review, 11(3): 299-316.

Thomson, A. M. & Perry, J. L. (2006). Collaboration processes: Inside the black box. *Public Administration Review*, 66(s1): S20-S32.

Till, J. E. & Meyer, K. R. (2001). Public involvement in science and decision making. *Health Physics*, 80: 370-378.

제 4 장

정보공개제도의 효과와 부작용: 병원 항생제 처방률 공개를 중심으로

권 일 웅

제 1 절 서론

점차 복잡하고 다양한 재화와 서비스가 증가하면서 소비자가 이러한 재화와 서비스에 대한 정확한 정보를 얻기가 어려워지고 있다. 예를 들어, 자동차의 연비, 식품의 열량, 가전제품의 전기소비량 등에 대한 정보를 소비자가 제품의 소비를 통해 직접 확인하기는 매우 어렵다. 반면 제품이나 서비스를 생산하고 공급하는 생산자는 이러한 정보를 가지고 있는 경우가 많다. 이와 같은 정보의 비대칭성 상황은 시장실패(market failure)를 가져올 수 있다. 특히, 생산자는 고의로 제품의 질을 과장하거나 가격을 높게 책정할 수 있다. 따라서 정직하게 제품의 질을 높이려는 생산자가 오히려 시장에서 도태되는 역선택(adverse selection)의 문제가 발생할 수 있다(Stigler, 1961).

소비자가 제품에 대한 올바른 정보를 '알 권리'가 있음을 강조하며, 이러한 시장의 실패를 막기 위해 최근에 정보공개(information disclosure) 제도가 증가하고 있다. 예를 들어 가전제품의 전기 소비량을 등급화해 공지하고 있으며, 차량의 연비, 식품의 첨가물 및 열량, 상장 기업의 재무제표 등의 공개를 의무화하고 있다. 이러한 정보공개제도는 위에서 설명한 정보의 비대칭성 문제를 근본적으로 해결해 시장의 실패를 막는 효과를 기대할 수 있다.

하지만 정보공개제도는 다양한 정책 수단의 하나로서 다른 정책 수단과 비교해 상대적으로 효율적인 수단인지 확인할 필요가 있다. 예를 들어, 자동차 연비에 대한 정보를 공개하고 생산자들의 경쟁을 유도해 자동차 연비를 간접적으로 증가시키는 방법 외에도 자동차 연비를 규제하는 좀 더 직접적 정책 수단도 존재한다. 즉, 정보공개는 정부가 원하는 정책 결과를 이끌어 내기 위한 다양한 정책 수단 중의 하나라고 보아야 한다(Salamon & Elliott, 2002). 특히 직접규제나 보조금과 비교해 상대적으로 간접적인 수단이라고 볼 수 있다. 직접규제의 경우 정부가 사회적으로 최적인 규제 수준을 정확히 알지 못하면 규제로 인해 문제가 더 악화될 수 있다. 예를 들어, 자동차 연비를 직접적으로 규제할 때 정부가 사회적으로 최적인 자동차 연비를 계산할 수 없으면 오히려 더 큰 비효율성이 발생할 수 있다는 것이다. 특히 소비자의 선호가 상이할 때 이러한 상이한 소비자의 선호를 반영하지 못하고 일괄적인 규제를 하게 되는 비효율성이 존재한다. 이와 반대로 정보공개와 같은 간접적인 규제는 공개된 정보를 바탕으로 각각의 소비자와 생산자가 자율적으로 자동차 연비에 대한 소비와 생산 결정을 할 수 있기 때문에 좀 더 효율적인 결과를 유도할 수 있는 장점이 있다. 반면 아래에서 자세히 논하겠지만 소비자가 공개된 정보를 이해할 수 없거나 생산자가 전략적 행동을 보이는 경우에는 정보공개의 다양한 부작용이 발생할 수 있다.

기존 논의들은 정보공개의 장점을 강조하고 있지만 부작용에 대한 심도 깊은 논의는 부족했다. 따라서 이 연구에서는 2006년 1월 5일 서울행정법원의 판결에 의한 병원별 감기에 대한 항생제 처방률 공개 결정을 중심으로 정보공개제도의 과정과 효과, 그리고 부작용에 대해 분석하고자 한다. 특히 의도하지 않은 부작용으로서 병원 간의 동료 효과(peer effect)와 전략적 효과(strategic effect)에 대한 이론을 제시하고, 실증적 자료를 바탕으로 2006년 항생제 처방률 공개 사례를 분석하고자 한다. 그리고 이러한 분석 결과를 바탕으로 다른 정보공개 정책에 대한 시사점을 찾고자 한다.

제 2 절 사례의 개요: 감기에 대한 항생제 처방률 공개

1. 감기와 항생제

감기에 대한 항생제 처방률 공개 결정을 이해하기 위해서는 먼저 감기와 항생제의 관계에 대한 이해가 필요하다. 감기는 급성 상기도 감염(acute upper respiratory tract infection)으로 구분되며 독감과는 다른 질병이다. 우리나라에서는 '독감'이라는 용어가 쓰이기 때문에 '독한 감기'로 이해하기 쉬우나 독감은 세균(bacteria)에 의한 감염이며 감기는 바이러스에 의한 감염이다.

세균은 하나의 세포 형태를 가지며, 적정 환경에서 자체 증식이 가능하고, 항생제 등을 사용해 치료가 가능하다. 반면 바이러스는 세포의 형태가 아니라 크기가 작은 DNA 또는 RNA가 단백질 외피에 둘러싸여 있는 형태를 지니며, 자체 증식이 불가능하기 때문에 반드시 숙주가 존재해야 증식이 가능하다. 특히, 바이러스는 항생제로 치료가 되지 않으며 백신도 존재하지 않는다.

따라서 바이러스에 의한 질환인 일반 감기는 항생제로 치료되지 않는다. 그뿐만 아니라 항생제의 사용은 환자의 알레르기 반응과 같은 부작용 외에도 여러 항생제에 내성을 가지는 다중 내성 세균을 일으켜 환자뿐만 아니라 다른 사람에게도 피해를 줄 수 있게 된다. 따라서 일반 감기에 대한 항생제 처방은 제한적으로 사용되는 것이 바람직하다.

하지만 여러 나라에서 아직도 감기에 대한 항생제 처방이 일반적이다. 특히 우리나라는 일반 감기에 대한 항생제 처방률이 매우 높다. 병원에 따라서는 일반 감기에 대한 항생제 처방률이 90% 이상인 곳도 다수 존재한다. 우리나라는 감기뿐만 아니라 다른 질환에 대한 항생제 처방률도 높아서 2011년 OECD 국가 중에 여섯 번째로 높은 항생제 처방률을 나타내고 있다. 이에 따라 폐렴 환자 중에서 페니실린에 내성을 보이는 경우가 한국에서는 70% 이상으로, 미국의 25%에 비해 매우 높은 수준을 보이고 있다(Conly, 1998). 또한 장염 원인균은 암피실렌에 이미 97%의 내성률을 보이고 있다.[1)]

2. 병원 항생제 처방률 정보공개 결정 과정

항생제를 비롯한 의약품 남용과 그에 따른 문제점들을 방지하기 위해 우리나라는 2000년 7월부터 의약분업제도가 도입되었다. 이에 따라 항생제의 사용은 의사의 처방에 따라 이뤄지게 되었다. 또한 2001년부터는 건강보험심사평가원에서 약제급여적정성평가를 실시해 항생제 처방률을 해당 의료기관에 통보해 왔다. 이러한 제도를 통해 의료기관의 자체적 개선을 유도해 왔지만 항생제 처방률은 크게 감소하지 않았다(전대성 · 정광호, 2011).

이에 따라 시민단체인 참여연대는 감기에 대한 항생제 처방률이 높은 의료기관의 명단을 공개하도록 요구하는 정보공개 청구를 2005년 3월에 신청했다. 하지만 보건복지부가 처방률 공개는 중앙평가위원회의 심의를 거쳐야 한다며 사실상 공개를 거부했다. 이에 참여연대는 〈표 4-1〉에 정리한 바와 같이 현행 정보공개법의 하위 규범인 고시에 근거해 비공개하는 것은 정보공개법에 반하는 위법한 결정이라고 주장하면서 2005년 6월에 행정소송을 제기했다.

소송에서 쟁점은 크게 두 가지로 볼 수 있다. 첫째는 개별 의료기관의 항생제 처방률 공개가 정보공개법상 비공개 사유인 '법인 등의 경영, 영업상 비밀에 관한 사

표 4-1 항생제 처방률 정보공개 쟁점 1

	정보공개 청구에 대한 거부 근거
보건복지부	"병원별 항생제 처방률 공개는 중앙평가위원회의 심의를 거쳐야 한다며 정보공개 청구를 사실상 거부."
참여연대	"항생제 처방 의료기관 명단은 현행 공공기관의 정보공개에 관한 법률(이하 정보공개법)에 따른 행정 정보이므로 이의 공개 또는 비공개 처분은 정보공개법에 근거돼야 하나 복지부의 비공개 처분 사유는 현행 정보공개법(9조)에서 규정하고 있는 비공개 사유에도 해당되지 않을뿐더러 다른 법의 하위 규범인 고시를 근거로 이를 비공개한 것은 현행 정보공개법에 반하는 위법한 결정이라고 지적."

1) 시사IN 2011.4.12. 기사 인용(http://www.sisainlive.com/).

항'이 될 수 있다는 의료계의 주장이다. 둘째는 정보가 공개될 경우 '항생제 처방률이 높은 의료기관은 곧 부도덕한 의료기관'이라는 인식을 국민들에게 주어 요양기관에 대한 불신을 야기할 위험이 크다는 보건복지부의 주장이다.

이에 대해 참여연대는 항생제 처방률이 이미 공개되고 있는 주사제 처방률과 다를 바가 없기 때문에 영업 비밀이 아니라고 주장했다. 또한 항생제 처방률이 영업상 비밀이라 하더라도 "사업활동에 의해 발생하는 위해(危害)로부터 사람의 생명・신체 또는 건강을 보호하기 위해 공개할 필요가 있는 정보는 공개돼야 한다"는 정보공개법 제9조 제1항 제7호 단서 조항에 따라 공개돼야 한다고 주장했다. 또한 참여연대는 의사와 환자 사이에 심각한 정보의 비대칭성을 감안할 때, 항생제 처방률이 공개되지 않음으로써 의료 소비자의 권리를 침해받고 있다고 반박했다.

2006년 1월 5일 서울행정법원은 참여연대가 제기한 정보비공개처분 취소소송에서 원고 승소 판결을 내렸다. 특히 법원은 판결에서 〈표 4-2〉와 〈표 4-3〉에서 정리한 바와 같이 항생제 처방률은 영업 비밀이라고 볼 수 없으며 "이 사건 정보를 비공개로 하는 데에 가사 요양기관이 법률상 보호받을 이익이 있다 하더라도 그 공개 여부는 국민의 알 권리와 진료선택권이라는 공익과 비교・형량하여 결정하지 않으면 안 된다. 의료 소비자들에게 사실에 기초한 정확한 의료정보를 제공하고 이를 통해 의료시장에서 공정한 경쟁을 촉진할 수 있을 때에 공익을 증진시킬 수 있을 뿐만 아니라 의료계에 대한 국민의 이해와 신뢰도 더욱 깊어지리라고 본다."라고 판단했다.[2]

표 4-2 항생제 처방률 정보공개 쟁점 2

	경영・영업상 비밀 여부
의료계	"개별 의료기관의 항생제 처방률 공개가 정보공개법상 비공개 사유인 '법인 등의 경영, 영업상 비밀에 관한 사항'이 될 수 있다."
참여연대	"의료기관의 항생제 처방률은 경영・영업상의 비밀로 볼 수 없고, 공개될 경우 의료기관의 정당한 이익을 현저히 저해한다고도 볼 수 없다." "정보가 영업상 비밀이라 하더라도 '사업활동에 의해 발생하는 위해로부터 사람의 생명・신체 또는 건강을 보호하기 위해 공개할 필요가 있는 정보는 공개돼야 한다'는 정보공개법 제9조 제1항 제7호 단서 조항에 따라 공개돼야 할 정보이다."

2) "정보공개거부처분취소"(판례, 2005구합16833).

	"항생제 처방율을 공개하는 것이 심평원이 이미 시행하고 있는 개별 의료기관의 제왕절개율 공개나 최근 공개키로 방침을 결정한 주사제 처방률이 낮은 의료기관 공개 등과 다를 바 없으며, 행정의 일관성이나 형평성 측면에서도 공개돼야 한다."
법원 판결	"이 사건 정보는 요양기관의 개설자인 의료인의 이름, 주민등록번호, 주소 등 개인에 관한 사항이 포함되어 있지 않다. 이 사건 정보에 포함되어 있는 요양기관의 명칭은 의료인이 소비자들에게 대해 자신이 개설한 의료기관을 표시하는 것이므로 이를 공개한다 하더라도 의료인의 사생활의 비밀 또는 자유가 침해될 우려가 있다고 보기 어렵다." "이 사건 정보는 의료인이 보유하고 있는 자신의 기능이나 기술 혹은 진단 및 치료 방법에 관한 것이 아니므로 이를 요양기관의 경영·영업상의 비밀에 해당한다고 볼 수 없다."

표 4-3 항생제 처방률 정보공개 쟁점 3

	의료기관에 대한 신뢰성 하락 여부
보건 복지부	"항생제 사용에 대한 결정은 의사가 질병과 환자 개개인의 상태에 따라 전문적인 의학적 소신과 지식을 바탕으로 최선의 노력을 다하여 하는 것이므로, 단순히 항생제 처방 비율의 '높고 낮음'이 해당 요양기관의 신뢰성 여부를 결정하는 기준이 될 수는 없다." "이 사건 정보가 공개될 경우 '항생제 처방률이 높은 의료기관은 곧 부도덕한 의료기관'이라는 인식을 국민들에게 주어 요양기관에 대한 불신을 야기할 위험이 크다."
참여연대	"이는 과도한 기우. 의사와 환자 사이에 심각한 정보의 비대칭성을 감안할 때, 항생제 처방률이 공개되지 않음으로써 의료 소비자의 권리를 침해받고 있다."
법원 판결	"이 사건 정보를 비공개로 하는 데에 가사 요양기관이 법률상 보호받을 이익이 있다 하더라도 그 공개 여부는 국민의 알 권리와 진료선택권이라는 공익과 비교·형량해 결정하지 않으면 안 된다. 의료인은 전문적 의학지식과 기술을 토대로 환자와 질병의 특수성을 감안해 적절한 진료 방법을 선택할 재량을 가지며, 이러한 의료인의 전문성과 자율성은 가능한 한 존중되어야 한다. 그러나 의료행위는 사람의 신체와 생명을 대상으로 하는 것이므로 환자의 자기결정권 혹은 치료행위에 대한 선택의 기회를 보호하기 위해 의료 소비자들에게 충분한 의료정보를 제공하는 것이 더 중요하다. 의료 소비자들에게 사실에 기초한 정확한 의료정보를 제공하고 이를 통해 의료시장에서 공정한 경쟁을 촉진할 수 있을 때에 공익을 증진시킬 수 있을 뿐만 아니라 의료계에 대한 국민의 이해와 신뢰도 더욱 깊어지리라고 본다."

3. 항생제 처방률 공개 현황

법원 판결에 따라 보건복지부는 2006년 2월 9일 건강보험심사평가원의 웹사이트(www.hira.or.kr)를 통해 의료기관별 감기에 대한 항생제 처방률을 공개하기 시작했다. 2014년 12월 현재 건강보험심사평가원의 홈페이지를 방문하면 '병원평가정보'를 통해 항생제 처방률을 동별로 확인할 수 있다. 예를 들어, 서울시 관악구 신림동을 선택하면 [그림 4-1]과 같이 신림동 소재 모든 의료기관의 항생제 처방률 등급을 볼 수 있으며, 개별 기관을 선택하면 [그림 4-2]와 같이 개별 기관의 항생제 처방률과 전체 병원 평균 처방률, 최대 처방률을 비교할 수 있다. 또한 [그림

- 항생제처방률은(는) 5개 등급으로 평가되었으며, 1등급이 가장 우수한 등급입니다. 등급안내

종합병원(1) 병원(1) 의원(67)

표시를 클릭하시면 병원비교 목록에 추가하실 수 있습니다. 10개씩 보기 조회

	병원명	항생제 처방률	위치	병원 진료비
	강경훈소아과의원	① 등급	서울 관악구	-
	관악연세정형외과의원	① 등급	서울 관악구	-
	굿모닝플러스의원	① 등급	서울 관악구	-
	김앤조내과의원	① 등급	서울 관악구	-
	김재생내과의원	① 등급	서울 관악구	-
	김재욱내과의원	① 등급	서울 관악구	-
	난곡연세가정의원	① 등급	서울 관악구	-
	박정근내과의원	① 등급	서울 관악구	-
	박찬문내과의원	① 등급	서울 관악구	-
	서울대학교직장부속의원	① 등급	서울 관악구	-

1 2 3 4 5 6 7 »

그림 4-1 건강보험심사평가원 항생제 처방률 공개 현황 1

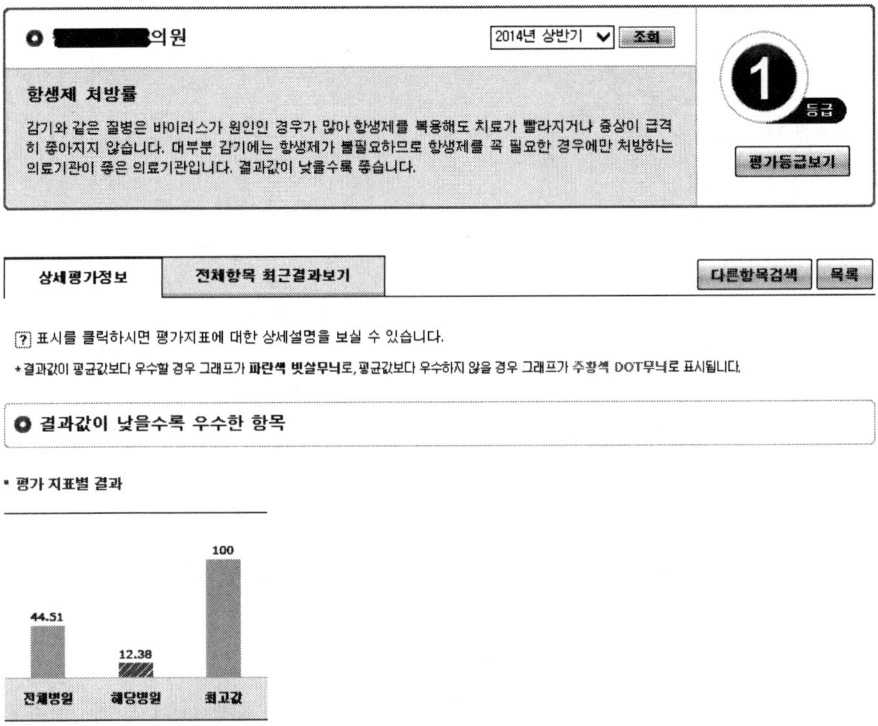

그림 4-2 건강보험심사평가원 항생제 처방률 공개 현황 2

4-2]에서 보이는 바와 같이 "감기와 같은 질병은 바이러스가 원인인 경우가 많아 항생제를 복용해도 치료가 빨라지거나 증상이 급격히 좋아지지 않습니다. 대부분 감기에는 항생제가 불필요하므로 항생제를 꼭 필요한 경우에만 처방하는 의료기관이 좋은 의료기관입니다."라는 정보를 제공하고 있다.

4. 항생제 처방률 공개 효과

2006년 2월 9일 감기에 대한 항생제 처방률 공개를 통해 항생제 처방률이 얼마나 낮아졌는지 보면 [그림 4-3]과 같다. 2005년 평균 항생제 처방률은 60% 정도에 머물고 있으나 항생제 처방률이 공개된 2006년 1분기 이후에는 50%대로 감소한 것을 볼 수 있다.

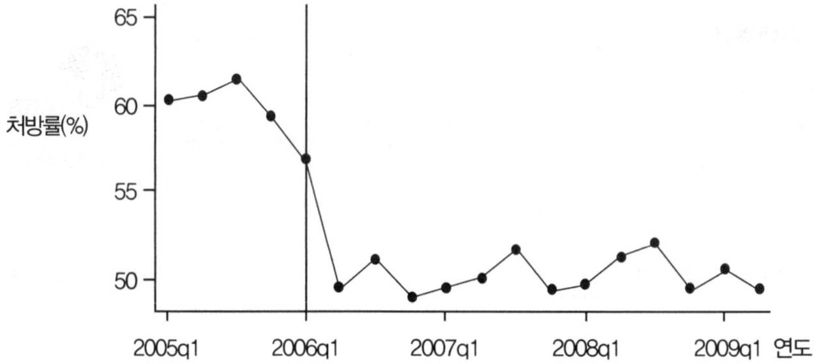

그림 4-3 **서울시 평균 감기 항생제 처방률의 추이**

출처: Kwon & Jun(2014).

분기 효과나 시간 추세 등을 반영한 좀 더 엄밀한 분석을 한 경우에도 많은 연구들은 약 6%p에서 12%p의 처방률 감소 효과가 있었다고 보고 있다(김수경 외, 2010; 전대성 · 정광호, 2011; Kwon & Jun, 2014).

즉, 감기에 대한 항생제 처방률 공개를 통해 소비자가 처방률이 낮은 의료기관을 선호하게 되고, 이에 따라 의료기관은 항생제 처방률을 낮춰 소비자에 대한 평판을 올리려는 시도를 했다고 볼 수 있다. 따라서 정부가 의도했던 정책 목표를 일부 달성했다고 평가할 수 있다.

하지만 정보공개가 된 후에도 항생제 처방률이 50% 이하로 감소하지 않고 있음에 주의할 필요가 있다. 일반 감기에 대한 항생제 처방은 2차 감염의 위험이 높은 환자에 대해 예외적으로 이뤄질 수 있다. 하지만 일반 감기의 2차 감염률은 약 1%인 것으로 알려져 있다.[3] 따라서 50%의 항생제 처방률은 아직도 매우 높은 수준이다.

또한 [그림 4-3]을 포함한 기존의 연구들은 의료기관의 평균 항생제 처방률의 변화에 초점을 맞췄기 때문에 개별 의료기관별로 어떤 변화가 있었는지는 확실치 않다. 그리고 일반 감기 외의 다른 질병에 대한 항생제 처방률의 변화도 잘 알려져 있지 않다.

3) http://www.sisainlive.com.

따라서 다음 절에서는 정보공개제도의 효과와 부작용에 대한 이론적 검토를 실시한 뒤, 이러한 이론들이 감기에 대한 항생제 처방률 공개 사례에 어떻게 적용될 수 있는지 분석해 보고자 한다.

제 3 절 정보공개 효과에 대한 이론적 논의

1. 소비자 학습 효과

정보공개제도는 공개된 제품의 특성을 소비자가 학습해 합리적 판단을 할 수 있도록 돕는 것을 목적으로 한다. 서론에서 논의한 것처럼 소비자가 소비하기 전이나 소비한 직후에도 제품이나 서비스의 주요 특성을 파악할 수 없는 경우에는 생산자와 소비자 간의 정보의 비대칭성 문제가 발생한다. 특히, 소비자가 질 좋은 상품을 생산, 판매하는 생산자를 구분하지 못하는 경우에는 질이 낮은 상품을 저렴하게 판매하는 생산자가 시장에서 살아남고, 질 좋은 상품을 판매하는 생산자는 시장에서 퇴출되는 역선택의 문제가 발생하게 된다. 애컬로프(Akerlof, 1970)는 중고차 시장에서 이러한 시장의 실패를 레몬의 문제(the lemon problem)라고 칭하면서 극단적인 경우에는 시장 전체가 몰락하는 사태가 발생할 수 있음을 이론적으로 증명했다. 이러한 정보 비대칭 상황에서 정보공개제도는 소비자가 질 높은 제품을 판매하는 생산자를 구분할 수 있게 해 줌으로써 역선택의 문제를 해결하고 질 높은 제품을 판매하는 생산자가 시장에서 존속할 수 있게 해 준다.

또한 소비자가 제품에 대한 정보를 알지 못하는 경우에는 생산자 간의 제품의 질의 차이가 의미를 가지지 않는다. 따라서 생산자는 제품의 질을 높이려는 경쟁을 하지 않을 수 있다. 이러한 경우 정보공개제도는 생산자들 간의 품질 경쟁을 촉진해 생산자들이 제품의 질을 스스로 높이거나, 품질을 높이지 못하면 시장에서 퇴출되는 효과를 기대할 수 있다. 이러한 이론적 근거에도 불구하고 최근 많은 실증 연구들은 정보공개의 효과가 제한적임을 보여주고 있다. 예를 들어, 블라덱 외(Vladeck et al., 1998)는 미국에서 병원별 사망률 정보가 공개되었을 때를 분석했다. 소비자 학습 효과 이론에 따르면 소비자는 사망률이 낮은 병원을 선호하고 사망률이 높은 병원을 기피하게 되므로, 이에 따라 병원들은 사망률을 낮추기 위해 더욱 노력하게 되어야 한다. 그런데 블라덱 외(Vladeck et al., 1998)는 사망률이 높은 병원에 대한 환자들의 수요가 감소하지 않았으며, 또한 사망률이 낮은 병원에 대한 환자들의 수요가 증가하지 않았음을 보였다. 또한 버드(Bird, 2009)는 환경 친화적인 전기 발전 방식을 유도하기 위해 소비자에게 전기 발전 방식 정보를 공개한 사례를 분석했다. 하지만 정보공개 후 환경 친화적이지 않은 전기 발전 방식 때문에 전기회사를 바꾸는 소비자는 거의 발견하지 못했다.

반면 정보공개의 효과가 긍정적임을 보여주는 실증 연구도 존재한다. 진과 레슬리(Jin & Leslie, 2003)는 식당의 청결 상태를 등급으로 평가한 뒤, 등급을 식당 입구에 의무적으로 공개하도록 한 사례를 분석했다. 그리고 이러한 정보공개 이후에 식당의 청결 상태가 크게 증가했음을 보였다. 또한 롱고 외(Longo et al., 1997)는 미국의 미주리 주에서 산부인과에 대한 소비자 리포트(consumer report)가 발간된 이후에 병원들의 의료 질(quality)이 크게 증대되었음을 보였다. 그럼에도 불구하고 셰켈레 외(Shekelle et al., 2008)는 다양한 연구의 서베이를 통해 일반적으로 정보공개제도 효과는 불분명하다고 보고 있다.

소비자 학습 효과 이론에 따르면 이와 같이 정보공개의 효과가 불분명한 것은 소비자가 공개된 정보를 신뢰하지 않거나, 관심이 없거나, 이해하지 못하기 때문이라고 해석할 수 있다.

2. 동료 효과

기존의 정보공개제도에 대한 이론은 생산자들은 제품의 특성에 대한 정보를 알고 있지만 소비자는 모른다는 정보의 비대칭성 문제에 기반하고 있다. 하지만 권일웅 · 전대성(Kwon & Jun, 2014)은 생산자들도 다른 경쟁 생산자들의 제품의 특성을 모를 수 있음을 강조했다. 이 경우 정보공개제도는 제품의 특성을 소비자에게 알려주는 소비자 학습 효과 외에도 다른 경쟁 생산자에게 알려주는 생산자 학습 효과가 존재할 수 있다. 특히 공개된 다른 생산자들의 제품의 특성을 보고 생산자가 자신의 제품의 특성을 바꾸는 동료 효과(peer effect)가 존재할 수 있다.

포틴 외(Fortin et al., 2007)는 동료 효과의 발생 원인을 크게 세 가지로 구분하고 있다. 첫째는 동료의 행동과 유사한 행동을 하려는 사회적 동조(social conformity) 효과이다. 둘째는 동료의 행동을 보고 그러한 행동의 장점을 학습해 동료와 유사한 행동을 하게 되는 사회적 학습(social learning) 효과이다. 셋째는 동료가 부정적인 행동을 통해 이익을 취하는 것을 보고 자신도 부정적인 행위를 취하는 것이 공정(fair)하고 공평(equity)하다고 생각하는 효과가 있을 수 있다.

또한 셸링(Shelling, 1978)과 애컬로프(Akerlof, 1980)는 이러한 동료 효과가 사회적 승수 효과(social multiplier effect)를 발생시킬 수 있음을 지적했다. 즉, 다른 동료의 나쁜 행동을 보고 내가 나쁜 행동을 하면 다른 동료는 나의 나쁜 행동을 보고 더 나쁜 행동을 하게 되며, 이는 다시 내가 더 나쁜 행동을 하게 만들 수 있다는 것이다.

하지만 이러한 동료 효과를 실증적으로 분석하기는 쉽지 않다. 맨스키(Manski, 1993)는 동료들은 보통 유사한 환경적 요인에 노출되어 있기 때문에 이러한 유사한 환경적 요인이 마치 동료들이 비슷한 행동을 하고 있는 것처럼 보이게 할 수 있음에 주의하고 있다.

이러한 실증분석의 난관을 극복하기 위해 최근 행동경제학(behavioral economics)에서는 실험과 같은 좀 더 엄밀한 연구 방법을 사용하고 있으며, 마약 사용(Gaviria & Raphael, 2001), 흡연(Wilson, 2007), 성적(Sacerdote, 2001), 부정행위(Carrell, 2008), 투자 결정(Duflo & Saez, 2002) 등에서 동료 효과가 존재함을 보여주고 있다.

특히 최근 마스와 모레티(Mas & Moretti, 2009)는 수퍼마켓 계산대 직원들의 생산성 자료를 분석해 동료 효과에 두 가지 종류가 있을 수 있음을 보여주고 있다. 즉, A라는 계산대 직원의 앞에 서 있는 B라는 계산대 직원의 생산성이 높은 경우에는 A의 생산성에 아무런 영향이 없는 것을 발견했다. 반면 A 계산대 직원의 뒤에 서 있는 C라는 계산대 직원의 생산성이 높은 경우에는 A의 생산성이 증가하는 것을 발견했다. 전자의 경우에는 A가 앞에 보이는 직원의 생산성을 보고 따라하는지 사회적 동조 효과를 본 것이며, 후자의 경우에는 A가 볼 수 없는 뒤에 있는 생산성이 높은 직원의 시선을 의식하는 사회적 압력(social pressure) 효과를 본 것이라고 볼 수 있다. 따라서 마스와 모레티(Mas & Moretti, 2009)는 동료 효과에서 사회적 압력 효과가 사회적 동조 효과보다 더 큼을 보인 것이라고 해석할 수 있다. 다른 산업에서도 이와 같은 결과가 적용될지는 의문이지만 동료 효과를 사회적 압력 효과와 사회적 동조 효과로 나눠 분석하는 것은 유용할 수 있다는 것을 시사한다.

3. 전략적 행동

서론에서 강조한 것처럼 최근 제품과 서비스는 점차 다양하고 복잡해지고 있다. 따라서 제품의 다차원적인 모든 특성을 소비자에게 알기 쉽게 공개하는 것이 어려울 수 있다. 예를 들어, 병원의 질을 공개하고자 한다면 병원의 수술 성공률, 사망률 외에도 환자 질병의 심각성, 수술의 난이도 등도 고려해야 할 것이며, 종합병원의 경우 다양한 진료 과목별 정보가 존재한다. 이러한 모든 정보를 공개하는 것은 현실적으로 불가능하며, 일부 사전적으로 중요하다고 생각된 정보만이 공개되는 경우가 대부분이다.

이와 같이 제품의 일부 특성만이 공개되는 경우 생산자는 공개된 특성의 질을 높이는 반면 공개되지 않는 특성의 질을 낮추는 전략적 행동(strategic behavior)을 취할 수 있다. 이 경우에는 공개된 특성의 질이 높아졌다고 해서 반드시 제품의 전반적 질이 향상되었거나 소비자 후생이 증대되었다고 보기 어렵다. 오히려 소비자에게 더욱 왜곡된 정보를 가져다 줘서 소비자의 후생이 감소하는 결과가 나올 수도 있다.

드라노브 외(Dranove et al., 2003)는 병원의 이러한 전략적 행동을 잘 보여주고 있다. 미국의 뉴욕 주와 펜실베이니아 주의 심장병 위험이 있는 메디케어(Medicare) 환자들을 대상으로 조사한 결과 병원의 사망률과 같은 정보가 공개되자 병원들이 질병의 정도가 심각한 환자들을 거부하는 전략적 행동을 취했다. 이는 환자의 사망률은 공개가 되었지만 그 병원의 환자들의 질병의 심각성은 측정되거나 공개되지 않았기 때문에 발생한 것이다. 드라노브 외(Dranove et al., 2003)는 이러한 병원의 전략적 행동 때문에 적어도 단기적으로는 정보공개가 환자나 사회 전체의 복지 수준을 오히려 감소시켰다고 분석했다.

4. 담합 유도

정보공개제도가 어떻게 기업의 담합을 유도하는지 이해하기 위해서는 먼저 기업의 담합에 대한 설명이 필요하다. 기업들이 서로 경쟁을 하지 않고 담합을 하면 기업 모두의 이윤이 증대될 수 있다. 그럼에도 불구하고 기업들이 항상 담합을 하지 못하는 것은 담합을 하면 반드시 담합을 배신하고자 하는 유혹이 존재하기 때문이다. 즉, 다른 모든 기업이 담합해 높은 가격을 책정하고 있을 때, 하나의 기업이 자신의 가격만 낮추면 소비자들이 이 기업의 제품만을 구입해 높은 이윤을 창출할 수 있다. 따라서 기업들이 성공적으로 담합하기 위해서는 다른 기업들이 어떤 가격 혹은 품질을 제공하고 있는지 항상 감시하고, 만약 배신자가 나타나면 즉각적으로 처벌하는 것이 필요하다.

따라서 가격 혹은 품질의 담합을 계획하고 있는 기업들의 경우, 가격이나 품질에 대한 정보공개는 마치 정부가 기업들의 가격과 품질을 대신 감시해 주는 역할을 하는 것과 같기 때문에 오히려 기업들의 담합이 쉬워지는 효과를 가져올 수 있다.

실제로 덴마크의 시멘트 산업에서 생산자와 도매업자들 간의 거래 가격정보를 공개하도록 규제한 뒤 시멘트 가격이 오히려 상승함을 보였다. 이에 대해 앨백 외(Albaek et al., 1997)는 공개된 가격정보가 오히려 시멘트 생산자들의 가격 담합을 도왔기 때문이라고 분석했다.

제 4 절 사례분석

이 절에서는 우리나라의 2006년 감기에 대한 항생제 처방률 공개 사례를 3절에서 제시한 이론들을 적용해 분석하고자 한다. 다만 항생제 처방률 공개에 따른 의료기관 간의 담합에 대한 정황은 없는 것으로 보이기 때문에, 소비자 학습 효과, 동료 효과, 그리고 전략적 행동에 대한 이론을 중심으로 분석하고자 한다. 분석 자료는 2005년 1분기에서 2009년 2분기까지 서울시 내 의원별 항생제 처방률 자료와

2005년 1분기에서 2006년 4분기까지 의원별 감기 환자 방문 수 자료이다.

1. 소비자 학습 효과

2006년 2월 9일부터 건강보험심사평가원 홈페이지를 통해 공개된 항생제 처방률은 두 가지 소비자 학습 효과를 가져올 수 있다. 첫째는 [그림 4-2]가 보여주듯이 감기에 대한 항생제 처방이 이롭지 않다는 정보의 학습이다. 이러한 정보의 학습은 감기에 대해 항생제 처방률이 높은 의료기관을 기피하는 선호를 유도하게 된다. 둘째는 [그림 4-1]과 같이 동별 각 의료기관의 항생제 처방률을 비교해 어떤 특정 의료기관이 항생제 처방률이 높고 낮은지를 학습할 수 있게 된다.

소비자의 학습 효과는 앞의 이론적 논의에 따르면 소비자가 항생제 처방률이 높은 의료기관을 기피하고 낮은 의료기관을 선호하게 함으로써 의료기관이 자율적으로 항생제 처방률을 낮추는 결과를 가져온다. 실제로 [그림 4-3]은 정보공개 후에 항생제 처방률이 10%p가량 감소하는 것을 보여준다.

하지만 이러한 항생제 처방률의 감소가 소비자 학습 효과에 의한 것인지를 확인하기 위해서는 먼저 소비자가 항생제 처방률이 높은 의료기관을 실제로 기피하게 되었는지 분석할 필요가 있다. 만약 소비자 스스로가 감기에 대해 항생제 처방을 받기를 원한다거나, 아니면 공개된 정보를 학습하지 못했다면, 소비자는 항생제 처방률이 높은 의료기관을 기피하지 않을 것이다. 또한 [그림 4-3]에서 나타난 항생제 처방률의 감소는 소비자 학습 효과에 의한 것이 아닐 것이다.

권일웅 · 전대성(Kwon & Jun, 2014)은 서울지역 의원별 감기 환자 방문 수가 의원의 항생제 처방률 동별 순위에 어떤 영향을 받는지 분석했다. 특히 〈표 4-4〉는 정보 공개 전에는 의원의 항생제 처방률 순위가 감기 환자 방문 수에 통계적으로 유의한 영향을 미치지 않았지만, 정보공개 후에는 부정적인 영향을 미치고 있음을 보여준다. 항생제 처방률 순위는 같은 동에서 가장 높으면 1, 가장 낮으면 0으로 측정이 되었다. 따라서 정보공개 후에는 항생제 처방률이 동에서 가장 높은 의료기관의 감기 환자 방문 수는 가장 낮은 의료기관의 감기 환자 방문 수에 비해 14.17% 낮다고 해석할 수 있다. 이러한 결과는 앞에서 논의한 소비자 학습 효과와 일치하며, 따라서 [그림 4-3]에서 나타난 정보공개에 따른 항생제 처방률의 감소

표 4-4 항생제 처방률 순위와 감기 환자 방문 수[4)]

(종속변수 = log(감기 환자 방문 수))

	정보공개 전	정보공개 후
항생제 처방률 순위	-0.0070	-0.1417***
	(0.0320)	(0.0458)
관측 수	9,550	4,923
R-squared	0.3317	0.6068

주: 괄호 안 숫자는 표준오차이며, ***는 1% 수준에서 통계적으로 유의함을 나타낸다. 통제변수로 분기더미와 의원 고정 효과를 사용했다.
출처: Kwon & Jun(2014).

는 소비자 학습 효과에 의한 것임을 알 수 있다.

2. 동료 효과

항생제 처방률 공개 1년 후인 2007년 정부 서베이 결과를 보면 소비자의 7%만이 건강보험심사평가원 홈페이지를 통해 항생제 처방률을 확인한 반면, 의사의 95%가 항생제 처방률을 확인한 것으로 나타났다.[5)] 즉, 소비자 학습 효과도 이뤄졌지만, 의료기관들이 정보공개를 통해 다른 경쟁 의료기관들의 항생제 처방률을 확인하게 된 생산자 학습 효과도 크다는 것을 추측해 볼 수 있다.

따라서 의료기관들 사이의 동료 효과가 존재한다면 각 의료기관별 항생제 처방률은 다른 의료기관의 항생제 처방률에 영향을 받게 될 것이다. 특히, 앞의 이론적 논의에서 살펴본 바와 같이 다른 의료기관에 비해 낮은 항생제 처방률을 가지고 있는 의료기관은 정보공개 이후에 항생제 처방률을 오히려 증가시킬 수 있다. 첫째, 사회적 동조(social conformity) 효과에 의하면 자신보다 높은 다른 병원의 항생제 처방률을 따라하게 될 것이다. 둘째, 사회적 학습(social learning) 효과에 의

4) 이 표는 다음과 같은 회귀분석 모형을 추정한 결과를 보여준다.

$$\log(\text{감기 환자 방문 수}) = a_0 + a_1(\text{항생제 처방률 순위}) + a_2(\text{분기더미 변수}) + a_3(\text{의원 고정 효과}) + e$$

정보공개 전 자료만을 사용한 추정 결과와 정보공개 후 자료만을 사용한 추정 결과를 나누어 보고했다.

5) 보건복지부 보도자료(2007-1-12).

하면 항생제 처방률이 높아도 정부의 규제나 소비자의 반발이 적다는 것을 학습해 자신의 항생제 처방률을 높일 수 있다. 셋째, 자신보다 항생제 처방률이 높은 의료기관이 많으면 자신의 항생제 처방률도 같이 높이는 것이 공정(fair)하다고 생각할 수도 있다.

[그림 4-4]는 서울시의 한 개 동에서 각 의원별 항생제 처방률의 변화를 보여주고 있다. 각 그림 중간의 세로줄은 2006년 1분기 항생제 처방률 공개 시점을 나타낸다. 예외는 있지만 전반적으로 공개 전에 항생제 처방률이 높았던 의원은 항생제 처방률을 낮추고 있으며(예: 의원 ID = E, F, J), 공개 전에 항생제 처방률이 낮았던 의원은 오히려 항생제 처방률을 높이고 있음을 볼 수 있다(예: 의원 ID = C, D).

권일웅 · 전대성(Kwon & Jun, 2014)은 [그림 4-4]의 패턴이 특정 동에 국한된

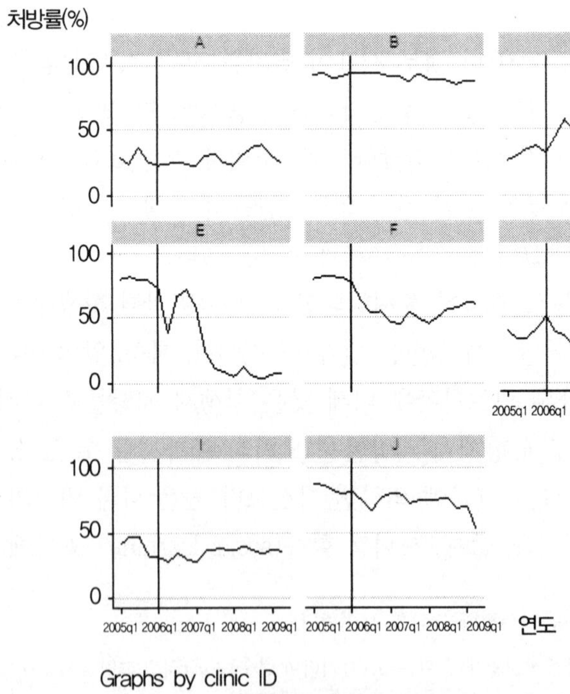

그림 4-4 의원별 항생제 처방률의 변화

출처: Kwon & Jun(2014).

것이 아니라 일반적인 패턴으로 다른 동들에서도 유사하게 관찰됨을 보이고 있다. 특히, 동에서 항생제 처방률이 하위 25%에 있는 의원들 중 절반이 정보공개 후에 오히 려 항생제 처방률을 높였음을 보여주었다.

따라서 [그림 4-3]에서 나타나듯이 평균 항생제 처방률은 10%p 가량 감소했음에도 불구하고 개별 의료기관별로 보면 정보공개가 오히려 항생제 처방률을 증대시킨 경우도 많이 있음에 유의할 필요가 있다. 특히 이러한 동료 효과는 그동안 정보공개 규제에서 고려되지 않았으며 정책 목표와 반대되는 효과이기 때문에 강조될 필요가 있다.

3. 전략적 행동

앞의 분석에서 유의할 점은 데이터에 나타난 감기에 대한 항생제 처방률이 의료기관에 의해 전략적으로 조작되었을 수 있다는 것이다. 즉, 모든 질병에 대한 항생제 처방률이 공개된 것이 아니라 '일반 감기'에 대한 항생제 처방률만이 공개된 것을 유념할 필요가 있다.

이러한 경우 앞의 이론적 논의에서 살펴본 바와 같이 공개되지 않은 질병에 대한 항생제 처방률을 조작할 인센티브가 발생할 수 있다. 특히 심한 일반 감기로 온 환자를 '독감'이나 '폐렴'과 같은 진단 코드로 구분해 항생제 처방을 하는 경우에는 마치 일반 감기에 대한 항생제 처방률이 감소한 것처럼 보일 수 있다. 즉, [그림 4-3]에서 나타난 항생제 처방률의 감소는 소비자 학습 효과에 의한 것이 아니라 의료기관의 전략적 진단 코드 조작에 의한 것일 수 있다.

또한 이러한 환자에 대한 진단 코드 조작은 항생제 처방률이 높은 의료기관에서 더 크게 이뤄질 것이라고 추측해 볼 수 있다. 이 경우, 항생제 처방률이 높은 의료기관이 일반 감기 환자를 독감이나 폐렴 환자로 구분하면 마치 일반 감기 환자의 수가 감소한 것처럼 나타나게 될 것이다. 즉, 〈표 4-4〉에서 나타난 항생제 처방률 순위와 감기 환자 수의 관계도 소비자 학습 효과에 의한 것이 아니라 의료기관의 전략적 진단 코드 조작에 의한 것일 수 있다. 그리고 [그림 4-4]에서 나타난 공개 전 항생제 처방률이 높은 의원의 항생제 처방률이 공개 후 감소하는 것도 동료 효과가 아니라 의료기관의 전략적 진단 코드 조작에 의한 것일 수 있다.

따라서 앞에서 분석한 정보공개 후 항생제 처방률의 감소를 그대로 믿기보다는 의료기관의 전략적 행동에 의한 착시 효과일 가능성을 염두에 두고 비판적으로 재검토해 볼 필요가 있다.

의료기관들의 진단 코드 조작을 통한 전략적 행동의 여부를 살펴보기 위해 권일웅·전대성(Kwon & Jun, 2014)은 감기 환자 방문 수가 전 분기(t-1)의 항생제 처방률 순위에 영향을 받는지 아니면 같은 분기(t)의 항생제 처방률 순위에 영향을 받는지 분석했다. 건강보험심사평가원에 공개된 항생제 처방률은 전 분기의 항생제 처방률이다. 따라서 소비자가 공개된 항생제 처방률 정보를 통해 학습을 했다면, 소비자의 병원 선택은 전 분기 항생제 처방률에 의해 영향을 받을 것이고, 공개가 아직 되지 않은 같은 분기의 항생제 처방률에는 영향을 받지 않아야 한다.

반면 항생제 처방률의 감소와 감기 환자 방문 수의 감소가 의료기관의 진단 코드 조작에 의한 것이라면 보고된 감기 환자 방문 수는 같은 분기 항생제 처방률 순위와 연관이 있을 것이고, 전 분기 항생제 처방률 순위와는 무관할 것이다.

표 4-5 전 분기 항생제 처방률 순위와 같은 분기 항생제 처방률 순위[6]

(종속변수 = log(감기 환자 방문 수))

	정보공개 전	정보공개 후
항생제 처방률 순위 (t-1)	-0.0067	-0.1486***
	(0.0320)	(0.0467)
항생제 처방률 순위 (t)	-0.0168	-0.0471
	(0.0320)	(0.0628)
관측 수	9,550	4,923
R-squared	0.3317	0.6069

주: 괄호 안 숫자는 표준오차이며, ***는 1% 수준에서 통계적으로 유의함을 나타낸다. 통제변수로 분기더미와 의원 고정 효과를 사용했다.

출처: Kwon & Jun(2014).

앞의 〈표 4-5〉는 정보공개 전에는 전 분기 혹은 같은 분기의 항생제 처방률 순

6) 이 표는 다음과 같은 회귀분석 모형을 추정한 결과를 보여준다.

$$\log(\text{감기 환자 방문 수}) = a_0 + a_1(\text{항생제 처방률 순위}t-1) + a_2(\text{항생제처방률 순위}t) + a_3(\text{분기더미 변수}) + a_4(\text{의원 고정 효과}) + e$$

위가 감기 환자 방문 수에 통계적으로 유의한 결과를 미치지 않고 있음을 보여준다. 이는 정보공개 전에는 소비자 학습 효과나 의료기관의 전략적 행동이 없었음을 시사한다. 하지만 정보공개 후에는 전 분기 항생제 처방률 순위는 감기 환자 방문 수에 통계적으로 유의한 부정적 영향을 가지지만 같은 분기 항생제 처방률 순위는 통계적으로 유의한 영향이 없음을 보여준다. 이러한 결과는 소비자 학습 효과와는 일치하지만 의료기관의 전략적 행동과는 일치하지 않는다.

따라서 의료기관의 진단 코드 조작과 같은 전략적 행동을 완전히 배제할 수 없지만 적어도 앞에서 분석한 소비자 학습 효과나 동료 효과는 의료기관의 전략적 행동과는 무관한 것으로 볼 수 있다.

제 5 절 결론 및 시사점

정보공개제도는 소비자가 제품이나 서비스에 대한 올바른 정보를 습득함으로써 합리적인 소비를 할 수 있도록 도와주며 또한 생산자가 소비자의 진정한 선호에 적합한 제품과 서비스를 공급하게 하여 시장의 효율성을 높이고자 하는 정책 수단이다. 따라서 기존의 연구들은 소비자 학습 효과에 초점을 맞춰 정보공개 정책을 수립하고 연구해 왔다.

이 연구에서는 우리나라의 감기에 대한 항생제 처방률 공개 사례를 중심으로 정보공개가 가지는 소비자 학습 효과 외에도 기존의 연구에서 많이 고려하지 않았던 동료 효과와 전략적 행동에 의한 정보공개 정책의 부작용에 대해서도 분석해 보았다.

특히, 감기에 대한 평균 항생제 처방률은 소비자 학습 효과에 의해 감소했지만, 동료 효과에 의해 일부 개별 의료기관들에서는 오히려 항생제 처방률이 증가했음을 보였다.

이는 제품이나 서비스에 대한 정보를 생산자들은 모두 알고 있지만 소비자는 모른다는 정보의 비대칭성 가정이 틀리다는 것을 시사한다. 즉, 생산자들도 다른 경쟁 생산자들의 제품과 서비스에 대한 정보를 역시 모르고 있어서, 정보공개제도로 소비자 학습 효과 외에도 생산자 학습 효과가 발생한다는 것이다. 이로 인해 생산자들 간의 동료 효과나 담합을 유도할 수 있다.

또한 공개되는 정보는 항상 한정되어 있기 때문에 공개되지 않는 정보를 조작해 공개된 정보의 성과를 향상시키려는 전략적 행동에 유의해야 한다. 비록 진단 코드를 조작해 감기에 대한 항생제 처방률을 낮추려는 전략적 행동의 구체적 증거는 찾지 못했지만 전략적 행동과 일치하는 결과들은 나타나고 있다.

따라서 성공적인 정보공개제도를 위해 정책결정자는 먼저 공개하고자 하는 정보를 생산자들끼리 이미 알고 있는지 없는지를 고려해야 한다. 만약 생산자들끼리 모른다면 정보공개가 오히려 생산자 학습 효과를 통한 동료 효과와 담합을 유도할 수 있음을 고려해야 한다. 또한 공개되지 않는 정보는 무엇인지 파악해 전략적 행동의 가능성에 대한 고려도 반드시 이뤄져야 할 것이다.

연구 문제

1. 정보공개와 같은 간접적 정책 수단과 직접규제와 같은 직접적 정책 수단의 장단점을 논하라.
2. 정보공개 정책에서 공개되는 정보가 경영·영업 비밀을 침해하는지 여부는 어떤 근거로 판단해야 하는지 설명하라.
3. 흡연에 대한 동료 효과(peer effect)의 원인을 사회적 동조 효과, 사회적 학습 효과, 사회적 공정성 효과로 나눠 설명하라.
4. 동료 효과를 실증적으로 증명하기 어려운 이유를 설명하라.

참고 문헌

김수경·김희은·이숙향·백미숙(2010). 급성상기도 감염 항생제 처방률 공개 효과 분석. 한국임상약학회지, 20(3): 242-247.

전대성·정광호(2011). 정보공개의 효과분석: 서울시 종합병원, 병원, 의원의 감기항생제 처방률을 중심으로. 한국정책학회보, 20(2): 109-142.

Akerlof, George A.(1970). The Market for 'Lemons': Quality Uncertainty and the Market Mechanism. *Quarterly Journal of Economics*, 84(3): 488-500.

Albaek, Svend, Mollgaard, Peter, & Overgaard, Per B. (1997). Government-Assisted Oligopoly Coordination? A Concrete Case. *The Journal of Industrial Economics*, 45(4): 429-443.

Bird, Lori (2009). Disclosure Issues: Renewable Energy Purchasing, mimeo.

Carrell, Scott E., Malmstrom, Frederick V., & West, James E. Peer (2008). Effects in Academic Cheating. *Journal of Human Resources*, 43(1): 173-207.

Conly, John (1998). Controlling antibiotic resistance by quelling the epidemic of overuse and misuse of antibiotics. *Canadian Family Physician*, 44: 1769-1784.

Dranove, David, Kessler, Daniel, McClellan, Mark, & Satterthwaite, Mark(2003). Is More. Information Better? The Effects of "Reports Cards" on Health Care Providers. *Journal of Political Economy*, 111(3): 555-588.

Duflo, Esther & Saez, Emmanuel (2002). Participation and Investment Decisions in a Retirement Plan: The Influence of Colleagues' Choices. *Journal of Public Economics*, 85: 121-148.

Fortin, Bernard, Lacroix, Guy, & Villeval, Marie-Claire (2007). Tax Evasion and Social Interactions. *Journal of Public Economics*, 91(11): 2089-2112.

Gaviria, Alejandro & Raphael, Steve (2001). School Based Peer Effects and Juvenile Behavior. *Review of Economics and Statistics*, 83(2): 257-268.

Jin, Ginger Zhe & Leslie, Philip (2003). The Effect of Information on Product Quality: Evidence from Restaurant Hygiene Grade Cards. *Quarterly Journal of Economics*, 118(2): 409-451.

Kwon, Illoong & Jun, Daesung (2014). "Information Disclosure and Peer Effects in the Use of Antibiotics" forthcoming *Journal of Health Economics*.

Longo, Daniel R., Garland, Land G., Schramm, Wayne Fraas, Judy Hoskins, Barbara & Howell, Vicky (1977). Consumer Reports in Health Care: Do They Make A Difference in Patient Care? *Journal of the American Medical Association*, 278(19): 1579-1584.

Manski, Charles F. (1993). Identification of Endogenous Social Effects: The Reflection Problem. *Review of Economic Studies*, 60(3): 531-542.

Mas, Alexandre & Moretti, Enrico (2009). Peers at Work. *American Economic Review*, 99(1): 112-145.

Sacerdote, Bruce (2001). Peer Effects with Random Assignment: Results for Dartmouth Roommates. *Quarterly Journal of Economics*, 116(20): 681-704.

Shekelle, Paul G., Lim, Yee-Wei, Mattke, Soeren, & Damberg, Cheryl Does (2008). Public Release of Performance Results Improve Quality of Care? *A Systematic Review*. The Health Foundation, London, UK.

Salamon, Lester M. & Elliott, Odus V. (2002). *The Tools of Government.* Oxford University Press.

Schelling, Thomas C. (1978). *Micromotives and Macrobehavior.* New York and London: Norton.

Stigler, George J. (1961). The Economics of Information. *Journal of Political Economy*, 69(3): 213-225.

Vladeck, Bruce C., Goodwin, Emily J., Myers, Lois P., & Sinisi, Madeline (1988). Consumers and Hospital Use: The HCFA 'Death List'. *Health Affair*, 7(1): 122-125.

Wilson, Jeffrey (2007). Peer Effects and Cigarette Use Among College Students. *Atlantic Economic Journal*, 35(2): 233-247.

제 5 장

재정개혁: Top-down 예산제도

김 상 헌

제 1 절 서론

주요 선진국에서는 증가하는 재정적자를 관리하고 재정건전성을 강화하기 위한 목적으로 우리나라보다 앞서 Top-down 예산제도를 도입했다. 즉, 증가하는 재정적자 및 국가채무에 대응해 넓게는 정부개혁, 좁게는 재정개혁의 차원에서 Top-down 예산제도를 도입한 것이다. 재정개혁의 이론적 기반은 신공공관리(new public management: NPM)라고 할 수 있다. 반면 우리나라는 주요 선진국들과는 제도 도입의 목적이 조금 다르다. 우리나라의 Top-down 예산제도(총액배분자율편성 예산제도)는 참여정부 시절 4대 재정개혁 과제의 일환으로서 2004년부터 도입되었다. 우리나라는 재정건전성의 관리를 위해서라기보다는 참여정부가 지향하는 가치인 '분권'과 '참여' 등의 가치를 바탕으로 Top-down 예산제도 도입을 추진했다.

그렇다면, Top-down 예산제도란 무엇인가? Top-down 예산제도는 먼저 중앙예산기관에서 총 지출 규모와 부처별·분야별 지출 한도를 설정하고, 각 부처가 해당 한도 내에서 사업별로 예산을 요구하면, 다시 중앙예산기관이 각 부처 예산요구안을 기준으로 사업별로 재정 원칙·기준 준수 여부를 확인하는 등의 협의·보완 과정을 거쳐 정부예산안을 편성하는 제도이다. 실제의 예산편성 방식은 상향식(bottom-up)과 하향식(top-down)이 병행되어 사용되는데, 예산편성 시 어느 것에 강조점을 두느냐에 따라 달라진다. Top-down 예산제도의 도입은 이전의 예산편성 방식에 비해 좀 더 하향식 예산편성 방식이 강조된 것이라고 할 수 있다.

기존의 예산편성 방식은 단년도 개별 사업에 대한 예산 검토 중심으로 예산을 편성해 중장기적 시각에서의 전략적 예산 배분이 어려워 재정건전성 관리에 취약한 단점이 있었다. 또한, 예산편성 과정에서 부처의 부풀리기식 예산 요구와 재정당국의 대폭 삭감이라는 비효율적 관행이 존재했으며, 예산을 실제로 집행하는 부처의 전문성을 반영한 사업 추진이 어려운 구조 등 여러 비판에 직면했다.

이와 같이 Bottom-up 예산편성 방식을 강조하는 기존의 예산편성 방식의 한계를 극복하기 위해 Top-down 예산제도를 도입했으며, 중요한 변화는 다음과 같다. Top-down 예산제도의 도입으로 중장기적 시각에서 우선순위에 입각한 전략적·효율적인 재원 배분이 가능해졌으며, 총량적 수준에서의 재정 규율 확보와 더불어 재정건전성의 관리가 가능하게 되었다. 또한, 부처가 통보받은 지출 한도 내에서 현장의 경험 및 전문성을 발휘할 수 있도록 했으며, 부처의 과다 예산 요구와 재정당국의 대폭 삭감이라는 비효율적인 관행을 줄일 수 있게 되었다.

Top-down 예산제도가 도입되어 운영된 지 10년이 지난 현 시점에서 이 제도가 본래 의도한 목적대로 운영되고 있는지를 진단해 볼 필요가 있다. 만약 본래 취지대로 작동이 되고 있지 않다면 이에 대한 개선 방향을 모색해 볼 필요가 있을 것이다. 따라서 이 장의 목적은 재정개혁에 관한 이론적 논의를 바탕으로 Top-down 예산제도가 우리나라에서 본래 취지대로 작동되고 있는지를 진단한 후 개선 방안을 제시하고, 이와 더불어 관련 쟁점을 제시하고자 하는 데 있다.

이에 여기에서는 먼저, 간략하게 Top-down 예산제도에 대해 전반적으로 살펴본 후, 이론적 논의의 과정에서 재정개혁을 살펴볼 것이다. Top-down 예산제도 도입의 근거가 되는 재정개혁에 관한 이론적 논의를 살펴봄으로써 이론과 사례의 연계를 시도할 것이며, 이 제도 운영 방향의 논거를 알 수 있을 것이다. 다음으로, 실질적으로 Top-down 예산제도가 본래 의도한 목적과 부합하게 운영되고 있는지를 실증자료를 통해 살펴볼 것이다. 만약 그렇지 않을 경우, 이를 극복할 수 있는 대안을 모색할 것이며, 최종적으로 정책적 시사점을 제시할 것이다.

제 2 절 사례의 개요: Top-down 예산제도론

1. Top-down 예산제도의 의의

Top-down 예산제도는 먼저 중앙예산기관에서 총 지출 규모와 부처별·분야별 지출 한도를 설정하고, 각 부처가 해당 한도 내에서 사업별로 예산을 요구하면, 다시 중앙예산기관이 각 부처 예산요구안을 기준으로 사업별로 재정 원칙·기준 준수 여부를 확인하는 등의 협의·보완 과정을 거쳐 정부 예산안을 편성하는 제도이다. 우리나라는 Top-down 예산제도를 2004년 참여정부 때 4대 재정개혁의 일환으로 도입했다.

일반적으로 예산편성 방식은 상향식(bottom-up)과 하향식(top-down) 두 가지로 구성된다. 상향식은 개별 사업별 예산, 분야·부서별 예산, 지출 총액의 순으로 재원을 배분하는 반면에 하향식은 지출 총액부터 시작하며, 분야·부서별 예산, 개별 사업별 예산 순서로 재원을 배분한다. 실제의 예산편성 과정에서는 어느 하나의 방식이 아니라 상향식과 하향식 방식이 모두 병행되어 사용되는데 어디에 강조점을 두는지에 따라 예산편성 방식이 상향식과 하향식으로 나뉜다. Top-down 예산제도는 이전의 예산편성 방식에 비해 하향식 예산편성 방식이 좀 더 강조된 것이다.

Top-down 예산제도가 도입되기 이전에는 주로 상향식으로 예산을 편성했는데 다음과 같은 한계가 존재했다.

첫째, 단년도 개별사업 위주의 예산편성으로 인해 국가 차원의 전략적 예산 배분이 어려울 뿐 아니라 재정건전성 관리도 어렵게 된다.

둘째, 예산편성 과정에서 중앙예산기관과 부처 간 정보 교환이 이뤄지지 않고, 부처의 과다한 예산 요구와 중앙예산기관의 삭감이라는 비효율적 악순환 구조가 계속 발생한다.

셋째, 실제 사업 담당 부처의 사업 우선순위가 반영되지 못하기 때문에 전문성을 바탕으로 한 사업 추진을 제약하고 책임성도 낮아지게 된다.

이와 같은 기존의 예산편성 방식의 한계를 극복하기 위해 Top-down 예산제도가 도입되었다.

2. Top-down 예산제도의 제도적 특징

Top-down 예산제도의 가장 큰 제도적 특징은 지출한도 개념을 도입한 것이다. 즉, 중앙예산기관은 지출 한도(expenditure ceiling)를 설정해 각 부처에 통보해 주고, 부처는 지출 한도 내에서 예산을 요구하는 것이 Top-down 예산제도의 핵심적 특징이다. 중앙예산기관은 국가재원배분회의에서의 논의 및 국가 차원의 거시적·전략적 판단을 바탕으로 지출 한도를 설정하고, 각 부처는 통보받은 지출 한도 내에서 예산을 요구해야 한다.

두 번째 특징은 Top-down 예산제도를 통해 국가 재원 배분의 우선순위를 고려할 수 있게 되었다는 점이다. 중기적·전략적 관점에 입각해 경제 여건과 재정 여건을 분석하며, 이를 바탕으로 총 지출 규모를 결정하고, 국가 재정 지출의 우선순위를 고려해서 분야별·부처별 지출 한도를 결정한다.

세 번째 특징은 각 부처의 사업 우선순위를 반영한 예산편성이 가능해지고 책임성이 확대되었다는 점이다. 사업에 대한 정보력을 풍부하게 보유하고 있는 사업 담당 부처가 그들의 전문성 및 현장 경험을 최대한 반영해 예산편성을 하게 되었고, 그에 따른 책임성 역시 증가하게 되었다. 중앙예산기관은 부처의 예산 요구 후 최종 심의·검토 과정에서 부처의 사업 우선순위를 최대한 반영하기 위해 노력을 하고 있다.

마지막 특징으로 Top-down 예산제도는 성과관리를 중심으로 한 사후적 통제 방식을 강조한다는 점이다. 기존의 예산제도는 중앙예산기관이 각 부처가 요구한 예산에 대해 개별사업 예산심사를 통해 예산편성을 함으로써 사전적 통제를 강조했다. 반면에 Top-down 예산제도는 사전적 통제 방식이 아닌 성과관리제도를 활용해 재정 운용 성과에 대한 사후적 통제 기능을 강조함으로써 기존 예산제도와 대비된다. 이를 통해 볼 때, 성과관리제도가 효과적으로 운영되어야만 Top-down 예산제도의 효과성이 극대화될 수 있는 것을 알 수 있다.

3. 기존 예산제도와의 비교

Top-down 예산제도는 기존 예산제도와 비교해 크게 ① 재원 배분의 순서, ② 예산편성의 주기의 두 가지 측면에서 대비된다.

첫째, 기존 예산제도에 비해 재원 배분의 순서가 변화한 것이 특징이다. 기존 예산제도는 중앙예산기관이 해당 부처의 예산 요구에 따른 개별 사업 예산 심사를 거쳐 최종 지출 규모를 결정하는 예산편성을 강조하는 반면에, Top-down 예산제도는 총 지출 규모에 관한 검토를 먼저 하고, 지출 한도를 설정한 다음에 개별 사업 예산을 검토하는 예산편성을 강조한다. Top-down 예산제도는 기존의 예산편성에 비해 좀 더 하향식 예산편성을 강조하는 것이라 할 수 있다.

Top-down 예산제도의 도입 이후 기존의 예산제도가 야기했던 문제점들이 극복 가능하게 되었으며, 재정 운용 및 예산편성에서 근본적인 변화가 발생했다. 우선, 중장기적 관점의 예산편성과 재정 운용 방안을 마련하게 되었으며, 재정건전성 관

표 5-1 재원 배분 순서의 비교

	기존 예산제도	Top-down 예산제도
중앙예산기관	총 지출 규모 확정	총 지출 규모 확정
	↑	↓
	각 사업별 예산 규모 확정 분야별·부처별 지출 규모 확정	분야별·부처별 지출 규모 확정
부처	↑	↓
	각 부처별 사업예산 요구	1. 각 부처가 담당 사업별 예산 요구 2. 중앙예산기관과의 협의·조정을 거쳐 각 사업별 예산 규모 확정

출처: 김상헌(2014).

표 5-2 예산편성 주기의 비교

기존 예산제도		Top-down 예산제도
○ 신규 및 주요 계속사업 계획 제출 (2월 말, 각 부처 → 재정 당국) ○ 예산안 편성지침 통보 (3월 말, 재정 당국 → 각 부처)	1월	○ 중기사업계획 제출 (1월 말, 각 부처 → 재정 당국) • 신규 및 주요 계속사업, 중기 지출 전망 등 포함
	2월	○ 재정 당국의 사전 준비: 작업반 활동, 거시경제 전망, 성과평가 결과 분석 등
○ 각 부처 예산 요구(5월 말) • 부처별로 전년 대비 대폭 증액 요구(30% 이상 수준) ※ 재정 당국 내부의 분야별 지출 규모 검토 실시	3월	○ 5개년 지출 총액과 분야별 · 부처별 지출 한도에 관해 협의(1~4월)
	4월	○ 국가재정전략회의(4월 말) • 대통령 주재, 지출 한도에 관한 행정부 내의 논의 · 협의 실시 ○ 지출 한도 통보(4월 말)
	5월	○ 각 부처 예산 요구(5~6월 말) • 통보받은 지출 한도와 편성 기준에 따라 각 부처의 사업 우선순위를 반영해 재원을 배분해 예산 요구 (각 부처 → 재정 당국)
○ 재정 당국 예산편성(6~9월) • 사업별 소요액 점검 • 분야별 재원 배분 • 지출 총액 결정	6월	
	7~ 9월	○ 재정 당국 예산 편성(7~9월) • 지출 한도와 예산편성의 원칙과 기준을 감안한 점검 및 보완 • 국가재정전략회의 이후 발생한 여건 변화 반영
○ 정부예산안 국회 제출(10.2) ○ 국회 예산 심의(10~12월)	10~ 12월	○ 정부예산안 국회 제출(10월 2일) ○ 국회 예산 심의(10~12월)

출처: 김상헌(2014).

리와 재정규율의 확보도 강화시킬 수 있게 되었다. 또한, 전략적 · 거시적 예산편성과 재원 배분을 추진할 수 있고, 각 부처의 전문성을 반영한 사업 우선순위를 되도록 존중하도록 하고, 성과관리제도를 통해 책임성을 강화시킬 수 있게 되었다. 이밖에, 중앙예산기관과 각 부처 간의 정보 교류를 통해 국정 운용의 효율성도 제고할 수 있게 되었다.

두 번째는 예산편성 주기의 변화이다. 기존 예산제도의 경우에는 5월 말에 각 부처가 예산을 요구하고, 10월 2일까지 국회로 제출해 약 4개월 정도에 걸쳐 예산편성이 이뤄져 매우 단기적으로 진행된다. 따라서 시간이 부족해 예산편성 과정에서 충분한 논의가 이뤄지는 것이 불가능하다. 하지만, Top-down 예산제도 도입 이후에는 매년 1월부터 국가재정 운용계획을 수립함으로써 예산편성이 시작되고, 9개월에 걸쳐 예산편성이 이뤄진 후 최종적으로 국회에 정부예산안이 제출된다. 기존 예산제도와 비교했을 때 비교적 장기적으로 예산편성이 이뤄지는 것이다. 또한, 중앙예산기관의 예산 편성·검토 기간은 1개월 단축되고 부처의 예산요구서 작성 기간이 확대되어 각 부처의 심도 있는 예산편성이 가능하도록 변화했다.

제 3 절 재정개혁에 관한 이론적 논의

1. 재정개혁의 의미

먼저, 재정개혁에 관한 이론적 논의를 살펴보기 전에 '재정'과 '재정관리'란 무엇인지부터 알아야 할 필요가 있다. 재정이란 정부가 통제 가능한 경제적 자원을 활용해 공공 욕구를 충족시키고 국민 경제에 대한 비전을 구현하는 수단이다. 바꿔 말하자면 재정수입 조달과 재정지출 과정을 통해 공공 욕구를 충족시키고 국민 경제의 질서 유지 및 성장을 촉진하고자 하는 정부의 경제활동으로 재정을 정의할 수 있을 것이다. 재정관리는 크게 '미시재정'의 영역과 '거시재정'의 영역으로 구분할 수 있다. '거시재정' 영역에서 재정관리는 재정 총량 규모와 재정 분야별 규모를 선택 · 조정하는 것을 의미하며, '미시재정' 영역에서 재정관리란, 재정 분야 내에서 정책 목표를 달성하기 위해 단위사업을 선택 · 조정하는 것을 말한다(옥동석, 2010).

그렇다면 '재정개혁'이란 어떻게 이해될 수 있는 것일까? 재정개혁이란 재정제도, 재정활동, 재정 여건의 개선을 도모해 재정활동의 지속성 확보를 통해 국민경제의 질서 유지 및 발전을 촉진하기 위한 지속적인 변혁 과정으로 생각할 수 있다. 그리고 재정개혁의 목표를 구체적인 측면에서 거시재정과 미시재정 영역을 구분해 생각해 본다면, 거시재정에서는 '자원 배분 결정의 합리성', 미시재정에서는 단위사업의 '효율성 제고를 위한 유인구조의 설계'로 규정할 수 있다. 상기한 재정개혁의 과제는 Top-down 예산제도를 기반으로 하여 실질적으로 수행될 수 있을 것이다.

2. 재정개혁의 두 가지 목적

1) 거시재정의 목적과 Top-down 예산제도

거시재정 수준에서 볼 때 Top-down 예산제도는 재정준칙(fiscal rules), 그리고 중기재정계획과 결합해 합리적 의사결정을 위한 일련의 체계를 구축하는 데 중심축을 형성한다.

우선 재정준칙[1)]은 코피트와 시만스키(Kopit & Symansky, 1998)의 정의에 따를 때, "재정적자, 차입, 채무 및 이러한 지표들의 주요 요소 등 총량적인 재정지표에 대한 구체적인 목표 수치(numerical numbers of targets)를 동반한 재정 운용 목표(fiscal objectives)가 법제화된(legally provided) 재정운용 정책"을 의미한다.

---

1) 일반적으로 사용되는 재정준칙의 분류는 재정준칙이 목표로 하고 있는 재정지표를 기준으로 한다.

목표 재정지표에 따른 재정준칙의 분류

	주요 내용
채무준칙 (Debt Rule: DR)	GDP 대비 국가채무 비율을 일정 수준에서 유지 혹은 단계적으로 감소하도록 하는 제약 조건을 가하거나 국가채무의 한도를 정하는 방식
재정수지준칙 (Budget Balance Rule: BBR)	매 회계연도마다 또는 일정 기간 동안 재정수지를 균형 또는 일정 수준으로 유지하도록 하는 방식
구조적 재정수지준칙 (Structural BBR)	경기 변동에 따른 수입 및 지출의 자동적인 증가 부분을 제거한 후 계산된 재정수지를 관리하는 방식
지출준칙 (Expenditure Rule: ER)	총지출한도, 분야별 명목 · 실질 지출 증가율을 설정하는 방식
수입준칙(Revenue: RR)	초과수입이 발생할 경우 이 초과수입에 대한 배분 방식을 규정하는 방식

특히 Top-down 예산제도와 직접적인 관련성이 있는 재정준칙은 지출준칙이다. 지출준칙은 용어 그대로 지출을 통제하는 재정준칙으로서 지출 한도의 개념을 규정한 Top-down 예산제도와 연계되어 그 실효성이 배가될 수 있다. 즉, 지출 수준을 통제함으로써 재정건전성과 재정의 지속가능성을 담보하고 그에 따른 예산편성 절차가 바로 Top-down 예산제도인 것이다. 중기재정계획은 중장기적 시계(時界)[2]에서 전략적 관점에 입각해 사업의 투자 우선순위 및 시기를 설정함으로써 재원 배분의 효율성과 일관성을 제고하기 위한 제도이다. 중기재정계획은 Top-down 예산제도를 근간으로 하는 경우에만 그 실효성을 확보할 수 있다.[3] 즉, 예산 과정에 명시적으로 반영되지 않는 중기재정계획은 그 의미가 퇴색될 수밖에 없다는 것이다.

종합하자면, 거시재정 영역에서 재정준칙, 중기재정계획, Top-down 예산제도는 일련의 체계 속에서 설계되고 이해되어야 할 것이다. 설정된 재정준칙을 전제로 다년도 관점에 입각한 중기재정계획과 Top-down 예산제도는 밀접한 관련 속에서 운용되어야 하는 것이다.

2) 미시재정의 목적과 Top-down 예산제도

미시재정 영역에서 Top-down 예산제도는 각 부처가 해당 한도 내에서 사업의 우선순위를 고려한 의사결정을 수행하게 하는 제도적 기반이 된다. 즉, 성과 제고와 원가 절감 유인을 부여해 정부 부문의 효율성을 증대하고자 하는 제도로서 Top-down 예산제도의 위상이 존재한다. 또한 Top-down 예산제도는 사후적 통제 방식인 성과관리제도와 결합해 책임성의 제고 역시 도모할 수 있다.

Top-down 예산제도는 그 제도 자체만으로도 각 부처의 재정사업의 성과 제고, 비용 절감을 유인하는 효과가 있다. 주어진 총액, 즉 경성 예산제약 하에서 각 부처는 사업의 우선순위를 설정하고, 각 사업의 효율성을 제고하기 위한 노력을 기울일 수밖에 없다. '자기 책임과 보상의 원칙'이 없는 기존의 예산 과정이 초래한

2) 보통 3년에서 5년 정도로 설정된다.
3) 독일의 경우 중기재정계획의 역사가 오래되었고, 최근인 2011년에서야 Top-down 예산제도가 도입된 바 있다. 독일의 중기재정계획 도입은 선구적인 측면이 있었지만, 독일이 2009년 이후 기본법을 개정해 재정준칙을 규정하고, 2011년 Top-down 예산제도를 도입한 사례를 볼 때, 중기재정계획의 규정과 실효성 있는 준수의 문제는 별개의 문제로 생각할 수도 있을 것이다.

비효율을 완화 및 제거할 여지가 생기는 것이다.

또한 Top-down 예산제도는 성과관리와 결부되어 예산 과정의 책임성 확보 및 제고에 기여한다. 성과관리제도 역시 자기 책임의 원칙을 강조하는 것인데, 기존의 사전적 통제 방식 중심에서 벗어나, 사후적 통제를 강조함으로써 예산 과정에서의 환류가 실질적으로 이뤄지도록 하는 제도적 기반이 된다.

즉, 미시재정 영역에서 Top-down 예산제도는 유인구조의 확립과 책임성 제고를 도모해 각 부처의 재정사업의 효율성을 제고하기 위한 틀을 제공해 준다.

제 4 절 우리나라의 재정개혁: Top-down 예산제도를 중심으로

1. 분석틀: Top-down 예산제도의 선결 조건

Top-down 예산제도가 성공적으로 운영되기 위해 필요한 요건을 이론적으로 살펴보면 다음과 같다. 김상헌(2014)은 최선의 모형과 부처의 문제가 포함된 모형을 설정한 후 모형의 해(解)를 풀었을 때 이익집단 혹은 국회가 선호하는 사업이 최적 상태에 비해 커진다는 분석 결과를 도출했다. 이에 따라 문제 해결을 위한 대안으로 사전심사와 사후평가로 구분해 제시하고 있다. 사전적 방법으로는 부처가 추진하는 사업의 효과를 중앙예산기관이 사전에 심사해 최적 상태와 같아지도록 하는 방법을 말하며, 사후적 방법으로는 부처로 하여금 사업을 선택하게 하고 사업의 집행 후에 성과를 평가해 환류시킴으로써 최적 상태와 같아지도록 하는 방법이다. 결과적으로 문제 해결을 위해 어떤 제도를 선택할지는 중앙예산기관의 사업 효과에 대한 정보 취득력(결국, 중앙예산기관과 부처의 정보 비대칭성 극복), 이익집단 및 국회의 영향력, 엄밀한 사후평가의 수행 및 환류의 엄격함 등에 달려 있다고 주장한다.

즉, ① 중앙예산기관의 사업 효과에 대한 정보 취득력, ② 이익집단 및 국회의 영향력, ③ 엄밀한 사후평가의 수행 및 환류 등 세 가지는 Top-down 예산제도가 성공적으로 운영되기 위한 선결 조건이라고 할 수 있다.

2. Top-down 예산제도 운영 진단

우리나라에 도입된 지 10년이 된 현시점에서 Top-down 예산제도가 성공적으로 운영되고 있는지를 진단해 볼 필요가 있다. 여기서 '성공적'이라는 말은 제도 도입 당시의 취지에 부합하게 운영되고 있는지를 말한다.

첫째, Top-down 예산제도를 도입할 당시 주요 국가를 벤치마킹해 국가재원배분회의(현행 국가재정전략회의) 제도를 도입했는데, 현재 국가재정전략회의에서는 지출 한도에 대한 논의보다는 재정정책의 목표와 방향, 분야별·부처별 재정개혁 등에 대해 논의를 하고 있었다. 즉, 국가재정전략회의에서 지출 한도에 대해 적극적으로 논의하지 않고 있었다.

둘째, 지출 한도의 설정과 운용 방식을 살펴보도록 하자. Top-down 예산제도의 핵심인 지출 한도 설정은 여전히 세부사업별 예산편성과 유사하게 상향식 방식대로 설정하고 있어 본래 의도한 취지대로 운영이 되고 있지 않고 있다. 더 심각한 것은 각 부처는 할당된 분야별·부처별 지출 한도를 엄격하게 준수하고 있지 않고, 자율을 편법으로 활용해 외형적으로만 지출 한도를 준수하고 있다는 점이다.[4] 의무지출과 국책사업과 같은 꼭 필요한 사업을 의도적으로 제외하거나 과소 요구한 후에, 추후 사정 변경 등을 사유로 추가적인 예산을 요구하는 도덕적 해이 행태를 나타내고 있다.

셋째, 우리나라는 국회의 예산 심의 과정에서 행정부가 제출한 예산안을 대부분 수정하기 때문에 Top-down 예산제도의 취지가 퇴색되고 있다. 스웨덴, 네덜란드 등의 의원내각제 국가들의 경우, 의회의 절차는 통과의례에 불과해 예산안이 대부분 의회에서 수정 없이 통과될 뿐 아니라 지출 한도도 지켜진다. 이와 같이 정부형태의 차이가 국회의 예산 심의 과정에 차이를 가져오고, 결국 Top-down 예산제도를 운영하는 데도 상이한 결과를 가져다준다. 이뿐만 아니라, 우리나라의 국회 예산 심의 과정은 거시적인 단위가 아닌 개별 단위사업에 대해 심의하고 있어 Top-down 예산제도의 효과를 저하시키고 있는 실정이다.

---

4) 2009년~2014년 예산안까지 지출 한도 미준수기관의 수가 12개 → 11개 → 9개 → 15개 → 12개 → 8개로 나타나 증감을 반복하고 있다. 즉, 부처는 할당된 지출 한도를 엄격하게 준수하고 있지 않은 것을 알 수 있다(기획예산처 보도자료, 2007; 기획재정부 내부자료, 2013).

넷째, 예산안 편성을 하는 데 부처 간 기능 분담 체계의 차이가 존재해 부처가 단독으로 예산편성을 하고 책임을 지는 데 일정한 제약이 존재한다. 다시 말하면, 우리나라는 전통적으로 집권적인 예산 운영 체계를 갖고 있기 때문에 중앙예산기관이 국가 전체적인 재정 운용에 대한 책임 주체로서 부처가 제출한 예산에 대해 재정 원칙 준수 여부 확인 등 협의·보완 과정을 거쳐 최종 예산안을 편성하고 있다.[5]

이상과 같이 살펴보았을 때, 우리나라에서 Top-down 예산제도가 본래 취지대로 효과적으로 운영되고 있지 않은 것을 알 수 있다.

3. Top-down 예산제도의 선결 조건 진단과 개선 방안[6]

1) Top-down 예산제도의 선결 조건 진단

그렇다면, 우리나라는 과연 ① 중앙예산기관의 사업 효과에 대한 정보력, ② 이익집단 및 국회의 성숙도, ③ 엄밀한 사후평가 수행 및 환류의 엄격함 등 Top-down 예산제도의 성공적 운영을 보장하기 위한 선결 조건들이 갖춰져 있는가? 이하에서는 이를 세부적으로 분석하기로 한다.

(1) 중앙예산기관의 정보력

우선, 첫 번째 조건을 살펴보자. 개별 사업 효과에 대한 정보력은 사업을 직접적으로 담당하는 부처가 중앙예산기관에 비해 더 많이 보유하고 있는 것이 현실이기 때문에 첫 번째 조건은 갖춰져 있지 않다고 할 수 있다.

(2) 이익집단 및 국회의 성숙도

다음으로, 이익집단 및 국회의 영향력 측면에서 성숙하다고 할 수 있는지를 살펴보자. 실증자료인 World Economic Forum 및 World Value Survey상의 지표들

---

5) 일각에서는 부처가 지출 한도 내에서 편성해 중앙예산기관에 제출한 예산요구안에 대해 중앙예산기관이 다시 조정하는 것은 Top-down 제도의 본질을 훼손하는 것이라고 주장하기도 하는데, 국가 재정 운용의 최종 책임은 중앙예산기관이 지고 있기 때문에 이와 같은 과정은 필수적이라고 할 수 있다.

6) 김상헌(2014). 총액배분자율편성예산제도 평가 및 개선방안 연구. 기획재정부.

을 분석해 본 결과, 우리나라에서는 이익집단의 영향력이 큰 것으로 나타났고, 국회의 수준도 매우 미흡한 것을 알 수 있었다.

구체적으로, 이익집단의 영향력을 측정하기 위한 지표로 '정책결정의 투명성'과 '추가적 비용의 정도'를 사용했다.[7] '정책결정의 투명성' 지표는 기업이 정부정책 변화나 규제에 대한 정보를 획득하는 데 용이한 정도를 나타내며, 값이 높아질수록 용이해짐을 의미한다. '추가적 비용의 정도'는 기업이 사업을 할 때 문서상에 명시되어 있지 않은 추가적인 비용이나 뇌물이 어느 정도 발생하는지를 나타내며, 값이 높아질수록 추가적 비용이 들지 않는 것을 의미한다. 우리나라는 34개 OECD 국가들 중에 '정책결정의 투명성'은 33위, '추가적 비용의 정도'는 26위를 차지해 하위권에 머물러 있는 것으로 나타나(2014년 기준), 이익집단의 영향력이 개입할 여지가 큰 것을 알 수 있다.

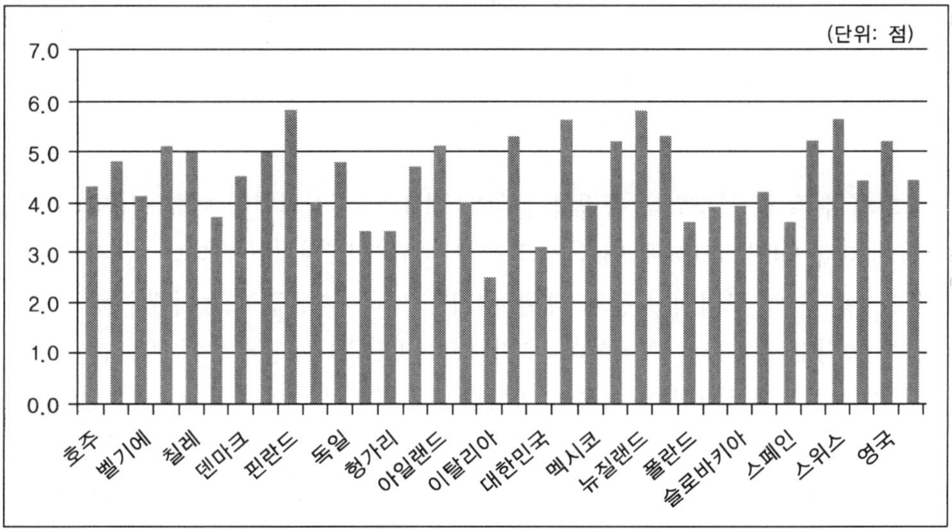

그림 6-1 **정책결정의 투명성(Transparency of government policymaking)**

출처: 연도별 The Global Competitiveness Report, WEF.

7) 두 지표 모두 1-7점 척도이다.

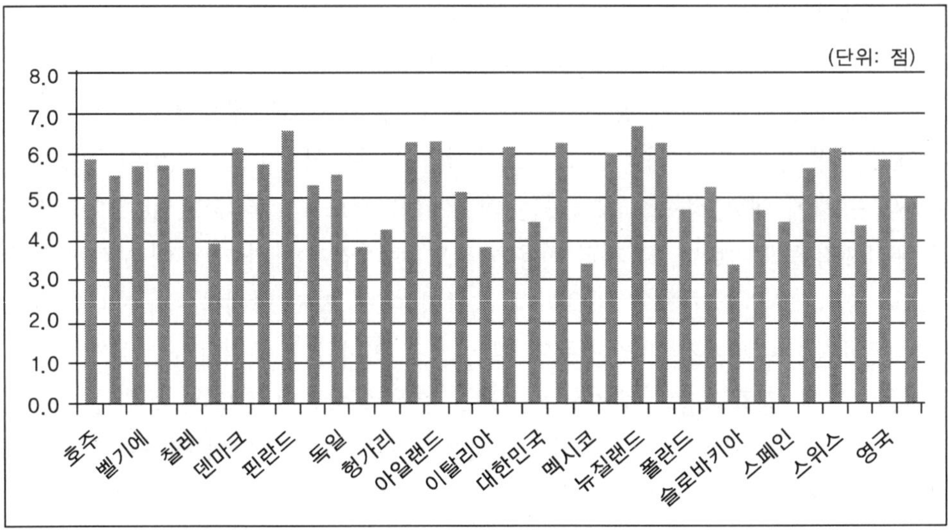

그림 5-2 추가적 비용의 정도(Irregular payments and bribes)

주: 구체적인 측정 기준은 수입 및 수출, 공공시설, 연간 세금 지출, 정부와의 각종 계약 및 면허 획득, 법관의 호의적 결정 등 다섯 가지이며, 이와 관련해 예상하지 못한 지출로 측정했음.
출처: 연도별 The Global Competitiveness Report, WEF.

국회의 수준 및 영향력을 측정하기 위한 지표로는 '정치인에 대한 공공의 신뢰', '정당에 대한 신뢰', '의회에 대한 신뢰'를 사용했다.[8] '정치인에 대한 공공의 신뢰' 지표는 정치인의 도덕적 수준에 대한 평가를 나타내며, 값이 높아질수록 도덕적 수준이 높다고 평가함을 의미한다. 우리나라는 OECD 34개국 중에 2014년 기준으로 25위를 차지해 하위권에 머물러 있었다. 즉, 국민들이 정치인에 대해 신뢰하는 수준이 낮은 것은 정치인의 사적 이익 추구 가능성이 높아짐을 의미한다. '정당에 대한 신뢰'와 '의회에 대한 신뢰' 지표는 World Value Survey에서 수집한 지표이며, 정당과 의회에 대한 신뢰도를 평가한 지표이다. 우리나라는 정당에 대한 신뢰도가 낮은 편이 아니었으나, 의회에 대한 신뢰도는 낮은 수준이었다. 이와 같은 낮은 의회 신뢰 수준은 정치인의 사적 이익의 추구가능성을 보여주며, 결국 국회의 수준이 미흡한 것을 나타낸다.

8) 정치인에 대한 공공의 신뢰 지표는 1-7점 척도이며, 나머지 두 개 지표는 1-5점 척도이다.

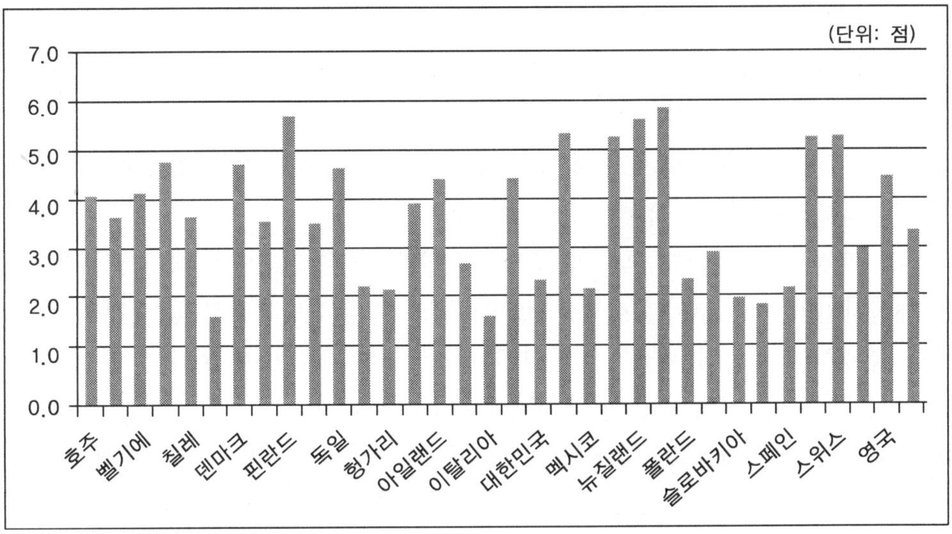

그림 5-3 **정치인에 대한 공공의 신뢰(Public trust in Politicians)**

출처: 연도별 The Global Competitiveness Report, WEF.

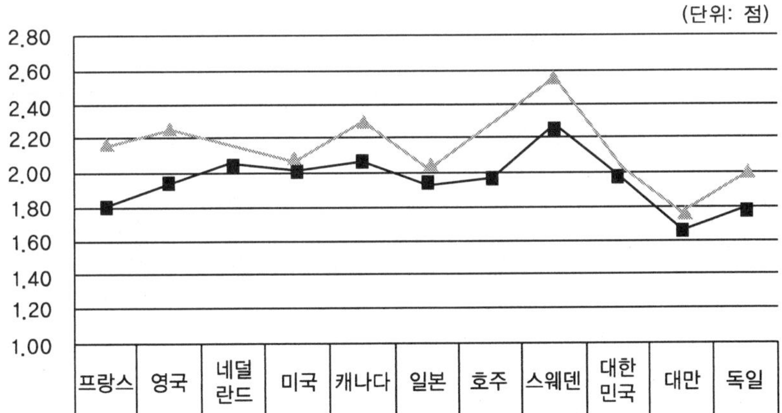

	프랑스	영국	네덜란드	미국	캐나다	일본	호주	스웨덴	대한민국	대만	독일
의회에 대한 신뢰 정도	2.16	2.24	2.13	2.08	2.29	2.03	2.26	2.56	2.05	1.75	1.99
정당에 대한 신뢰 정도	1.81	1.95	2.06	2.02	2.07	1.95	1.97	2.26	1.99	1.68	1.79

그림 5-4 **의회에 대한 신뢰 정도 및 정당에 대한 신뢰 정도**

출처: World Value Survey(2008).

(3) 사후평가 및 환류의 엄격성

마지막으로, 사후평가제도가 엄밀하게 수행되고 있는지를 살펴보도록 하자. 우리나라에서 수행되고 있는 사후평가제도로 재정사업 자율평가제도와 재정사업 심층평가제도의 현황을 살펴보고, 문제점을 분석해 사후평가제도가 엄밀하게 수행되고 있는지를 파악하고자 한다.

우선, 재정사업 자율평가제도의 현황부터 살펴보자.[9] 연도별로 재정사업 자율평가 대상사업의 변화 추이를 살펴보면, 연도별로 증감을 반복하고 있는 것을 알 수 있다. 뚜렷하게 관찰되는 것은 2007년에 585건이었는데 2008년 384건으로 크게 감소했다는 점이다. 가장 최근인 2013년에는 400건의 사업이 재정사업 자율평가의 대상이 되었다. 분야별로 살펴보면, 민간사업을 제외하고 전반적으로 대상 사업이 감소하는 추세이며, SOC 관련 재정사업 자율평가 대상사업이 크게 감소했다.

재정사업 자율평가제도의 문제점은 다음과 같이 4개로 압축된다. 첫째, 대상 사

(단위: 건)

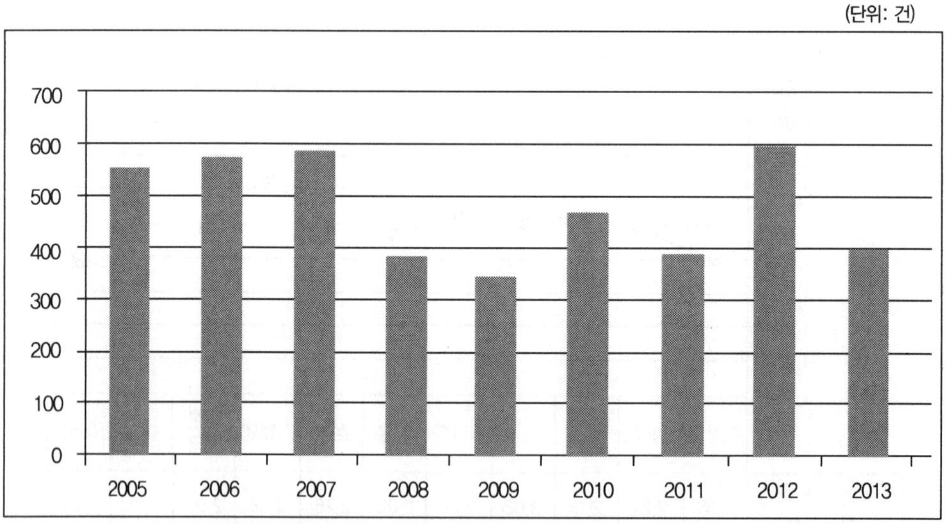

그림 5-5 연도별 재정사업 자율평가 대상사업 변화 추이

출처: 1. 박노욱 · 원종학(2012).
2. 기획재정부 보도자료(2014).

9) 재정사업 자율평가제도는 일반재정 사업과 정보화 사업으로 구성되는데, 여기서는 일반재정 사업만을 대상으로 현황을 살펴보고자 한다.

업 선정에서 성과 목표와 연계하는 것이 부족하다. 이에 따라 2010년 기획재정부는 개별 사업과 성과 목표의 연계성을 높일 것을 요구한 바 있다.[10] 둘째, 중앙부처가 평가할 때 관대하게 평가하는 문제가 발생하고 있다. 셋째, 가중치 50%가 반영된 부문의 점수 변동이 최종 평가 점수의 등락에 결정적인 영향을 미치는 문제점이 있다. 넷째, 예산 규모가 클수록 사업 성과가 높은 것으로 나타나고 있다.

재정사업 심층평가제도는 재정 운용 과정에서 문제가 제기된 개별 사업들의 운영 성과를 심층적으로 분석・평가하는 제도이다.[11] 객관적・전문적인 사업평가를 확보하기 위해 외부기관을 통해 평가를 수행한다. 즉, 기획재정부의 성과관리심의관을 추진단장으로 하고 기획재정부 과장, 관련 부처의 담당자, KDI 연구진 등을 재정사업 심층평가 추진단으로 구성해 심층적이고 객관적으로 평가를 하고자 하고 있다. 재정사업 심층평가제도의 현황을 살펴보면, 〈표 5-3〉과 같다. 재정사업심층평가는 2006년에 11건, 2007년 9건, 2008년 12건, 2009년 10건, 2010년 4건, 2011

표 5-3 재정사업 심층평가 현황

연도	심층평가 건수	평가 대상 사업의 예
2006	11	청년 실업자 지원사업, 문화콘텐츠 진흥사업, 자활사업, 국가어항 건설사업, 해외취업 지원사업, 농어촌 의료서비스 개선사업 등
2007	9	실업자 직업훈련 사업, 재래시장 활성화 사업, 어업인 정책보험 사업, 지역대학 혁신역량 강화사업, 운행차 저공해화 사업 등
2008	12	해외자원 개발사업, 농지 규모화 사업, 중소기업 기술혁신 개발사업, 친환경 농업인프라 지원사업 등
2009	10	풍수해 보험사업, 조기재취업수당 지원, 산전후휴가/육아휴직 지원사업, 아동・청소년 방과후 돌봄서비스 사업, 대단위 농업종합개발사업, 대학구조개혁 지원사업, 창업기업 투자보조금 지급사업 등
2010	4	쌀농업 지원 사업군, 중소기업 지원 사업군 등
2011	9	지역산업 발전 지원 사업군, 저출산 대응 사업군, 교통안전 지원사업군, 사회서비스 활성화 사업군, 에너지 효율화 사업군 등

출처: 기획재정부 한국채권연구원 공동연구(2013); 김상헌(2014) 재인용.

10) 기획재정부 한국채권연구원 공동연구(2013). 2012년 경제발전경험모듈화사업 : 한국의 재정사업 성과관리제도.

11) 재정성과평가센터 홈페이지 내 재정사업심층평가제도 개요 참조.

년 9건이 이뤄졌다. 2010년부터는 개별 재정사업이 아닌 재정사업군을 대상으로 평가를 실시하고 있다.

재정사업 심층평가제도의 문제점을 분석해 보면 다음과 같다. 첫째, 현실적으로 심층평가를 위한 자료 획득에 어려움이 있으며, 이는 평가 결과의 신뢰성을 저하시키는 요인이라고 할 수 있다. 둘째, 심층평가는 재정사업 자율평가에서 낮은 평가 결과를 부여받았거나 국회나 감사원의 지적을 받은 사업이므로 중앙관청은 심층평가가 제대로 이뤄지지 않도록 비우호적 태도를 취해 평가 결과에 영향을 미치고자 한다. 이는 심층평가를 제대로 수행하는 데 한계로 작용한다. 셋째, 2010년부터 심층평가 대상 사업이 개별 사업이 아닌 재정사업군으로 전환되어 평가하는 데 어려움이 존재한다. 구체적으로, 복수의 사업을 하나의 군으로 묶기 때문에 이에 대한 평가지표 선정의 어려움, 인력·정보 부족 등의 어려움이 있어 평가의 신뢰성을 저하시킬 우려가 있다.

이상과 같이 우리나라의 사후평가제도가 엄격하게 운영되고 있는지를 실증자료를 통해 살펴본 결과, 그렇지 않은 것을 알 수 있었다. 사후평가제도의 중요성에 대한 일반 국민 및 정부 최고위층의 인식이 부족할 뿐 아니라 사후평가제도가 엄격하게 운영되고 있지 않다.

2) 개선 방안

이와 같은 이익집단의 영향력과 미흡한 제도적 환경 등 한국의 현실을 고려해 보았을 때, Top-down 예산제도를 성공적·효과적으로 운영하기 위한 방향은 다음과 같이 단기적 및 중·장기적 두 단계로 제시할 수 있다. 단기적으로는 재정 당국인 기획재정부와 사업 담당 부처 간 개별 사업에 대한 정보 교류를 적극적으로 추진해 정보의 비대칭성을 줄이도록 해야 할 것이다. 또한, 재정 당국의 최종 검토 과정은 국가 전체적 입장에서의 예산 조정을 통해 재정건전성을 확보할 수 있기 때문에 이 절차는 필수적으로 수행해야 할 것이다. 중장기적으로는 사후평가를 강화하는 한편 이익집단의 영향력 행사 방지를 위한 재정 당국의 검토·심의 과정을 최소한의 범위 내에서 지속할 필요가 있다. 사후평가 관련 제도를 성숙시켜 정착시키려는 노력을 해야 하며, 제도적 환경이 성숙했을 경우 사후평가 결과와 예산 편성을 연계해 운영할 필요가 있다.

4. Top-down 예산제도 관련 쟁점

1) Top-down 예산제도의 초점: 부처 자율성 vs 재정건전성

미국, 영국, 스웨덴, 네덜란드, 캐나다 등의 주요 선진국에서는 Top-down 예산제도를 우리나라보다 앞서 도입했으며, 그 목적은 증가하는 재정적자를 줄이고 재정건전성을 강화하기 위함이었다. 실제로, 이들 나라에서는 Top-down 예산제도가 재정 압박을 완화하는 데 기여했다고 평가받고 있다.

우리나라의 Top-down 예산제도는 참여정부 시절 재정개혁의 일환으로 국가재정운용계획, 재정성과관리제도, 디지털예산회계시스템과 함께 도입되었다. 우리나라는 제도 도입 당시 주요 선진국들과는 달리 재정건전성 관리라는 목적을 위해 이 제도를 도입한 것은 아니지만, 그때와 지금은 상황이 많이 변화한 것을 생각해 볼 필요가 있다. 즉, 최근 우리나라는 국가 부채가 증가하고 있고, 복지 지출, 국민연금 및 공무원연금 등 재정지출 수요가 확대되고 있다. 이와 같은 상황을 고려한다면 Top-down 예산제도를 재정건전성 제고 수단으로 활용할 필요가 있다고 하겠다.

그런데, 일각에서는 Top-down 예산제도의 역할은 사업 담당 부처들에게 재량권 및 책임성을 부여해 부처들로 하여금 풍부한 사업정보를 바탕으로 자율적으로 예산을 편성하도록 해야 하며, 중앙예산기관의 최종 예산 검토・조정 과정은 불필요하다고 주장하고 있다. 즉, 이들의 논리는 중앙예산기관의 예산 심의 과정이 부처들의 재량권을 훼손한다는 것이다.

하지만, 이러한 주장은 Top-down 예산제도의 본질을 꿰뚫지 못한 피상적인 발상이다. 즉, Top-down 예산제도의 도입으로 인해 이전의 상향식 예산편성 방식에 비해 부처의 재량권이 확대되긴 했지만, 중앙예산기관의 심의・검토 과정이 생략될 경우, 예산에 대한 통제가 완전히 사라지게 된다. 이는 결국 방만한 예산편성 및 재정건전성의 악화가 우려되는 결과가 나타날 것이다. 따라서 국가 전체적인 입장에서 재정 압박에 대응할 수 있는 중앙예산기관의 역할이 중요해지게 된다.

재정건전성 관리 강화를 위해 Top-down 예산제도를 운영하는 데 필요한 방안은 다음과 같다(김상헌, 2014). 우선, 국가재정전략회의에서 적극적으로 지출 한도에 대해 논의해야 하며, 지출 한도에 대한 구속성을 강화할 필요가 있다. 이와 더불어 지출 한도를 준수하지 않는 부처에 대한 벌칙을 강화하는 것도 고려해야 한다. 또한, 신규 사업에 대한 심사를 강화해 부처, 위원회, 이익집단 간 철의 삼각 관계가 작동할 여지를 줄여나갈 필요가 있다.

2) 국회 예결위 총액심사 도입

우리나라는 대통령제 국가 형태를 갖고 있으나 의원내각제적 요소가 예산편성 및 심의 과정에 반영되어 예산편성권은 행정부가 갖고 예산심의 확정권은 국회가 갖고 있다. 따라서 의원내각제 국가와 달리 국회에 제출된 정부예산안은 상당 정도의 수정이 이뤄지게 된다. 이러한 요인은 Top-down 예산제도가 실효성을 갖는데 제약으로 작용하고 있다.

따라서 Top-down 예산제도가 제도 본래 목적을 발휘하게 하기 위해서는 국회 예산 심의 과정에서 Top-down 예산제도의 취지를 살릴 필요성이 대두된다. 이에 대한 방안으로 예결위 총액심사 도입이 논의되고 있다(김상헌, 2013). 예결위 총액심사란 예산 심의 절차를 현행 '상임위 예비심사 → 예결위종합심사'에서 '예결위 총액심사 → 상임위 세부심사 → 예결위 종합심사'로 변경하는 것을 의미한다. 즉, 국회 예산심의 과정도 행정부의 예산편성 과정에서 사용되는 Top-down 예산제도와 같이 먼저 거시적 수준에서 예산심사를 한 후 세부적으로 예산심사를 하게 하는 것이다.

구체적인 절차는 다음과 같다. 예산안이 본회의 상정 후 예산결산특별위원회에 회부되어 거시적 수준에서 예산심사를 하여 총액 및 상임위 소관 예산별 지출 한도를 결정해 상임위원회로 이송한다. 다음으로, 상임위원회에서는 통보받은 지출 한도 내에서 법안 심사 및 국정감사 등으로 축적된 전문성을 바탕으로 세부사업의 증액 혹은 감액을 심사한다. 마지막으로 예산결산특별위원회는 상임위원회의 심사 결과를 취합해 최종적으로 조정한 후에 본회의에 회부, 의결하게 된다.

한편, 예결위 총액심사 도입에 앞서 예결위를 상임위화하는 것이 선결적으로 이뤄져야 한다. 예결위가 상임위원회로 전환됨으로써 연중 수시 업무 보고 및 모니터링이 가능해지고, 예결위 총액심사가 수월하게 이뤄질 것이다.

제 5 절 결론 및 시사점

여기에서는 노무현 정부 때 도입된 Top-down 예산제도를 재정개혁의 사례로 선정해 의의, 특징 등 개요를 살펴보고, 재정개혁에 관한 이론을 살펴보았다. 다음으로 Top-down 예산제도가 도입되어 정착한 지 10년이 되어가는 현 시점에서 본래 도입 취지대로 운영되고 있는지를 진단·평가하고 이론적 모형을 통해 도출된 Top-down 예산제도가 성공적으로 운영되기 위한 세 가지 선결 조건이 우리나라의 실증자료를 통해 보았을 때 갖춰져 있는지를 분석했고, 구체적인 개선 방안을 제시했다. 이와 더불어 Top-down 예산제도와 관련된 쟁점으로 첫째, Top-down 예산제도가 부처의 자율성 측면 혹은 재정건전성 중 어느 측면에 초점을 맞춰야 하는지에 관해 재정건전성 강화를 위한 수단으로서의 Top-down 예산제도 기능을 강조했고, 둘째, Top-down 예산제도의 취지를 살리기 위한 국회 예산 심의 과정 절차의 예결위 총액심사로의 변경이 필요함을 주장했다.

여기에서 도출된 가장 중요한 시사점은 다음과 같이 제시할 수 있다. Top-down 예산제도가 정착한 지 10년이 지났으나 실효성 있게 이 제도가 운영되고 있지 않은 실정이기 때문에 이에 대한 개선 방안을 바탕으로 제도 운영의 내실화를 꾀해야 할 시점이다. 단기적으로는 재정 당국인 기획재정부와 사업 담당 부처 간 개별 사업에 대한 정보 교류를 적극적으로 추진해 정보의 비대칭성을 줄이도록 해야 할 것이다. 또한, 재정 당국의 최종 검토 과정은 국가 전체적 입장에서의 예산 조정을 통해 재정건전성을 확보할 수 있기 때문에 이 절차는 필수적으로 수행해야 할 것이다. 중장기적으로는 사후평가를 강화하는 한편 이익집단의 영향력 행사 방지를 위한 재정 당국의 검토·심의 과정을 최소한의 범위 내에서 지속할 필요가 있다. 사후평가 관련 제도를 성숙시켜 정착시키려는 노력을 해야 하며, 제도적 환경이 성숙했을 경우 사후평가 결과와 예산편성을 연계해 운영할 필요가 있다.

이와 더불어 최근 우리나라의 급격한 환경 변화로 인해 재정지출 수요 확대 요인이 증가하고 있다. 주요 국가들과 비교했을 때에는 아직 심각한 수준은 아니지만 국가 부채가 증가하고 있는 상황이고, 복지지출, 국민연금 및 공무원연금 등 재정지출 수요가 확대되고 있는 실정이다. 이와 같은 상황 변화를 고려한다면 Top-down 예산제도를 재정건전성 제고 수단으로 적극 활용할 필요가 있다고 하겠다.

또한, Top-down 예산제도가 실효성 있게 운영되기 위해서는 국회 예산 심의 과정이 Top-down 예산제도와 조응되게 변화될 필요가 있다. 예결위 총액심사의 도입이 그 방안이며, 이에 대해 정부 관계자와 국회의원, 일반 국민 등이 적극적으로 구체적인 논의를 해나갈 시점이라고 판단된다.

마지막으로, Top-down 예산제도 자체를 잘 운영해야 하는 것과 더불어 성과관리제도, 국가재정운용계획 등 관련 제도와 시너지 효과가 극대화되도록 운영해야 Top-down 예산제도가 더욱 가치를 발휘할 것으로 보인다.

연구 문제

1. 예산법률주의 혹은 예산비법률주의에 따라 Top-down 예산제도의 효과에 차이가 있는가?
2. Top-down 예산제도의 도입 이후에 재정적자가 감소했는가?
3. Top-down 예산제도와 다른 재정제도들 간 조응성이 이뤄지고 있는가?
4. Top-down 예산제도 도입 이후에 점증적 예산편성이 감소했는가?

참고 문헌

강태혁(2006). 총액배분자율편성(top-down)제도의 비교론적 관점. 정부회계연구, 4(2): 3-33.

기획예산처 보도자료(2007).

기획재정부 내부자료(2013).

기획재정부 보도자료(2014). 재정사업 자율평가 확인점검 결과.

기획재정부 한국채권연구원 공동연구(2013). 2012년 경제발전경험모듈화사업: 한국의 재정사업 성과관리제도.

김상헌(2013). 국회 예산심의제도의 개선에 관한 연구. 국회예산결산특별위원회.

______(2014). 총액배분자율편성예산제도 평가 및 개선 방안 연구. 기획재정부.

박노욱·원종학(2012). 재정사업 성과분석과 정책적 시사점. 한국조세연구원.

배득종(2004). Top Down(총액배정자율배분) 예산제도의 도입과 효율적 정착 방안. 한국행정학회 동계학술논문집.
옥동석(2003). 재정개혁의 목표와 과제. 한국조세연구원.
______(2010). 이명박 정부의 재정개혁: 평가와 과제. CFE Report.

Kopits, George & Symansky, Steven A. (1998). *Fiscal Policy Rules*. IMF.

제 6 장

국가 재정지표 분석: 결산보고서를 중심으로*

김 봉 환

제 1 절 서론

발생주의 복식부기 정부회계(이하 정부회계)는 현금주의 예산회계에 비해 재정정책 결정에 필요한 정보를 더 많이 산출할 수 있다는 이점이 있다. 산출된 정부회계 정보는 국민과 정부 간 정보 비대칭을 완화해 재정투명성을 높이는 역할을 수행할 것이라는 기대가 높아지고 있지만 이러한 주제를 깊이있게 고찰한 연구는 드물다. 기존 연구들은 대체로 정부회계제도 도입과 관련해 법·제도적 차원에서 예·결산의 성과평가와 연계해 재정정보를 제공할 수 있다는 당위적이고 기술적인 면에 치중하는 경향이 있다(강인재, 2009; 박재완 외, 2012; 윤성식, 2007; 이

---

* 이 연구는『한국행정학보』에 게재 확정된 "현행 국가 결산보고서상 재정지표 분석과 새로운 재정지표의 제안"(김봉환, 전성만) 논문에 기초했다.

효, 2008). 이러한 연구들은 제도 자체에 대한 상세한 정보와 기존 정보와의 정합성 평가 등의 측면에서 학술적인 의의가 있지만, 이론적 및 실증적인 제도의 효과 분석은 거의 다루지 못한다는 한계가 있다.

우리나라는 2010년부터 정부회계에 기초한 국가 예산결산 내용을 국가결산보고서를 통해 공시하고 있다. 즉, 2010년 발생주의 복식부기 회계제도가 중앙정부에 도입된 이후, 국가결산보고서는 현금주의 회계 원칙(기존 예산회계)과 발생주의 복식부기 회계 원칙(정부회계)에 따른 예산결산 정보를 동시에 제공하고 있다. 이에, 국가결산보고서에서 제공하는 정부회계는 예산편성에 기초한 국가 통합(각 중앙부처 포함한 전체 범위)의 재정활동 결과를 재정 상태와 재정 운영 결과로 구분해 보여준다. 재정 운영 결과는 국가결산보고서를 통해 보고되는데, 보고되는 국가 통합의 재정정보의 양은 약 20,000페이지 분량이고, 정부회계에 기초한 재무제표 정보는 2,500페이지에 달한다. 방대한 정부예산 및 회계결산 내용은 비교환 거래에서 발생하는 조세로 이뤄지는 국가 재정활동을 반영하기 때문에 재정 운영 결과에 대한 국민의 이해도가 부족할 경우에 국가 재정활동에 대한 모니터링은 현실적으로 어려운 실정이다.

국가의 재정건전성과 효율적인 재정 운영에 대한 모니터링이 이뤄지기 위해서는 정부회계를 이해하는 것이 필수적이다. 그럼에도 불구하고, 정부회계에 기초한 선행 연구들은 제도 여건과 관련한 연구에 치중하고 있어, 정부에서 제공하고 있는 정부회계의 국민의 이해도 및 정부에서 산출하고 있는 재정정보에 관한 연구는 소홀한 경향이 있다. 정부회계제도 도입의 이론적 근거가 되고 있는 주인-대리인 이론(principal-agency theory) 및 재정투명성(fiscal transparency) 논의는 정보 제공자의 유인구조에 기초한 행태적 변화뿐만 아니라, 정보 수용자의 이해도에 기초한 행태적 변화를 전제하고 있다(Zimmerman, 1977; Kopits & Craig, 1998; Vishwanath & Kaufmann, 1999; Chan, 2003). 이에 비춰볼 때 국가 예산결산 과정에 정부회계를 도입한 이후 국가와 국민 간 정보 비대칭 정도가 완화되었는가, 나아가 궁극적으로 국가재정의 투명성이 높아졌는가 하는 제도 효과 분석은 우선적으로 정부회계에 대한 국민의 이해도에 기초해 정부회계 분석 및 정부에서 산출하고 있는 재정정보에 관한 분석이 전제되어야 할 것이다.

이에, 이 연구는 국가결산보고서에서 제시하는 정부회계 재정지표를 사례 대상으로 선정하고, 이를 토대로 국가의 재정활동 결과를 분석함으로써 국민의 정부회계에 대한 이해도를 높임과 동시에 현행 재정지표가 얼마나 국가 재정활동을 반영하고 있는지를 분석하고자 한다. 구체적으로, 국가에서 공시하는 2011~2012회계연도 국가결산보고서에 제시된 재정지표를 분석해, 현행 재정지표에서 도출되는 우리나라 재정지표의 문제점을 제시한다. 따라서, 이 사례연구는 첫째, 현재 국가결산보고서에서 제시하는 재정지표를 통해 국가의 재정 상황을 분석함으로써 일반 국민이 국가의 재정 상태를 이해하는 데 도움을 줄 수 있고, 둘째, 더 나아가 현행 국가 재정지표의 분석을 통해 현행 지표가 국가의 재정활동 결과를 얼마나 반영하고 있는지를 평가함으로써 국민의 알 권리를 충족시킴과 동시에 재정투명성을 확보하는 데 의의가 있다.

제 2 절 사례의 개요

1. 정부회계제도의 도입 목적 및 원칙

우리나라의 정부회계제도 도입은 1997년 외환위기 이후 재정개혁의 일환으로 추진되었다. 2000년에는 기획재정부(당시 재정경제부)를 중심으로 외부 전문기관 및 민간위원 위주로 '정부회계기준위원회'를 구성해 국가회계 기준을 검토하기 시작했다. 2002년에는 기획재정부의 시범 재무제표 작성 및 재무제표 시안이 완성되었고, 2004년에는 국가결산보고서를 통합·관리할 수 있는 통합재정정보시스템(dBrain) 구축[1)]을 위한 추진계획이 마련되었다. 이후 2006년에는 과거 예산회계법(현금주의 예·결산의 원칙을 규정)과 기금관리기본법을 통합해 국가 재정 운용의 기본법으로 「국가재정법」을 제정해 법적 토대가 마련되었다. 2007년 10월에는 정부회계의 원칙을 규정한 「국가회계법」이 제정되었고, 2009년 3월에 「국가회계기준에 관한 시행규칙」이 제정되면서, 2009회계연도부터 국가의 일반회계,

1) 통합재정정보시스템은 2005년 10월부터 2007년 2월까지 개발·완료해 2007년부터 시스템을 운영했다.

표 6-1 국가회계의 목적 및 원칙

국가회계법 (2007년 10월)	국가회계 기준 (2009년 10월)
제1조(목적) 이 법은 국가회계와 관계되는 기본적인 사항을 정하여 국가회계를 투명하게 처리하고, 재정에 관한 유용하고 적정한 정보를 생산·제공하는 것을 목적으로 한다.	제1조(목적) 이 규칙은 「국가회계법」 제1조 제1항에 따라 국가의 재정활동에서 발생하는 경제적 거래 등을 발생 사실에 따라 복식부기 방식으로 회계 처리하는 데에 필요한 기준을 정함을 목적으로 한다.
제4조(국가회계의 원칙) 국가회계는 다음 각 호의 원칙에 따라 처리되어야 한다. 1. 국가회계는 신뢰할 수 있도록 객관적인 자료와 증빙에 의하여 공정하게 처리되어야 한다. 2. 국가회계는 재정활동의 내용과 그 성과를 쉽게 파악할 수 있도록 충분한 정보를 제공하고, 간단·명료하게 처리되어야 한다.	제4조(일반 원칙) 국가의 회계 처리는 복식부기·발생주의 방식으로 하며, 다음 각 호의 원칙에 따라 이루어져야 한다. 1. 회계 처리는 신뢰할 수 있도록 객관적인 자료와 증거에 따라 공정하게 이루어져야 한다. 2. 재무제표의 양식, 과목 및 회계용어는 이해하기 쉽도록 간단명료하게 표시하여야 한다. 3. 중요한 회계방침, 회계처리 기준, 과목 및 금액에 관하여는 그 내용을 재무제표에 충분히 표시하여야 한다. 4. 회계 처리에 관한 기준 및 추정은 기간별 비교가 가능하도록 기간마다 계속하여 적용하고 정당한 사유 없이 변경해서는 아니 된다. 5. 회계 처리와 재무제표 작성을 위한 계정 과목과 금액은 그 중요성에 따라 실용적인 방법으로 결정하여야 한다. 6. 회계 처리는 거래 사실과 경제적 실질을 반영할 수 있어야 한다.

특별회계(18개) 및 기금(62개)에 대한 결산부터 발생주의 복식부기 회계 기준이 적용되었다. 이에, 국가 통합 및 중앙관서의 재정활동에 대한 재무제표가 작성되어 국가결산보고서에 포함되었다.

우리나라 정부회계는 「국가회계법」 제1조에 규정된 바와 같이 국가회계의 투명성과 유용한 재정정보 산출을 목적으로 시행되고 있으며, 국가회계 자료에 대한 신뢰성, 재정활동의 내용에 대한 국민의 이해도 및 국가 재정활동 정보의 충분한 반영에 관한 원칙에 따라 제도를 운영하고 있다(동법 제4조). 국가회계 기준은

「국가회계법」에서 제시된 목적을 달성하기 위해 발생주의 정부회계 기준에 따라 투명한 국가회계 및 재정정보를 산출해야 함을 규정하고 있고, 이를 위한 구체적인 회계 처리는 ① 신뢰성, ② 이해가능성, ③ 충분성, ④ 기간별 비교가능성, ⑤ 중요성, ⑥ 경제적 실질 반영의 원칙에 따라 이뤄져야 한다는 점을 명시하고 있다.

2. 국가결산보고서의 구성 및 내용

현행 국가결산보고서는 결산개요, 세입세출(수입지출) 결산, 재무제표, 성과보고서로 구성되어 있다. 결산개요는 대내외적 경제 여건, 예산편성 및 집행의 내용, 재정 운용 결과(재정지표를 활용) 및 주요 결산 내용을 포함하고 있고, 세입세출 결산은 현금주의 세입세출 및 기금 운용 결과를 포함한다. 재무제표는 국가 통합 및 중앙관서의 회계·기금의 재정 상태, 재정 운영 결과 및 순자산 변동 등의 발생주의 복식부기 회계에 의한 재정활동 결과를 포함하고 있으며, 성과보고서에는 예산계획 시 수립된 성과계획에 따른 실적을 공시하고 있다.

표 6-2 2012회계연도 국가결산보고서의 내용

목차	세부 목차	주요 내용
Ⅰ.결산 개요	1. 국가결산보고서 개요	㉮ 국가결산 체계, ㉯ 국가결산보고서의 구성
	2. 2012년도 경제 여건	㉮ 세계 경제, ㉯ 국내 경제
	3. 2012년 예산 편성 및 집행	㉮ 예산안 편성, ㉯ 국회 확정 내용, ㉰ 재정 조기 집행
	4. 2012년 재정 운용 결과	㉮ 최근 재정 운용 추이, ㉯ 총수입·총지출 결산, ㉰ 국가채무
	5. 2012년 결산의 주요 내용	㉮ 세입·세출결산, ㉯ 국가재무제표(재무결산), ㉰ 성과보고서
Ⅱ. 세입 세출(수입지출) 결산	1. 결산 총괄	① 세입세출결산 총괄, ② 수입지출결산 총괄, ③ 특별회계 결산상 잉여금 처리상황표
	2. 세입세출결산	① 중앙관서별 결산, ② 부속서류
	3. 수입지출 결산	① 기금별 결산, ② 부속서류

	〈참고〉 분야/부문별 결산	① 총괄, ② 분야별 지출 실적
Ⅲ. 재무제표 (국가 통합 수준)	1. 재무제표	① 재정상태표, ② 재정운영표, ③ 순자산변동표
	2. 재무제표에 대한 주석	① 중요한 회계 처리 방법, ② 장기차입부채 상환계획, ③ 장기충당부채, ④ 외화자산 및 외화부채, ⑤ 우발 사항 및 약정 사항, ⑥ 전기 오류수정 및 회계 처리 방법의 변경, ⑦ 순자산 조정명세, ⑧ 기타 재무제표에 중대한 영향을 미치는 사항과 재무제표의 이해를 위해 필요한 사항
	3. 필수보충정보	① 유형자산의 종류, 수량 및 관리 상태, ② 연금보고서, ③ 보험보고서, ④ 사회보험보고서, ⑤ 총잉여금·재정운영 결과 조정표, ⑥ 수익·비용 성질별 재정운영표, ⑦ 그 밖에 재무제표에는 반영되지 아니했으나 중요하다고 판단되는 정보
	4. 부속명세서	① 현금 및 현금성 자산명세서, ② 금융상품명세서, ③ 단기투자증권명세서, ④ 장기투자증권명세서, ⑤ 미수채권명세서, ⑥ 대여금명세서, ⑦ 일반유형자산명세서, ⑧ 사회기반자산명세서, ⑨ 무형자산명세서, ⑩ 국채및공채명세서, ⑪ 차입금명세서, ⑫ 출연비명세서
Ⅳ. 성과보고서 (개별 관서 수준)	1. 성과목표관리 체계	① 성과목표관리제도, ② 목표 및 관리과제 현황, ③ 일반 현황(조직·인원·재정 규모), ④ 재정 운용 현황
	2. 성과보고	① 주요 재정사업 성과, ② 성과목표 관리 체계별 자원 배분 현황
	3. 과제별 성과 달성 현황 및 분석	① 전략목표
	[별첨]	① 회계·기금별 결산 현황, ② 관리과제 재정 운용 현황, ③ 성과 달성도 현황, ④ 성과목표 관리 체계별 예산 및 결산 현황, ⑤ 성과목표 관리 체계와 예산사업과의 연계 현황, ⑥ 성과계획서 변경 사항, ⑦ 관리과제별 재정사업 자율평가 결과

* 국가 통합을 기준으로 작성, 각 개별 관서별 주석, 필수보충정보, 부속명세서는 관서 특성을 반영해 작성됨. 또한 성과보고서는 개별 관서 수준에서 공통적 내용을 바탕으로 작성됨.

출처: 2012회계연도 국가결산보고서(2013) 내용 기준.

국가결산보고서의 내용 중 성과보고서의 내용이 전체의 절반 이상(13,000페이지/전체 23,000페이지)을 차지하고 있고, 재무제표는 전체의 10% 정도(2,500페이지), 결산개요는 약 2,000페이지 정도로 구성되어 있다. 이 중 재정 운용 결과는 약 8페이지에 걸쳐 공시되고 있는데, 정부회계 재정지표를 중심으로 재정정보를 함축적으로 요약해 국가의 재정 결과를 공시하고 있다.

3. 국가결산보고서상의 재정지표 현황

국가결산보고서에서는 국가의 재정활동(재무결산)의 재무제표 재정정보를 재정지표를 통해 국가의 재정 상태와 재정 운영의 결산 내용을 결산개요 부문에서 보고하고 있다. 2011회계연도에는 재정 상태의 주요 지표로 ① 부채 대비 차입 부채 비율, ② 순차입 부채, ③ 자산 대비 부채 비율을 보고했고, 재정 운영 주요 지표로 ④ 재정 운영 순원가 보상률을 보고했다. 이후, 4개를 추가해 2012회계연도 국가결

표 6-3 2012회계연도 국가 차원의 재정지표

회계 구분	재정정보 구분	지표명	지표 산식
발생주의 복식부기 예산결산	재정 상태	자산증감률	(당기자산/전기자산) - 1
		부채증감률	(당기부채/전기부채) - 1
		부채 대비 차입 부채 비율	차입부채*/부채
		차입부채 대비 이자비용	이자비용/평균 차입부채
		순차입 부채	차입부채[a] - 현금 및 금융자산[b]
		자산 대비 부채 비율	부채/자산
	재정 운영	재정운영 순원가 보상률	비교환수익/재정운영 순원가
		총비용 대비 이자비용	이자비용/총비용[c]

주: a) 차입부채: 단기차입금 + 유동성 장기 차입부채 + 장기차입부채
b) 현금 및 금융자산: 현금 및 현금성 자산 + 단기금융상품 + 장기금융상품
c) 총비용: 프로그램 총원가 + 관리운영비 + 비배분비용 - 내부거래 원가
출처: 기획재정부(2013).

산보고서에서는 8개의 재정지표를 보고하고 있다. 〈표 6-3〉에서 보면, 재정 상태를 평가하는 재정지표는 국가부채와 관련된 지표들로 구성된 반면, 재정 운영을 평가하는 지표는 원가와 비용 구성에 관한 지표로 구성되어 있음을 알 수 있다. 한편, 중앙관서의 결산개요는 중앙관서의 재무제표를 간략하게 보고하는 형식을 취하고 있어 중앙관서의 재정활동을 재정지표로 보여주지 않고 있다. 다만, 국가 통합 차원에서 재정 운영 결과를 평가하는 재정지표만이 제시되어 있다.

제 3 절 재정지표에 관한 이론적 논의

1. 재정지표의 개념

지표(indicator)[2]를 이용한 연구가 다양하게 이뤄져 왔음에도 불구하고 아직까지 용어의 통일성은 다소 약하다. 예를 들면, 경제지표, 재정지표, 재무지표, 예산회계지표, 재정회계지표, 재정분석지표, 재무분석지표 등의 용어는 연구 분야에 따라, 혹은 측정하고자 하는 범위에 따라 각기 다른 의미로 사용되고 있다. 하지만 이러한 지표들은 활용 측면에서, 나타내고자 하는 현상 또는 상황(condition)을 간단명료하게 측정한다는 공통점이 있다. 호리건(Horrigan, 1968)은 재무지표분석(financial ratio analysis)이 기관의 내부관리 목적으로 발달되어 왔음을 밝히고, 기관의 내부관리 수단으로 사용되는 재무지표는 재무 상태를 예측하는 기제(predicting device)로 간단명료해야 한다는 점을 제시했다.

우리나라 공공 부문에서는 재정지표(fiscal indicator)와 재무지표(financial indicator)를 혼용하고 있다. 국가결산보고서에는 발생주의 복식부기 회계정보를 이용해 고안한 지표를 '재정지표'로 표기하는 반면, 지방자치단체에서 보고되는 재무보고서에는 '재무지표'로 표기한다. 하지만, 재정지표는 경제 현상에 따라 재정활동을 하

2) 지표(indicator)는 다양한 지수(index)로 구성되고 있다. 경제지표 중에서는 종합주가지수, 물가지수, 경제성장률, 실업률 등 포함하고 있다. 지표와 지수는 굳이 구분하자면, 지표를 특정 현상에 대한 방향성 및 기준을 나타내는 표시라 정의할 때, 이를 간단하게 수치화한 지표를 지수로 볼 수 있다. 다만, 지수라고 포함되지 않는 수치 통계수치도 지표로 포함되어 부를 수 있다.

는 재정 주체의 재정 상태를 포함하는 반면, 재무지표는 재정활동의 관리적인 측면을 부각하여 쓴다. 특히, 사기업은 재무제표를 분석하는 지표를 'financial ratio'로 구체적으로 표현해, 관리활동의 상태를 측정하고 있다. 이 연구에서 사용하는 재정지표는 발생주의 복식부기 재무회계에 기반한 국가의 재정 상태 및 운영 결과를 측정하는 지표를 의미한다.

2. 재정투명성을 전제한 재정정보(지표)의 유용성 논의

찬(Chan, 2003)은 발생주의 복식부기 회계의 도입은 재무 담당자들의 부패를 방지하고, 이를 통해 공공 부문의 재무관리의 건전성을 촉진하면서, 궁극적으로는 공공 부문의 책임성을 고양하는 데 목적이 있다고 설명하고 있다. 특히, 공공 부문의 책임성과 관련해 발생주의 복식부기 정부회계는 주인-대리인 이론에서 발생하는 행정부의 최고관료, 의원, 국민 간 정보의 비대칭을 완화하고, 행정부서의 성과유인을 고양하는 기제가 된다는 점을 기술하고 있다. 또한, 공공 부문에 발생주의 복식부기 회계제도가 도입되면서 제도 도입에 따른 국가 재정활동의 변화를 평가하는 연구가 지속적으로 이뤄지고 있지만, 제도의 도입 당시에 기대했던 만큼의 재정투명성 및 책임성의 효과는 대체로 그리 크지 않은 것으로 나타나고 있다. 피나 외(Pina et al., 2009)는 EU 회원국 중에서 현금주의 예산제도와 발생주의 복식부기 회계제도를 동시에 이용하고 있는 국가의 지방자치단체를 대상으로 발생주의 회계제도의 효과를 분석했으나, 새로운 회계제도의 도입에 따른 조직 내부 변화와 조직의 시민에 대한 대응성, 투명성, 책임성의 변화가 크게 고양되지 않고 있음을 지적했다. 폴슨(Paulsson, 2006)은 스웨덴의 중앙정부 관료들을 대상으로 한 인터뷰 및 설문조사를 통해 발생주의 복식부기 재무정보는 부서나 국가 차원의 포괄적인 재정정보를 제공해 줄 수 있을 뿐, 부서의 구체적인 의사결정에 도움을 줄 수 있는 재정정보로써 유용성이 다소 제한적이라고 분석 결과를 제시했다.

위의 연구들은 발생주의 복식부기 재정정보가 현실적으로 재정정보를 이용하는 실무자 및 국민들에게 유용한 정보를 제공하지 못하고 있음을 보여주고 있다. 짐머만(Zimmerman, 1977)은 발생주의 복식부기 회계 도입과 관련해 발생주의 복식부기 재정정보가 주인(voter)과 대리인(politician)으로 크게 작용하지 않음을 지적하면서, 재정정보를 산출하거나 이용하는 행위자들의 행동을 변화시킬 수 있는 법적 또는 제도적 규칙이 수반되어야 한다는 점을 강조했다. 이는 현실적으로 재무제표에 포함된 포괄적인 회계정보를 이용해 재정 상태를 측정할 수 있는 재정지표의 설정과 더불어 재정지표의 공시와 같은 제도적 여건이 병행되어야 한다는 점을 역설하는 것이다. 즉, 간단하고 이해하기 쉬운 재정지표를 통해 국민들이 국가의 재정활동을 평가할 수 있는 여건을 높이자는 것이다. 곧 다수의 학자들은 재정지표의 유용성을 높임으로써 재정투명성을 확보할 수 있다고 주장한다. 코피츠와 크레이그(Kopits & Craig, 1998: 1)는 재정투명성의 요소로 '공개성(openness)'과 '정보접근성(access to information)'을 제시하고, 재정정보는 신뢰성 있고(reliable) 포괄적이며(comprehensive) 시의적절하고(timely) 국가 간 비교 가능(internationally comparable)해야 한다고 설명하고 있다. 조금 더 세분화된 개념으로, 비쉬와나스와 카우프만(Vishwanath & Kaufmann, 1999: 3)은 투명성의 개념을 "신뢰성 있는 정치, 경제, 사회 정보 유통을 시의적절하게 늘리는 것"으로 정의했다. 더불어 이를 위해서는 정보의 접근성(access), 이해성(comprehensiveness), 적시성(timeliness), 관련성(relevance), 품질과 신뢰성(quality and reliability)이 전제되어야 한다고 설명하고 있다. 이렇게 볼 때, 재정투명성은 발생주의 복식부기 회계제도의 도입에 따라 법적 또는 제도적으로 정보를 공개하는 것을 넘어서 공개된 정보에 대한 이용자들의 이해도를 고려한 포괄적인 개념으로 이해할 수 있다. 또한 재정지표의 유용성은 재정투명성의 포괄적인 개념에서 산출되고 공시되어야 함을 내포하고 있다.

재정정보(지표)는 예산 집행에 따른 재무제표분석을 기본으로 하여 정보유용성, 현실적용성 등을 고려해 설계함으로써 현금주의 예산제도 하에서는 생성하기 곤란했던 재무성과 효율성 등 회계정보의 특성을 활용할 수 있는 장점이 있다. 발생주의 복식부기 회계제도는 재정정보(지표)의 유용성이 확보될 때 제도 도입의 의의를 가질 수 있고, 이를 위해서는 재정투명성을 확보할 수 있는 제도의 마련이 요구된다고 볼 수 있다. 특히, 재정투명성은 단순한 법과 제도의 마련이 아니라, 유용한 재정정보(지표)를 마련하고 정보 이용자의 이해의 정도가 고려되어야 한다.

제 4 절 사례분석

이 연구에서 제시되는 사례분석의 목적은 다음과 같다.

첫째, 우리나라의 국가 재정 공시 현황을 통해 국민들이나 정보 이용자들이 어디에서 국가의 재정정보를 접근할 수 있는지를 살펴본다.

둘째, 현행 국가결산보고서 상의 재정지표를 해석 및 분석해 국민들의 정부회계에 대한 이해도를 높이는 동시에 현행 재정지표 해석을 통해 재정지표가 국가의 재정활동을 충분히 반영하고 있는지를 살펴보고자 한다.

1. 국가 재정지표 공시 현황

① 우리나라 중앙정부의 주요 재정지표는 현금주의 예산정보에 기초해 정부의 재정운영수지를 분석한 지표를 중심으로 공시되고 있다. 국제통화기금(IMF) 정부재정통계(Government Finance Statistics: GFS) 기준에 따른 통합재정 규모와 통합재정수지를 산출하고 있고, 다른 한편으로 한국은행은 UN 기준에 따른 국민계정 체계(System of National Accounts: SNA)를 통해 국민경제 관련 통계를 작성하고 있다(김헌, 2008). 또한, 국제경영개발원(IMD)의 기준에 따라 정부의 재정규모, 국가 채무, 조세부담률, 국민부담률의 재정지표가 산출되고 있다.

주요 재정통계 및 지표 공시 현황을 보면 〈표 6-4〉와 같다. 대부분의 지표는 정부의 재정 운영활동, 채무 또는 부채 규모, 국민조세부담률, 중앙정부와 지방정부의 세수 이전 현황에 한정되어 있다. 국가 수준의 주요 재정지표는 통계청, 기획재정부, 국회를 중심으로 공시되고 있으나, 개별 기관에서 공시하는 재정정보의 대부분은 국가결산보고서 상의 현금주의 예산정보에 기초한 재정지표로 한정되어 있기 때문에 정부회계에 기초한 재정 결과를 반영하지 못하고 있음을 보여준다.

현금주의 회계정보와 발생주의 복식부기 회계정보의 차이 중 하나는 현금주의 회계정보는 현재 시점에서 현금 거래에 따른 재정활동을 보여주는데 반해, 발생주의 복식부기 회계정보는 경제적 거래에 따른 재정정보를 산출함으로써 미래의

표 6-4 주요 국가 재정통계정보(지표) 공시 현황

분류	e-나라지표	디지털예산회계시스템	국가통계포털	국회예산정책처 재정통계
재정 규모	통합재정수지 국세수입 실적 부담금 규모 국유재산 현황 기금운용 규모 정부재정 현황	통합재정수지 재정 규모 회계별 세입 추이 회계별 세출 추이 추경편성 추이 국유재산 추이 국세수입 기금 운용 규모	통합재정수지	통합·관리재정수지 지출 규모 부담금 규모 국세수입 실적 부처별 기금 현황 보조금 현황 융자금 현황 출연금 현황 출자금 현황 공공기관 자산 및 부채 현황 세계잉여금 현황 의무지출
국가채무	국가채권 추이 국가채무 추이	국가채권 현황	국가채권 현황 국가채무 현황	국가채무 현황
조세부담률 및 국민부담률	조세부담률	조세부담률		조세부담률 국민부담률
기타	국세 및 지방세 비중 국가신용 등급 IMD, WEF 재정건전성 순위 중앙정부의 지방이전 재원 규모			중앙정부 지방이전 재원 규모 국가예산 대비 지방예산재정 사용액 비교

재정정보를 반영한 정보를 보여준다는 데 있다. 위의 국가 재정통계지표는 국가 재정활동의 현재 시점의 상황을 보여주고 있다는 점에서 제한적이고, 재정통계지표를 통해 일반국민들이 국가의 재정활동을 이해할 수 있는지 여부는 불명확하다. 또한, 위에서 공시되는 재정통계 및 지표는, 국가결산보고서에서 공시하는 내용을 개별 기관별에서 중복 공시함으로써 제한된 재정정보가 다양하게 분포되어 있어 국가 재정활동에 대한 감시 및 모니터링에 한계가 있다.

2. 현행 국가 재정지표 분석

1) 현행 국가 재정지표를 통한 국가재정 상태 분석

(1) 현금주의 예산결산 정보

국가결산보고서에서는 세입세출 예산에 근거한 현금주의 결산정보와 발생주의 복식부기 재정지표가 구분되어 보고된다. 〈표 6-5〉에서는 현금주의 결산정보를 보여준다.

우선, 세입세출 예산에 근거한 현금주의 예산 결산정보는 일반회계와 특별회계

표 6-5 2010-2012 회계연도 국가결산보고서상 현금주의 예산 결산 정보[3]

(단위: 조 원, %)

구분	종류	2010	2011	2012
세입 세출 결산	세입 (A)	261.2	270.5	282.4
	세출 (B)	248.7	258.9	274.8
	결산상잉여금 (C=A-B)	12.5	11.6	7.6
	이월액 (D)	4.7	5.1	7.8
	세계잉여금 (C-D)	7.8	6.5	-0.1
국가채무	국가채무a)	373.8	402.8	425.1
	GDP 대비 국가채무	31.9%	32.6%	33.4%
총수입 지출 결산	총수입 (a)	299.5	323.0	341.8
	총지출 (b)	282.8	304.4	323.3
	통합재정수지 (c=a-b)	16.7	18.6	18.5
	사회보장성 기금수지 (d)	29.7	32.1	35.9
	관리재정수지 (c-d)	-13.0	-13.5	-17.4

출처: 기획재정부(2012; 2013).

3) 국가결산보고서상 현금주의 예산 결산 정보는 회계별 세입세출 결산과 총수입 지출결산을 동시에 보여주고 있다. 회계별 세입세출 결산은 정부회계 중 일반회계의 총계를 토대로 작성되는 반면, 총수입 지출결산은 정부회계(일반회계, 특별회계, 기업특별회계 등), 기금 및 융자의 영업수지를 총계로 작성한다. 따라서, 표에서 보여주는 바와 같이 2012회계년도의 세출은 274.8조 원은 일반회계의 총지출을 의미하고, 총수입 지출의 323.3조 원은 정부회계, 기금 및 융자를 포함한 지출을 의미한다.

의 세입세출 결산을 토대로 당해 연도 세계잉여금을 산출하고 있다. 2010~2012 회계연도 동안 일반회계와 특별회계의 세입과 세출은 꾸준한 증가 추세를 보이고 있으나, 세입의 증가 추세보다 세출의 증가 추세가 빠르게 나타나고 있다. 그 결과 결산상 잉여금의 규모가 2010회계연도에는 12.5조 원에서 2011회계연도에는 11.6조 원으로, 2012회계연도에는 7.6조 원으로 감소 폭이 커지고 있다. 또한 예산의 이월액이 증가해 세계잉여금 규모가 줄어들고 있는데, 그 결과 2012회계연도에 1,000억 원의 세제잉여금 적자가 발생했다. 그리고, 국가채무의 증가폭은 2010~2011년에는 29조 원, 2011~2012년에는 22.3조 원으로 감소했지만 3년 동안 꾸준히 증가하고 있고, GDP 대비 국가채무 비율 또한 2010회계연도에 31.9%, 2011회계연도 32.6%, 2012회계연도에 33.4%로 지속적으로 증가 추세에 있다.

국가 재정활동의 건전성을 보여주는 지표로 통합재정수지와 관리재정수지를 공시하고 있다. 통합재정수지[4]는 2010회계연도부터 2012회계연도까지 16.7조 원에서 18.5조 원의 흑자를 기록하고 있는 반면, 통합재정수지에서 사회보장성 기금과 공적자금을 제외한 관리재정수지[5]는 2010 회계연도 13조 원 적자에서 2012회계연도에는 17.4조 원으로 적자 폭이 증가하고 있다. 이렇게 통합재정수지와 관리재정수지가 큰 차이를 보이는 이유는 사회보장성 기금에 해당하는 국민연금, 사학연금기금 등 사회보장성 보험의 구조가 보험 지급액보다 보험료 수익액이 더 많은 구조를 가지고 있기 때문이다.

(2) 발생주의 복식부기 재정지표

국가결산보고서상의 발생주의 복식부기 재정지표는 세분화되어 있다. 2010 회계연도에는 부채 대비 차입부채 비율, 순차입 부채, 자산 대비 부채 비율, 재정운영 순원가 보상률의 4개 지표가 보고되었으나, 2011회계연도 이후에는 자산 증감률,

---

4) 통합재정수지는 해당 연도의 국가의 일반회계, 특별회계, 기금의 재정수입(내부거래와 보전거래를 제외)에서 재정지출을 차감한 지표로 재정 운영의 건전성 판단을 가능하게 하고 있다.

5) 관리재정수지는 통합재정수지에서 포함된 사회보장성 기금(사회보장급여 지급을 목적으로 정부에서 보유하는 자산 및 부채)과 공적자금을 제외해 산출된 재정수지를 말한다. 사회보장성 기금에는 국민연금기금, 사학연금기금, 고용보험기금, 산재보험기금이 포함한다. 또한, 공적자금 상환은 1998년 외환위기 이후 금융 구조조정 단계에서 투입된 자금을 한시적으로 운용되고 있기 때문에 새로운 지출을 창출하는 것이 아니어서 제외하고 있다.

부채 증감률, 차입 부채 대비 이자비용, 자산 대비 부채 비율, 총비용 대비 이자비용이 추가되어 국가의 재정 상태를 더 구체적으로 분석하는 추세로 바뀌고 있다.

현재 국가결산보고서에서는 국가재정 상태와 국가재정 운영 상태의 두 가지 종류의 재정지표가 보고되고 있다.

우선, 국가 재정 상태 분야의 재정지표는 당해 연도 자산과 부채의 규모를 통해 차입 부채의 규모 및 차입 부채에 따른 이자비용의 수준을 평가할 수 있는 지표로 구성되어 있다. 〈표 6-6〉에서 보면 2010~2012회계연도 기간 동안 자산과 부채의 증가율은 크게 줄어들고 부채 증가율 감소와 함께 차입 부채의 규모 역시 크게 줄고 있다. 2010회계연도 기준으로, 차입 부채의 규모는 총 부채의 89.5%로 대부분을 차지하고 있는 반면, 2011~2012회계연도에는 전체 부채의 40%대로 감소했다. 또한, 차입 부채에서 상환되어야 할 이자비용의 규모는 차입 부채 규모의 4.5%대를 유지하고 있다. 반면, 차입 부채의 상환 능력을 간접적으로 보여주는 순차입 부

표 6-6 2010~2012회계연도 국가결산보고서 상 발생주의 복식부기 재정지표

분야	지표명	지표 산식	2010	2011	2012
재정 상태	자산 증감률	(당기자산/전기자산) - 1		54.3%	3.6%
	부채 증감률	(당기부채/전기부채) - 1		106.7%	16.6%
	부채 대비 차입 부채 비율	차입 부채*/부채	89.5%	46.8%	43.3%
	차입부채 대비 이자비용	이자비용/평균 차입부채		4.5%	4.4%
	순차입 부채	차입 부채[a] - 현금 및 금융자산[b]	208.8조 원	235.6조원	269.0조 원
	자산 대비 부채 비율	부채/자산	37.9%	50.7%	57.1%
재정 운영	재정운영 순원가 보상률	비교환수익/재정운영 순원가	106.1%	89.5%	100.3%
	총비용 대비 이자비용	이자비용/총비용[c]		4.2%	4.5%

주: a) 차입부채: 단기차입금 + 유동성장기 차입부채 + 장기차입부채
b) 현금 및 금융자산: 현금 및 현금성 자산 + 단기금융상품 + 장기금융상품
c) 총비용: 프로그램 총원가 + 관리운영비 + 비배분비용 - 내부거래 원가
출처: 기획재정부(2012; 2013).

채의 규모는 매 회계연도마다 약 30조 원씩 증가하는 추세에 있다. 국가 재정건전성을 보여주는 자산 대비 부채 비율을 보면 2010회계연도에 37.9%, 2011회계연도 50.7%, 2012회계연도, 57.1%로 계속 악화되고 있다.

국가재정 상태의 재정지표를 토대로 볼 때, 우리나라 부채 상황은 자산 대비 부채 규모가 빠르게 증가하고 있지만, 총 부채에서 차입 부채의 규모는 상대적으로 감소하고 있고, 차입 부채에 대한 이자비용 또한 일정 수준으로 유지되고 있음을 알 수 있다. 하지만, 현행 지표는 부채의 현재 수준을 중심으로 구성되어 있어 세입 및 자산을 통해 재정활동을 지속적으로 운영할 수 있는 재정 상태를 보여주는 데 한계가 있다. 현행 지표에서 제시되는 차입 부채는 단기 부채와 장기 부채를 포함하고 있기 때문에, 차입 부채를 상환할 수 있는 자산 대비 상환 능력을 평가하는 정보를 제공하고 있지 못한다. 따라서, 만기가 도래하는 부채를 상환하며 안정적인 재정활동을 유지할 수 있는지 여부를 판단하는 데 한계가 있다. 또한, 차입 부채에 해당되지 않는 장기 충당부채 및 기타 장기 부채가 상대적으로 빠르게 증가하고 있음에도 장기적인 부채관리의 필요성에 관한 재정정보를 포함하고 있지 못하다.

다음으로, 재정 운영 분야에서는 국가의 재정활동에 필요한 재원을 조세로 얼마나 충당하고 있는지를 판단하는 재정운영 순원가 보상률의 지표를 공시하고 있다. 재정운영 순원가 보상률은 2011회계연도를 제외한 2010회계연도와 2012회계연도에는 100%를 넘고 있기 때문에, 국가의 재정활동에 필요한 재원을 외부 차입이 아닌 조세수익으로 충당할 수 있다는 것을 보여주고 있다. 또한, 총비용 대비 이자비용 지표는 재정활동 비용에서 재정활동과 관계없는 고정 금융비용의 규모를 간접적으로 보여주고 있는데, 2011~2012회계연도 기간은 전체 비용의 약 4%를 차지하고 있다. 현재 국가결산보고서에서 공시하고 있는 재정운영지표는 국가의 재정운영에 필요한 재원 조달의 여부와 재정활동에 소요되는 고정비용 규모의 정보를 제공한다는 점에서 의의가 있지만, 국가의 재정 운영 결과를 통해 산출된 재정 운영의 효율성을 평가할 수 있는 정보로는 한계가 있다.

위에서 설명한 현행 재정지표 분석은 재정 상태와 운영 결과의 지표값 추세를 살펴봄으로써 간략한 흐름을 이해할 수 있었다. 하지만 변화 추세가 어떻게 진행되고 있는지를 알기 위해서는 지표를 구성하는 재정 요소의 상대적 변화의 속도를 통해 변화 추세가 어떻게 진행되고 있는지 살펴볼 필요가 있다.

표 6-7 국가결산보고서상 발생주의 복식부기 재정지표의 재정 요소 증감 분석[6)]

(단위: %, 억 원)

재정지표		2010*	2011	2012	2010~2011 각 구성 요소의 증감률	2011~2012 각 구성 요소의 증감률
부채 대비 차입 부채 비율 (a/b)		0.895	0.468	0.433		
	차입 부채 (a)	334,772	361,823	390,509	0.081	0.079
	부채 (b)	374,159	773,560	902,123	1.067	0.166
자산 대비 부채 비율 (a/b)		0.379	0.508	0.571		
	부채 (a)	374,159	773,560	902,123	1.067	0.166
	자산 (b)	988,323	1,523,165	1,580,451	0.541	0.038
재정운영 순원가 보상률 (a/b)		1.061	0.895	1.003		
	비교환 수익 (a)	211,203	230,651	254,927	0.092	0.105
	재정운영 순원가 (b)	199,109	257,716	254,109	0.294	-0.014

현행 국가결산보고서에서 제시되는 발생주의 복식부기 재정지표를 구성하는 요소의 변화를 통해 국가재정 상태를 분석하면 〈표 6-7〉과 같다. 이 표는 각 재정지표를 구성하는 요소의 연도별 증감률이 재정지표에 어떻게 영향을 주는지 보여주고 있다. 부채 대비 차입 부채 비율은 2011회계연도에 0.468에서 2012회계연도에는 0.433으로 줄었다. 부채는 같은 시기에 16.6%(77조 원에서 90조 원)로 증가한 반

6) 〈표 6-7〉에서 제시하는 재정 요소 증감분석에서는 현행 재정지표에서 제시되는 요소들이 일부 생략되었다. 그 이유는 국가결산보고서에서 제시되는 회계 계정 과목으로는 재정지표에서 제시되는 이자비용을 추계할 수 없기 때문이다. 현 지표에서 제시되는 이자비용은 각 중앙관서별 내부거래를 제거한 순계의 이자비용을 산정했으나, 국가결산보고서에서 제시되는 이자비용은 내부거래를 제거하지 않은 총계의 이자비용 정보를 포함하고 있어서, 그대로 적용할 경우 분석 결과에 오류가 발생할 여지가 있기 때문이다. 또한 2010회계연도에는 부채를 산정할 때, 공무원 및 군인연금에 해당되는 연금충당 부채를 제외했기 때문에 분석할 때 유의할 필요가 있다.

면, 차입 부채는 7.9%(36조 원에서 39조 원) 증가했다. 이는 부채가 1% 증가할 때, 차입 부채는 0.475%(0.079/0.166) 증가한 결과이다. 다시 말해서, 2010~2012 회계기간 동안 부채의 증가율이 차입 부채의 증가율보다 상대적으로 크기 때문에 부채 대비 차입부채 비율이 감소한 결과를 보여주고 있다. 즉, 실제로 부채 대비 차입 부채 비율이 하락한 것은 재정의 부담이 덜어지는 것으로 이해할 수 있으나 이는 부채 대비 차입 부채의 증가율이 적었던 것에 기인함을 알 수 있다. 부채가 2010년에서 2011년에 전년 대비 106% 증가했고, 2011년에서 2012년에는 전년 대비 16%로 계속 증가하고 있는 것은 여전히 재정에 부담이 될 수 있다.

다른 한편으로, 부채를 부채 상환 재원인 자산과 비교하는 자산 대비 부채 비율의 증가 추세는 2011~2012회계연도 기간 동안 자산은 전년 대비 3.8% 증가한 반면, 부채는 16.6% 증가해 자산 1% 증가할 때 부채는 4.4%(0.166/0.038) 증가했다. 요약하면, 2011~2012년 동안 부채의 증가가 자산의 증가보다 4배 이상 빠른 증가율을 보이고 있고, 동 기간 동안 차입 부채의 증가(전년 대비 7.9%) 속도가 자산의 증가 (3.8%)보다 2배에 가까운 증가 속도를 보이고 있다. 이렇게 볼 때, 자산의 증가 속도보다 부채의 증가 속도가 상대적으로 빠르게 진행되고 있고, 총 부채의 증가 속도가 차입 부채의 증가 속도보다 빠르게 진행되고 있음을 알 수 있다. 현행 지표를 통해 볼 때, 빠르게 증가하는 부채, 특히 차입 부채는 지속적으로 재정에 부담을 주고 있다. 반면, 현재의 지표로는 국가의 부채관리를 평가할 수 있는 장·단기 차원의 부채 상환 능력을 평가하기에는 부족한 면이 있다.

또한, 재정운영 순원가 보상률은 2010~2011회계연도 동안 재정운영 활동에 소요되는 원가가 29.4% 증가한 반면, 세입에 기초한 비교환 수익은 9.2% 증가했다. 하지만 2012회계연도에는 재정운영 순원가가 전년 대비 약 3조 원 규모로 감소(전년 대비 1.4% 감소)한 반면, 비교환 수익은 10.5% 증가해 재정운영 순원가 보상률은 1.003로 높아졌다. 위에서 설명했듯이, 재정운영 순원가 보상률이 높아졌다는 것 자체는 국가의 재정 운영이 비교환 수익에 의한 재원 조달로 가능하다는 의미 이상으로 재정 운영의 효율성에 의한 결과인지를 평가하기는 어렵다. 2012회계연도 재정운영 순원가가 전년 대비 약 3조 원 감소한 것이 재정 운영의 효율적 운용에 따른 결과인지에 대해서는 추가적인 분석이 요구된다.

2) 현행 국가 재정지표를 통한 국가재정 상태 분석의 문제점

(1) 국가 부채 상환 능력을 판단하는 부채지표의 부재

국가 부채의 상태는 효율적인 부채관리뿐만 아니라 대외적으로 국가의 신용도에 영향을 주기 때문에 지표의 적실성과 신뢰성이 담보될 필요가 있다(윤영진, 2012; 옥동석, 2007). 국가재정 상태의 건전성 평가는 부채 및 자산의 변화에 따라 재정활동을 지속적으로 유지할 수 있는지 여부를 측정한다. 국제신용평가기관이 국가 재정 상태의 건전성을 평가할 때는 세입과 세출에 기초한 자산의 변화와 국가 부채의 유형을 구체화해 변화가 어떻게 이뤄지고 있는지를 분석한다. 이를 통해, 국가가 안정적으로 재정활동을 유지할 수 있는 부채의 상환 능력에 기초해 신용 등급을 평가하고 있다. 발생주의 복식부기 정부 회계정보를 이용해 국가의 재정 상태를 평가하는 지표는 국가가 소유하고 있는 자산(현금 창출 자산)과 상환이 요구되는 부채의 상대적 변화를 측정한다. 특히, 대부분의 신용평가기관 및 국가의 건전성 평가지표에는 자산과 부채의 변동을 동시에 고려하는 국가의 부채 상환 능력을 평가하는 지표를 요구하고 있다. 그리고, 국가의 부채 상환 능력을 평가하는 지표는 국가의 부채관리에서 시기적으로 장·단기적인 부채 상환 능력을 평가해 안정적인 재정활동에 요구되는 정보를 제공해야 한다.

하지만, 현행 국가결산보고서에 제시되는 재정지표는 차입 부채의 규모 및 이자 비용을 보여주는 데 그치고 있다. 현행 재정지표를 근거로 볼 때, 우리나라 부채 상황은 자산 대비 부채 규모가 증가하고 있지만, 부채 대비 차입 부채 비율은 상대적으로 감소하고 있고, 차입 부채에 대한 이자비용 또한 일정 수준으로 유지되고 있음을 보여주고 있다. 현행 지표를 통해 우리나라 부채 상황은 부채 대비 차입 부채 비율이 감소되는 추세이기 때문에 국가 부채 수준 및 관리가 향상되고 있다고 평가할 여지가 있다. 하지만 이렇게 평가할 경우에는 우리나라 부채 상황에 대한 왜곡된 재정정보를 줄 여지가 크다. 왜냐하면, 앞에서 분석한 것처럼 재정 요소의 상대적 변화 속도를 통해 볼 때, 부채 대입 차입 부채 비율의 감소는 차입 부채보다 부채가 더 빨리 증가해 나타난 결과이기 때문이다. 따라서, 현행 재정 상태 재정지표는 장·단기 차원의 부채의 변화와 자산의 변동을 고려해 부채 상환 능력을 나타내도록 보완될 필요가 있다.

(2) 국민들이 체감할 수 있는 지표의 부족

재정지표는 재정 상태 및 재정 운영의 결과를 평가하기 위해 고안된 제도적 수단으로 재정투명성을 높이기 위한 기본적인 기능을 수행한다. (재정)지표는 일종의 공공정보 공개(public information disclosure)로, 단순한 지식의 전달에 그치는 것이 아니라 정보를 이용하는 대상자들의 행동 변화까지 포괄하는 개념이다(Fung, Graham, & Weil, 2007). 발생주의 복식부기 정부회계의 도입에 따른 재정정보의 활용은 내부적으로는 재정정책 결정에 도움을 주고, 외부적으로는 국민들의 재정정보에 대한 접근성을 높임으로써 정부 회계정보의 유용성을 높일 수 있다.

현재 국민들이 국가의 재정활동 결과를 파악할 수 있는 거의 유일한 재정정보의 출처는 국가결산보고서에서 공시되는 재정정보라 볼 수 있다. 따라서 국가결산보고서에 국민이 이해하기 쉬운 재정지표를 공개하는 것은 재정투명성을 높이는 데 매우 효율적인 방법이 될 수 있다. 이미 지적했듯이, 현행 재정지표는 국가재정 상태 및 재정 운영에 관한 정보가 제한적이기 때문에 국가의 재정활동에 대한 국민의 이해도를 높이는 데 한계가 있다. 또한, 국민들이 이해할 수 있는 재정지표가 미비하기 때문에 국민 개개인은 국가의 재정활동에 필요한 조세를 부담하면서도 반대급부로 국가에서 제공하는 공공 서비스의 혜택에 대한 체감이 부족하다. 재정지표를 활용해 재정투명성을 높이기 위해서는 우선적으로 재정정보를 이용하는 대상의 고려가 선행될 필요성이 있다. 즉, 간단하고 이해하기 쉬운 재정지표를 통해 국민들이 국가의 재정활동을 평가할 수 있는 여건을 높임으로써 재정투명성을 확보할 수 있다. 이를 위해 국민들이 좀 더 용이하게 재정정보를 이해하고 활용할 수 있도록 1인당 재정지표를 공시[7]함으로써 국민에 대한 국가의 재정책임성을 높일 수 있다.

(3) 국가 재정 운영의 효율성을 평가하는 재정지표의 부족

현행 국가결산보고서에서 국가의 재정 운영 결과를 평가하는 지표는 재정운영순원가 보상률과 총비용 대비 이자비용으로 구성된다. 하지만, 엄밀한 의미로 보면 위의 지표는 국가 재정 운영의 효율성을 평가하는 지표라기보다 재정운영표를 구

7) U.S. Department of Treasury(1978), ICMA의 FTMS 현행 지표, 프랑스의 재경부 공공회계국의 지표를 보면 국민 1인당 지표를 이용하고 있다(허명순, 2011: 5).

성하는 회계계정 과목을 이용해 국가의 재정활동에 필요한 재원 존재 여부와 지출의 구성 요소를 평가하는 지표에 가깝다. 현행 재정지표는 재정운영 순원가 보상률과 총비용 대비 이자비용을 통해 재정 조달의 안정성 및 고정비용의 구성비에 관한 정보를 보여주는 데 그치고 있다.

국가결산보고서는 국가의 재정활동을 운영하는 각 중앙관서가 얼마나 효율적으로 재정을 운영하고 있는지를 보여주어야 함에도 불구하고, 각 부서의 재정 운영의 효율성에 관한 재정지표를 제시하지 않고 있다. 현행 재정 운영 결과 재정지표는 국가의 재정 운영에 요구되는 비용이 비교환 수익에 의해 조달되는지 여부에 그치고 있어, 각 중앙관서에서 운영하는 개별적 프로그램의 비용 조달 능력이 얼마나 되는지 여부를 알 수 없을 뿐만 아니라, 각 관서별 특성이 반영된 실효성 있는 평가가 어렵다. 발생주의 복식부기 회계가 도입되면서, 예·결산제도와 정부회계제도와의 연계를 통해 재정 성과를 평가할 수 있게 되었다. 하지만, 아직까지 국가 및 중앙관서의 재정 운영을 평가하는 평가 수단이 발전되어 있지 못해, 회계제도 변화에 따른 재정정보 유용성을 높이고 있지 못하는 측면이 있다. 따라서, 국가결산보고서에서 각 중앙관서의 재정활동 관련 운영평가 및 프로그램 운영에 따른 재정 운영 정보를 보여줌으로써 국민들에게 필요한 사업을 얼마나 효율적으로 운용하고 있는지 여부를 공시할 필요가 있다. 또한, 동시에 중앙관서 개별 사업의 효율성을 공개해 내부적으로 재정활동의 책임성을 높일 필요가 있다.

제 5 절 결론 및 시사점

이 연구는 국가 수준에서 정부회계가 도입된 이후, 이에 따른 재정투명성이 제고되고 있는지 여부를 국가결산보고서상 재정지표의 사례분석을 통해 살펴보았다. 전 세계적인 추세를 살펴보면, 공공 부문의 발생주의 복식부기 정부회계의 도입은 증가하고 있지만, 정부 회계제도 도입에 따라 국가와 국민의 정부 비대칭을 완화하고 재정투명성이 높아지고 있다는 실증 연구 및 분석은 미흡한 실정이다. 이 연구는 정부회계의 도입 효과에 대한 기초 분석연구라는 데 의의가 있다. 우리나라 국가결산보고서상에 공시되는 발생주의 복식부기 회계정보를 토대로 산출된 재정지표를 분석하는 한편, 이를 통해 국가의 재정정보를 활용하는 이용자의 이해도를 제고하는 방안에 초점을 맞춰 재정지표의 사례를 분석했다. 사례분석을 통해 현재 공시되고 있는 재정지표는 국가의 부채 상환 능력을 장·단기적 시점에서 분석하는 데 한계가 있고, 국가결산보고서에서 공시되고 있는 제한된 재정지표는 국민의 알 권리를 충족하고 중앙관서의 효율적 운영을 돕는 데는 부족하다는 결과를 도출했다.

이 사례연구는 다음과 같은 사항을 시사하고 있다.

첫째, 정부회계는 현금주의 예산회계보다 국가의 재정활동 관련 재정정보를 많이 제공하고 있음에도 불구하고, 현행 재정정보에 기초하여 볼 때 국가의 재정활동 결과에 대한 국민들의 모니터링 활동은 한계가 있음을 보여주고 있다. 즉, 정부회계는 현금회계와 달리 회계 용어에서부터 회계 원리의 전문지식이 구비되어야 이해할 수 있기 때문에 일반 국민들이 현행 국가결산보고서상 공시되는 재정지표를 통해 국가의 재정활동을 쉽게 이해하기에는 어려운 측면이 있다. 결국, 제도가 시행되고, 목적을 달성하기 위해서는 제도를 활용하는 이해관계자들의 여건이 사전에 반영되어야 함을 시사하고 있다. 이 연구에서는 주인-대리인이론에서 제시하는 바와 같이 제도의 수용성은 제반 법적·제도적 여건의 마련 이전에 제도를 활용하는 이용자의 여건 또한 고려되어야 한다는 점을 보여주고 있다.

둘째, 정부 회계정보를 기초로 한 국가 재정활동 결과는 국가 재정활동에 대한 충분한 재정정보가 반영된 지표를 통해서 평가되어야 한다. 비단 국민이 정부회계의 이해도가 높다고 해도, 국가에서 공시하는 재정지표가 국가 재정활동 결과를 충분히 반영하는 지표로 구성되지 않는다면, 국가의 재정 결과는 왜곡되기 마련이다. 따라서 국민의 모니터링 제도가 구축되어 있어도, 실질적으로 국가의 재정활동을 감시하는 데 한계가 있다. 이 사례연구에서 분석한 결과를 볼 때, 우리나라 현행 재정지표는 국가의 부채 상환 능력에 대한 충분한 정보가 반영되어 있지 않기 때문에, 장·단기적으로 국가의 부채 상황을 평가하는 데 한계가 있다. 또한, 개별 중앙관서의 재정활동에 대한 재정 운영 성과를 평가할 수 있는 지표가 없기 때문에, 중앙관서의 재정 운영 결과를 모니터링하는 데 한계가 있다.

셋째, 이 사례연구는 국가결산보고서상 현행 재정지표를 분석함으로써, 정부 회계정보를 충분히 반영한 새로운 재정지표의 구성이 필요하다는 점을 시사하고 있다. 더 나아가, 새로운 재정지표의 필수 구성 요소에 대해 지적하고 있다. 현행 재정지표의 문제점을 통해 ① 장단기 국가 부채 상환 능력을 분석하는 새로운 지표의 필요성, ② 국민의 재정활동 모니터링의 한계를 극복하기 위해 국민이 이해하고 알기 쉬운 재정지표의 필요성, ③ 중앙관서의 재정 운영 결과를 평가할 수 있는 재정지표의 고안 및 성과평가 재정지표와 연계의 필요성을 제시하고 있다.

연구 문제

1. 현재 국가에서 공시하고 있는 정부 회계지표 이외에 국민이 알기 쉽고 이해하기 쉬운 새로운 재정지표를 제안해 보라. (예를 들면, 국민 1인당 지표를 제안하거나 및 국가의 부채 및 재정 운영 결과를 알 수 있는 재정지표로 현행 재정지표를 수정해 제안해 보라.)
2. 국가결산보고서에는 국가통합(중앙관서를 포함한)의 재정지표를 산출하고 있다. 이렇게 볼 때, 국가의 재정활동은 개별 중앙관서(중앙행정기관)들의 활동을 통합한 것으로 볼 수 있다. 그러면, 개별 중앙관서들의 재정활동에 관한 재정지표도 필요할 것이다. 중앙관서를 대상으로 하는 재정지표를 제안한다면, 국가 통합의 재정지표와 어떻게 다르게 제안되어야 하는지 기술해 보라.
3. 국가와 지방자치단체는 공공 서비스를 제공하는 정부의 성격을 지니고 있는 점에서 유사하지만, 강조하는 공공 서비스 전달 기능에 따라 차이가 있다. 예를 들면, 국가는 국가의 거시경제 안정성과 공공재의 재분배 기능에 중점을 두고, 지방자치단체는 공공재의 분배 기능에 중점을 두고 있다. 국가와 지방자치단체의 기능의 차이점을 감안할 때, 재정지표의 구성에서 어떻게 달라야 하는지 논의하라.
4. 2014년 6월에 2013회계연도 국가결산보고서가 기획재정부의 사이트에 공시되고 있다. 2013회계연도 국가결산보고서에서 제공되는 국가재무제표를 바탕으로 우리나라 재정건전성을 분석하라. (재정건전성의 개념은 아직 통일되어 사용되고 있지 않고, 학자들마다 다양하게 제시되고 있다. 개념을 직접 정립하거나, 구체적인 분야를 선정해 예를 들어 분석하라).
5. 본인이 거주하고 있거나, 관심있는 지방자치단체 하나를 선택해 지방자치단체의 결산보고서에서 공시하는 재정지표가 해당 지방자치단체의 재정활동 결과를 어떻게 반영하고 있는지 분석해 보라.

참고 문헌

강인재 (2009). 발생주의 정부회계제도의 현황과 쟁점 사항. 정부회계연구, 7(2): 3-25.

기획재정부 (2012) 국가결산보고서.

______(2013) 국가결산보고서.

김헌 (2008). 복식부기회계에 있어 중앙-지방 간 재정지표의 불일치 및 대응 방안. 정부회계연구, 6(2): 79-107.

박재완 · 양대천 · 권해숙 (2012). 공공부문 회계투명성 개선 방안: 지방자치단체 재정성과지표와 투명 공시를 중심으로. 회계저널, 21(1): 331-350.

옥동석 (2007). 재정지표로서의 국가채무와 정부부채. 재정논집, 22(1): 109-136.

윤성식 (2007). 정부혁신의 이론과 사례: 통합예산회계시스템. 정부회계연구, 5(1): 29-46.

윤영진 (2012). 재정 건전성 지표로서의 국가채무 개념의 쟁점과 대안모형. 한국행정논집, 24(2): 371-394.

이효 (2008). 정부예산 및 회계 동향과 정책 방향. 정부회계연구, 6(1): 38-66.

허명순 (2011). 지방재정 건전성 분석 지표. 한국지방재정학회 춘계학술대회 발표논문집: 3-23.

Chan, J. L. (2003). Government accounting: an assessment of theory, purposes and standards. *Public Money & Management*, 23(1): 13-20.

Fung, A., Graham, M., & Weil, D. (2007). *Full Disclosure: The Perils and Promise of Transparency*. Cambridge University Press.

Horrigan, J. O. (1968). A Short History of Financial Ratio Analysis. *The Accounting Review*, 43: 284-294.

Kopits, G. & Craig, J. (1998). *Transparency in Government Operations*. IMF Occasion Paper #158.

Paulsson, G. (2006). Accrual Accounting in the Public Sector: Experiences from the Central Government in Sweden. *Financial Accountability and Management*, 22(2): 47-62.

Pina, V., Torres, L., & Yetano, L. (2009). Accrual Accounting in EU Local Governments: One Method, Several Approaches. *European Accounting Review*, 18(4): 765-807.

Vishwanath, T. & Kaufmann, D. (1999). *Towards Transparency in Finance and Governance*. World Bank Policy Research Working Paper Processed.

Zimmerman, J. L. (1977). The Municipal Accounting Maze: An Analysis of Political Incentives. *Journal of Accounting Research*, 15(Supplement): 107-144.

제 7 장

공공정책 평가: 자문형 ODA 사업 평가 사례

이 석 원

제 1 절 서론

개발원조는 수원국의 복지 향상과 개발에 기여하기 위한 목적으로 공여국으로부터 수원국으로 전달되는 다양한 형태의 자원, 즉 물자, 기술, 증여, 양허성 차관을 말한다. 이와 유사하지만 좀 더 포괄적인 개념인 국제개발협력이란 개발원조를 비롯해 기타 공적자금(Other Official Flows), 수출 신용, 민간 투자와 같이 다양한 협력 방식을 통해 국제사회가 공동으로 개발도상국의 경제 사회 발전을 촉진하는 활동을 뜻한다. 개발협력이라는 용어는 공여국이 수원국을 일방적으로 돕는 시혜적 관점보다는 상호 파트너십을 강조하는 관점으로의 전환을 의미하며, 원조를 넘어서는 총체적인 협력 방식의 필요성을 함의하고 있다.

국제개발협력이 본격화된 것은 제2차 세계대전 직후로, 이는 지구촌의 안녕과 번영을 위해 전쟁 피해국 및 신생독립국의 재건을 지원해야 한다는 인식이 확산되

표 7-1 국제개발협력의 구분

구분	지원 방법	지원 형태	내용
공적개발원조 (Official Development Assistance: ODA)	양자간	무상	증여, 기술협력, 프로젝트 원조, 식량 원조, 긴급재난구호, NGOs 지원
		유상	양허성 공공차관
	다자간	-	국제기구 분담금 및 출자금
기타 공적자금 (Other Official Flows)	양자간	유상	공적 수출신용, 투자금융 등
	다자간	유상	국제기관 융자
민간자본 흐름 (Private Flows at Market Terms)	-	유상	해외 직접투자, 1년 이상의 수출신용, 국제기관 융자, 증권투자 등
민간 증여 (Net Grants by NGOs)	-	유상	NGOs에 의한 증여

출처: 국제개발협력위원회, www.http://odakorea.go.kr.

면서부터이다. 이 당시는 빈곤과 개발문제의 주요 해결책으로 서구를 모방한 근대화 전략과 대규모 자본과 기술을 투입한 경제 성장 방식이 제시되었다. 1960년대에는 경제 성장과 기술 전수가 도농, 빈부 격차 감소로 이어진다는 낙수이론(落水理論, trickle down theory)에 기반해 중앙정부와 협력해 물리적 인프라 구축을 위한 프로젝트가 중심이 되었다. 특히 이시기에는 남북문제 해결을 위해 IDA (International Development Association), DAC(Development Assistance Committee), UNDP(United Nations Development Program) 등 주요 공여국 협의체와 국제기구가 설립되었다. 이 시기는 개발의 황금기로, 사하라 이남의 아프리카 및 개도국의 경제 성장률이 높았으며, 미국·영국·프랑스 등 주요 공여국과 세계은행의 원조 규모도 증가했다.

1970년대에는 원조가 국가의 성장에 초점을 맞추기보다는 빈곤 감소 및 실업 감소라는 명확한 목적과 연결되었다. 이는 경제 성장이라는 간접적 방법으로는 빈곤 감소 및 불평등이 해결되는 것이 불충분하므로, 빈곤 퇴치를 위해 좀 더 직접적으로 빈곤층을 대상으로 개발협력 활동을 추진했다. 1990년대에는 냉전이 막을 내리면서 이념적 경쟁 수단으로서의 원조에서 벗어나게 되었으며, 민주화 지원과 같이 원조에서 정치적 차원이 강화되었다. 2000년대 들어서는 새천년 개발목표(MDGs)가 수립되면서 공적개발원조의 핵심 목표가 절대빈곤 퇴치임을 재확인했다. 특히 원조 효과성 향상에 체계적으로 기여할 수 있는 구체적 목표와 지표가 파리선언으로 도출되었으며, 이에 따라 국제사회는 예산 지원 등의 프로그램형 접근법과 비구속성 원조를 강화했다. 현재에 들어서는 '원조와 원조 이상의(aid and beyond)' 논의로 나아가고 있다. 더불어 기후 변화, 분쟁 취약성, 공정무역 등 최근 부각되는 범지구적 과제에 대한 관심이 높게 증가하고 있다.

우리나라는 1982년부터 한국개발연구원(KDI)이 개도국 주요 인사를 초청해 우리의 개발 경험에 대한 교육을 실시하는 국제개발연찬사업(IDEF)을 시작했다. 1987년 재무부가 300억 원을 출연해, 대외경제협력기금(Economic Development Cooperation Fund: EDCF)을 창설하고 기금의 운용을 한국수출입은행에 위탁했다. 1991년에는 무상원조 전담기관으로 외무부 산하 한국국제협력단(Korea International Cooperation Agency: KOICA)을 설립해 개도국에 대한 본격적인 원조를 제공하기 시작했다.

특히 우리는 지난 2009년 OECD 개발원조위원회(Development Assistance Committee: DAC) 명단에 이름을 올리며 원조 수여국의 신분을 졸업해 원조 공여국이 된 세계 유일의 국가가 되었다. 이후 매년 공적개발원조(Official Development Assistance: ODA)의 규모를 늘려 2012년 현재 GNI의 0.14%인 15억 5천만 달러 규모의 원조금을 제공했으며, 2015년까지는 GNI 대비 ODA의 비중을 0.25% 이상으로 늘리는 것을 목표로 하고 있다. 그러나 이렇듯 늘어나는 ODA의 규모에도 불구하고, 국내에는 아직 개발협력 평가와 관련된 엄밀하고 일관된 체계가 마련되어 있지 않다. 현재 국내에서 공적개발원조 사업을 담당하고 있는 여러 기관조차 평가 체계의 부재, 평가를 위해 할당된 자원의 부족 등으로 인해 개별적으로 담당하고 있는 공적개발원조 사업에 대한 평가 역량의 측면에서 어려움을 겪고 있다.

이에 비해 미국, 덴마크, 스웨덴 등 원조 선진국이라 불리는 서구 국가 및 국제기구들은 국제개발협력의 역사가 오래된 만큼 국제개발협력 사업에 대한 평가가 활발히 이뤄졌으며, 과거로부터 축적되어 온 평가 사례들이 더욱 풍부하다. 또한 국제개발협력 사업을 담당하고 있는 각각의 기관, 국제개발협력 사업을 평가하는 대학의 연구소들에 의해 국제개발협력 평가의 방법이 어느 정도 체계를 갖춘 모습을 보이고 있다. 따라서 이들의 평가 사례, 평가 방법을 정리해 참고한다면 한국에서의 평가 방법에 대한 연구의 기초를 마련하고 국제개발협력 사업의 실제 평가를 하는 데 도움이 될 것이다. 특히 우리나라의 발전 경험을 전수하고 지식을 공유하는 경제발전 경험 공유사업(Knowledge Sharing Program)과 같은 자문형 ODA 사업의 경우 일반적인 ODA 평가방법론을 적용하기에 어려운 점이 있다. 이에 외국의 자문형 ODA사업의 평가 사례를 참고해 우리나라 자문형 ODA사업 평가에 활용할 수 있는 방안을 탐색하는 것이 중요하다.

제 2 절 사례의 개요

1. 노르웨이 Norad의 사례[1)]

1) 프로그램 개요

국제개발협력 분야에서 평화 구축(peacebuilding)과 갈등 방지(conflict prevention)에 대한 지원은 꾸준히 성장해 왔다. 더불어, 국가 내부 SW, 국가 간(특히, 도미니카 공화국과의 관계), 개발 활동에 대한 평화 유지에 대한 개입의 복잡성 역시 증가되고 있다. 평화 구축 분야에서 지식을 구축하기 위해 OECD/DAC에 가입되어 있는 공여국은 갈등 방지와 평화 구축 활동에 대한 더 체계적인 평가를 위해 선제적인 방법을 채택했다. Norad의 평가 팀은 자진해, Norad에서 실시한 평화 구축 노력을 평가함으로써 관련 지식의 중추를 구축하는 데 공헌했다. 노르웨이는 아이티의 평화 구축을 위해 1998년부터 활동해 왔다.

이 평가의 목적(purpose)은 노르웨이가 아이티 사회의 변화와 치안, 안정성에 어떤 기여를 했는지 측정하고 노르웨이의 활동으로 인해 얻은 결과물이 앞으로도

1) Evaluation of Norwegian Support to Peacebuilding in Haiti 1998 - 2008(Published: November 2009 by Norad).

지속 가능할지 평가하는 데에 있다. 이 평가는 평가를 통해 얻은 지식이 향후 아이티를 지원하기 위한 지식 구축의 측면에서 형성적인 성격(formative nature)을 지니고 있다. 특히, 치안 상황에서 어떠한 진전이 어떻게 이뤄질 수 있는지와, 미래의 지원을 위해 지금 시점에서 얻은 결과물에 어떻게 투자할 것인지에 대한 정보를 얻을 수 있다.

2) 평가 과정 및 평가를 위한 기준

노르웨이의 지원이 아이티의 치안 상황 개선 측면에서 성공적으로 기여했는지 여부를 효과성, 타당성, 조정성(coordination)을 기준으로 평가한다. 노르웨이의 지원과 그 지원이 오늘날 어떤 결과를 이끌어 냈는지에 대한 평가는 지속성과 갈등의 민감성(conflict sensitivity) 측면에서 아이티가 평화 상태를 유지하는 데 올바르게 기여했는지 여부를 통해 이뤄진다. 또한, 아이티 사회 변화를 위한 노르웨이의 지원이 다른 공여국이 아이티에게 제공해 줄 수 있었던 것 이상을 담고 있었는지를 평가한다. 가능하다면, 아이티에 대한 노르웨이의 지속적인 개입 활동으로 인해 얻을 수 있는 교훈이 무엇인지 밝히고 다른 국가에 적용할 수 있는지 여부도 밝힌다.

3) 프로그램 논리 모형의 구축

(1) 투입

이 프로그램은 변화 이론과 그의 기반이 되는 가정을 확인하는 데서 시작한다. 또한, 노르웨이 정부에서 평화 구축 사업의 가이드라인으로 제시하는 "Strategic Framework on the Development Policy's Contribution to Peacebuilding"(Norad, 2004)을 프로그램 디자인 단계에서 실제로 활용하도록 권장한다. 그뿐만 아니라 Norad 측에서 기획한 프로그램이 실제 프로그램의 수혜 집단이 필요로 하는 것인지 반드시 확인하게 하고, 수혜 집단을 프로그램 기획 단계에 투입해 직접 사업에 개입할 수 있도록 한다. 때문에 누구의 지식으로부터 프로그램을 구성했는지 및 정부로부터 자금을 조달받는 데 결정적으로 작용한 기획이 누구의 아이디어였는지 여부도 중요한 평가지표로 활용된다.

(2) 활동/산출

산출 단계의 개별 활동은 노라드(Norad, 2004)와 OECD(2008)의 평화 구축 활동 가이드를 참고해 구성되었다. 개별 프로그램의 주 목적은 아이티 사회 전반에 평화에 대한 인식을 고취시키는 데에 있다. 이 프로그램은 아이티 정부가 평화 구축을 위해 할 수 있는 활동을 매우 구체적으로 제시했다. 활동 내용은 개개인의 행동 변화를 일으킬 수 있는 미시적인 단위에서부터 정부와 사회 구조의 변화를 도모하는 거시적인 단위까지 매우 다양하다.

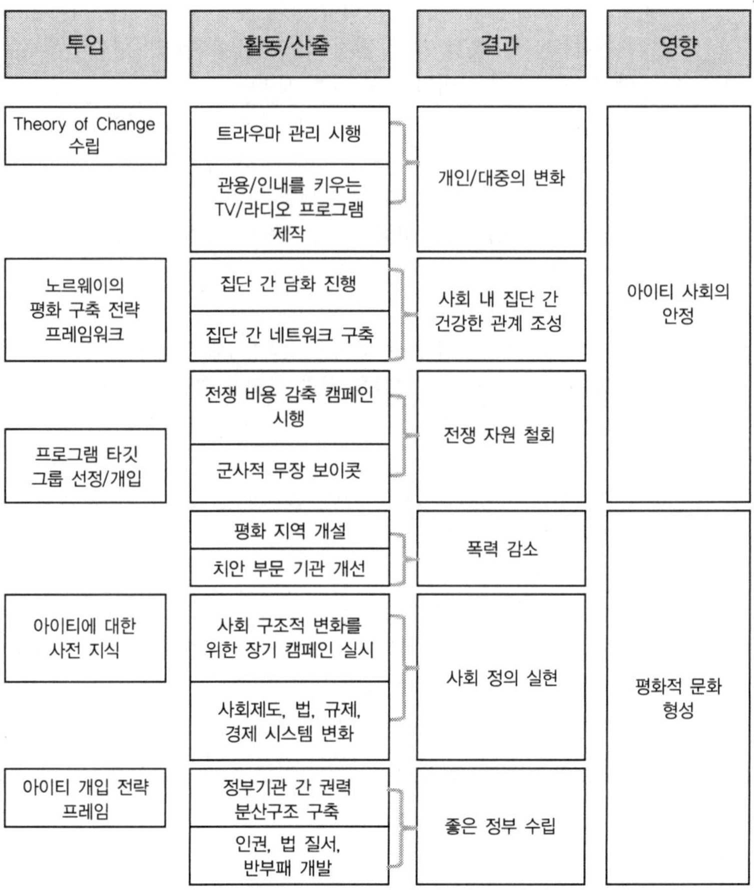

그림 7-1 Norad Norwegian Peacebuilding in Haiti의 논리모형

(3) 결과/영향

프로그램의 활동은 아래와 같은 가정을 충족한다고 했을 때 기대하는 결과와 영향을 이끌어 낼 수 있을 것이다.

표 7-1 Norad Norwegian Peacebuilding in Haiti의 변화 이론

변화 측면	가정
개인의 변화	개인의 의식과 태도, 행동, 기술을 변화시키면 평화에 대해 적극적인 지지를 보내는 집단을 만들 수 있을 것이다.
사회 집단 간 건강한 관계	평화 구축을 위해 사회 내부의 끈끈한 유대 관계는 필수적이다. 집단 간에 존재하는 고립, 분절, 격리, 편견, 선입견을 타파하면 평화와 관련된 중요 현안에 대한 진전을 이뤄낼 수 있을 것이다.
전쟁 자금 철회	전쟁을 위해서는 무기, 보급, 수송과 인적 자원 등 막대한 자원을 투입하게 된다. 인적 자원과 물적 자원이 전쟁 조성 시스템에 투입되는 것을 막을 수 있다면 전쟁은 멈추고 평화는 실현될 것이다.
폭력 감소	호전적인 집단과 그의 지지 세력들로부터 기인되는 폭력 행위의 수준을 낮출 수 있으면 사회의 안전과 평화를 가져올 수 있을 것이다.
사회 정의 실현	개인의 신원과 안전에 대한 부정(injustice), 억압, 착취, 위협과 관련된 이슈를 불러일으키고 사람들로 하여금 상해/피해에 대한 개념을 일깨워주면 갈등의 여지가 줄어들고 평화를 위한 사회가 열릴 것이다.
좋은 거버넌스	평화는 민주주의, 공정성, 정의, 자원의 평등한 배분을 가능하게 하는 안정적이고 믿음직한 사회적인 제도가 뒷받침되어야 가능하다. 이를 위해 권력 분산적인 사회 구조, 인권의 확립, 법의 기능 재정비, 부패 등을 방시하면 평화적인 사회를 위한 정부 구축을 가능하게 해서 사회의 평화를 유지할 수 있을 것이다.
대중의 태도 형성	전쟁과 폭력은 부분적으로 편견과 오해, 다른 것에 대한 불관용으로부터 야기된다. 우리는 TV와 라디오 등의 미디어를 통해 대중의 태도를 변화시킬 수 있으며 사회 전체적으로 더 관용적인 분위기를 조성할 수 있을 것이다.
평화적 문화	사회・문화적 규범, 가치, 태도가 폭력 거부/대화와 협상 지지하는 방향으로 변화한다면 우리는 평화를 위한 장기적인 환경을 조성할 수 있을 것이다.

4) 데이터 수집

심층 연구와 문헌 연구 모두 충분한 계획과 시간, 자원이 투입되어야 한다. 핵심 집단 인터뷰(focus group interview)는 연관성이 충분히 있고 적절하다고 여겨질 때에만 활용했다. 갈등 관계인 상황에서는 민감한 사안에 대해 집단 인터뷰를 실시하는 것이 적절하지 않을 수 있기 때문이다. 심층 연구는 최소 8주 이상을 현장에서 보내며 자료를 수집했다. 평가 팀은 서로 다른 데이터 소스와 샘플 사이즈, 목적에 맞는 데이터 수집 방법을 활용했다. 평가 문항에 답하기 위해서는 1차 자료와 2차 자료가 모두 필요했다. 수혜자의 관점에서의 응답 결과도 수집했다. 2차 자료는 아이티의 현재 안보 상황이나 안보 상황의 변화에 대한 문헌을 통해 수집했다. 이 밖에도 대상 집단에 대한 사회경제적인 지표와 특징들에 대한 연구, 리뷰, 인터뷰, 평가, 지표들에 대한 정보, 통계 자료(건강, 학력, 폭력 사건), UN 보고서, 프로젝트 경과보고서, 핵심 관계자(정부, 국제기구, 이해관계자) 등의 정보를 수집했다. 이를 위해서는 최소 한 번 이상의 현장 답사가 필요했다.

수집한 데이터를 바탕으로 평가 팀은 평가 프레임과 정책 맥락 분석(context analysis), 프로그램(투입, 활동/산출, 대상 집단)의 기획, 갈등 분석과 프로그램 이론들에 대한 조사를 실시했다. 대상 집단과 현장 방문·관찰을 동반한 핵심 관계자, 그룹, 가계와의 인터뷰를 실시했다. 데이터 소스와 이론, 데이터 수집 방법들에 대한 삼각 측량이나 대조 검토를 실시했다.

2. 일본 JICA의 사례[2)]

1) 프로그램 시행 목적 및 개요

BMH(Bach Mai Hospital Project)는 1911년에 설립된 이래, 베트남 북부의 최상위 의료급여기관으로서 베트남의 의료 체제에서 핵심적인 역할을 해왔다. 그러나 낙후된 시설 및 장비, 병원 직원 역량의 부족, 비효율적인 운영 시스템 등으로 인한 어려움이 심화됨에 따라 본래 기능을 못하고 있는 실정이다. 이에 일본 정부는 1998년 베트남 정부의 요청에 따라, BMH의 시설 개선을 목표로 한 기술협력 프로젝트를 도입했다.

2) 평가 과정 및 평가를 위한 기준

평가 기준으로는 적절성(relevance), 효과성(effectiveness & impact), 효율성

2) JICA 일본기술협력사업 사후평가: 베트남 'Bach Mai' 병원 기능강화 사업 "Bach Mai Hospital Project for Functional Enhancement."

(efficiency), 그리고 지속가능성(sustainability)을 사용했다. 즉, 각 평가 기준과 연관된 성과(outcome) 그리고 해당 성과 측정에 적합한 지표들을 선정해, 평가분석을 실시했다. 이때, 각 평가 기준의 관점에서, 사업 성과에 점수를 주는 rating/scoring 시스템을 적용해, 다른 여러 사업 평가 결과와 비교할 수 있도록 설계했다.

3) 프로그램 논리모형의 구축

프로그램 논리모형을 구축하는 데 다음과 같은 가정들이 이뤄졌다.

첫째, 사업 목표인 '의료 서비스 개선'을 달성하기 위해서는 교육 역량(training capacity), 병원 운영/관리(hospital management), 임상기술(clinical technology) 세 가지 분야에서 행태 및 시스템 구조 변화가 이뤄져야 한다.

둘째, BMH의 교육 기능 강화를 통한 도립병원의 '의료인력 및 인프라 역량 강화'의 효과(impact)가 '베트남 북부지역의 의료 서비스 질 향상'이라는 장기적인 정책 효과로 이어지기 위한 조건은 다음과 같다. 우선, 논리모형의 상위 후송병원(top-referral hospital)인 BMH와 각 지역 단위 의료시설들 간의 효과적인 지식 및 기술 이전이 지속적으로 이뤄져야 하고, 따라서, 이를 가능케 할 정책적·제도적 기반(환경 요인)이 마련되어야 한다. 또한, 사업 결과(outcomes)가 목적 달성의

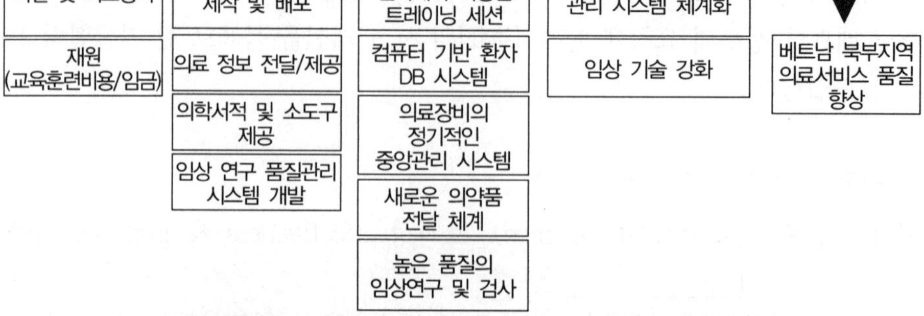

그림 7-2 JICA Bach Mai Hospital Project의 논리모형

효과(impact)로 이어지기 위해서는, 비록 BMH 지역사회 보건강화 사업이 도립병원(provincial hospitals)을 대상으로 한 프로그램이었지만, 사업 효과가 다른 하위 행정구역까지 유의미한 '파급 효과(ripple effect)'를 일으킬 것이라는 조건이 충족되어야 한다.

셋째, BMH의 기술 지원이 효과성을 가지려면, 각 지역의료시설의 자체적인 노력(self-effort)이 수반되어야 한다.

4) 평가와 관련된 어려움

사업 연간 보고서 및 종료 평가자료 확보의 어려움으로 인해, 일부 지역에서는 BMH 주요 대상 부서의 변화, 사업 시행 후 인사 변동 및 프로젝트 종료 시점에서의 성과 확인이 충분히 이뤄지지 못했다. 이러한 제약을 감안해, 이 사업의 성과측정은 종료평가 보고서 및 사후평가 자료를 통해 보완되었다.

프로젝트 디자인 매트릭스(PDM)의 논리 및 지표의 적절성 평가를 실시한 결과, 프로젝트 구성은 전반적인 목표, 세부 목표 및 산출물에 비춰볼 때, 논리적인 타당성을 보였다. 그러나 프로젝트 세부 목표는 다양한 협력 분야를 포괄하고 있었기 때문에 매우 광의적이었고, 한정된 시간과 자원 때문에 구체적인 목표에 중점을 둔 사업 시행에는 상당한 어려움이 따랐다.

더 나아가, 측정 가능한 프로젝트 목표 및 주요 산출 지표, 그리고 원조국의 기술 협력을 필요로 하는 분야가 처음 프로젝트 기획 단계에서 제대로 수립되지 않았기 때문에, 각 사업 산출물이 목표 달성에 얼마만큼 기여했는지 파악하는 데 어려움이 있었다.

3. 미국 소재 연구기관 IFPRI의 사례[3)]

1) 프로그램 시행 목적 및 개요

1989년 초, IFPRI는 방글라데시 수도 다카(Dhaka) 소재 USAID와 계약을 체결해 식량 정책 이슈에 대한 연구를 실시하고 방글라데시 식품부(Ministry of Food,

---

3) Babu, S. (2000), Impact of IFPRI's Policy Research on Resource Allocation and Food Security in Bangladesh, Washington D.C.: International Food Policy Research Institute.

Government of Bangladesh: BDG)에 대해 기술적인 지원을 제공하기로 했다. 이를 위해 IFPRI는 다카에 사무소를 개설하고 프로젝트에 참여할 두 명의 선임연구원을 파견했다. 방글라데시 식량 정책 프로젝트(The Bangladesh Food Policy Project: BFPP)는 네 개의 하위 프로젝트와 다수의 명확한 연구 주제로 구성되어 있었다. 하위 프로젝트들은 공공/민간 마케팅을 포함한 가격 안정화에 대한 연구; 곡물의 표적 공급이 식량 섭취 및 영양에 대해 가지는 영향에 대한 평가, 지속적인 생산량 성장의 원천으로서의 농업 다양화에 대한 검토, 그리고 식량 정책 분석과 관련된 역량 강화 등을 포함했다. 이러한 하위 프로젝트들과 더불어, BFPP는 방글라데시 식품부의 식량 계획 및 모니터링 부서와 협력해 방글라데시 식품부에 대해 식량 부문 개혁과 관련된 정책 자문을 제공했다.

IFPRI는 2000년도에 이와 같은 프로젝트에 대한 보고서를 발간해 프로젝트의 영향을 평가했으며, 그 내용은 [그림 7-3]과 같이 요약된다.

2) 평가 과정 및 평가를 위한 기준

IFPRI의 보고서에서는 방글라데시 식량 부문 정책 개혁에 대한 정책 연구의 영향을 두 단계에 걸쳐 평가했다. 첫 번째 단계에서는 제도의 역사와 식량 부문 개혁 기저의 정책 과정을 자세하게 살펴봄으로써, 정책결정에 대한 연구의 영향을 조사했다. 두 번째 단계에서는 자원 배분, 식량 개선 등과 관련된 정책의 개선 과정에서 내려진 결정들의 영향을 추정했다.

3) 프로그램 논리모형의 구축

BFPP는 기본적으로 정책의 연구와 관련된 프로젝트였기에, 그 투입은 '시간과 노력'으로 제시되고 있다. 프로그램 시행 후 첫 2년 동안에는 프로젝트를 수립하고, 정보의 수요를 평가하며, 기존의 연구를 중심으로 문헌을 검토하고, 핵심 자료를 수집하기 위한 시간과 노력이 투입되었다. 이후에는 계획된, 또는 즉석에서의 정책 자문을 제공하기 위한 시간과 노력이 투입되었다.

더욱 구체적으로, 프로그램을 통한 사업활동(activities)은 다음과 같이 이뤄졌다. 우선, 가장 핵심적으로, 공동의 정책 연구가 이뤄졌다. BFPP하 공동 연구는 방글라데시 식량 부문을 개혁하기 위한 정책 대안들을 밝혀내는 것을 중점으로 했

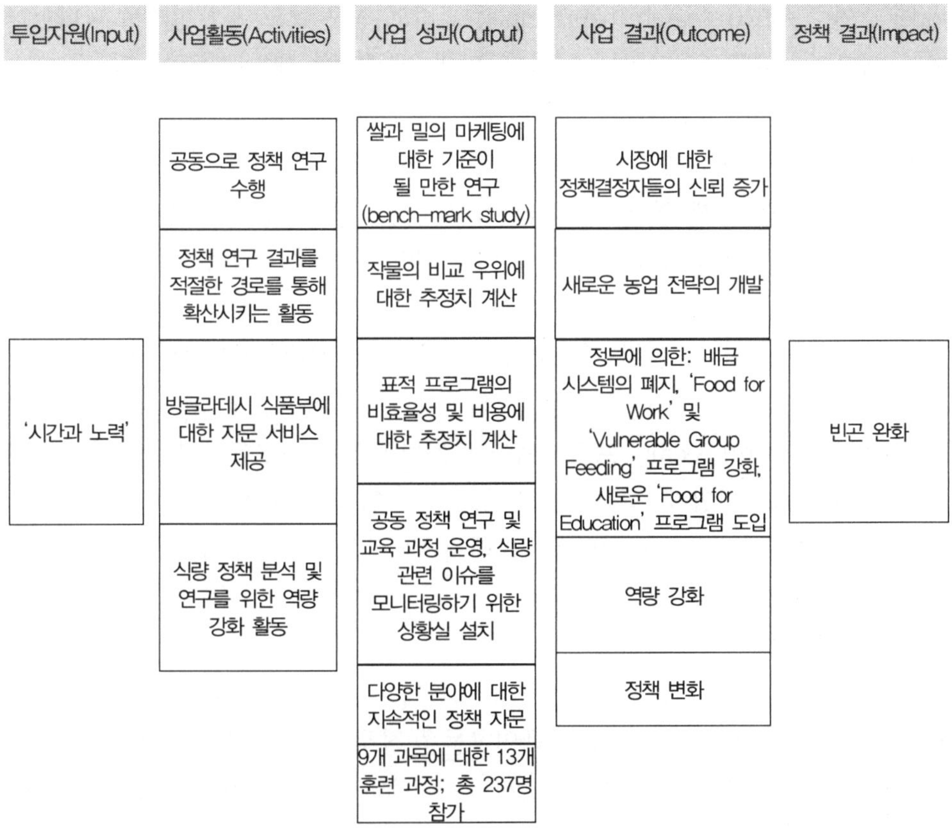

그림 7-3 IFPRI Bangladesh Food Policy Project의 논리모형

다. 이를 위해서는 벵갈만 대기근(the great Bengal famine) 당시 시작되어 이후 대규모의 식량 원조를 배분하기 위해 사용되고 있던, 거대하고 비효율적인 공공 식량 분배 시스템(Public Food Distribution System)에 대한 자세한 분석이 필요했다. 공동 연구팀은 식량의 공급과 섭취라는 두 가지의 큰 연구 흐름을 가졌다. 또한, 방글라데시 식품부는 정부의 정책형성자들이 의미 있는 정책결정을 하도록 도울 수 있는 정책분석을 할 역량이 부족했다. 따라서 BFPP는 단기 훈련, 해외 연수, 일대일 훈련 등의 방법을 사용해 정책 연구 역량 강화 활동을 벌였다.

이러한 활동의 결과, 사업 성과(output)로 약 5~5.5년의 기간 동안 약 70개의 연구가 완료되었고, 연구의 결과는 정책 세미나, 정책 브리프, 조사보고서(working paper), 연구 원고(research manuscript), 그리고 연구 보고서의 형태로 나타났다. 연구 결과의 주제들을 살펴보면 쌀과 밀의 마케팅에 대한 기준이 될 수 있는(bench-mark) 연구 보고서, 작물의 비교 우위에 대한 추정치의 계산, 표적 프로그램의 비효율성 및 비용에 대한 추정치 계산 등이 있었다. 이와 더불어 또 다른 사업 성과로는 공동 정책 연구 및 교육과정의 운영, 식량 관련 이슈를 모니터링하기 위한 상황실 수립이 있었다. 다양한 분야에 대한 지속적인 정책자문 또한 하나의 성과가 되었다.

이를 통해 도출된 사업 결과(outcome)로서 우선, 정책결정자들의 시장에 대한 신뢰가 증가했다. 이어 새로운 농업 전략이 개발되었고, 'Food for Work' 및 'Vulnerable Group Feeding' 프로그램이 강화되었으며, 비효율적이라고 판단된 배급 시스템이 폐지되었다. 궁극적으로 BFPP 사업을 통해 얻고자 한 정책 결과(outcome)이자 영향(impact)은 방글라데시 내 빈곤의 완화였다.

4) 데이터 수집

BFPP의 평가 보고서는 정책 연구의 효과에 대한 더욱 심층적인 이해를 위해 사례연구 기법을 일부 사용한다. 사례연구들은 정책 과정, 그리고 정책결정에서 정책 연구가 내포하고 있는 정보의 활용을 이해하기 위해 반(半)구조화 인터뷰(semi-structured interviews) 및 프로젝트 문서의 검토를 활용했다. 인터뷰의 주된 목적은 정책형성자들이 결정을 내리는 과정에서 정보를 활용하는 과정을 이해하는 것이었다. 이를 위해 사례연구를 진행한 연구자는 1998년 6월부터 1999년 1월 사이의 기간 동안 후원자, 공동연구진, 정책형성자, 그리고 BFPP 훈련 과정 참가자들을 대상으로 총 65회의 인터뷰를 진행했다.

5) 평가와 관련된 어려움

IFPRI 보고서에 의하면, 정책 연구의 영향을 평가하며 발생한 어려움은 연구 결과와 정책의 성과 사이의 인과관계를 결정하는 것이었다. BFPP를 구성하는 다양한 요소들을 평가할 때 이러한 연결고리를 수립하는 것이 중요했다. IFPRI의 정책자문위원들이 프로젝트 기간 중 방글라데시에 상주해 상시적인 정책자문을 제공했기에, 위와 같은 연결고리를 발견할 수 있었다. 또한 정책 연구가 정책으로 이어지는 관계를 규명할 수 있었다고 한다.

제 3 절 국제개발협력과 KSP(Knowledge Sharing Program)

1. KSP사업의 개요

경제발전경험 공유사업(Knowledge Sharing Program, 이하 KSP)은 한국의 발전 경험과 지식을 공유해 협력 대상국의 경제 사회적 발전을 지원하고 우호적 경제 협력 기반을 구축하는 국제협력사업이다.

1) KSP사업의 특징

KSP사업은 원조 자체에 중점을 두었던 기존 ODA사업과 아래와 같은 점에서 구별된다. 첫째, 단순히 일방적으로 주는 원조가 아니라 스스로 성장할 수 있게 도와준다는 것이다. 고기를 잡아주는 것이 아니라 잡는 방법을 가르쳐 주는 접근 방식이라고 할 수 있다. 둘째, 지식을 주는 것이 아니라 공유하는 것이다. 최근 G20, 세계개발원조 총회 등 국제개발협력의 새로운 패러다임은 바로 '지식 공유'이다. KSP사업은 이러한 패러다임에 맞는 세계적인 대표 브랜드라 할 수 있다. World Bank: WB) 김용 총재는 한국 KSP를 '지식 공유의 챔피언'으로 높이 평가하며 WB와 한국의 경제 발전 경험을 개도국에 전파하는 협력사업을 제안했다. 마지막으로는 KSP가 포괄적 경제협력 전략이라는 것이다. KSP의 대상국은 개발도상국뿐 아니라 중국 · 러시아 · 브라질 등 BRICs, 사우디아라비아 · 쿠웨이트 · UAE 등 중동의 자원 부국, 루마니아 · 헝가리 등의 동유럽 국가들도 포함된다. 이는 KSP가 단순 ODA를 넘어 한국 기업의 해외 진출을 지원하는 포괄적 경제 협력 전략으로서 역할을 함을 시사한다.

2) KSP사업의 연혁

한국은 50년이라는 짧은 시간에 해외 원조 수원국에서 공여국이 되는 경제 발전을 성취했다. 국제사회는 이러한 '한강의 기적'에 주목했다. 급증하는 우리나라의 개발 경험에 대한 국제사회의 수요에 부합하고 인류의 공동 번영을 추구하고자 한국 정부는 2004년 KSP를 처음 실시했다. 당시에는 '정책자문사업'부터 시작했으며 베트남과 우즈베키스탄 두 국가를 대상으로 했다. 이후 2010년에는 한국의 발전 경험을 사례연구 형태로 정리하는 '경제발전경험 모듈화사업'을 도입했고, 2011년에는 국제기구와 공동으로 협력 대상국에 개발 컨설팅을 제공하는 '국제기구와의 공동 컨설팅사업'을, 마지막으로 2013년에는 한국의 공공 시스템 전파를 위한 '시스템 컨설팅사업'을 도입했다.

2. KSP사업의 유형과 현황

1) 국가정책자문사업: 양자간 KSP

(1) 개요

KSP 국가정책자문사업은 한국의 성공적 경제 발전 경험에 대한 공유 요청이 급증함에 따라 2004년부터 시작했다. 사업은 기획재정부가 총괄하며, KDI 국제개발협력센터에 위탁 후 경쟁 입찰을 통해 국가사업별 사업 수행기관을 추가로 지정해 운영했다. 국가정책자문사업의 목적은 협력 대상국의 경제사회 발전을 위해 경제정책의 개발, 집행 및 법적·제도적 장치 마련을 지원하는 것이다.

(2) 현황

2004년 사업 개시 이래 13년까지 46개국 600여 건의 정책자문을 실시했다. 특히 2009년에는 경제정책 전반에 대해 포괄 컨설팅을 제공하는 중점지원국 제도를 도입했다. 투입 예산 규모 및 전략적 중요성을 기준으로 중점지원국과 일반지원국으로 구분되는데, 중점지원국에 예산이 더 집중적으로 투입되며, 기본 사업 기간도 일반지원국은 1년, 중점지원국은 3년으로 중점지원국이 더 길다.

(3) 특징

정책자문사업의 특징은 다음과 같이 정리할 수 있다.

① 정책자문: 대상국의 중장기적 경제사회 개발에 실질적으로 기여할 수 있는

정책 제안 및 대안을 제공한다.

② 수요 중심: 모든 사업은 대상국의 개발 수요와 요청에 근거해 선정된다.

③ 포괄성: 과제에 대한 연구, 자문, 국내 연수가 통합되어 대상국의 능력을 배양한다.

④ 역량 강화: 협력 대상국의 정책 수립 및 지속적 운영 능력에 이바지한다.

⑤ 책임 공유: 국내 전문가와 현지 전문가가 협업해 책임을 공유한다.

⑥ 유연성: 대상국의 개발 목표와 우선순위에 부합하는 구체적이고 현실적인 컨설팅을 제공한다.

2) 경제발전 경험 모듈화사업

(1) 개요

모듈화사업은 한국의 제도 및 사례를 체계적으로 정리해 향후 정책자문사업 및 지식 콘텐츠 기반 개발협력사업(컨설팅, 연수/교육 프로그램 개발 및 운영 등)의 기초 자료로 활용하고자 추진된 사업이다. 한국의 경제・사회 발전에 기여한 바가 큰 독창적 정책 및 제도 사례에 대해 도입 및 설립 배경, 추진 체계, 정책 내용, 평가, 시사점과 같은 표준 매뉴얼에 따라 체계적으로 정리한다.

(2) 현황

2007년부터 2009년까지 KDI에서 14개 주제에 대한 경제개발 경험 체계화를 수행했다. 이후 2010년 20개, 2011년 40개, 2012년 40개 총 100개 주제에 대한 정리 작업을 완료했다. 연구 분야로는 개발 협력 8대 분야(경제, 보건의료, 인적 자원, 행정・ICT, 농어업, 국토 건설, 환경, 산업 에너지)를 중심으로 진행되었다. 2013년에는 18개 보완 주제를 선정해 정리 작업을 진행했다. 특별히 e-콘텐츠화 작업을 추진했는데, 2012년까지 구축된 한국 경제발전 경험 100대 모듈 전파 및 확산을 촉진하기 위한 목적으로 우수 모듈에 대해 추진하고 있다. 경제개발계획, 수출 진흥, 과학기술 육성, 새마을운동 등 한국 경제 발전 과정에서의 대표적 성공 사례를 위주로 주제 선정이 이뤄지며, 한국의 비교 우위 분야 및 대상국의 정책자문 수요에 대한 고려가 선정 기준에 포함된다.

(3) 특징

모듈화사업의 특징은 아래와 같다.

① 근거 중심적 발전모델: 한국 발전 경험에 대한 실증적, 심층적 연구와 사례연구에 기반해 발전모델을 제시한다.

② 총체적 개발 지식의 창고: 발전 경험의 모든 분야를 아우르는 총체적 지식 창고를 추구한다.

③ 한국의 개발 노하우 제시: 한국의 경험을 바탕으로 현실적이고 의미있는 노하우를 제시한다.

3) 국제기구와의 공동컨설팅사업: 다자간 KSP

(1) 개요

기획재정부는 KSP의 효과성 제고를 위해 2011년 기존 양자협력 KSP사업을 다자협력 형태로 발전시킨 '국제기구(International Organizations: IOs)와의 공동 컨설팅'을 발족했다. 한국수출입은행이 총괄하며, 국제기구와 협력 대상국이 함께하는 삼각 협력을 골격으로 한다. 이는 한국의 발전 경험과 국제기구의 개발 전문성 및 네트워크를 연계시킨 개발협력 모델로서 한국 KSP 컨설턴트와 국제기구 프로젝트 팀이 긴밀히 협력해 개발도상국을 공동 지원한다.

(2) 현황

2011년 도입 이래 11년 9건, 12년 13건, 13년 15건 내외로 꾸준히 규모가 증가했다. 또한 ADB, GGGI, AfCB, CAF, IDB, UN, WB 등 여러 국제기구와 공동 컨설팅사업을 추진했다. 2014년에는 GGGI와 태국 탄소배출권거래제 수립 지원, CAF와 페루 기술직업 교육훈련 정책자문, IDB와 중남미 중소기업 e-business 및 무역 활성화 지원, 에콰도르 모바일 브로드밴드 개선 지원, 멕시코 노동 시스템 개선 지원사업을 추진 진행하고 있다.

(3) 특징

국제기구와의 공동컨설팅사업의 특징은 다음과 같다.

① 국제기구와의 파트너십: 개발협력의 성과를 극대화하고 국제 원조 체계와의

조화를 통해 개발협력사업의 효과를 제고한다.

② 시너지: 한국의 경제 개발 경험과 국제기구의 개발 컨설팅 노하우가 함께 시너지 효과를 발휘한다.

③ 상호학습: 모든 참여자 간에 지속적으로 상호학습을 증진시킨다.

3. KSP 정책자문사업의 추진 현황

KSP 정책자문사업은 2004년 시행 이래 협력 국가 수와 예산이 계속 증가 추세로, 2013년에는 36개국 144 주제를 대상으로 했으며 166억 원의 예산 투입되었다. 2014년에는 추가로 10개 국가와 정책자문사업을 진행하고 있으며, 특별히 과테말라가 2014년 신규 사업 대상국으로 선정되었다.

1) 협력국 현황

2004년 사업 실시 당시 협력국은 2개국이었고, 이후 매년 협력국이 증가했으며 2013년까지 총 46개국과 함께 KSP 정책자문사업을 진행했다. 협력국은 단순히 개발도상국 등 ODA 대상국이 아니라 여러 지역의 다양한 국가로서 앞으로 한국과 우호적 경제 개발 협력을 이뤄갈 발판을 마련했다.

다음은 2004년부터 2013년까지 협력 국가의 지역별 배분을 정리한 표와 그래프이다. 아시아 11개국, 중동 7개국, 아프리카 10개국, 중남미 11개국, 기타 7개국으로 다양한 대륙과 협력했다.

표 7-2 대륙별 국가 수와 비율

대륙	국가 수	비율
아시아	11개국	23.9%
중동	7개국	15.2%
아프리카	10개국	21.7%
중남미	11개국	23.9%
CIS 및 기타	7개국	15.2%
총계	46개국	100%

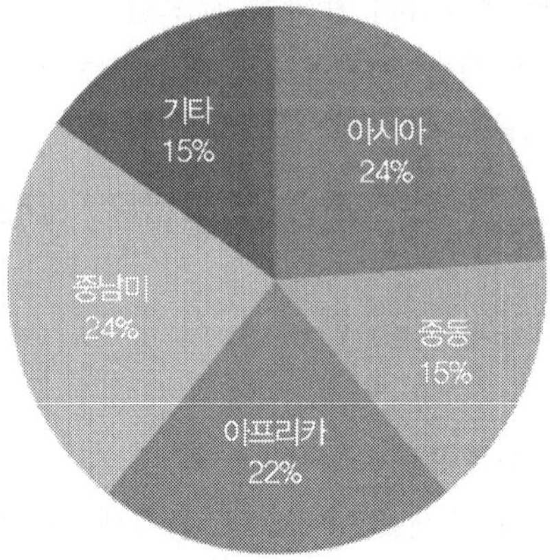

그림 7-4 대륙별 국가 수와 비율

2) 예산 현황

예산 또한 협력국 수와 마찬가지로 증가 추세이다. 2004년 10억 원의 예산으로 시작해 2009년에는 50억 원이 되었고, 2011년에는 기년의 두 배 가까이 예산이 증가해 처음으로 100억 원을 초과했다. 2013년에는 166억 원의 예산이 투입되었다. 반면 국가별 평균 예산을 보면 비슷한 수준을 유지하고 있음을 알 수 있다. 〈표 7-3〉은 2004년부터 2013년까지 연도별 예산과 국별 평균 예산을 정리한 것이다.

표 7-3 연도별 예산과 국별 평균 예산

구분	2004	2005	2006	2007	2008	2009	2010	2011	2012	2013
예산(억 원)	10	10	8	15	25	50	73.5	140	170	166
국별 예산 (평균)	5.0	5.0	2.0	3.0	3.1	4.5	4.9	5.4	5.2	5.0

3) 과제 현황

정책자문 사업의 주제와 분야는 굉장히 다양하다. 8대 분야(경제, 보건의료, 인적 자원, 행정·ICT, 농어업, 국토 건설, 환경, 산업 에너지)를 중심으로 하며, 2014년도 진행하는 자문사업의 국가별 과제는 〈표 7-4〉와 같다.

표 7-4 2014년 진행. 정책자문 협력국과 과제명

국가	과제명
인도네시아	인도네시아 2014 KSP -재정정책, 비영리법인, 공기업, 규제와 산업정책
아제르바이잔	농산품 수출 증대 지원 -농업
베트남	베트남의 기술 진보 가속화와 주거 안정 및 지역개발 전략 -주제 경제 개발, 일반 지역경제, 기타
스리랑카	2014 스리랑카 경제 발전 경험 공유사업 -산업연구: 제조업, 기업 연구: 대기업
캄보디아	2014년 캄보디아 경제 발전 경험 공유사업 -노동·교육 일반, 무역, 규제와 산업정책, 기타
온두라스	2014 경제협력국가와의 경제 발전 경험 공유사업: 온두라스 -거시·금융 일반, 물가와 경기 변동, 통화정책, 거시정책 및 전망, 금융기관
우즈베키스탄	2014 우즈베키스탄과의 경제 발전 경험 공유 -산업연구: 제조업, 기술 변화, 기타
미얀마	2014 미얀마와의 경제 발전 경험 공유사업 -거시·금융 일반, 일반 금융시장, 금융기관, 정부 지출, 노동·교육 일반, 교육, 산업조직 일반, 경제 개발, 기술 변화
과테말라	과테말라 공공 및 경제 부문 역량 제고 정책자문 -특정 노동시장, 교육, 시장구조, 기업연구: 중소기업, 경제개발 일반, 농업
카자흐스탄	카자흐스탄 수출진흥기구 역량 강화: 한국의 TPO 시스템 벤치마킹 -무역

4) 사업 진행 절차

사업은 다음과 같은 절차를 거쳐 진행된다([그림 7-5] 참조). 첫째 사업 준비 단계에서는 우선 협력 후보 대상국을 선정하고, 각 국가별 현황 조사를 실시한다. 조사자료를 바탕으로 최종 협력 대상국을 선정한 후, 용역 계약을 거쳐 최종 연구자를 선정한다. 이후 사업 수행 단계에서는 세부 실태조사와 3차에 걸친 점검회의와 중간·최종 보고회를 하게 된다. 마지막으로는 사업을 마무리하고 평가한다.

그림 7-5 KSP 정책자문사업 진행 절차

4. KSP 협력대상국 분포도

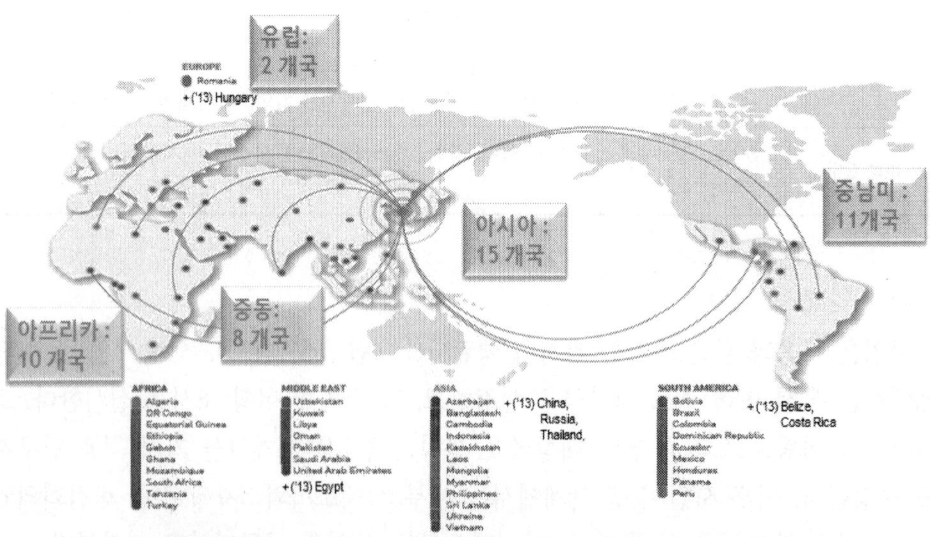

그림 7-6 KSP 협력 대상국 분포도(2004~2013년, 총 46개국)

5. KSP사업의 주요 성과

KSP 정책자문사업은 한국의 대표 경제개발협력사업으로 정착되었고, 2004~2011년 동안 KSP 정책자문사업을 실시한 대다수 국가에서 자문 결과가 실제 정책으로 반영되는 사업 성과를 달성했다. 정책자문사업의 성과를 항목별로 정리해 보면 다음과 같다.

1) 경협 촉진

자문 결과가 이 사업에서 그치는 것이 아니라 후속 ODA나 프로젝트 발주로 연계되었으며, 개도국 외 자원 부국과의 경협 수단으로도 활용되었다. 후속 프로젝트로 연결된 예로는 도미니카 종합무역센터(EDCF) 건립, 도미니카 배선선로 개선(한전), 알제리 전자결제시스템(KDS) 구축 등이 있다. 또한 ODA 비지원국인 중동의 자원 부국에서도 KSP 지원을 요청하는 등 유효한 경협 수단으로 자리매김했다. 2004~2011년 동안 사우디, 오만, 리비아, UAE, 쿠웨이트 5개국 대상으로 실시되었으며, 2010년 UAE 원전 수주 시에는 약속한 6대 분야를 경협 패키지로 활용했다.

2) 국격 제고

협력 대상국 및 국제 사회로부터 사업에 대한 호평을 받아 국가 이미지를 제고하는 데에 크게 이바지했다. 단적인 예로 도미니카공화국의 페르난데스 대통령은 공식석상에서 '카리브해의 한국'이 되겠다는 의지를 표명했다. 수원국의 고위급 인사나 연구 참여진이 감사 표시나 추가적 지원 또는 협력을 요청하는 사례도 많다. 2011년에는 수출 진흥전략 자문사업으로 도미니카공화국 대통령이 수여하는 국가경제 발전 공로 훈장을 받았고, 2012년에는 몽골 민간 유치, 예금보험 제도 구축 자문사업으로 재무부 장관이 수여하는 몽골 재무부 100주년 감사훈장을 받았다. 이 밖에도 베트남, 페루, 캄보디아 등 여러 협력 대상국의 장차관급 고위인사가 감사 서한을 보내왔다.

3) 사업성

KSP사업 자체는 영리성이나 사업성을 지양한다. 그러나 사업을 통한 교류와 친선 강화, 제도의 전파, 경제 협력으로의 연계로 KSP사업 이후 민간 부문 진출에도 기여했다. UAE 요청으로 삼성 SDS와 도시 지하시설물 관리시스템 구축 관련 용역 계약 체결을 논의한 사례와, 캄보디아가 전기산업 클러스터 구축 시 한국 기업의 진출을 요청한 사례, 사우디아라비아의 EBS 시스템 구축 요청 사례 등이 있다. 〈표 7-6〉은 정책자문사업의 주요 성과 사례이다.

표 7-6 정책자문사업의 주요 사례

국가	과제	성과
베트남	수출금융정책과 베트남 수출입은행 설립 방안(2004~2009)	2006년 5월 베트남 개발은행 설립 2006년 9월 수출신용보증기구 설립 지원을 위한 후속사업 MOU 체결 2006~2009년 수출신용보증기구 운영신용보증기금 설립, 수출보험제도 도입 등에 대한 후속 컨설팅
인도네시아	채권시장 개발 방안(2005~2006)	인도네시아 '자본시장 발전 5개년계획'에 컨설팅 내용이 반영됨 2006년 11월 채권시장 정보 인프라, 거래 인프라 등 시장 개발 로드맵 수립 후속 컨설팅 완료
우즈베키스탄	경제자유구역 조성 방안(2004, 2007, 2009)	2006년 우즈베키스탄 정부의 특별 경제자유구역 설립 결정 2007년 경제자유구역 설립 관련 후속 컨설팅 완료 2008년 12월 나보이 경제특구(Navoi Free Industrial Economic Zone) 지정 2009년 나보이 경제특구 운영 컨설팅
알제리	신용카드 거래 활성화 방안(2006.08)	2008년 전재결제 시스템 활성화 방안을 주제로 후속 컨설팅
쿠웨이트	5개년 개발계획 수립(2007)	2008년 5월 기획개발최고위원회가 작성하고 있는 쿠웨이트 5개년 개발계획 내용 자문 제공 2008년 7월 내각 및 국왕에게 쿠웨이트 5개년 개발계획 보고
아제르바이잔	WTO 체제 수용과 이행전략(2007, 2008)	2008년 WTO 가입 협상에서 보고서 자문 내용 활용 2008년 WTO 체제 수용과 이행을 위한 협상 기술, 농업 관세 수출 진흥 분야의 주요 이슈에 대한 후속 컨설팅 실시

도미니카공화국	수출입은행 설립을 위한 정책자문 (2011~2012)	공공-민간 참여 수출 진흥협의회 설립 국책은행을 수출입은행으로 전환 추진(법률 제정) CIBAO 종합무역센터(EDCF) 출입국관리시스템(EDCF) e-document 구축사업(EDCF)
몽골	민간 유치 활성화 방안(2011)	국가재산관리위원회에서 한국의 관련 시행령, 규정, 지침서 및 각종 양식을 번역해 활용 민간투자 전담기구(SPC)와 관계 기관 간 주기적인 회의 개최 도로 민간투자사업 재무모델 개발
사우디아라비아	공교육 및 평생교육: EBS 모델 적용(2011)	EBS 설립 긍정적 검토 중 교육채널 전략 개발 및 기획에 대한 협력 내용 LOI 교환(2011.12)

6. KSP사업 평가 현황

1) 현재까지의 KSP 평가

원조 규모가 확대되고 원조기관의 책무성이 강조되는 국제 사회의 규범에 입각해 평가의 중요성도 증가했고, 이에 따라 원조 관련 기관들은 평가정책을 강화하고 평가 매뉴얼 개발 및 직원교육을 확대해 조직의 평가 역량을 강화하고 있는 추세이다. ADB, OECD, 세계은행(World Bank) 등을 중심으로 개발원조에 대한 평가지침과 방법론에 대한 연구가 활발히 진행되고 있다.

한국 또한 이러한 추세에 맞게 개발원조의 질적 수준을 제고하기 위해 개발원조에 대한 효과성을 평가하기 위한 체계적이고 통합적인 방법론 및 시스템 구축을 위한 노력을 지속하고 있다. 한국 정부는 ODA 평가 선진화를 위해 통합평가 시스템(2009.5)을 도입했으며, 통합평가 체계 정립을 위해 모든 ODA 시행기관의 자체평가 및 평가환류 강화를 권고했다(2013.9). 아울러 KSP를 담당하는 KDI 국제개발협력센터는 KSP 사업의 기획, 진행 과정, 결과(단기, 중기, 장기)를 포괄하는 체계적이고 통합적인 평가 체계 구축을 위해 노력해 왔다.

하지만 지금까지의 KSP 평가는 사업 종료 평가를 중심으로 다소 단편적으로 실시되었다. 매 사업 후 평가를 하지만 영향평가라고 하기에는 무리가 있으며, 평가할 때 결과물인 '종료 평가보고서'의 활용이 미약했다. 따라서 완료된 사업에 대해 사업의 중·장기적 목표 달성 여부를 평가함으로써 사업의 성과를 지속적으로 관리할 수 있는 평가 방법을 모색해야 한다.

한편 현재 정책자문사업에 대해서는 모든 사업을 마친 후 국내 전파 세미나 및 사업평가를 하고 있다. 국내 유관기관 및 전문가들과 사업 결과 공유, 최종 보고서 배포, 정책자문사업의 종료평가 및 영향평가 실시를 실시한다. 모듈화사업은 보고서를 제출하는 과정에서 평가가 이뤄진다. 공동컨설팅사업은 마지막 단계에서 한국수출입은행과 국제기구 공동으로 사업 성과 평가를 실시한다.

2) 종료평가

(1) 정의

OECD 개발원조위원회에서는 개발협력사업에서의 평가를 "진행 중인 또는 완료된 프로젝트, 프로그램, 정책의 기획, 집행과 결과에 대해 가능한 체계적이고 객관적인 심사"라고 정의한다.

KSP의 종료평가란 KSP 국별 정책자문 사업의 프로그램 구성, 기획(국가 선정 배경, 주제, PM, 연구진 선정, 추진 단계 설정 등), 각 KSP 단계의 집행, 정책연구·자문 결과 등을 사업이 완료된 직후 해당 사업 참여자(국내·외)를 대상으로 평가하는 것을 의미한다.

(2) 목적

KSP 종료평가는 일반적으로 논의되는 '영향평가'가 아닌 일종의 사업의 현지 만족도와 단기 성과를 측정하기 위한 '종료평가'이다. KSP 종료평가의 목적은 ① 각각의 KSP사업 단계가 잘 기획되었고 기획 의도 및 목적에 맞게 집행되는지, ② 정책자문의 내용은 대상국의 개발 목표 달성에 충실했는지 등을 평가해 1년간의 KSP사업이 효율적으로 운영 및 집행되었는지, 자문 내용은 대상국에게 적합한지, 단기적 성과로는 무엇이 있는지 등을 파악하고 사업에 대한 대상국의 만족도를 수치화하고 개선 사항 등을 도출하는 것이다.

(3) 기대 효과

KSP 종료평가의 기대 효과는 첫째, KSP사업에 대한 체계적이고 지속적인 평가

도구(tool) 개발, 둘째 사업의 효율성 및 효과성 개선, 셋째 사업의 성공 실패 요인 분석 및 파악이다.

(4) 평가 기준

KSP가 정책연구와 자문을 제공하는 사업이라는 특수성과 사업이 종료됨과 동시에 사업의 기획과 운영을 평가하고 제안한 자문의 적절성과 미래 수용 가능 여부를 파악한다는 점에서 평가 항목을 다음과 같이 설정한다.

① 부합성(Alignment of the Program to the Objectives)

KSP사업이 수원국의 개발 수요 및 목표와 얼마나 부합하는지, KSP사업의 추진 내용이 KSP 자체의 목표와 얼마나 부합하는지를 평가한다.

② 수용성(Acceptability of the ProgramOutput in the Partner Country)

사업 종료 단계에서 지난 1년간의 사업의 내용이 대상국 내에서 실질적인 변화를 유도하는 데 얼마나 기여했는지를 알기 위해 참가자들의 인식·지식 변화 및 자문 내용의 현지 반영 가능성 정도(즉, 수용 정도)를 평가한다.

③ 체계성(Structure of the Program)

KSP의 사업활동 및 진행 과정(각 KSP 단계, 참가자 등)이 현지의 수요에 맞게 체계적으로 기획 및 구성되었는지를 평가한다.

④ 책무성(Accountability)

KSP의 사업 수행 과정 중 대상국의 주인 의식 반영 정도, 참여도 및 협력도 등을 평가한다.

(5) 평가 방법

국내 연구진 및 현지 컨설턴트 간에 상호 평가를 실시하고, 국내 연구진 및 현지 컨설턴트에 의한 사업 전반에 대한 평가를 실시한다. 또한 중간보고회 및 정책실무자 연수평가와 현지 최종 보고회 참가자들에 의한 평가를 실시한다. 구체적인 평가 방법으로는 문헌조사, 설문지, 인터뷰를 이용한다.

(6) 문제점

종료평가는 최종 보고회만을 대상으로 하기 때문에 엄밀한 의미의 KSP사업에 대한 전체적인 평가라고 보기는 힘들다. 또한 설문조사와 인터뷰는 가장 많이 시행되는 보편적인 평가 수행 방법이지만, 단계적이고 복합적인 요소에 대한 검토 및 점검이 불가능하다.

제 4 절 국제개발협력 평가와 해외 사례의 시사점

1. ODA사업 평가이론

ODA사업은 사업평가의 대상이 되는 일반적인 공공사업과는 다른 차별적인 특성을 갖고 있는 경우가 많기 때문에 ① 개발협력사업의 특징을 먼저 파악하고, ② 파악된 특성에 부합하는 최적의 방법론을 적용하는 평가전략이 필요하다.

개발협력사업의 효과성 평가를 위한 첫 번째 절차는 '사업'의 특성(유형 및 범위)을 파악해 사업의 복잡성을 고려한 효과성의 주체가 되는 사업의 수준(impact of what)과 효과성의 객체(impact on what?), 즉 효과가 발생하는 대상을 결정해야 한다. 특히 평가 문제(evaluation quistion)의 결정이 중요하다. 가장 핵심적인 평가 문제는 이해관계자들의 가치 실현 여부, 의도한 효과 vs. 의도하지 않은 효과, 단기 효과 vs. 장기 효과, 효과의 지속 가능성 여부 등에 대한 문제이다. 그 밖에도 '어떻게 효과가 발생했는가?', '다른 맥락에서도 사업이 같은 효과를 발생시킬 것인가?'가 중요한 평가 문제이다.

앞에서 제시한 평가 문제가 정의되면 사업과 성과 간의 인과관계를 연결시키는 논리모형을 개발하는 것이 다음 단계이다. 일반적으로 사업이론 (intervention theory)으로 알려져 있는 논리모형이 활용되지만 이를 넘어서서 인과관계 실현의 가정과 맥락 요인까지 특정하는 '변화이론(theory of change, 이하 ToC)'이 근래에 주목받고 있다.

ToC는 사업이 관찰된 결과의 발생에 '얼마나' 그리고 '어떻게' 기여했는가를 명확한 변화이론에 기반해 설명하려는 평가 접근법이다. 핵심은 변화이론이며 사건과 결과의 연쇄적 인과관계의 흐름을 논리적으로 모형화하는 것이다. 논리모형과의 차이점은 단순한 흐름의 배열뿐 아니라 가정(assumption), 맥락(context), 위험요소(risk factor) 등도 함께 설명함으로써 변화의 작동 원리(mechanism)를 규명하려 한다는 점이며, 이 때문에 'Mechanism Based Causation' 방법이라고 불린다.

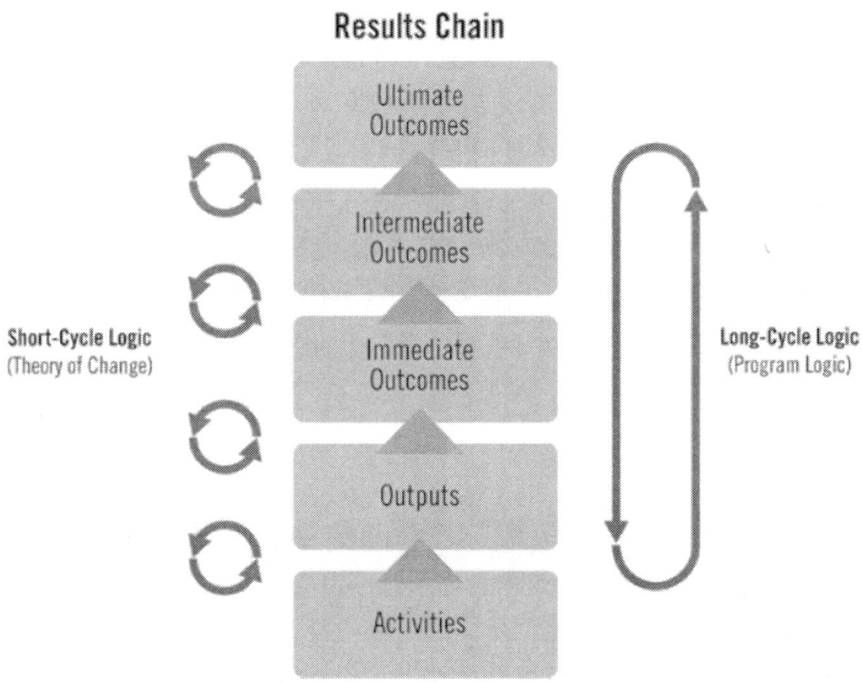

그림 7-7 사업이론과 변화이론의 사이클

출처: Treasure Board of Canada(2012: 5).

위의 그림은 변화이론을 설명하고 있다. 사업의 목적 달성을 의미하는 특정한 결과를 발생시키는 일련의 순차적 사건들의 고리를 식별하는 이론을 다수의 관계자들과의 대화 형식의 질적인 방법론에 의해 개발한다. 변화이론을 적용해 모델을 구성하기 위해서는 다음과 같은 4단계를 거친다.

① 맥락 및 이슈에 대한 기준선 분석(baseline analysis): 개발사업이 영향을 미치고자 하는 현재 상황에 대한 분석을 내용으로 하며, 이해관계자, 거버넌스

구조, 네크워크 등 기초적인 현황에 대한 분석을 수행함.

② 장기적 변화 또는 개발사업의 목적 확인: 개발사업이 달성하고자 하는 궁극적인 변화의 상태가 무엇인가를 정의하며, 이러한 장기적 변화의 달성에 소요되는 시간 프레임(time frame)을 설정함.

③ 장기 변화를 발생시키는 사건의 경로화(process mapping): 장기 변화가 발생하기 위해 필요한 장기, 중기, 단기 사건이 무엇인지를 파악함.

- 장기 변화 사건: 정책, 지식, 관습의 변화
- 중기 변화 사건: 전략, 예산 배분의 변화
- 단기 변화 사건: 인식, 이해, 관계자 참여, 기술, 태도의 변화

④ 가정분석(assumptions analysis): 이 단계는 변화이론의 개발에서 가장 중요하면서도 어려운 단계로서 변화이론(ToC)에서 '이론(theories)'을 개발하는 단계임. 수원국의 참여, 이해관계자와의 충분한 대화를 통해 규명해야 함.

2. 사례의 시사점

앞에서 소개한 원조 선진국의 평가 사례를 바탕으로 다음과 같은 시사점을 얻을 수 있다.

첫째, 앞의 세 사례 모두 공통적으로 지적한 기획 단계의 문제점은 프로그램 전체를 포괄하는 전략이 부족하다는 점이었다. 특히, 사업의 각 단계 간 연관성에 대한 설명이 미비하다는 점이 문제로 작용한다. 이는 보고서에 투입과 산출물에 대한 구체적인 정보가 주어져 있지 않을 때 특히 문제가 된다. 측정 가능한 사업 목표, 산출지표 및 원조국의 기술 협력이 필요한 분야가 기획 단계에서 명확히 규정되지 않을 경우, 각 사업 성과(output)가 목표 달성에 어느 정도 기여했는지 파악하는 데 어려움이 발생한다. 또한, 사업들이 분명한 연결고리 없이 파편화(fragmented)되어 있을 경우 사업에 대한 평가 기준 중 하나인 효과성을 입증하는 데 신뢰성이 떨어지는 결과를 도출할 수 있다.

둘째, 기획 단계에 수혜국/집단을 적극적으로 참여시켜야 한다는 점도 주요 시사점 중 하나이다. 현지 상황에 대해 잘 알고 있는 이해관계자가 사업 기획 초기단계부터 개입해야 현지에 적합한 프로그램을 기획할 수 있다. 사업의 현지 적합

성은 프로그램의 성공 여부에 매우 중요한 영향을 미치는 요소 중 하나이다. 또한, 수혜국 이해관계자를 프로그램 기획에 참여시킴으로써 기획하고 있는 프로그램의 목표와 수혜국의 수요를 일치시키는 방향으로 진행할 수 있다. 더 나아가서 수혜국의 이해관계자들을 프로그램에 참여시킴으로써 간접적인 역량 강화 효과도 기대할 수 있다.

셋째, 직접적인 역량 강화 활동의 중요성을 꼽을 수 있다. 수혜국 내의 정책분석가 및 연구진의 역량을 강화하는 것이 정책 형성 메커니즘을 유지하는 데 매우 중요한 영향을 미친다. 특히, 현재 진행 중인 연구와 연계시킨 역량 강화 활동은 일반적인 단기 훈련 프로그램보다 그 효과가 더욱 오래 지속되는 것으로 나타났다. 이러한 역량 강화를 위해서는 적절한 제도 및 기관의 유무가 결정적이다. 마지막으로는 다른 유사사업과의 비교분석 및 데이터베이스(DB) 구축이 용이하도록 통합 사업설계 매트릭스(program design matrix)를 설계할 필요가 있다. 공통된 평가 기준을 기반으로 사업 결과(outcome)에 점수를 부여하는 시스템을 확립해야 한다. 이는 개별 프로그램 자체의 관리 측면에도 중요할 뿐만 아니라 모든 원조 프로그램의 체계적인 모니터링·평가를 위해서도 필수적인 자료라고 할 수 있다.

제 5 절 해외 사례연구를 통해 본 KSP 평가 문제

KSP사업은 지원국 정부가 수동적으로 단순히 원조를 받는 형태의 사업이 아니라 지원국 정부나 전문가들과의 적극적인 참여와 책임 공유를 통해 정책자문이나 역량 강화 활동이 이뤄지는 참여적 지원사업(participatory intervention)이다. 따라서 이러한 사업에 대한 평가도 공여국만의 활동이 아니라 지원국의 적극적인 참여가 수반되는 참여적 평가(participatory evaluation)의 형태가 바람직하다.

KSP사업은 필요한 재화나 서비스를 공여국이 직접 제공하는 것이 아니라 이를 가능케 하는 지식 및 역량 배양 서비스를 기관 수준에서 전달해 궁극적으로 지원국이 최종적 서비스의 직접적 전달 주체가 되는 형태의 사업으로 간접적 서비스 전달 방식이다. 이러한 형태의 사업에서는 공여국의 지식 및 역량 배양 서비스를 전달받지 않은 기관 수준의 대응적 사실(counterfactual)이 존재해야만 전통적 의미의 효과성 평가가 가능한데, 이는 현실적으로 불가능하다. KSP사업은 다자기구, 기획재정부, KDI, 수출입은행, 협력대상국, 외주기관 등 다양한 이해관계자들이 연관되어 있는 복잡한 거버넌스 구조를 갖고 있다. KSP사업의 효과성 발생은 사업 이외에도 정치적·환경적·문화적 다양한 맥락 요인들이 작용한다. KSP사업의 효과성 발생은 단순한 사업 활동 → 산출물 → 효과성 형태의 인과관계가 아니라 다양한 인과관계 경로(causal package)에 의해 효과성이 발생할 것이다. KSP사업은 동질적인 요소들로 구성된 사업이 아니라 연구, 자문, 역량 배양, 전파 등 이질적·순차적 요소들로 구성된 사업으로 종합적 사업(complicated intervention)의 특징을 갖는다.

KSP사업은 사업이 진행되는 과정 중 사업과 성과가 서로 영향을 미치는 반복적 인과관계를 포함하고 있으며, 사업의 진행 과정에서 목표가 수정되거나 성과지표가 추가되거나 변경될 수 있는 진화하는 사업으로 유연한 사업(complex inter-

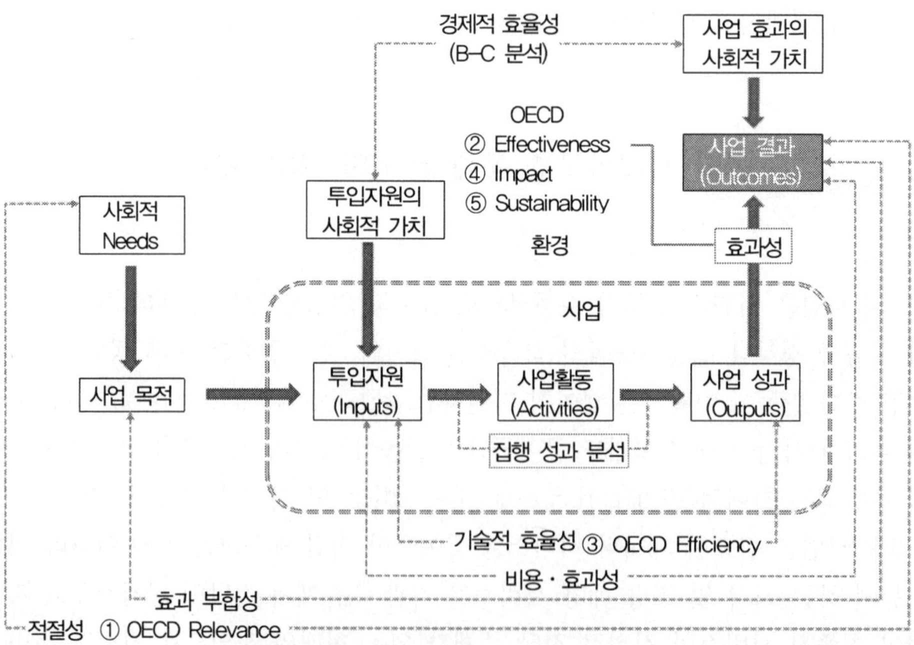

그림 7-8 ODA사업 평가 기준과 논리모형

vention)의 특징을 갖는다.

이처럼 KSP사업이 가지고 있는 특성으로 인해 일반 ODA사업과는 다른 평가방법론을 구축해야 한다. 체계화된 논리모형을 구축해, 단순히 사업의 흐름뿐만 아니라 주변 환경을 고려한 평가모델을 구축해야 한다. 평가모델을 구축하기 위해서는 첫째, 올바른 평가 질문을 설정해야 한다. 사업이 가지는 목적이 무엇인지 사업 시행 초기에 충분한 고려가 뒷받침되어야 하고, 사회적 합목적성에 대한 고려가 선행되어야 한다. 둘째, 평가 범위의 결정이다. 사업이 발생시키는 효과가 어떻게 발생할지, 파급 효과의 범위는 어디까지인지, 관계되는 기관과 구성원에 대한 범위는 어디까지인지 한정하기 위해서는 평가 범위를 사전에 설정해야 한다. 셋째, 평가 기준의 결정이다. 모든 사업이 ODA 사업평가 기준을 충족시킬 수는 없다. 그중에서 합당한 평가 기준을 차용해 최적의 평가 기준을 제시해야 한다. 넷째, 평가 프레임 개발이다. 앞에서 제시한 내용을 기초로 하여 평가틀을 제시하고 이러한 평가 틀을 바탕으로 데이터 수집 방법, 분석 방법 등 모형을 구축해야 한다.

[그림 7-8]은 ODA 사업의 평가 기준과 평가 기준과 논리모형을 제시하고 있다. ODA사업이 이뤄지는 직접적인 활동은 점선 안에 '사업'이라고 명시된 박스이다. '사업' 즉 프로그램은 환경에 둘러싸여 있고, 그 환경에 영향을 받아 사업 결과(outcome)를 발생시킨다. 문제는 사업이 발생시킨 사업 결과를 명확하게 얻기 위해서는 그 과정을 분석하기 위한 평가 프레임을 올바르게 개발해야 한다.

해외 원조 선진국의 경우 사업의 효과를 분석하기 위한 명확한 논리모형을 바탕으로 사업을 집행하고 평가하고 있다. 수원국에서 원조국으로 발전한 우리의 경험을 효과적으로 전파하기 위한 사업 집행이 필요하고, 사업의 집행 결과를 명확하게 분석하기 위한 평가 프레임의 개발이 중요하다.

연구 문제

1. 일반적인 ODA사업과 다르게 자문형 ODA사업이 가지는 특징이 무엇인가 생각해 보자.
2. 우리나라의 발전 경험을 해외에 전수하는 정책자문사업의 주제로서 효과성이 높을 것으로 생각되는 정책이 무엇이라고 생각하는가?

3. ODA사업 평가 프레임 워크를 구성하기 위한 수원국의 참여를 높일 수 있는 방안은 무엇일지 생각해 보자.
4. 정책자문사업을 계획하고 이를 평가하기 위한 적절한 논리모형은 어떻게 구축할 수 있을까?

참고 문헌

국제개발협력위원회홈페이지. www.http://odakorea.go.kr

Babu, S. (2000). *Impact of IFPRI's Policy Research on Resource Allocation and Food Security in Bangladesh*, Washington D.C.: International Food Policy Research Institute.

JICA (2010). Ex-Post Evaluation of Japanese Technical Cooperation Project "Bach Mai Hospital Project for Functional Enhancement."

Norad (2009). *Evaluation of Norwegian Support to Peacebuilding in Haiti 1998 - 2008*.

Treasury Board of Canada Secretariat (2012). *Theory-Based Approaches to Evaluation: Concepts and Practices*. Government of Canada.

제 8 장

정책실패 접근 방식의 비판적 고찰: 경전철 실패 사례를 중심으로*

고 길 곤

제 1 절 서론

정책에 대해 이분법적 태도를 취하게 되면 성공과 실패의 문제로 귀결된다. 성공 사례(best practice)를 중심으로 한 정책평가에서는 정책의 성공 요인을 분석해 다른 정책의 설계와 집행에 활용함으로써 평가를 통한 학습이 가능하며, 이를 통해 정부 정책에 대한 시민들의 수용성을 높이는 긍정적 기능을 기대할 수 있다. 이와 달리 실패 사례(worst practice)에 대한 연구는 실패를 통한 학습으로 기존 정책을 수정하고 정부의 책임성을 높임으로써 반복적인 실패를 예방하는 긍정적인 기능을 하게 된다.

* 이 논문은 고길곤(2012) 및 고길곤 외(2015). "경전철 사업 사례를 통해 본 정책실패 접근 방식의 비판적 고찰", 『행정논총』의 원고를 바탕으로 사례를 재구성했으며, 이 장은 이보라·이주현과 공동 집필했다.

정책의 성공과 실패에 대한 이분법적 태도와 달리 실제 정책의 성공과 실패를 구분하는 것은 쉽지 않은 경우가 일반적이다. 성공과 실패의 판단 기준은 시점, 정책 단계, 주체, 그리고 정책 효과에 대한 가치 판단에 따라 달라질 수 있기 때문이다. 경부고속전철 사업이나 인천공항 건설사업의 경우 사업의 초기에는 급증한 건설비와 사업 지연 등으로 인해 대표적인 정책실패 사례로 간주되었으나 최근에는 성공적 사업으로 보는 견해가 많기 때문이다. 따라서 정책의 성공과 실패에 대한 원인 분석을 하기 이전에 왜 정책의 성공과 실패 사례를 연구하는지, 정책의 성공 혹은 실패의 평가 기준은 무엇인지, 그리고 어떤 분석방법론을 성공과 실패 분석에 적용해야 하는지가 정책평가에서 중요한 연구 문제라고 할 수 있다. 실제로 성공과 실패 사례에 대한 선행 연구들은 인식론 및 방법론(실증주의 대 후기 실증주의), 정부에 대한 태도(낙관론 대 비관론), 평가 목적 등에 대한 다양한 관점을 제시하고 있다.

이 연구에서는 우리나라의 경전철 건설사업 사례를 이용해 정책실패 이론과 연구의 쟁점을 살펴보고자 한다. 경전철 사업은 단일 실패 사례가 아니라 부산-김해, 용인, 의정부 경전철 등 다수의 실패 사례가 존재한다는 점에서 반복적 실패 사례라고 할 수 있다. 또한 이런 실패에도 우이~신설 및 여의도~신림, 동북선 경전철, 면목선 경전철 등의 사업이 이미 고시되었고, 이외에도 다수의 경전철 사업이 여전히 추진되고 있다는 점도 주목할 만하다.[1)]

정책실패와 성공은 판단(judgement)의 문제이며 시간, 문화, 대중의 인식, 정치적 판단, 그리고 분석상의 여러 편이(偏倚, bias)에 따라 이 판단이 주관적일 수밖에 없다는 데에 정책실패 연구의 한계가 있다(Boven & 't Hart, 1996). 그렇다고 해서 정책실패에 대한 다양한 관점을 평면적으로 제시하게 되면 인식론적인 상대주의(epistemological relativism)의 함정에 빠질 가능성이 있으며(Majone, 1989), 사례분석을 통한 이론적·실천적 합의를 도출하기가 어렵다.

이 연구에서는 정책실패에 대한 기존의 이론들이 정책실패를 어떻게 정의하고

---

1) 2011년 9월 현재 서울 11개 노선, 광역시 8개 노선, 기초지자체 6개 노선 등 총 28개 노선 22.7조 원의 총사업비가 예상되고 있다. 이에 대한 내용은 국토교통부(2011), "경전철 민간투자사업 제도개선 연구" 보고서 참고. http://www.prism.go.kr/homepage/researchCommon/retrieveResearchDetailPopup.do; jsessionid=C745557E539363BC0539254DC594B44B.node02?research_id=1611000-201100302.

있는지를 살펴본 후 이를 크게 합리주의적, 정치적, 환경복잡성 관점으로 구분했다. 이러한 이론적 틀에 기초해 경전철 사업의 실패 여부의 판단, 원인, 정책대안들을 분석했으며 이를 다시 비판적으로 재해석한 후 정책실패의 원인에 대한 종합적 분석을 시도했다. 마지막으로 정책실패의 원인 분석에서 정책을 정당화하는 근본적인 가정을 비판적으로 검토하지 않는 경우 정책오류를 점증적으로 수정하는 데에 머무르게 될 위험이 크며 정책실패를 통한 학습도 제대로 이뤄지지 않을 수 있음을 보여주었다.

제 2 절 사례의 개요: 경전철 건설사업

이 논문에서는 현재 우리나라에서 추진되고 있는 경전철 사업 중 시설이 완공되어 운영되고 있는 부산-김해, 용인, 의정부 경전철의 사례들을 중심으로 정책실패에 대한 접근 방식에 따라 동일 사례가 어떻게 달리 분석되는지를 살펴보고자 한다. 이 사례들은 신속하게 정책실패로 규정되었다는 점에서 주목할 만하다.[2] 특히 사업이 추진되고 있는 시점부터 정책실패로 인식되어 왔을 뿐 아니라 사업이 완료된 시점에서도 정책실패의 요인들이 여전히 존재한다는 특징을 보이고 있다.

각 사업의 정책 추진 과정을 살펴보면 계획 단계부터 완공 단계까지 오랜 시간과 많은 절차를 거쳐왔음을 알 수 있다. 〈표 8-1〉에서 살펴볼 수 있듯이 대부분의 경전철은 1990년대 중반부터 본격적으로 고려되기 시작했고, 2000년대 중반에 사업이 착공되기 시작했으며, 지방정부뿐만 아니라 중앙정부의 심의 및 다양한 위원회의 검토 절차를 거쳤음을 알 수 있다.

경전철 사업은 BTO(build-transfer-operate) 방식을 따르고 있다. 이 방식에 따르면 정부와 민간 투자자가 실시협약을 맺게 되면 협약에 따라 특수목적회사(special purpose company: SPC)가 건설을 완료하고 운영까지 담당하게 된다. 이 때 민간 투자자들은 비용 투자는 단기간에 이뤄지고 수익은 장기간에 발생하는 위

2) 이에 대해서는 중앙공무원교육원.(2011).『용인 경전철 건설 사례』 학습용 행정사례 교제와 국무총리실 정책분석 평가실(2011.3)『지자체 경전철 사업 분석 · 평가 결과』 자료를 참고.

표 8-1 경전철 사업의 추진 절차

경전철 사업	추진 절차	
부산-김해	1992.8.12	정부시범사업 국무회의 의결 확정
	1995~1997	민간투자시설 사업기본계획 고시-미참여
	1999.4	민간 참여를 위한 관련 법규 개정
	2000.1	민간투자시설 사업기본계획 고시(3차)
	2000.8	금호컨소시엄 우선 협상 대상자 선정
	2002.1	현대산업컨소시엄 우선 협상 대상자 변경
	2003.1.10	부산-김해 경전철(주) 설립
	2002.12	사업 시행자 지정
	2004.12	시민과 건설교통부 감사 청구
	2005	실시협약(MRG 비율 변경)
	2006.4	공사 착공
	2009.12	시운전 개시
	2011.8.30	준공 승인
	2011.9.16	정식 개통
용인시	1996.12	용인경전철 및 운영 기본계획 수립
	1997.4	민간 투자대상사업 고시(재경원)
	1999.12	민간 투자대상사업 재고시(기획처)
	2001.2	도시철도기본계획 확정 및 고시(건설교통부)
	2001.12	민간투자사업 기본안 심의 확정 및 승인(기획처)
	2001.12	민간투자사업 기본계획 고시
	2002.7.2.	민간사업자 사업계획서 접수
	2002.8.31	사업계획서 검토 및 평가 완료(교통개발연구원)
	2002.9	용인경량전철 주식회사를 우선협상 대상자로 지정
	2002.10~2003.7	민간사업자와 협상 및 완료
	2004.7	실시협약 체결
	2005.12	실시계획 승인 고시(11월) 및 착공
	2008	분당선 개통 지연에 따른 실시협약 변경
	2009.07.08	실시협약 변경에 관한 특약 체결
	2010	경전철 준공 지연
	2011.02.18	국제 중재 신청
	2011.03.02	사업 시행사 귀책에 따른 사업 해지 통보
의정부시	1995.12.31	의정부경전철 건설 및 운영 기본계획 수립(의정부시)
	1999.12.31	민간 유치대상사업 재지정 고시(기획예산처)

2000.11.24	도시철도 기본계획 변경(건설교통부)
2001.9.25	민간투자시설사업 기본계획 심의 확정 및 승인(기획예산처)
2001.11.1	민간 투자시설사업 기본계획 고시(의정부시)
2004.8.3.	우선협상 대상자 지정(의정부시)
2005.10.6	의정부 경전철(주) 설립
2006.4.14	실시협약 체결 및 사업 시행자 지정, 설시설계 착수(의정부시)
2007.7.26	의정부 경전철 건설사업 기공식
2007.7.30	실시계획 승인 및 지형도면 고시
2007.8.28	건설공사 착수
2007.10.18	도시철도사업 면허 취득
2008.7.1	회룡역 전면 개량 계획 확정(국토해양부)
2010.11.6	차량 공개 및 홍보관 개관식
2011.3.29	본선 시운전
2012.2.15	예비 주행 시험
2012.4.11	영업 시운전
2012.7.1	공식 영업 개시

출처: 지우석 · 오은정(2003), 감사원(2005).

험을 회피하기 위해 위험을 고려한 높은 수익률과 최소 수입 보장 등을 요구하게 된다. 실제로 이 세 개 사업은 실제 수요가 예상 수요의 일정 부분에 못 미치게 되면 적자를 보전해 주는 최소운영 수입보장제도(minimum revenue guarantee: MRG)를 채택하고 있다.

한편 건설은 순수하게 민간자본으로 이뤄지는 것은 아니다. 건설비용은 정부 측의 부담과 민간 측의 부담으로 구성되며, 일반적으로 정부 측의 부담은 40% 미만으로 나타나고 있다. 정부 측의 부담은 다시 중앙정부와 지방정부의 부담으로 나뉜다.

민간 투자자들은 크게 건설사와 금융 투자자로 구성된다. 사업 초기에는 SPC에서 건설사들의 지분이 일반적으로 50% 이상이며 금융 투자자의 지분은 상대적으로 낮다. 그러나 사업이 진행됨에 따라 현금 회전이 필요한 건설사들이 점차 자신들의 지분을 금융 투자자들에게 매각하는 경우가 많다. 이러한 지분 구조 때문에 건설사들은 건설비용을 부풀릴 가능성이 크고 금융 투자자들은 운영 수익을 높이기 위해 요금을 높이고자 하는 유인을 갖는다.

제 3 절 정책실패에 대한 이론

이 연구에서는 기존의 정책실패 연구들의 구성을 크게 '실패 정의', '패인 분석', '대안 제시' 세 가지로 구분해 살펴보았다. 첫째는 '연구자가 무엇을 실패로 보고 있는가'이며, 둘째, '그러한 관점에 부합하는 패인 분석을 하고 있는가', 셋째, '이에 대해 연구자는 어떠한 권고를 하고 있는가'에 대한 것이다. 특히 무엇을 정책실패로 판단하고 있는가에 대한 연구자의 기준은 패인 분석의 틀을 결정지을 정도로 중요한 연구의 전제라고 볼 수 있다. 그러나 실제 정책실패 연구에서 이러한 실패에 대한 개념 정의를 분명히 하고 분석을 시도하는 경우는 많지 않다.

정책실패 개념의 다차원성은 많은 연구자들에게 인정되어 왔다. 정책실패 개념은"이분적인 개념이라기보다는 연속적인 개념이고 양의 개념뿐만 아니라 질의 개념으로 평가될 수 있으며, 단일 차원의 개념이라기보다는 다차원적인 개념"(노시평 외, 2006: 347-348; 안병철·이계만, 2009: 6 재인용)이다. 따라서 다차원적인 정책실패 문제를 사례연구에서 다루기 위해서는 어떠한 관점에서 해당 정책을 실패로 보았는지, 즉 정책실패의 조작 가능한 정의를 제시할 필요가 있다.

정책실패의 개념을 정책을 이해하는 관점에 따라 구분하면 크게 세 가지 접근이 가능하다(Bovens, & 't Hart, 1996). 첫째, 합리주의적 관점에서 의도된 정책 목표를 달성하지 못한 경우를 정책실패로 보는 접근이다.[3] 이 관점의 핵심적 쟁점은 '의도한(intended)' 정책 목표를 어떻게 판단할 것인지에 있다. 경전철 사업이 의

3) 보벤스와 하트(Bovens & 't Hart, 1996)는 "Understanding Policy Fiascoes"에서 국정관리(governance) 철학을 낙관주의(optimist), 현실주의(realist), 비관주의(pessimist)로 구분하고 이에 따른 정책실패 연구 유형을 제시하고 있다. 세 가지 관점은 ① 좋은 정부란 무엇이며, ② 현실과 이상과의 괴리를 얼마나 줄일 수 있는가에 대한 근본적으로 상이한 철학적 토대를 두고 있다고 설명한다. 이 연구에서는 이러한 세 가지 관점을 합리주의적 접근, 정치적 접근, 환경 복잡성적 접근으로 재분류해 사용하고 있다. 그중 첫 번째인 합리주의적 접근은 현대 정부와 조직을 공공선을 달성할 수 있는 강력한 수단으로 보며, 정책실패는 정상에서 벗어난 예외적인 경우로서 설명이 필요하다고 본다. 이러한 관점에서의 정책실패 연구는 상위 정책결정자들에 의한 의사결정 과정의 결함에서 문제의 원인을 찾는다. 만약 정보를 탐색하고 설계하는 과정이 리더의 통제 하에 제대로 이뤄진다면 정책이 실패하지 않았을 것이라는 뜻이다. 즉, 정책실패는 정보를 처리하는 과정과 의사결정자의 인지적 능력에 달렸다고 보는 것이다.

도한 정책 목표를 주어진 예산에서 예정된 공사 기간 내에 시설물을 완공하는 것으로 이해하게 된다면 공기 지연이나 예산의 증가가 크지 않고 시설물이 하자 없이 건설되는 경우에는 정책실패라고 판단하기 어렵다. 그러나 의도한 정책 목표를 포괄적으로 이해하면 예측된 여객 수요를 달성했는지, 지역경제 파급 효과가 충분한지, 이용자들의 만족도가 높은지 여부에 따라 정책실패가 정의될 수 있다. 또한 시간 변수를 고려한다면 의도한 정책 목표를 평가 시점에서 재해석하는지 아니면 사업계획 시점에 제시된 과거 관점에서 판단하는지에 따라 정책실패 여부에 대한 판단이 달라진다.

이러한 합리주의적 접근에서는 정책이 어떠한 과정을 통해 산출을 달성하는지 여부보다는 '사후적' 결과를 가지고 사전 계획의 목표 달성도를 측정하는 데 관심을 기울인다. 국내 정책실패 연구는 이러한 관점에서 정책실패를 정의하는 경우가 다수를 차지하고 있으며(안병철, 2002; 임동욱 · 박상지, 2004; 박순애 · 이지한, 2005; 신희권, 2005; 양영철, 2008; 한동효, 2010; 지종화, 2011; 박승주 · 이석민, 2013), 의도한 목표를 달성하는 것이 바람직한 공공선이라는 전제하에 계획대로 실현되지 못한 상황을 실패로 보고 있다.

합리주의적 접근은 사후적으로 정책 목표를 해석하는 경우가 많기 때문에 사전 계획의 상황이나 의도에 대한 해석의 오류가 발생할 가능성이 크다. 정책평가 결과 정책의 효과성이 낮은 것으로 나타났다면 그 원인은 모른 채 정책 의사결정자에게 책임을 묻거나 정책을 폐기하거나 수정하려고 할 것이다. 또한 정책 과정의 참여자들 간의 상호작용에 의해 발생하는 정치적 이해관계 문제를 단순화하는 오류를 범하기 쉽다. 그뿐만 아니라 정책환경의 복잡성에 의해 발생하는 문제와 정책이 불확실성 속에서 계획되고 집행된다는 사실을 간과하고(Wildavsky, 1973) 정책실패를 편협하게 보는 문제를 초래한다.

또 하나는 정책실패를 정치적 관점에서 이해하는 접근이다.[4] 정책을 '개인이나

4) 이 연구의 정치적 접근은 보벤스와 하트(Bovens & t'Hart, 1996)의 현실주의(realist) 관점에 해당한다. 낙관주의와 달리 현실주의 접근에서의 행정가는 가치중립적 의사결정자가 아닌 자기중심적이며 효용극대화만을 추구하는 경제인이다. 이러한 자기중심적 성향의 행정가의 고질적 병폐로 인한 정책실패를 막기 위해 정치 권력과 행정 권력을 통제할 수 있는 견제와 균형의 원리가 작동하는 관리적 요소가 중요하다고 말한다. 정치적 관점은 윌슨(James Q. Wilson), 프리드리히(Carl J. Friedrich), 파이너(Herman Finer), 벤틀리(Arthur F. Bentley), 트루먼(David B. Truman), 달(Robert

집단 혹은 공공이 사회적으로 바람직한 가치를 실현하기 위한 노력'으로 이해한다면(노화준, 2012) 해당 정책이 추구했던 가치를 얼마나 실현했는지에 따라 정책의 성공과 실패를 판단할 수 있다. 이때 정책이 추구하는 가치는 이해관계자의 입장에 따라 달라지므로 정책실패는 상대적으로 판단된다(정익재, 2002; 강민아·장지호, 2007). 결국 정책을 가치 배분의 문제로 이해한다면 정책실패는 정치적 과정에서 이해관계의 충돌이 가시화됨에도 불구하고 이를 조정하지 못해서 발생된 결과라고 할 수 있다. 이러한 관점에서 정책실패를 정의하고 있는 선행 연구로는 신원형(2000), 최성두(2001), 이원욱·이대수(2004)가 있으며, 각각 정책결정 및 합의가 이뤄지지 않아 정책이 무산되거나, 정책이 정부의 공식 의제로 채택되지 못하고 표류하거나, 정책의 이해당사자 모두가 만족하지 못하는 상태를 정책실패로 규정하고 연구를 진행하고 있다. 특히 갈등이 예상되는 혐오시설 입지 결정 사례의 경우 정부와 이해관계집단 그리고 주민들이 정책 목표에 대해 충분히 공감하고 서로 적극적으로 협조하지 않으면 정책의 성공을 기대하기 어렵다는 점에서 정치적 접근 방식을 취하는 경우가 많다(채원호·손호중, 2005).

정치적 관점에서 볼 때 정책실패로 판단되는 근거는 정책의 결과뿐 아니라 '가시성의 크기'에 있다. 일부 정책은 합리주의적 관점에서 명백한 정책실패임에도 불구하고 정책실패의 비용이 지나치게 분산되거나, 정책실패 여부의 판단에 필요한 정보를 시민이나 정치인들이 충분히 갖지 못한 경우, 실패에 대한 가시성이 낮아 실패로 인지되지 못하는 경우가 발생한다. 실제로 선행 연구에서 제시되고 있는 다수의 정책실패 사례는 시화호 매립 정책, 의약분업 정책, 신용카드 규제정책, 경인아라뱃길 사업 등과 같이 가시성이 높아 정치적인 쟁점이 된 사례들이 대분이다.

이러한 정치적 관점을 견지한다면 정책실패 연구는 정책 과정 속에서 나타나는 갈등과 이해관계 충돌, 그리고 조정 과정에 대한 분석이 연구의 초점이 된다. 거버넌스(박민정, 2013)나 정책 네트워크 접근을 이용한 사례분석들이 정치적 관점에 입각한 예라고 할 수 있다.

A. Dahl)과 같은 헌정주의자, 전통적 제도주의자, 다원주의자의 관점과 맥을 같이 하며, 정책실패는 정부가 능력을 제대로 갖추지 못한 상태에서 사업에 착수하거나 해결할 수 없는 일을 계속 하려고 할 때 발생하는 것이라는 관점을 택하고 있다.

셋째는 환경복잡성 관점에서 정책실패를 정의하는 관점이다.[5] 이 관점은 정책이 변화하는 환경에 적응하지 못할 때 정책실패가 발생한다고 본다. 이러한 정책실패는 단순히 계획대로 정책이 집행되지 못해서 실패했다고 보지 않는다. 오히려 계획 단계에 올바른 정책이 수립되었다고 하더라도 정치·경제·사회 환경의 변화와 정책 수요의 변화 및 집행 환경의 변화로 인해 정책실패가 발생할 수 있다고 보는 것이다. 특히 경직적인 관료제의 구조 아래에서는 이러한 적응 실패가 정책실패가 될 가능성이 높다. 이때 중요하게 대두되는 것은 정책실패의 예측 불가능성과 통제 불가능성의 문제이다. 조직이나 정책이 환경의 변화에 적응하려는 노력을 하더라도 환경이 적자(fittest)를 선택을 하는 상황이라면 정책실패는 통제하기 어렵기 때문이다. 교통시설 주변의 산업단지나 주택 등 연관 개발계획이 제대로 진행되지 않는 등의 환경 변화를 정책실패의 중요 원인으로 보는 견해는 환경복잡성의 관점에서 정책실패를 이해하는 예라고 할 수 있다. 이러한 관점에서 수행된 선행 연구에서는 정책환경의 현실적 맥락성과 다른 정책과의 관계 속에서 정책의 성패가 판단될 수 있다는 점에 주목하며(정익재, 2000; 김도훈, 2001; 채원호·손호중, 2005; 서인석 외, 2009; 김기형·정주용, 2011), 정책 목표는 상황과의 끊임없는 상호작용을 통해 재구성되는 것(강민아·장지호, 2007)이라고 이해한다.

정책실패 연구에서는 이러한 세 가지 관점을 혼합해 사용하거나 부분적으로 사용하는 경향을 보이고 있다. 그 결과 정책실패의 사례분석은 이론에 기반하기보다는 개별 정책의 특징을 중심으로 서술적인 분석이 주를 이루고 있는 실정이다. 이 연구에서는 위 세 가지 관점을 적용해 경전철 사업의 실패를 어떻게 분석할 수 있는지를 살펴보고 각 접근 방법의 한계를 사례를 통해 구체적으로 제시해 봄으로써 정책사례 연구에서 이론에 기반한 체계적 분석 가능성을 높이고자 한다.

---

5) 환경복잡성 관점은 보벤스와 하트(Bovens & t' Hart, 1996)가 말한 비관주의(pessimist) 관점을 말한다. 비관주의 관점은 현실주의자의 정치적 접근에서 진단하는 정책실패의 원인에 대해 대부분 수용하나, 한 걸음 더 나아가 고위험 기술의 도입이나 대형 정부 프로젝트 설계와 관련해 관리적 기법으로 문제를 해결하려는 현실주의자들의 최소한의 합리주의적 사고마저 거부하는 입장이다. 이러한 관점에서는 정책은 근본적으로 불확실한 미래에 대해 정책 오차의 불가피성(error-prone)을 내재하고 있으며, 많은 비용을 들여 실패를 최소화하기 위한 장치들을 아무리 정교하게 적용한다고 해도 실패를 막을 수는 없다고 본다. 주로 복잡성 이론, 혼돈 이론 등 비선형적 사고를 통해 정책실패 과정에 대한 이해를 시도하며, 환경에 적응해가는 진화적 메커니즘으로 정책 오차 수정을 위한 학습을 강조한다.

제 4 절 경전철 실패 원인에 대한 사례분석

1. 합리주의적 접근에 따른 실패 원인 분석

1) 정책실패의 여부

합리주의적 관점에서 경전철 사업이 실패로 인식될 수 있는 근거는 다음과 같다. 경전철 사업의 중요 정책 목표는 단순히 건설을 적기에 완공하는 것 자체보다는 계획된 수요를 달성하는 데 있다. 용인경전철의 경우 2004년 7월 용인시와 용인경전철(주)가 2001년 불변가격 기준 총사업비 6,970억 원의 실시협약을 체결했고, 실시협약 당시에 2011년의 수요는 일당 161,000명으로 예측되었다. 이러한 목표 수요는 2009년 변경 협약 시 153,000명으로 수정되었으나, 예상과 달리 2013년 실제 일당 수요는 9,000여명으로 예측 수요의 6%에도 미치지 못한 것으로 나타났다. 이처럼 예측 수요와 실제 수요의 차이는 용인경전철 사업을 실패로 볼 수 있는 근거가 된다.

수요 예측의 실패는 부산~김해 경전철과 의정부 경전철에서도 유사하게 나타난 다. 2011년 개통한 부산~김해 경전철의 경우 2002년 협약 시 211,147명으로 수

표 8-2 2011년 경전철 예측 수요와 실제 수요의 차이

(단위: 명/일)

	용인경전철 (2011년 수요)		부산~김해 경전철 (2011년 수요)		의정부 경전철 (2012년 수요)	
목표 수요	예측 수요 (2004)	161,000	예측 수요 (2002)	211,147	예측 수요 (2006)	79,049
	변경 수요 (2009)	153,000	변경 수요 (2005)	176,358	변경 수요 (2011)	56,396
실제 수요	2013년 개통	9,000	2011년 개통	32,300	2012년 개통	15,600

출처: 국토해양부(2011b), 경기개발연구원(2010).

요를 예측했으나, 2005년 176,358명으로 대폭 수정되었고, 개통 당시 32,300명으로 목표 수요의 18%에 불과한 이용객이 집계되었다. 의정부경전철의 경우도 이와 유사하게 2012년 개통 당시 15,600여명이 탑승해 목표 수요의 28%에 밑도는 이용객이 집계되었다.

한편 경제적 효율성이라는 정책 목표의 관점에서도 경전철 사업은 정책실패라고 볼 수 있다. 2012년 4월 30일에 열린 부산~김해경전철대책조사특별위원회[6]는 부산~김해 경전철에 대한 김해시의 재정 부담이 20년 동안 연평균 687억 원에 달하고 부산시와 합하면 연평균 1,082억 원이라고 예측했다. 김해시의 재정자립도가

표 8-3 경전철 예상 적자 분석

(2011. 12 기준)

구분	용인경전철	부산~김해 경전철	의정부경전철
사업 목적	교통문제의 해결, 지역균형 발전 및 관광상품 활용	부산~김해 간 교통난 완화	교통 체증 해소
구간	구갈역~에버랜드역	부산시 사상구 ~김해시 삼계동	발곡~탑석
규모	18.4km	23.764km	10.588km
민자 유치 방식	BTO	BTO	BTO
총사업비	1조 127억 원	1조 3,000억 원	당초 4,750억 원 (→ 5,841억 원)
최소 운임 수입 보장 (MRG) 손실 보전 기간	예상 승객의 90%를 밑돌면 시가 30년간 적자분 보전 → MRG협약 폐기	예상 승객의 80%를 밑돌면 시가 20년간 적자분 보전	처음 5년간 예상 승객의 80%, 이후 5년은 70%를 밑돌면 시가 10년간 적자분 보전
예산 낭비 규모	연간 833억 × 30년 = 2조 5,000억 원	연간 800억 × 20년 = 1조 6,000억 원	연간 100억 × 10년 = 1,000억 원

출처: 지자체의 무분별한 경전철 사업 추진 대폭 정비한다. 국무총리실 보도자료. 2011.3.11. 최선미(2013).

6) 부산 - 김해경전철대책조사특별위원회회의록, 김해시의회사무국 제3호, 2012년도 행정사무조사http://arsearch.gimhae.go.kr/CLRecords/CLRetrieval/viewer.total.php?hfile=6L0212012032.html&daesu=6&mname=&keyword=&angun=&fontFamily=%B1%BC%B8%B2&fontSize=12&lineHeight=160.

40%대에 불과하고 한 해 가용예산이 약 1천억 원가량임을 고려하면 재정 파탄이 예상되어 결국 김해시는 2012년 대한상사중재원에 상사 중재를 신청하게 되었다. 용인시는 2012년 6월 국제중재법원의 판결에 따라 용인경전철(주)에 총 7,787억의 배상금을 지불할 의무를 지게 되었고, 2013년에는 용인시가 용인경전철(주)에 운영적자 보전액으로 연간 295억 원을 지급하기로 합의한 후 시설이 개통되었다. 그 결과 용인시는 2013년도 예산 1조 3,000억 원에서 경전철 운영비 및 이자비용으로 500억 원을 부담하게 되어 신규 사업 예산을 전혀 확보하지 못하는 상황에 이르게 되었다.[7] 의정부시 역시 재정 규모가 6,500억 원의 예산 중에서 경전철 관련 예산이 400억 원에 달하는 등 경전철로 인한 재정 부담이 매우 크다(국토교통부, 2011b).

이상의 합리주의적 관점에서 본다면 경전철 사업들은 정책실패라고 판단할 수 있다.

2) 정책실패 원인 분석과 대안

합리주의적 접근에 따르면 경전철 사업이 실패한 원인을 합리적 분석의 부재에서 찾을 수 있다. 결과론적으로 보면 실제 수요가 예측 수요에 훨씬 못 미치고 있기 때문이다. 하지만 합리적 분석이 무엇을 의미하는지, 과연 합리적 분석을 수행하면 정책실패를 예방할 수 있는지에 대한 비판적 검토가 필요하다.

먼저 정책분석 절차를 제대로 거쳤는지를 살펴보면 용인경전철 사업의 경우 1996년 교통개발연구원에 의해 용인경전철 건설 및 운영기본계획 수립 과정에서 기술적・경제적 타당성 분석이 수행되었다. 또 2002년에는 교통개발연구원이 민간투자 사업계획서 평가를 완료했으며, 2003년에는 국토연구원의 민간투자지원센터가 사업 검토를 수행했다. 또한 2004년 용인시 및 중앙정부의 민간투자사업 심의위원회의 심의를 거쳤다. 8년에 걸쳐 여러 주체에 의한 경제적 타당성 분석이 시도된 상황을 고려한다면 합리적 분석의 노력이 제대로 이뤄지지 못했다고 보기는 어렵다. 물론 정치적 이유로 왜곡되어 형식적인 분석에 그쳤을 것이라는 비판이 가능하지만 그러한 비판은 정치적 접근에 해당하므로 다음에서 논의하도록 하겠다.

---

7) '재정난' 용인시 내년 신규사업 예산 사실상 '제로', 연합뉴스, 2013.11.20.

적어도 용인경전철 사업은 경제적 · 정책적 타당성 검토를 위한 일련의 과정을 누락 없이 추진했으므로 절차적 합리성이 충족되었다고 볼 수 있다. 따라서 합리주의적 접근에서는 모든 절차를 합리적으로 거쳤음에도 정책 목표 달성에 실패한 이유를 설명하기에는 한계가 있다.

합리적 분석에서 주목할 것은 정책 타당성을 뒷받침하는 분석만이 존재했던 것은 아니라는 점이다. 실제 사업타당성 분석 과정에서 일부 전문가들은 경전철 사업의 계획 및 결정 단계에서 여러 문제를 제기했다. 이들은 경전철의 건설비가 결코 작지 않고, 수요를 확보하기에는 인구가 충분하지 않은 도시에 건설이 되고 있으며, 건설 완료 이후에도 운영 적자가 발생할 것을 지적하고 있다(한국개발연구원, 2004). 하지만 이러한 지적들은 사업의 타당성을 뒷받침하는 여러 분석 결과에 비해 보조적으로 제시된 것이다.

더욱이 합리적 분석이 여러 시점에서 다양하게 진행되었음에도 불구하고 수요 추정의 정확성은 개선되지 못하는 실정이다. 예를 들면 용인경전철의 경우 정책실패가 표면화된 이후에 실시된 수요 예측에서도 여전히 수요는 과대 추정되고 있다. 예를 들면 2010년에 예상한 2011년의 수요는 6만 5천 명이었지만 2013년 실제

표 8-4 용인경전철 수요 추정

(단위: 년, 천 명/일)

구분	2008	2009	2010	2011	2016	2021	2026	2031	2036	2037	2038	2039
운영기본 계획	167	171	175	179	204					322		
실행 플랜 (2001)	164	171	177	183	197	204	212	220	228			
사업 신청자 제시(2002)	148	156	163	171	190	199	206	211	217	218		
실시협약 (2004)	139	146	153	161	179	188	194	200	204	205	205	205
변경 특약 (2009)			146	153	161	179	188	194	200	204	205	205
활성화 방안 용역(2010)			53	65	93	100	111	122	134	136	139	141

출처: 경기개발연구원(2010), 최선미(2013).

수요는 1만 명에도 미치지 못했다.

용인경전철 사례를 통해 합리적 분석이 되지 않았다는 실패 원인 분석 결과에 따라 정책분석을 다시 시도하더라도 정책실패를 예방하기 어렵다는 것을 알 수 있다. 합리적 분석이 정확한 예측 결과를 제시할 것이라는 계산적 합리성의 전제가 비현실적인 상황에서는 단순히 합리적 분석을 정책실패를 극복하기 위한 대안으로 볼 수 없다. 합리적 접근 방법의 한계는 다른 경전철 사례에서도 확인할 수 있다.

부산~김해 경전철 역시 2012년 출판된 『부산~김해 경전철 백서』에 따르면 일곱 차례에 걸쳐서 처음에 부산권 수요의 예측과 타당성 조사를 했고, 의정부경전철도 용인경전철 문제가 표면화되면서 수요에 대한 재조사를 수행했다. 이러한 재조사 결과에도 불구하고 수요는 여전히 과대 평가되었다.

표 8-5 부산~김해 경전철 2011년 예측 수요 결과 비교

(단위: 명/일)

타당성 조사 (1993.10)	기본 계획 (1994.12)	기본 설계 (1997.2)	사업성 평가 (1999.7)	금호 (2000.6)	현대 (2000.6)	URS (2001.11)	협약 체결 (2002.12)
117,839	340,607	340,607	340,607	335,990	246,800	210,646	211,147

출처: 김해시청(2012).

2005년 감사원은 부산~김해 경전철 추진사업에 대한 감사에서 개통 초기 수요는 사업자가 원래 예측한 수요(17만 6,000명)의 최대 40%(7만 명) 정도일 것으로 분석했다. 2011년 국무총리실 보도 자료에 따르면 부산~김해 경전철의 예상 승객 수는 최소 5만 명 이상으로 추정했다(국무총리실, 2011). 하지만 실제 승객 수는 이와는 큰 차이가 난다. 2011년 9월에 개통된 후 한 달 간 하루 평균 이용 승객 수는 3만 1,000명에 불과했다. 그리고 그 승객 수는 계속 감소해 2011년 12월에는 2만 명대까지 떨어졌다. 민자 사업자, 김해시, 감사원 모두 수요 추정을 시도했으나 이들의 추정과 실제 수요는 매우 큰 격차를 보인 것이다.

이러한 결과들을 종합하면 단지 합리적 수요 추정의 노력이 없어서 경전철 사업이 실패한 것이라고 보기는 어렵다.[8] 용인, 의정부, 부산~김해 경전철 사업 모두 합리적 수요 추정을 시도했지만 현실에 맞는 정확한 수요 추정치를 얻지 못했다. 결국 합리적 분석을 통한 정책실패의 극복은 한계를 가질 수밖에 없으며, 그 원인은 계산 가능성 자체가 분석의 정확성을 의미하지는 않으므로, 결국 합리적 분석을 통해 정책실패를 극복하려는 것도 한계를 가질 수밖에 없다.

정책의 사전적 평가나 의사결정에서 합리성을 추구하기 어려운 이유는 인간의 인지적 능력의 한계와 정보의 불완전성, 미래의 불확실성이 존재하기 때문이다. 수요 예측을 최대한 정직하게 한다고 하더라도 첫째, 관련 사업 및 계획의 변화와 통제 불가능한 미래의 사회경제적 상황, 둘째, 기초 자료의 부정확성, 셋째, 수요추정 방법론이 가지고 있는 자체적인 한계로 인해 실수요와의 차이가 나타날 수밖에 없다. 낙관주의적 관점에서는 주로 '협력하고', '조정하고', '신중하게 판단하며', '단체장의 합리적 판단과 적극적 리더십'을 강조하는 등 규범적이거나 당위적인 해결책을 제시할 뿐, 구체적이고 현실적인 정책적 시사점을 도출하는 데 큰 도움이 되지 못한다. 결국 많은 정책실패 연구에서 매번 지적하는 '합리적 분석'의 부족은 정책실패의 원인을 피상적으로 보고 지나치게 단순화시킨다는 한계가 있다.

2. 정치적 접근에 따른 실패 원인 분석

1) 정책실패의 여부

정치적 접근에서는 조정될 수 없는 이해관계의 충돌로 인해 가시적으로 정책 갈등이 표면화되는 경우를 정책실패로 간주한다. 경전철 사업은 '민간의 창의와 기술력을 바탕'으로 '친환경 · 신개념 교통 수단'을 마련해 교통 혼잡을 완화하고 지역경제를 활성화하기 위해 추진되어 왔다.[9] 이러한 공식적인 사업 목표 자체에는 가치 갈등이 표면적으로 나타나 있지 않다. 하지만 실제 사업 과정에서 많은 갈등이 표면화되기 시작했다.

먼저 지방정부와 민간의 특수목적회사(special purpose company: SPC) 간의 이해 갈등의 표면화이다. 정부가 직접 재정을 투입하는 사업의 경우 수요, 경제적 효

---

8) 노컷뉴스, 2011년 12월.

9) 용인시 건설사업단(2008), 경량전철 민간투자사업 재정 지원 기준 개선(안)(2001), 의정부 경량전철 민간투자 시설사업기본계획(2001).

과 등에 대한 정보가 직접 대외에 노출되지 않는 것이 일반적이다. 특히 용인경전철 사업과 같은 경우는 사업이 완공되기 전에 수요 예측상의 문제가 표면화되었고, 용인시와 SPC 간의 갈등이 공론화되었다. 이처럼 이해관계 충돌이 가시화된 가장 큰 원인은 민자사업의 특성에서 찾을 수 있다. 최소 운영 수입 보장에 따라 시설 이용자 수요는 대외적으로 공개될 수밖에 없고 운영비 보전비용의 규모가 구체화되기 시작하면서 정부와 민간 갈등이 신속하게 표면화되었다. 정책실패가 표면화된 시점에서 적자의 규모는 약간씩 다르지만 부산~김해 경전철은 20년 동안 1.6조 원의 적자가 예상되며, 용인경전철은 30년 동안 2.5조 원의 적자가 예상되었다(국회입법조사처, 2012).

내부 갈등이 표면화되는 이유는 이해 갈등을 내부적으로 통제할 수 있는 책임중심점(responsibility center)이 약하다는 데에 있다. 지방정부의 경우 사업 계획 시점의 지방자치단체장과 사업의 집행·완공 시점의 지방자치단체장이 지방선거를 통해 바뀔 수 있으므로 해당 사업에 대한 정치적 책임이 분산되는 문제가 발생한다. 〈표 8-6〉에서 용인시와 부산시, 김해시, 의정부시의 경전철 사업계획 단계와 사업 추진 과정에서 지방자치단체장과 소속 정당이 달라지는 것을 확인할 수 있다. 대표적으로 용인경전철의 경우, 2010년 7월 1일 서정석 시장이 물러나고 김학규 전 시장이 취임하면서 용인시와 민간사업자 간의 관계가 급속히 악화되었다.

표 8-6 지방자치단체장과 소속 정당의 변화

경전철		제2회(1998)	제3회(2002)	제4회(2006)	제5회(2010)
용인		예강환	이정문	서정석	김학규
		새정치국민회의	한나라당	한나라당	민주당
부산~김해	부산	안상영	안상영	허남식	허남식
		한나라당	한나라당	한나라당	한나라당
	김해	송은복	송은복	김종간	김맹곤
		한나라당	한나라당	한나라당	민주당
의정부		김기형	김문원	김문원	안병용
		새정치국민회의	한나라당	한나라당	민주당

출처: 중앙선거관리위원회 선거관리시스템. http://info.nec.go.kr/

용인시는 같은 해 12월 10일 용인경전철(주)이 요청한 경전철 준공 확인을 거부했고, 다음해 1월 11일 시행사인 용인경전철(주)는 운영 적자 등의 이유를 들어 용인시에 사업의 계약 해지를 통보했다. 사태는 시행사가 용인시를 상대로 용인경전철 실시협약 해지에 따른 지급금 손해배상을 구하는 중재를 국제상공회의소(ICC) 산하 국제중재법원에 제기하는 단계까지 이르렀다.

SPC 내부에서도 책임 분산의 문제가 발생하고 있다. 실시협약이 체결되고 있을 당시의 SPC의 지분은 주로 건설업체들이 갖고 있는데 비해 사업 운영 시점에서는 금융업체들이 지분을 획득하는 경우가 일반적이다. 따라서 건설 단계에서는 SPC 지분을 다수 갖고 있는 건설업체들이 수익성을 높이기 위해 과잉 설계의 유인이 존재하지만, 사업 완공 후에는 운영자들이 운영수입을 높이고자 하는 유인이 존재한다. 따라서 과다 설계에 대한 책임을 완공 이후에 제기하기는 어렵고, 운영자들은 과다 설계에 따른 건설비용을 보전하기 위해 MRG 재협상에서 최소 수입 보장률을 낮추는 데 소극적일 수밖에 없게 된다. 이러한 상황에서 용인시의 경우 단체장의 공약사업으로 경전철 건설이 추진되었으나 새로운 시장이 이 사업의 문제점을 지적하고 사업 준공을 거부하면서 정책실패가 표면화된 것이다.

2) 정책실패 원인 분석과 대안

정치적 접근에서 제시되는 일차적인 정책실패 원인은 부패와 이해관계를 조정할 수 있는 제도와 관리기법의 부재이다. 용인시의 사례는 정치인의 이해관계가 부패행위로 변질되면서 정책실패가 발생하고 있음을 보여주는 대표적인 예이다. 용인시의 이정문 전 시장은 2002년 취임 당시 "경전철 사업을 최초 추진한 윤병희 전 시장에게 물어본 결과 꼭 필요하다는 대답을 듣고 내 임기 중 추진하기로 한 것"이라고 하면서 사업 추진의 일차적 책임은 전임 시장에게 전가했다. 그는 또한 "경전철 사업을 성공시키면 시장으로서 큰일을 했다는 평가를 받을 것으로 생각했고 경제성을 검토할 필요성을 느끼지 못했다"고 밝히면서[10] 경제성 분석에 대한 실패의 책임도 회피하고 있다. 실제로 이정문 시장은 2005년 용인경전철 사업의 하도급 공사권을 친동생이 운영하는 업체가 수의계약 형태로 따내도록 하여 2014

10) 재정난만 부추긴 '용인 부실 경전철', 서울신문, 2012.04.06.

년 대법원에서 최종 유죄 판결을 받게 된다. 그뿐만 아니라 용인경전철은 입찰 단계에서 캐나다의 봄바디사가 단독 입찰했고 이것이 입찰 비리와 관련 있을 것이라는 의혹도 제기되고 있다. 이처럼 지자체장의 개인적 이익과 부패행위는 정치적 관점에서 정책실패를 설명하는 전형적 요인으로 제시된다.

또 하나의 실패 원인은 이해관계 조정의 실패이다. 경전철과 같이 민자사업으로 추진되는 사업은 정보 불확실성에 따른 위험과 정보 비대칭에 따른 본인-대리인 문제가 발생하게 된다. 경전철 사업의 경우 지자체와 SPC 간의 이해관계가 충돌될 수밖에 없다. MRG 제도는 민간 투자사업의 수요 예측 위험을 정부와 민간이 공유하기 위해 추정 수입 미달 시 추정 운영수입의 일정 비율(80~90%)을 정부가 지원하는 제도로 1998년부터 도입해 왔다. 지자체의 경우에는 부족한 사회기반시설 투자의 재원을 민간으로부터 쉽게 조달할 수 있고 민간은 투자 위험을 상쇄할 수 있다는 점에서 MRG 제도가 도입된 것이다. 그러나 제도 도입의 취지와 달리 MRG에 따른 민간의 위험은 수요 과대 추정을 통해 상쇄될 수 있는데 비해 지자체의 위험은 더욱 커지게 되었다. 이렇게 위험이 가시화된 상황에서도 실시협약의 구속력으로 인해 지자체와 민간의 위험 부담을 재설계하는 것은 사실상 불가능해졌다. 또한 이윤극대화라는 민간의 목적 함수와 효율적인 교통시설 공급이라는 정부의 목적 함수가 일치하지 않는 상황에서 상호 이익을 조정하는 것은 더욱 어렵다. 이처럼 잘못된 이해관계 조정제도 설계와 정책실패가 표면화되었을 때 이를 관리할 수 있는 제도를 갖추지 못한 것이 경전철 사업 실패의 주요 요인으로 제시될 수 있다. 특히 사업계획 단계에서 발생한 문제는 실제 사업 집행 과정에서라도 점증적으로 수정하는 노력을 기울였어야 한다. 결국 이러한 오류를 간과한 것이 경전철 사업의 실패로 귀결되었다고 할 수 있다.

그러나 이러한 정치적 관점에서의 정책실패 요인 분석은 몇 가지 한계를 갖는다.

첫째, 부패가 발생하지 않은 상황에서도 경전철 사업의 실패가 발생한 사례가 존재한다. 용인경전철 사업의 경우와 달리 부산~김해와 의정부 경전철 사업에서 부패 문제는 표면화되지 않았고, 부산~김해의 경우 2005년 감사원 감사와 2014년 감사원의 경전철 사업에 대한 감사에서도 부패 문제는 지적되지 않았다. 이것은 부패가 정책실패의 필요 조건이라고 보기 어렵다는 근거라고 할 수 있다.

둘째, 이해관계 충돌의 조정 실패를 정책실패의 원인으로 보는 것은 순환 논리가 될 수 있다. 이미 실시협약 단계에서 이해관계 충돌을 조정하기 위해 양측의 합의에 의해 계약이 작성되었고, MRG 제도도 민자사업 촉진과 위험 분산을 위해 중앙정부에서 도입된 것이라고 간주한다면 계약의 성립 자체로 사전적으로 이해관계 충돌의 조정이 이뤄졌다고 보는 것이 타당할 것이다. 경전철의 정책실패를 주장하는 입장에서는 90%에 달하는 보전율이 지나치게 높다는 문제 제기를 하고 있다. 경전철이 도입되기 전후의 사업들을 보더라도 1990년대 말부터 본격적으로 시작된 민자도로의 경우 광주2순환 고속도로(85%), 부산백양터널(90%), 부산 수정산 터널(90%)[11] 등의 수입 보장이 이뤄졌다. 따라서 90% 수준에서 MRG를 체결한 것은 경전철만의 문제라고 보기 어렵다.

또한 이해관계 충돌의 근본적인 원인이라고 할 수 있는 정보의 비대칭과 지자체와 민간사업자 간의 목적 함수 불일치의 문제를 해결할 수 있는 정책대안이 매우 제한적이었다는 점도 고려할 필요가 있다. 정책실패가 표면화된 현재 시점에서도 여전히 지자체와 민간사업자 간 경전철 사업의 수익성 제고와 수요 증대를 위한 획기적 대안이 마련되지 못하는 점을 본다면 이해관계 충돌 조정을 정책실패의 대안으로 제시하는 것은 구체성이 떨어진다고 할 수 있다.

셋째, 점증적인 정책오류 수정 노력이 부재했다는 지적에도 한계가 있다. MRG를 살펴보더라도 정책오류를 수정하려는 노력 자체는 지속적으로 이뤄져 왔음을 알 수 있다. 부산~김해 경전철의 경우 민간사업자에게 MRG를 낮출 것을 지속적으로 요구했다. 당초 90%였던 MRG 보전율을 1차 변경 시 최초 10년간은 80%, 이후 5년간 78%, 그리고 이하 5년간 75%로 낮췄고, 2차 변경 시 각각 76%, 74%, 71%로 인하했다(국토교통부, 2011: 85). 용인시는 2007년 4월부터 2008년 1월까지 8개월간 41차례의 협상을 통해 MRG 비율을 90%에서 80%로 낮췄을 뿐 아니라 준공 시기를 1년가량 늦추고 공기 연장에 따른 사업관리비, 감리비, 부대비용 등 간접비 증가액 109억 원도 전액 민간자본이 조달하도록 투자협약을 변경했다.[12] 한편 의정부시는 승객 수가 예상 수요의 50% 이상 시 최고 80%까지 운영수입을 보장하기로 했으나 현재 승객 수가 현저히 못 미치고 있는 상황이어서 MRG

11) '맥쿼리 민자사업' 지자체들 허리 휜다. 한겨레신문, 2012.4.29.
12) 용인시 경전철 투자협약 변경키로, 경향신문, 2009.1.19. 4면.

내용을 수정할 필요가 없다. 다만 완공 후 민간회사가 파산 위험에 직면하고 있다고 주장해 2013년에 MRG 대신 표준비용 지원(standard cost support: SCS)으로 계약 변경할 것을 잠정 합의했다.

한편 정책오류 수정 노력이 항상 긍정적인 효과만을 초래하는 것은 아니다. MRG의 수정 과정에서 지자체와 민간사업자 간의 신뢰는 급격히 감소했고, 용인시의 경우에는 실시협약 파기의 극단적인 선택을 통해 적대적 관계까지 조성되었다(박민정, 2013). 이것은 정책오류 수정 과정에서 새로운 이해관계 충돌이 발생할 수 있음을 의미한다. 특히 전임과 현직 지자체장 간의 갈등, 개발을 원하는 시민과 반대하는 시민들 간의 갈등, 지자체와 민간사업자의 갈등, 중앙정부와 지방정부 간의 갈등이 정책오류 수정 과정에서 새롭게 등장한다는 점을 고려하면 정책오류 수정이 항상 낙관적인 결과만을 제시하지는 않음을 알 수 있다.

3. 환경복잡성 접근에 따른 실패 원인 분석

1) 정책실패의 여부

환경복잡성 접근은 결정론적 카오스(deterministic chaos)의 시각에서 초기치의 민감성과 고착 효과(lock-in effect)[13]를 중심으로 정책실패를 이해하는 관점, 정책실패가 정책공간 자체에 배태(embedded)되어 있다는 관점, 그리고 환경 혹은 상황 요인으로 인한 실패로 보는 관점으로 구분할 수 있다. 결정론적 카오스의 관점에서 본다면 경전철 사업의 실패는 확률적 변화는 존재하지만 초기치의 민감성을 극복하지 못하고 정책실패 상황이라는 한 점의 끌개(attractor)로 수렴하는 형태[14]

13) 초기 조건이 민감하다는 것은 초기 상태의 아주 작은 차이가 결과적으로 엄청난 차이를 만들어 낸다는 것이다. 비록 초기 조건은 미세한 차이를 보이지만 시간의 흐름은 여기에 결합되는 수많은 조건의 조합을 만들어 내기 때문에 시간이 지날수록 전혀 다른 궤적의 변화를 만들어 내기 때문이다.

14) 카오스는 겉으로는 불규칙하고 무질서해 보이는 비예측성 신호 속에 일정한 규칙성을 가진 운동을 일컫는 말이다. 여기에서 일정한 규칙성이 '기이한 끌개(strange attractor)'라고 불리는 질서 구조에 의해 주어진다. 역학계의 변화 상태는 하나의 점 외부의 에너지에 의해 요동하면서 만드는 수많은 궤적으로 나타날 수 있는데, 궤적을 그리는 복잡한 곡선군 중에는 어느 점에서 출발해도 결국은 다시 돌아오는 하나의 곡선이 생기게 되고 이를 '끌개(attractor)'라고 한다(김용운 외, 1998). 즉, 끌개는 수렴하는 점으로서, 변화에서 주기성을 갖는 주기성 끌개, 토러스(torus) 형태를 갖는 준주기성 끌개, 그리고 위상공간이 겹치지 않는 이상한 끌개(strange attractor) 형태로 다양하다(김주진·김홍기, 1997 참고).

라고 이해할 수 있다. 사업 추진 시점부터 현재까지 경전철 사업은 지속적으로 변화를 해 왔지만 인구 감소, 교통 수요의 과대 예측, 지방정부와 민간의 정보 비대칭성 및 목적 함수의 불일치와 같은 초기 조건은 경전철 사업의 경로를 과소 이용객이라는 정책실패 상태로 수렴시킨 것이다. 이 관점에 입각한다면 점증적인 정책실패 수정 노력은 다시 끌개 효과에 의해 정책실패로 수렴하는 현상이 지속될 수밖에 없다. 실제로 경전철 사업은 지속적인 정책오류 수정 노력을 해왔음에도 불구하고 정책실패 상황을 극복하지 못하고 있다는 점에서 초기치의 민감성과 고착 효과에 의한 정책실패가 발생하고 있다고 할 수 있다.

또 하나는 정책 자체에 실패 가능성이 배태되어 있다고 보는 관점이다. 카우프만(Kauffman, 1995)의 지적처럼 환경에서의 지형이 [그림 8-1]과 같이 다수의 국지적 최적 상태를 가지고 있는 상황에서 각 상황에 처해 있는 행위자들은 자신들의 국지적 상황에서 최적점을 찾아가게 되고 그것은 전역적 최적점(global optimum)이 아닌 경우가 일반적이다. 특히 행위자들이 매우 강하게 연결되어 국지적 최적 상태(local optimum)를 벗어나기 어려운 상황인 경우에는 적응 실패가 발생하게 되는 것이다(Levinthal, 1997). 다수의 목적 함수가 존재하는 상황에서 국지적 최적 상태는 보편적이기 때문에 정책실패는 일반적인 현상이 될 수밖에 없다.

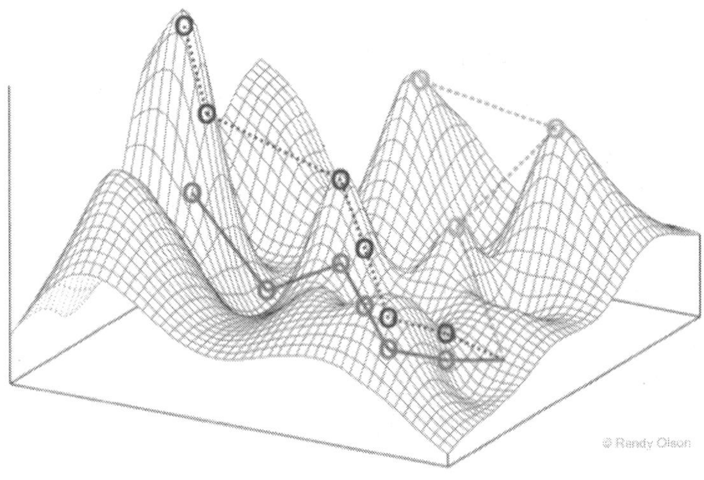

그림 8-1 굴곡된 지형(rugged landscape)과 최적 상태(optimum)

환경복잡성과 관련된 또 다른 해석은 정책 시스템이 환경 요인의 변화에 적응하지 못한 상태를 정책실패로 본다. 경전철 사업은 인구 증가 추세의 완화, 지방재정의 악화, 관련 개발계획의 변화 등과 같은 환경 변화에 적절하지 않은 사업이며 시민단체나 언론 역시 부적절한 사업으로 판단하고 있는 상황 자체 때문에 경전철 사업을 실패로 볼 수 있는 것이다.

2) 정책실패 원인 분석과 대안

환경복잡성적 관점에서 정책실패의 원인은 주로 초기치와 외부 환경의 변화 등에서 찾을 수 있다. 하지만 조직군 생태학(Hannan & Freeman, 1977; 1989)에서 지적하듯이 환경에 적응하기 위한 최적 행위가 선택(selection)되는 경우 실패의 원인을 분석했다고 해서 대안을 직접적으로 제기할 수 없다. 그럼에도 불구하고 환경 적응성을 높이는 유연한 정책 수정이 일반적으로 제기되는 대안이라고 할 수 있다.

경전철 사업에서 제기되는 환경 변화의 원인은 다양하게 제시되지만 사회경제적 환경의 변화와 관련 계획의 문제가 가장 대표적이다. 용인경전철 사업 조사특별위원회 회의록에 나타난 사업 추진 배경에 대한 이우현 전 용인시의회 의장의 증언은 아래와 같다.

> 1998년도 이후에 제가 입문할 때는 용인시민의 인구가 23만 명이었습니다. 그리고 제가 부의장을 1년 7개월 있다 부의장을 했는데 그때 당시에 28만의 인구였습니다. 그때 언론을 보면 용인시는 난개발로 온통 용인시가 몹쓸, 살지 못하는 정도로 중앙언론에서 용인시가 그렇게 할 때 가장 큰 민원이 교통이었습니다. (중간 생략) 그때 교통문제가 돼서 용역도 국가가 인정한 국토개발연구원인데 국가에서 다 지방자치나 민자 유치를 많이 하라고 했던 것이 국가 아닙니까? 국가에서 해야 될 일을 지방자치에서 했고, 또 국가가 인정하는 그런 곳에서 용역보고서가 나왔기 때문에 여기 집행부 공무원들이나 우리 의원들이 전문성을 가진 것도 아니지 않습니까?(용인경전철 사업조사 특별위원회 회의록, 2011년 5월 31일).

또한 경전철 사업이 2011년 5월 현재 상태에 이르게 된 가장 큰 원인이 무엇인지에 대해 이우현 용인시장의 답변은 다음과 같다.

> 저는 안 된 원인은 첫째 지하철이 동시 개통이 안 됐기 때문에 가장 문제점이 있었고요. 둘째는 처인구의 도시계획이 끝나면서 10여개 지구단위계획이 큰 것이 있지 않습니까? 거기에 바로 바로 시가 추진해 줬으면 지금 아파트 입주가 돼서 많은 처인구 인구가 35만 정도 됐을 겁니다. 그런데 그것이 지금 하나도 안됐습니다(용인경전철 사업조사 특별위원회 회의록, 2011년 5월 31일).[15]

예광환 및 이정문 전 용인시장 역시 분당선 및 관련 개발계획의 지연을 정책실패의 중요한 요인으로 제시하고 있다. 하지만 이러한 환경적 요인을 정책실패의 원인으로 보기는 어려운 측면이 있다. 분당선이 개통된 시점에서도 여전히 용인경전철의 수요는 충족되지 못하고 있었기 때문이다.

이처럼 사후적 환경 변화 요인은 경전철 사업의 실패의 간접적 요인으로 볼 수는 있지만 직접적 원인으로 보기는 어렵다. 오히려 결정론적 카오스 관점에서 이야기한 초기치의 민감성과 고착 효과의 관점에서의 설명이 더 타당할 수 있다. 부산~김해 경전철이 추진되는 시점에서 김해시와 김해군이 나뉘어 있는 1991년 상황에서 김해시의 인구는 15만 명에 불과했는데 하루 승차 인구는 17만 명으로 계산되었다. 용인시의 경우도 용인시 인구의 65%를 상회하는 수지, 구성 등을 제외한 동부권 일부 35%를 대상으로 하는 사업에서 수요가 18.3만 명으로 예측한 2001년의 실행계획 역시 수긍하기 어렵다. 또한 의정부시 전체 인구가 2004년 40만 명이었던 상황에서 2006년 실시협약 당시 1일 이용자 수는 7.9만 명으로 예측한 것은 경전철이 일부 지역만을 통과하며, 경량전철의 특성상 대량 수송이 어렵다는 점을 고려한다면 애초에 달성되기 어려운 목표였다고 할 수 있다.

제 5 절 결론: 정책실패의 종합적 해석

앞 절에서 경전철의 사례를 합리주의적, 정치적, 환경복잡성 접근에 따라 분석해 보았다. 분석 결과에 따르면 각 접근 방법 모두 경전철 사업의 실패 원인이나 대안

15) http://iyongin.or.kr/Conference/Retrieval/frame.php?hfile=c6L6012011042.html&daesu=6.

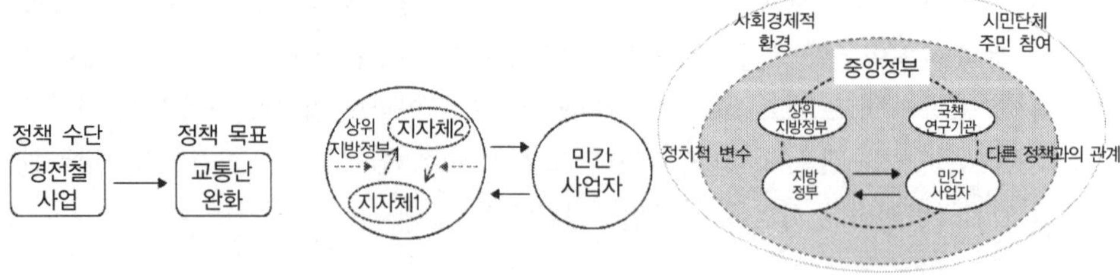

1) 합리주의적 관점의 선형적 인과모형 2) 정치적 관점의 전략적 상호작용 모형 3) 환경복잡성 관점의 다층적 환경모형

그림 8-2 경전철 사업에 대한 세 가지 관점에 따른 분석틀

을 제시하는 데 한계가 있음을 알 수 있다. 이하에서는 경전철 사례를 중심으로 종합적인 실패 원인의 분석과 이론적·정책적 시사점을 도출해 보고자 한다.

첫째, 인간의 인지 능력의 한계 혹은 합리적 분석 능력의 한계 자체가 정책실패의 직접적인 원인이라고 볼 수는 없다. 앞의 합리주의적 접근에서는 수요 예측의 실패 문제를 주로 다뤘다. 이러한 수요 예측의 실패는 일차적으로 수요예측모형의 한계, 자료의 한계, 환경 불확실성의 문제 등에 기인한다고 볼 수도 있다. 그러나 이미 2003년에 경기개발연구원에서는 경기도 경전철 사업의 문제점과 개선 방안에 대한 연구가 진행되었고(지우석·오은정, 2003), 해당 연구에서 수요 추정에 문제가 있을 수 있음이 인지되고 있었다. 또한 부산~김해 경전철의 경우도 실시협약이 체결된 2002년 12월 전후로 찬반 논쟁이 일어났으며, 2005년 감사원 감사 결과에서도 수요의 과대 추정 문제가 지적되기도 했다. 즉, 합리적 정책분석이 불가능한 것이 아니라 합리적 정책분석은 어느 정도 이뤄지고 있었음에도 불구하고 이 분석 결과가 정책에 직접 반영되지 않고 경전철 사업을 지지하는 분석 결과만이 받아들여진 것이다. 합리적 분석 능력 부족이 아니라 다양한 합리적 분석 결과를 정책결정에 제대로 활용하지 못한 것이 정책실패의 직접적 원인이라고 할 수 있다.

둘째, 정책실패의 점증적 수정의 부재를 정책실패 원인으로 보기 어렵다. 경전철 사업이 실패한 것이 지속적인 정책오류 수정이 제대로 이뤄지지 못했기 때문이라는 주장은 순환 논리에 불과하다. 경전철에 대해서는 2004년 SOC 민간투자제도 운용 실태, 2005년 부산~김해 경전철사업 추진 실태, 2007년 공공시설 민간투자사업 추진 실태, 2013년에 걸쳐 시민, 건설교통부, 국회 등의 요청에 의해 감사원의 감사가 이뤄졌다. 그러나 감사 결과에 대한 처분은 수요 추정의 문제의 개선이나 협약 내용의 변경 등이었으며 실질적인 정책실패 문제를 해결할 수 있는 것은 아니었다. 또한 MRG와 관련된 실시협약 내용의 변경을 비롯해 수요의 재추정, 환승할인제도의 도입 등 다양한 방식으로 정책 수정이 이뤄졌다. 하지만 초기에 이미 잘못된 정책결정이 이뤄진 상황에서 점증적인 방식으로 경전철 문제를 해결하는 것은 불가능했음을 사례분석 결과는 보여준다. 이런 점증적 접근과 달리 전주경전철은 사업이 진행되고 있는 과정에서 신임 시장의 정치적 결단으로 사업 추진 자체를 보류함으로써 정책실패를 예방할 수 있었다. 용인과 의정부의 경우도 점증적인 MRG 비율 협상을 포기하고 표준비용 방식(SCS)으로 전환할 수밖에 없었다. 이처럼 정책실패가 가시적으로 예견되고 있는 상황에서는 점증적 수정 노력을 기울이더라도 실패의 근본적인 원인을 제거하지 못한다는 한계에 직면하게 되므로 경전철 사업 실패에 대한 실질적인 대안이 되기는 어렵다고 할 것이다.

셋째, 이해관계 충돌 조정의 부재 자체가 정책실패의 직접적인 원인이라고 보기 어렵다. 이해관계 충돌에서 최근 부각되고 있는 것은 시민단체의 적극적인 참여와 협력적 거버넌스의 구축이다(박민정, 2013). 그러나 박선미(2013), 고길곤(2012)이 지적하고 있듯이 용인경전철의 경우 시민의 적극적 반대는 경전철의 문제가 표면화되기 시작한 완공 단계에서 주로 제기가 되었다. 용인경전철이 착공되기 이전의 대부분 기사들은 부동산 개발과 교통난 해소라는 관점에서 서술된 기사임은 주목할 만하다. 언론기사 분석의 한계를 인정하더라도 시민들이 적극적으로 반대했다는 것을 찾기는 힘들며[16] 용인시가 시민의 목소리를 억눌렀다고 보기도 어렵다. 또한 의정부경전철에 대한 반대의 경우를 보면 재정상의 문제라기보다는 소음과 진동, 안전 문제, 고가 설치에 따른 미관 문제, 노선 변경의 문제에 대부분 초점이 맞춰지고 있음을 알 수 있다.[17] 실제 시민단체에 의해 경전철 계획이 무산되었다고 주장되는 고양경전철의 경우도 "흉물스런 경전철의 고가 구조물이 일산 중심부를 관통하면 호수공원과 백마로 등 녹지대가 파괴되고 소음·분진 피해가 일어날 것"이며, "고가 위 경전철에서 주변 아파트 안이 훤히 들여다보여 사생활도 침해

16) 이에 대해서는 용인경전철을 찬성하던 YMCA 간사의 글을 참고.
http://yiinews.co.kr/ArticleView.asp?intNum=12736&ASection=001014.

17) 서울신문, 2009.2.16. 10면.

받을 것"을 주장하며 경전철 자체를 반대하기보다는 모노레일 대신 노면 전차를 도입하자는 주장을 하고 있음을 알 수 있다.[18] 이처럼 시민단체들이 경전철 사업 과정에 참여했다 하더라도 정책의 쟁점을 확산시킴으로써 의사결정을 어렵게 할 가능성이 크다.

한편 이해관계 충돌 조정은 이미 사업 계획 단계에서 여러 단계를 거친 협약 과정을 통해 일차적으로 이뤄져 왔다. 또한 사업 집행 과정에서도 중앙정부와 지방정부는 비용 부담과 관련한 지속적인 협의를 해왔으며, 지자체와 민간사업자 역시 이러한 조정 노력을 해왔다. 이것은 이해관계 충돌 조정 노력의 부재가 자체보다는 이해관계 충돌 가능성을 지나치게 낙관적으로 보고 충돌 조정 절차들을 제대로 갖추지 못했다는 점에서 찾아야 할 것이다.

넷째, 관련 계획의 미집행이나 인구, 경제적 환경의 변화와 환경복잡성 역시 경전철 사업 실패의 직접적 원인이라고 보기는 어렵다. 관련 계획의 미집행 가능성이나 인구의 과대 추정 문제는 이미 실시협약이 이뤄지던 2000년대 중반부터 지적되었고 지속적인 감사원의 감사보고서에서도 지적되어 왔다. 용인경전철과 관련된 분당선 개통 문제는 이미 2007년 감사보고서에서 지적되고 있었으며, 인구 과대 추정 문제는 전주경전철 사업을 비롯해 각종 교통시설 투자 분석에서 문제가 지적되어 왔다. 정책실패의 주요 요인으로 지적되는 환경 변화 요인들은 이미 인지되고 있는 상황이었다. 그럼에도 불구하고 용인시의 예에서 살펴볼 수 있듯이 이런 환경복잡성은 잘못된 정책결정의 책임을 회피하는 근거로 사용되고 있는 상황이다.

그러나 경전철 실패의 원인에서 주목할 필요가 있는 것은 신념 체계의 지속성이다. '친환경 신개념 교통 수단', '지하철보다 경제적인', '교통 혼잡 완화', '지역경제 활성화' 등의 경전철 사업의 정당화 논리는 체계적으로 검토되지 못하고 지속되어 왔다. 이와 함께 교통시설이 공급되면 수요는 창출된다는 경제성장기의 논리 역시 제대로 검토되지 못했다. 그 결과 경전철 사업의 실패에도 불구하고 이러한 정당화 논리는 사업의 필요성에 대한 근본적인 검토를 어렵게 하고 정책실패에 대한 책임을 모호하게 하는 역할을 하고 있다.

---

18) 한겨레신문, 2008.9.5. 13면. 또한 고양시의 경우에는 반대 주민뿐만 아니라 찬성 주민의 의견도 공존했다.

연구 문제

1. 의사결정의 합리성은 무엇이고 사전적 합리성과 사후적 합리성은 정책실패의 판단에 어떤 영향을 주는가?
2. 정책수정이 지속적으로 이뤄짐에도 불구하고 정책이 실패하는 원인은 무엇인가?
3. 정책실패에 대한 판단이 이해관계자의 입장에 따라 어떻게 달라지는가?
4. 경전철 사업의 문제가 인지 되었음에도 불구하고 제대로 수정되지 못한 이유는 무엇인가?
5. 정책이 의도한 결과를 달성하지 못했음에도 불구하고 왜 특정 정책은 실패 사례로 부각되지 않는가?

참고 문헌

강민아·장지호(2007). 정책결정 과정의 프레이밍에 대한 담론 분석: 방사성폐기물처리장 입지 선정 과정을 중심으로. 한국행정학보, 41(2): 23-45.

고길곤(2012). 경전철 사업의 사례를 통해 바라본 정책실패에 대한 새로운 접근. 서울대 행정대학원 정책지식센터.

고재경(2002). 축산폐수관리의 정부실패에 관한 연구. 한국정책학회보, 11(3): 137-165.

김기형·정주용(2011). 정책체제의 복잡성과 자기조직화를 통한 정책 변화, 그리고 급변: 방사성폐기물처분장 입지정책을 중심으로. 행정논총, 49(3): 149-190.

김도훈(2003). 학습조직과 시스템사고를 중심으로 본 시화호 정책실패의 원인과 교훈. 한국정책학회보, 12(1): 299-323.

김미나(2003). 한국 게임산업정책의 제도적 지체와 경로 의존적 변화. 한국정책학회보, 12(3): 143-172.

김주진·김홍기(1997). 카오스 현상을 나타내는 서스템의 구현에 관한 연구. 컴퓨터정보통신연구, 5(1): 69-90.

김형진(2012). 경전철 사업의 문제점과 개선 방안. 국회입법조사처.

문명재·이철주·주기완·하연희·곽연륜(2007). 대형 국책사업 집행실패의 영향요인 분석. 한국정책학회보, 16(2): 49-90.

박남훈·이재근(2009). 정치적 결정에 의한 정책학습 실패에 대한 연구: 노태우 정부 주택 200만호 건설정책을 중심으로. 국가정책연구, 23(2): 67-99.

박순애·이지한(2005). 반복된 정책실패: 방사성폐기물 처분장 입지정책의 재조명. 환경정책, 13(2): 63-98.

박승주 · 이석민 (2013). 시장형 노인일자리사업의 성과에 영향을 미치는 생성적 인과관계 탐색. 한국행정학보, 47(4): 369-394.

사득환 (2003). 불확실성, 혼돈 그리고 환경정책. 한국정책학회보, 12(1): 223-248.

서인석 · 권기헌 · 김태진 · 이종구 (2009). 부동산 버블 인과구조에 관한 연구. 정책분석평가학회보, 19(3): 331-360.

손호중 (2009). 행정PR의 행태와 혐오시설 입지. 한국정책과학학회보, 13(3): 143-164.

손화정 (2011). 참여정부의 국가보안법 정책변동실패 사례분석: 옹호연합 및 정책갈등의 결합모형의 적용. 한국행정학보, 45(3): 25-51.

송근원 (2008). 정책분석 및 평가와 실증주의: 절반의 실패?. 정책분석평가학회보, 18(2): 43-74.

신용덕 · 김진연 (2013). 행동경제학의 이야기짓기 관점에서 살펴본 정책사례: 경인 아라뱃길 사업을 중심으로. 한국정책학회보, 22(4): 163-192.

신희권 (2005). 재벌규제정책 실패 사례로서의 주력업체제도. 한국정책학회보, 14(3): 285-315.

심준섭 (2004). 불확실성과 정책오차의 이중성. 한국행정학보, 38(6): 131-153.

안병철 (2002). 의약분업 정책변동과 정책실패. 한국행정학보, 36(1): 41-58.

안병철 · 이계만 (2009). 정책실패에 관한 연구경향 분석. 한국정책과학학회보, 13(2): 1-19.

양영철 (2008). 참여정부에서의 자치경찰제 도입 실패에 관한 연구: 정책참여자 간 갈등을 중심으로. 한국행정학회 하계학술대회, 1-41.

우윤석 (2013). 끝나지 않은 철도 구조개혁: 상하 분리를 중심으로 한 평가와 향후 정책 방향. 한국정책학회보, 22(2): 95-121.

윤영진 · 곽채기 · 이준원 · 신원형 (2000). 광역자치구역 개편 결정에 관한 사례 연구. 한국행정학보, 34(4): 277-301.

이성우 (2004). 정책분석의 패러다임과 연구 방법에 대한 메타적 접근. 정책분석평가학회보, 14(3): 1-22.

______ (2008). 후기 실증주의와 질적 연구 방법의 정책분석 평가연구에의 적용가능성. 정책분석평가학회보, 18(4): 15-42.

______ (2011). 합리성, 합리적 논증과 정책연구의 패러다임. 한국행정학회 학술대회 발표논문집, 2011(6): 1002-1017.

이원욱 · 이대수 (2004). 이익집단 간의 이해관계 분석. 한국정책과학학회보, 8(3): 309-336.

임동욱 · 박상지 (2004). 추진 과정을 중심으로 본 지방자치단체 경영수익사업의 성공과 실패. 한국정책과학학회보, 8(4): 148-172.

정익재 (2002). 정보화정책 실패 사례 분석과 정책교훈. 한국정책학회보, 11(4): 273-302.

조응래 (2013). SOC사업 타당성조사 제도의 허와 실. 경기개발연구원.

지광석 · 김태윤 (2011). 소비자문제의 본질과 정책적 함의: 거래비용이론에 입각한 유형화를 토대로. 한국행정학보, 45(2): 57-83.

지우석 · 오은정 (2003). 경기도 경전철사업의 문제점 및 개선 방안. 경기개발연구원.
지종화 (2011). 정책집행의 실패와 그 원인, 그리고 사회적 손실 분석. 정책분석평가학회보, 21(2): 1-46.
진상현 (2013). 에너지 효율개선 정책의 효과성. 한국정책과학학회보, 17(4): 55-77.
채원호 · 손호중 (2005). 정책실패와 신뢰: 방사능폐기물 처리장 입지 선정 사례를 중심으로. 한국행정논집, 17(1): 1-28.
최선미 (2013). 경전철 민간투자사업 실패 요인에 관한 연구: 용인, 부산~김해, 전주 사례를 중심으로. 서울대학교 석사학위 논문.
최성두 (2001). 부산 항만자치공사 설립의 표류 원인 분석평가. 한국행정학보, 35(4): 317-334.
한동효 (2010). 지방자치단체의 정책실패 요인에 관한 연구. 지방정부연구, 14(3): 315-334.
한영환 · 이성로 (2002). 한국의 정치 상황과 규제개혁의 한계. 한국정책학회보, 11(2): 141-164.
한표환 · 김선기 (2003). 자치단체 간 협력사업의 유형별 성공 · 실패 요인 분석과 추진 방안. 한국행정학보, 37(3): 217-239.

감사원 (2004). 감사결과 공개문: SOC 민간투자제도 운용 실태.
______ (2005). 감사 결과보고서: 부산~김해 경전철사업 추진 실태.
______ (2007). 감사 결과 처분요구서: 공공시설 민간투자사업 추진 실태
경기개발연구원 (2010). 용인경전철 활성화 방안 수립.
국토해양부 (2011a). 감사원 감사 결과 처분요구서.
______ (2011b). 경전철 민간투자사업 제도개선 연구.
국회예산정책처 (2004). BTL 민간자본투자사업평가 및 개선 방안.
국회입법조사처 (2012). 경전철 사업의 문제점과 개선 방안.
기획재정부 (2011). 2011년도 민자사업 기본계획.
김해시청 (2012). 부산-김해 경전철 백서
중앙공무원교육원 (2011). 용인경전철 건설 사례.

Bovens, M. A. P. & t' Hart, Paul (1996). *Understanding policy fiascoes*. New Brunswick, N.J.: Transaction Publishers.
Hannan, Michael T. & Freeman, John (1977). The Population Ecology of Organizations. *American Journal of Sociology*, no. 82 (5): 929-964.
______ (1989). *Organizational ecology*. Cambridge, Mass.: Harvard University Press.
Julnes, G. & Mark, M. M. (1998). Evaluation as Sensemaking: Knowledge Construction in a Realist World. *New Directions for Evaluation*, 78: 33-52.
Kauffman, Stuart A. (1995). *At home in the universe: the search for laws of self-organization*

and complexity. New York: Oxford University Press.

Levinthal, Daniel A. (1997). Adaptation on Rugged Landscapes. *Management Science*, 43 (7): 934-950.

Majone, Giandomenico (1989). *Evidence, argument, and persuasion in the policy process*. New Haven: Yale University Press.

Mark, M. M., Henry, G. T., & Julnes, G. (1998). A Realist Theory of Evaluation Practice. *New Directions for Evaluation*, 78: 1-32.

May, P. J. (1992). Policy Learning and Failure. *Journal of Public Policy*, 12(4): 331-354.

McConnell, A. (2010). Policy Success, Policy Failure and Grey Areas In-Between. *Journal of Public Policy*, 30(3): 345-362.

Pawson, R., Greengalgh, T., Harvey, G., & Walshe, K. (2005). Realist Review: A New Method of Systematic Review Designed for Comples Policy Interventions. *Journal of Health Services Research & Policy*, 10(1): 21-34.

Pressman, Jeffrey L. & Wildavsky, Aaron B. (1973). *Implementation, The Oakland Project series*. Berkeley: University of California Press.

Wildavsky, Aaron B. (2007). *Speaking truth to power: the art and craft of policy analysis*. Boston: Little Brown.

제 9 장

정부간 관계(중앙-지방 관계)에 관한 사례연구: 세종자치시 부강면 주민자치회 시범 실시를 중심으로

김 순 은

제 1 절 서론

정부간 관계라는 용어는 보통 국제정치에서 사용된 반면 행정학에서는 비교적 생소하다. 1887년 학문으로서 행정학이 태동한 이후 1950년에 들어 행정학 분야에서도 정부간 관계라는 용어를 사용하기 시작했다. 정부간 관계 개념이 행정학에서 비교적 늦게 주목받게 된 이유는 당시 미국의 정부 단위별 상이한 세원구조에서 비롯된 행정 특성 때문이었다. 미국은 1860년대 이후 병렬연방제(Dual Federalism)의 원리에 따라 연방정부와 주정부는 상호의 간섭이나 관계를 최소화하는 것이 행정의 관행이었다. 실제로 미국의 연방정부는 관세, 주정부는 간접소비세, 그리고 지방정부는 재산세를 기본적인 세원으로 정해 가급적 정부간의 교류를 억제했다.

1930년대 들어서 미국은 경제적 불황을 타개하기 위해 루스벨트 대통령이 획기적인 뉴딜정책을 추진하면서 행정 분야에서 정부간 관계를 인식하기 시작했다. 뉴딜정책의 추진으로 연방정부, 주정부, 지방정부 사이에는 다양한 형태의 교류와 협력 등의 관계가 생성되었다. 20세기 초 연방정부가 소득세를 주요 세원으로 도입하면서 세입구조에 커다란 변화가 야기되었고, 연방정부와 주정부 또는 연방정부와 지방정부 간의 재정적 관계가 급증했다. 종전과는 달리 연방정부는 자원의 재배분, 사회복지 및 경제활성화 등에 새로운 역할을 수행하면서 정부간 상호 교류가 매우 활발해졌다. 이와 같은 관계를 조정 또는 관리하기 위해 1950년대 아이젠하워 대통령은 연방정부 수준의 정부간 관계 자문위원회(Advisory Commission on Intergovernmental Relations)를 설치했다. 이것이 정부간 관계(intergovernmental relations)라는 용어의 단초가 되었다(Wright, 1988). 그 후 미국의 정부간 관계는 1960년대에 들어 본격적으로 논의되기 시작했다. '위대한 사회(Great Society)'를 건설하기 위해 연방정부가 다양한 형태의 정책을 형성하고 주정부와 지방정부가 이러한 정책들을 집행할 때 종래와는 비교도 되지 않을 정도로 연방정부, 주정부, 지방정부 간의 관계가 활발하게 형성되었다(Kim, 1991). 이로 인해 1990년대 국정관리의 새로운 이론에 따라 정부간 관계를 다계층 거버넌스로 표현하기도 한다(Hooghe & Marks, 2003).

한편 일본에서는 정부간 관계라는 개념이 1970년대 이후 종종 사용되었으나 보편화된 것은 1980년대 이후부터이다. 현재는 유사한 개념들에 대해 다양한 용어로 설명한다. 예컨대 '국(國)-지방 관계', '중앙-지방 관계'(西尾, 1990; Horie & Nagata, 1997), '국과 지방자치단체와의 관계'(社會保障硏究所, 1995), '전국정부와 지방공공단체와의 관계'(秋月, 2001) 등의 표현이 정부간 관계를 의미한다. 정부간 관계가 국제정치에서 주로 사용되기 때문에 혼동을 피하기 위해 행정학에서는 중앙-지방의 관계 등의 용어가 주로 사용된다(秋月, 2001).

반면 우리나라의 경우 정부간 관계는 매우 생소한 편에 속한다. 중앙정부가 아직도 지방의 정치 주체를 정부로 인정하지 않고 지방자치단체라는 용어를 고집하고 있기 때문이다. 제도적인 측면에서는 물론 관행적인 측면에서도 지방의 정치 주체는 정책의 형성권을 갖는 정부로 인식되기보다는 자치단체로 인정되는 것이 현실이다. 박근혜 정부가 중심 과제로 추진하는 '정부3.0'에 대응하는 지방의 모토를 '지방정부3.0'이라고 표시하지 않고 '지방3.0'으로 표시하는 것만 보아도 명확하다. 따라서 우리나라에서는 정부간 관계보다는 '중앙-지방 관계'라는 용어와 '국가와 지방 관계', '국가와 지방자치단체와의 관계'라는 용어가 좀 더 보편적으로 사용된다.

용어야 어찌되었든 중앙-지방 관계 또는 정부간 관계는 1991년 지방자치의 재개 이후 정치학 및 행정학 분야에서 점차 중요한 연구 대상이 되고 있다. 지방이 자율성을 강화하고 있을 뿐만 아니라 2000년대 지방분권의 흐름 속에서 지방정부의 정치·행정적 권한이 강화되어 종전의 중앙정부의 하향식 틀로써는 소기의 성과를 기대하기 어렵게 되었기 때문이다. 그뿐만 아니라 보편적 사회복지의 증대에 따라 지방정부는 사회복지정책의 집행 주체로서 매우 중요한 역할을 담당하게 되면서 관련된 예산을 둘러싸고 중앙정부와 마찰을 빚고 있다. 따라서 향후 정부의 정책 과정에는 중앙-지방의 관계가 매우 중요한 변수일 것이며, 나아가 정부간 관계에 대한 정확한 이해가 없이는 우리나라의 행정을 이해하는 데 한계가 있을 수밖에 없다.

이 연구는 정부간 관계의 관점에서 매우 유용한 사례에 관한 분석이다. 중앙정부는 2013년 7월 주민자치회를 시범적으로 실시했다. 주민자치회 사업을 둘러싸고 중앙정부와 지방정부 사이에 다양한 교류에 따른 협력 및 갈등이 발생했다. 중앙-지방의 다양한 관계를 세종시 부강면의 주민자치회 시범 실시 사업을 중심으로 심층적으로 분석함으로써 정부간 관계의 이해를 높이는 데 이 연구의 목적이 있다.

제 2 절 사례의 개요

1. 주민자치의 실시 배경

지방자치를 민주주의의 학교라고 정의할 때 이에 대한 훈련은 주민자치에서부터 시작해야 한다. 주민자치를 통한 지방자치 실현의 전통을 가진 영국과 미국에서는 주민자치라는 별도의 표현이나 용어는 없지만 마을공동체(neighborhood)가 여기에 해당한다. 영국과 미국에서 사용하는 주민자치와 마을 공동체는 정책결정의 주체로서 정치적 의의가 크다.

그러나 영국과 미국과 달리, 프러시아와 일본 및 우리나라 등 단체자치가 발전된 국가에서는 주민자치라는 용어보다는 정치적 주체로서의 정치적 참여보다는 행정 과정에의 참여를 의미하는 행정적 의의가 크다.

우리나라의 경우 읍·면·동을 중심으로 한 주민자치는 1952년 시작되었다. 당시 전쟁 중이었지만 수복지구를 중심으로 면의회 선거가 실시되어 주민자치가 실시되었다. 그러나 1961년 군이 설치되면서 읍·면 자치제는 폐지되었다. 그 이후 읍·면·동을 기초로 한 주민자치는 지방자치의 휴면기 동안 전혀 주목을 받지 못했다.

그러다 1991년에 지방자치가 재개되고 1999년 읍·면·동의 기능 전환이 논란이 되었다. 그때 읍·면·동의 기능을 기초지방정부로 이전하고 읍·면·동은 주민자치센터로 전환하는 조치가 단행되었다. 이 과정에서 주민자치센터의 운영을 위해 주민자치위원회가 구성되어 주민자치의 모습을 띠게 되었다. 주민자치위원회는 구성에서부터 권한 및 지위까지 주민을 대표하는 주민자치조직으로 보기에는 매우 미흡했다. 주민자치위원회는 대개 주민자치센터의 관리와 운영 프로그램의 심의·결정에 초점을 두었다. 이후 읍·면·동의 자문기구의 역할도 부여받았으나 주민자치의 모형과는 매우 거리가 멀었다(김순은·한상우, 2014). 이에 대해서는 아래에서 주민자치회와 비교해 논의했다.

2010년 지방정부의 지방행정 체제에 관한 논의가 본격적으로 진행되면서 광역화되는 지방정부의 참여와 민주성을 확보하는 보완책으로 주민자치가 논의되었다. 2010년 제정된 지방행정체제특별법에서 주민자치의 실시에 대한 근거를 마련했다. 또한 다양한 연구를 거쳐 안전행정부(현 행정자치부)는 2013년 7월 주민자치를 시범적으로 실시하기 위해 주민자치회의 구성과 운영에 관한 정책을 마련했다.

2. 주민자치회의 이론적 논의

2010년 주민자치회를 연구했던 지방행정체제개편위원회는 기존의 주민자치위원회가 주민의 자치조직으로서의 지위와 위상이 미흡하고 운영도 매우 제한적이었다는 판단에 따라 새로운 형태의 주민자치회를 구상했다. 이때 논의된 이론적 이슈는 주민자치회의 지위와 구성, 권한, 재원 등에 관한 것이었다(곽현근, 2014).

지방행정체제개편위원회는 주민자치의 활성화가 시·군 통합의 부작용을 치유하고 지방자치의 본지를 실현할 수 있다는 판단에 따라 기존 주민자치위원회를 획기적으로 개혁하는 방안을 강구했다. 우선 기존의 주민자치위원회를 주민자치회로 대체하고 주민자치회의 위상을 제고했다. 주민자치위원회가 자문기구였던 점을 고려해 주민자치회는 주민자치기구로 전환했다. 전자는 주로 읍·면·동장의 자문기구로서 주민자치센터의 운영 사항을 심의하고 읍·면·동의 행정에 대한 자문을 주로 했다. 반면 주민자치회는 주민자치기구로서 주민의 일상생활과 관련된 사항에 대한 읍·면·동과의 협의와 심의는 물론 주민 화합과 발전을 위한 사무, 나아가 지방정부가 위임한 위탁사무 등도 처리할 수 있게 되었다.

주민자치회의 높아진 위상은 법적 근거에서도 확인할 수 있다. 종전 주민자치위원회가 지방정부의 조례에 근거해 설치된 조직이었으나 주민자치회는 지방행정체제특별법에 의해 설치할 수 있도록 근거 규정이 강화되었다. 지방행정체제특별법은 2013년 지방분권 및 지방행정체제특별법으로 개정되었다.

주민자치위원회 위원의 위촉권자를 도 기초지방정부의 장으로 격상시킨 것도 주민자치회의 위상을 고려한 것이었다. 주민자치위원회 위원은 동장이 위촉함으로써 동장의 자문 역할에 한정되었으나 주민자치회는 읍·면·동장과 협의하거나 또는 읍·면·동의 사무를 심의하기 때문에 기초지방정부의 장이 위원을 위촉하는 것이 타당하다.

한편 주민자치위원회는 읍·면·동장이 지역의 유지를 중심으로 위촉해 주민의 대표성에 한계가 있었다. 마치 지역 유지의 친목단체로 오해되기도 했다. 이러한 상황을 고려해 주민자치회는 주민 대표성 및 전문성을 강화하기 위해 다양한 지침을 마련했다. 특히 지역대표, 직능대표, 일반주민의 공개모집 등 다양한 방식으로 위원을 선정했다. 주민대표성과 전문성을 확보하기 위해 위원선정위원회를 구성하고 위원선정위원회에서 주민자치회 위원의 적합성을 심의해 기초지방정부의 장에게 위촉을 의뢰하는 방식으로 전환했다.

주민자치위원회는 읍·면·동 사무소에서 공간을 제공했으나 별도의 재원을 가지고 있지 않았다. 주로 위원들은 회의가 개최될 때마다 회비를 갹출해 위원회의 운영경비에 충당했다. 반면 주민자치회는 보조금 및 기부금뿐만 아니라 자체재원을 가질 수 있는 환경이 조성되었다. 우선 위탁사업을 수행하는 경우 수익이 발생할 수 있으며 이외에도 자체적으로 수익을 창출하는 사업을 추진할 수 있다.

지위에 관해 종전의 주민자치위원회는 읍·면·동의 주도로 운영되어 읍·면·동의 부속기관으로밖에 역할을 못했다. 반면 주민자치위원회는 독자적인 지위와 권한이 부여되어 읍·면·동과 대등한 파트너십을 형성할 수 있게 된 점도 커다란 변화이다. 이를 정리하면 〈표 9-1〉과 같다.

표 9-1 주민자치회와 주민자치위원회의 차이

구분	주민자치회	주민자치위원회
법적 근거	- 지방행정체제특별법	- 지방정부의 조례
법적 지위	- 주민자치기구	- 자문기구
주민의 대표성	- 주민대표성 및 전문성 제고	- 대표성 취약(지역 유지 중심)
위촉권자	- 기초 지방정부의 장	- 읍·면·동장
기능	- 주민생활 관련 사항 협의, 심의 - 주민 화합 및 발전사무 - 지방정부의 위임, 위탁사무	- 주민자치센터 운영 사항 심의
재정	- 자체재원(수익, 위탁사업 수입, 사용료) - 보조금, 기부금 등	- 읍·면·동 사무소 지원 - 별도 재원이 없음
지방정부와의 관계	- 대등한 파트너십 관계	- 읍·면·동 주도로 운영

출처: 김순은(2014: 14).

한편 주민자치회의 출범과 관련해 논의된 핵심 사항은 주민자치회의 모형을 결정하는 것이었다. 지방행정체제개편위원회는 협력형, 통합형, 주민조직형의 세 가지 모형을 제시하고 각 모형의 특성을 논의했다. 협력형의 모형은 [그림 9-1]에서 보는 바와 같이 읍·면·동 사무소와 주민자치회는 병렬적인 관계를 유지해 주민자치위원회의 구조와 가장 유사하다. 주민자치회와 읍·면·동의 사무에 대해 협의할 뿐만 아니라 주민자치회는 읍·면·동의 사무를 심의하기도 한다.

장점으로는 주민자치위원회의 체제와 유사해 시행착오의 위험을 최소화할 수 있으며 현행법 하에서 실현 가능하다는 점이다. 기존의 체제와 유사해 현장에서 주민자치회의 출범으로 인한 변화의 체감도가 낮다는 것이 단점이다.

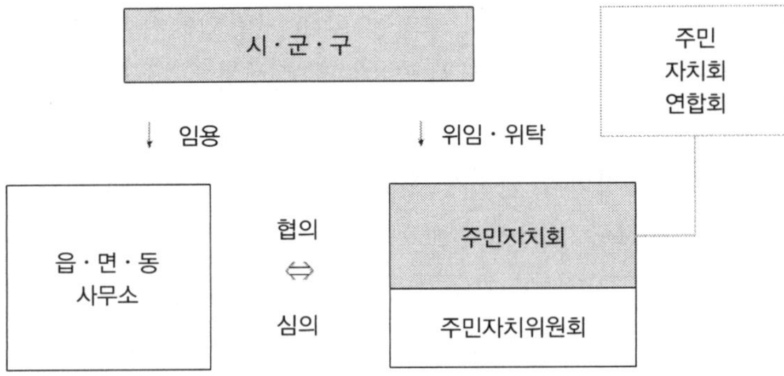

그림 9-1 **협력형 주민자치회 모델(안)**

출처: 심익섭(2012: 71).

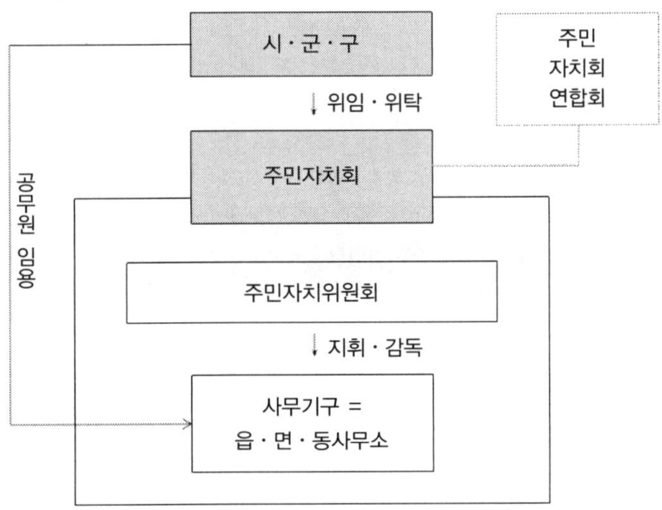

그림 9-2 **통합형 주민자치회 모델(안)**

출처: 심익섭(2012: 72).

두 번째의 모형은 통합형으로서 [그림 9-2]와 같다. 통합 모형은 주민자치회가 시·군·구로부터 위탁받은 사무를 직접 집행하는 구조이다. 비록 읍·면·동 직원을 시·군·구가 임용하지만 주민자치회가 지휘·감독권을 가지고 있기 때문에 주민자치회의 행정적 책임이 크다. 주민자치회가 사무기구인 읍·면·동 사무소를 직접 지휘·감독한다는 점에서 앞의 모형에 비해 진일보한 형태이다. 장점은 앞에서 언급한 바와 같이 주민자치회가 사무기구를 구성하는 공무원들을 지휘·감독하지만, 실질적으로 기초지방정부에 의해 임용된 공무원들이므로 주민자치회와 갈등이 있을 경우 주민자치회의 권위가 손상될 수 있다는 단점이 있다.

세 번째의 모형은 [그림 9-3]에서 보는 바와 같이 주민자치회가 사무기구를 직접 구성하는 형태이다. 주민들이 기초지방정부의 관여를 받지 않고 직접 사무기구를 구성함으로써 주민자치회의 독립성이 적절히 보장된다. 가장 발전된 형태로서 주민자치회의 이상적인 모형이라는 장점이 있다. 반면 우리나라는 이러한 경험이 전무하고 주민자치회가 사무기구를 업적주의에 따르지 않고 엽관제적으로 구성할 경우 주민자치회의 자치 역량이 훼손될 수 있다는 단점을 지닌다. 따라서 제3모형은 주민조직형으로 부른다.

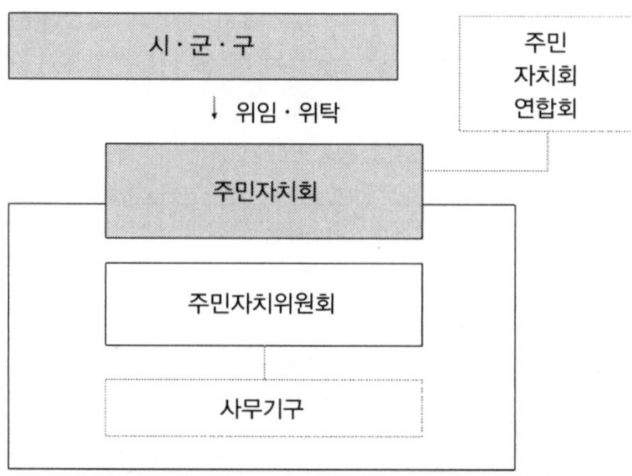

그림 9-3 주민조직형 주민자치회 모델(안)

출처: 심익섭(2012: 73).

3. 주민자치회 시범 실시 정책의 내용

지방행정체제개편위원회는 주민자치회의 확산에 매우 적극적인 태도를 취했으나 안전행정부는 매우 조심스럽게 접근했다. 주민자치회의 모형 선택이나 시범 실시의 범위에 대해서도 보수적인 입장을 견지했다.

안전행정부는 주민자치회가 활성화되어야 한다고 판단했으나 경험이 없는 상황을 고려해 시범적으로 실시한다는 시책을 확정했다. 안전행정부의 시범 실시 정책은 전면적으로 실시할 때 발생할 가능성이 있는 시행착오를 최소화하고 시범지역의 성과를 토대로 전국적으로 확대 또는 시범사업의 연장 등에 대해 결정한다.

읍·면·동의 자치 역량 등을 평가해 우수한 지역을 시범지역으로 선정한 것은 제도의 순조로운 정착을 유도하자는 취지에서 비롯되었다. 시범지역의 원활한 활동을 위해 정책 수단으로는 공모에 의한 신청 방식에 중앙정부가 1억 원의 운영비를 지원했다. 이와 더불어 전문적인 관점에서 주민자치회 활동을 지원하기 위해 베테랑 공무원을 중심으로 주민자치회에 지원관제도와 주민자치의 전문성을 가진 컨설팅단을 구성했다. 주민자치 지원 컨설팅단은 한국지방자치학회의 지원으로 기능 재부로 지원한 31명의 교수와 중앙정부가 위촉한 11명의 전문가로 이뤄졌다. 이들은 주민자치회의 구성 때부터 해당 주민자치회가 제기한 질의에 자문하는 형식으로 참여했다.

안전행정부가 공모한 주민자치회 시범실시사업에 응한 읍·면·동의 수는 166개였다. 안전행정부는 가급적 많은 시·군·구가 시범 실시 사업에 참가하기를 독려했다. 그런데 시범실시사업에 참여하는 읍·면·동은 기존의 지역발전사업에 참여했던 주체들이 대부분이었다.

이 중에서 평가를 거쳐 총 31개 읍·면·동이 시범실시지역으로 선정되었다. 안전행정부는 주민자치회의 응모한 166개의 읍·면·동 중에서 31개를 최종적으로 결정해 2013년 7월 1일 실시했다. 그 이후 수회의 워크숍, 중간평가, 지원관 지원, 최종평가 등의 과정을 거쳤다. 안전행정부는 2013년 3월 시범 실시계획을 수립하고 4월 사업을 공모했으며, 6월 민관합동선정위원회를 통해 31개 시범지역을 선정했다. 2013년 6월 13일 제1차 워크숍, 6월 20일 표준조례안 통보, 7월 지원관을 파견했다. 안전행정부는 2013년 9월 주민자치회 구성을 앞두고 여성 위원의 비율을 40% 유지해 줄 것을 권고했으며, 2013년 7~12월에 걸쳐 모든 시범지역이 주민자치회를 구성할 것을 기대했다. 2013년 9월에는 31개 지역 중 10개 지역이 안심마을로 추가로 지정되었다. 10월 제2차 워크숍, 12월 제3차 합동 워크숍이 개최되었다.

세종시 부강면 주민자치회도 최종적으로 선발된 31개 시범 실시지역 중의 하나였다. 세종시 부강면은 2013년 8월 시장이 9명의 위원선정위원회를 구성했다. 세종시는 2013년 8월 위원선정위원회에게 주민자치회에 사전 설명을 실시했으며, 부강면 주민자치회의 정원은 지역·주민·직능대표를 포함해 24명이었다. 주민자치위원 24명은 이·통장협의회의 추천자 6명, 공개모집에 의한 전문가, 직능단체대표, 일반주민 18명으로 구성되었다.

세종시 부강면 주민자치회 24명의 정원은 남·여 비율이 50%씩으로 구성되었다. 주민자치센터의 위원을 역임한 위원이 16명으로 66.6%를 차지했고, 신규 위원이 8명으로 33.4%를 차지했다.

제 3 절 정부간 관계에 관한 이론적 논의

1. 정부간 관계의 의의

한 국가의 행정을 논의할 때 중앙-지방 관계 또는 중앙정부와 지방정부 간의 정부간 관계를 분석한다는 것은 국가에 따라 다소 상이하지만 중앙정부가 지방정부를 정책의 파트너로 인식한다는 증거이다. 지방정부를 단순히 중앙정부의 하위 행정기관으로 간주할 경우 정부간 관계의 가치를 경시하기 때문이다. 이때는 협력과 갈등에 따른 복잡·미묘한 의미가 내재된 정부간 관계보다는 지시와 통제로 이뤄진 행정적 관계라는 용어로 표현하는 것이 적합할 것이다. 따라서 정부간 관계 개념에 주목하는 것은 지방정부의 정치 주체로서의 위상이 제고되었음을 시사한다. 즉, 지방정부도 지역의 수준에서 정책 형성의 주체가 되어 정책적으로 중앙정부와 협력, 교류 및 갈등의 관계를 갖는다(今村·武智, 1995; Wright, 1988).

정부간 관계가 갖는 두 번째 의의는 중앙정부와 지방정부의 상호 관계와 관련있다. 정도의 차이는 있지만 중앙정부와 지방정부와의 관계를 상호 수직·복종의 관계로 인식하기보다는 상호 수평·대등의 관계로 인식한다. 지방정부를 국정의 진실한 파트너로 인식하고 지방정부의 정책적 협력이 없이는 국정의 목표를 적절히 달성할 수 없다는 전제가 내재되어 있다. 20세기 말 영국의 노동당 정부가 보여준 혁신적 시도가 이를 대표적으로 상징한다(김순은, 2005). 중앙정부에 대한 지방정부의 상대적 지위가 상승된 결과이다.

또한 정부간 관계라는 용어는 중앙-지방 관계의 제도적 사항 외에도 행태적 사항이 매우 복잡하게 얽혀 있음을 의미하기도 한다. 아래에서 논의하는 바와 같이 정부간 관계는 제도적 내용에서 출발한다. 연방제와 단방제 등의 국가 체제, 그리고 지방자치와 지방분권이라는 개념은 국정을 관리하는 제도적 사항이다. 한편 정부간 관계는 중앙-지방의 공무원 사이에서 보이는 다양한 행태를 포괄한다. 특히 미국의 정부간 관계는 주로 후자의 관점에 초점을 맞추는 경우도 있다(Wright, 1988).

2. 정부간 관계의 이론적 논의

1) 제도적 · 행태적 정부간 관계

정부간 관계에 관한 주요 연구 대상은 제도와 행태로 구분해 논의한다. 전자의 관점에 따르면 제도의 내용과 해석 및 이에 대한 변화가 정부간 관계를 변화시키는 주요한 요인이다(Elazar, 1987; 김순은, 2007). 미국의 정부간 관계는 미국 헌법 수정 조항 제10조와 19세기 말에 판례에서 제시된 딜런의 법칙(Dillon's rule)에 기초한다. 미국은 수정 조항 제10조의 내용과 해석은 시대에 따라 달랐다. 경쟁적 연방제, 협력적 연방제, 창조적 연방제, 신연방제 등으로 발전했으며(Elazar, 1987), 각각의 이론에 따라 미국의 정부간 관계는 상이한 연방제로 나뉘어 자치모형, 계층모형, 협상모형으로 발전했다(Wright, 1988).

그에 반해 영국의 정부간 관계는 의회절대주의(principle of parliamentary supremacy)와 월권 무효의 법칙(principle of ultra vires)에 따라 규율된다. 성문헌법이 존재하지 않는 영국에서는 의회의 의결이 절대적인 권한을 갖는다. 의회에서 제정되는 법률은 헌법적 내용을 포함해 영국의 정부간 관계를 결정한다. 19세기 말 이후 현재까지 영국의 의회는 지방정부와 관련된 다양한 제도들, 행정구역, 행정 체제, 행정 권한 등을 결정했다(김순은, 2006, 2011). 각 시대의 제도적 내용에 따라 중앙-지방 간의 모형이 변천했다(김순은, 2005).

영국의 정부간 관계 모형은 통제모형과 협력모형으로 크게 나뉜다. 전자는 집행기관 모형(agency model)과 대리인 모형(steward model)으로 세분되며, 후자는 상호의존 모형(power-dependence model)과 파트너십 모형(partnership model)으로 나뉜다. 영국의 정부간 모형 중 통제모형과 상호의존 모형은 중앙정부와 지방정부가 상호 상하·복종의 관계로 이해하는 반면 파트너십 모형은 상호 수평·대등의 관계로 인식한다. 후자의 관점에서 영국은 1997년 '파트너십을 위한 틀(A Framework of Partnership)' 문서를 중앙-지방정부의 협의 하에 완성했다(김순은, 2005; Office of the Deputy Prime Minister, 2005).

이와 달리 일본의 정부간 관계는 시대적 상황에 따라 상이하게 발전되어 왔다. 그중에서도 1947년의 지방자치법의 제정과 1999년 지방분권일괄법의 제정이 일본의 중앙-지방 관계의 변화를 야기한 중요한 제도들이다. 1946년 일본의 평화헌법과 1947년 지방자치법의 제정 및 내무성의 폐지를 계기로 전전(戰前)의 체제와는 근본적으로 다른 성격의 체제가 출범했다(Muramatsu, 2001).

특히 일본의 경우 '지방자치의 본지'를 밝히기 위해 지방정부와 관련된 법규의 제정 원칙을 규정했으며, 모든 지방의원과 지방정부의 장을 선거를 통해 선출해 지방정부의 제도적 위상을 강화했다. 특히 내무성을 폐지함으로써 중앙-지방 관계를 상호 수직·복종에서 상호 수평·대등의 관계로 전환했다. 그러나 이에 대해서는 제도는 개선되었으나 중앙-지방 관계는 전전(戰前)과 같이 상호 수직·복종의 관계를 유지했다는 주장도 있다. 미국 군정의 지방분권을 통한 민주화의 청사진을 기관위임사무, 지방사무관제도, 필치규제(必置規制)[1]라는 행정제도를 통해 집권적인 구조를 유지하는 데 성공했다는 평가가 이를 뒷받침한다(辻, 1976; 김순은, 2001).

이러한 상황이 1999년 일본의 지방분권의 결실로 이어지는 배경이 되었다. 1999년 지방분권 개혁에 의해 전후(戰後) 중앙집권 체제의 도구였던 기관위임사무, 지방사무관 제도가 폐지되었고 필치규제가 대폭 축소되었다. 따라서 중앙정부의 지방정부에 대한 관여와 감독이 크게 개선되어 중앙-지방정부의 관계가 상호 수평·대등의 관계로 발전했다. 이를 뒷받침하는 제도로서 국·지방계쟁처리위원회(國·地方係爭處理委員會)가 신설되었다(김순은, 2007).

일본의 정부간 관계의 성격을 제도적 맥락으로 분석하는 데 국가의 체제를 정치

---

1) 일본에서 논의되는 필치규제란 중앙정부의 법령에 의해 지방정부가 반드시 이행해야 할 규제임.

적 권한의 관점에서 보면 집권과 분권, 행정적 권한의 관점에서 보면 분리와 융합의 형태로 구분할 수 있다. 이를 일본의 정부간 관계에 적용하면 1999년 이전의 형태는 집권-융합의 모형으로, 1999년 이후의 형태는 분권-융합의 하위 단계로 구분할 수 있다(김순은, 2007). 이는 일본에서 논의되었던 상호 수평·대등모형과도 일맥상통한다(Muramatsu, 2001).

앞서 논의한 제도적 틀 안에서 중앙정부와 지방정부 간의 행태적 관계는 매우 복잡하고 상호의존적인 형태로 나타난다. 행태적 측면에서 중앙정부와 지방정부는 각자 보유하고 있는 자원이 대비되는 모습을 보이는데, 이러한 현상은 특히 사회복지 분야에서 두드러진다. 중앙정부는 정책과 재원을 가지고 있으나 집행을 담당할 인력이 부족하다. 한편 지방정부는 해당 관할 내에서 인적 자원을 보유하고 있으나 정책과 재원이 부족한 경우가 많다.

미국의 행태적 정부 관계는 다양한 용어로 표현된다. 정부간의 행태가 상호 독립적으로 이뤄지는 형태를 층별 케이크(layer cake)에, 상호 의존적이고 복합적인 형태를 대리석 무늬 케이크(marble cake)에 비유하기도 한다. 층별 케이크의 모양처럼 각 레벨의 정부들이 상호간 접촉이 없는 경우가 전자에 해당하며, 대리적 케이크와 같이 정부간 관계가 상호간에 복잡·미묘하게 얽히고 의존적인 형태가 후자에 해당한다.

정부간 관계의 행정적 행태의 특징은 대나무 담장(bamboo fence), 말뚝 담장(picket fence)에 비유하기도 한다. 대나무와 말뚝과 같이 행정가들 사이의 상하 관계를 적절히 비유하고 있다. 이러한 용어는 아래 레벨의 공무원들이 상위 레벨의 공무원들로부터 다양한 형태의 정보 지원, 기술 지원, 자문, 지시, 감독 등을 받고, 반대로 아래 레벨의 공무원들은 상위 레벨의 공무원들에게 질의와 보고 등을 하는 관계를 상징적으로 보여주고 있다.

일본의 행태적 정부간 관계는 중앙정부의 정책집행, 정책의 상호학습, 인력 교류, 국고보조금 정책의 구상 등에서 나타났다. 사회복지의 정책적 구상은 중앙정부에 의해 이뤄지고, 지방정부는 집행을 담당하는 역할을 분담하면서 중앙정부는 기술적 자문, 정보 제공, 재원의 제공, 정책의 가이드라인 등을 제공하고 지방정부는 행정인력, 지역의 현황 및 정보, 성과의 보고 등의 상호 의존 현상이 발생했다. 중앙정부와 지방정부는 정책의 상호 경쟁을 통해 지역의 민주주의와 주민의 복리 증진에 기여하고 있다. 정책의 상호학습의 대표적인 예는 환경 및 행정민주주의에 관한 조례가 중앙정부의 법률보다 우선 제정되어 훗날 중앙정부가 이를 학습한 사례가 있다.

2) 정치적 · 행정적 · 재정적 정부간 관계

중앙정부와 지방정부가 상호작용하는 차원별 성격에 따라 이론적인 차원에서 정치적 · 행정적 · 재정적 관계로 나눠 논의한다. 정치적 차원의 정부간 관계는 분권적 헌법, 법령위임주의와 자치입법권, 지방선거와 정당 공천, 정치적 지방분권, 중앙-지방의 정책 갈등, 주민자치회의 실시, 중앙정부와 지방정부 간 재원을 둘러싼 이슈들이 있다. 지방정부의 세원 및 세율, 과세권 등이 대표적이다. 정치적 정부간 관계는 특정한 사안을 두고 중앙-지방이 상이한 이해와 견해로 정치적 관계가 형성되는 측면이다(김순은, 2014). 대표적인 예로는 제주도의 해군기지 건립을 들 수 있다. 중앙정부의 사무인 해군기지의 입지와 건립을 두고 중앙정부와 제주도, 인근 주민, 시민단체 등이 첨예하게 대립해 정치적 이슈가 되었다.

행정적 정부간 관계는 중앙행정과 지방행정의 접점에서 발생하는 다양한 형태의 이슈들에 관한 부분이다. 중앙정부 차원에서는 위임사무에 따른 지도와 감독 및 관여, 지방정부 차원에서는 중앙정부에 대한 의견 제시와 참여 등이 발생한다. 이외에도 중앙-지방 간 인사 교류, 정보 교류 등을 통한 협업의 업무 관계가 형성된다.

한편 재정적 정부간 관계는 중앙정부의 지방정부에 대한 재정적 지원에 관한 측면이다. 지방정부는 각자의 상황에 따라 재정적 여건이 다르다. 국가에 따라 상이하지만 수도권과 비수도권, 도시와 농촌 간의 재정적 격차는 점차 증가하는 경향이 강하다. 여기에 더해 재정적 상황이 열악한 지역일수록 재정적 지원에 대한 수요는 상대적으로 더 높아 지역 간의 재정 격차는 심화된다. 재정의 형평성을 제고해 이러한 문제를 해결하기 위해 중앙정부는 지역의 재정적 수요를 고려한 재정적 지원을 실시한다. 그러나 지원금의 재량권에 대해 중앙정부와 지방정부의 입장이 다르다. 지방정부의 입장에서는 교부세와 같은 재량이 많은 재정적 지원을 선호하는 한편 중앙정부의 관점에서는 용도가 분명한 국고보조금을 선호한다.

그러나 정부간 관계의 이론과 현실이 반드시 일치하지는 않는다. 이론적인 관점에서는 상기한 바와 같이 정부간 관계가 정치적 · 행정적 · 재정적 관계로 크게 나눌 수 있지만 실제는 이 세 가지 측면이 중복된 경우가 많아 명확하게 구분하기가 쉽지 않다. 정치적 특성과 행정적 특성이 결합되는 경우도 있으며 정치적 특성과 재정적 특성이 혼합되어 있는 사례도 발생한다. 지방분권과 관련된 이슈가 전자의 대표적인 예이며, 특별교부세가 후자의 대표적인 예이다.

제 4 절 사례분석의 틀

앞에서 논의했듯이 중앙-지방정부 간 관계는 제도와 행태적 측면의 분류, 그리고 정치적·행정적·재정적 측면 등이 얽혀 있어 다양하고 복잡하다는 특징을 지닌다. 이 연구에서 다루는 주민자치회 사업도 예외가 아니다.

따라서 주민자치회 사업을 중심으로 우리나라 정부간 관계를 논의하기 위해 〈표 9-2〉의 틀을 활용했다. 중앙-지방정부 간의 관계는 6개의 셀(cell)로 크게 나눠 논의할 수 있다.

표 9-2 사례분석의 틀

	정치적 관계	행정적 관계	재정적 관계
제도	헌법 및 법령위임주의 선거와 정당 공천 지방분권 및 균형 발전 중앙-지방 협력 정례회의	위임사무 중앙의 관여 인사 교류 분쟁 조정	지방재정 조정제도
행태	지방4단체 협의회 의견 제시 중앙정부의 정치적 의사 표시	관계자 회의 인사 교류 컨설팅 및 정보 제공 정책 협력 요청 의견 제시	국회의원의 쪽지예산 특별교부세의 로비

1. 정치 · 제도적 관계

정치 · 제도적 관계는 주로 헌법, 법령위임주의, 선거 및 정당 공천, 분권과 균형 발전 등 중앙-지방정부의 정치적 관계 및 정치적 권한에 관해 형성된다. 중앙-지방정부 간의 관계가 상호 수직 · 복종의 관계 또는 상호 수평 · 대등의 관계 중 어느 쪽인가는 헌법적 규정에 달려 있다. 이러한 맥락에서 우리나라에서 분권형 헌법에 관한 논의가 간헐적으로 제기되고 있다.

우리나라의 분권적 헌법은 대통령, 국회, 사법부 간의 권한을 배분하는 측면에 초점이 맞춰져 있지만 중앙-지방정부 간의 권한 배분도 매우 중요한 헌법적 이슈 중 하나이다. 우리나라의 헌법은 중앙-지방정부 간의 관계에 관한 직접적인 규정을 두고 있지 않다. 다만 지방자치에 관해 간략하게 2개 조항을 두고 있을 뿐이다. 그러므로 우리나라의 헌법에서도 미국의 수정 조항 10조(유보적 권한)[2]와 같은 규정이 필요하다. 우리나라의 헌법 개정이 이뤄질 때 중앙정부와 지방정부 간의 권한 및 기능을 헌법에서 좀 더 명시적으로 규정하고 있는 외국의 입법례를 참고로 하여 중앙-지방 간의 권한 배분에 대한 내용을 반영해야 할 것이다. 현행 헌법과 지방자치법의 규정이 법령의 범위 내에서 조례를 허용하고 있기 때문에 지방정부의 자치입법권이 크게 훼손되고 있는 분야도 여기에 속한다. 재산권 제한 법률주의, 죄형법정주의, 조세법률주의 등의 규정에 지방정부의 조례도 광의의 법률에 속한다는 내용이 포함된다면 지방정부의 자치권이 크게 신장될 것이다.

1990년대 이후 논의된 지방분권과 지역균형 발전도 고도로 정치적인 이슈의 성격을 띠고 있다. 대통령이 바뀔 때마다 관련 법규와 제도가 개정되어 이에 대한 정치적 비중이 계속적으로 바뀌었다. 2004년 참여정부 하에서 지방분권과 지역균형 발전에 정책적 비중이 매우 강했으나 그 이후 점차 비중이 줄어들고 있다. 현재 제주특별자치도와 세종특별자치시, 혁신도시 등은 그때의 정책적 산물이다.

중앙-지방정부 간 관계를 정치적으로 조정하는 제도가 중앙-지방협력회의이다. 제도의 명칭은 상이하지만 국가마다 중앙-지방정부의 정치적 사안을 협의하고 조정하는 제도를 도입하고 있다. 영국에서는 중앙-지방협약(central-local concordat)

---

2) 수정 조항 10조는 "헌법에서 명시적으로 연방정부의 권한으로 규정하지 않은 권한은 주정부의 권한에 속한다"는 규정임.

을 도입했으며 일본에서도 민주당 정부 하에서 중앙-지방 협의의 장을 도입했다(김순은, 2013).

2. 행정 · 제도적 관계

중앙-지방정부 간 행정 · 제도적 관계는 위임사무와 중앙정부의 행정적 관여에 따른 이슈라는 특징을 지닌다. 지방정부가 중앙정부의 위임사무를 집행하는 경우 다양한 형태와 지도와 감독 등 관여를 받는다. 아울러 중앙-지방정부 간 인사 교류와 갈등이 발생할 때의 분쟁조정제도가 여기에 속한다.

3. 재정 · 제도적 관계

중앙정부는 제도적인 관점에서 다양한 형태의 지방재정 조정제도를 규정하고 있다. 지방정부에게 사용 용처를 지정하지는 않아 지방정부의 자주재원은 같은 교부세(general revenue sharing), 재원의 사용 용도를 구체적으로 지정한 국고보조금(categorical grants), 교부세와 보조금의 중간 형태인 포괄보조금이 있다. 우리나라는 교부세 중에도 시설비에만 사용할 수 있는 특별교부세제도가 있다.

4. 정치 · 행태적 관계

중앙정부는 정책을 추진할 때 이슈가 있을 때마다 관련 대통령, 국무총리, 장관을 통해 담화문 등의 정책 의사를 표시한다. 정책에 대한 국민들과 관련 당사자의 이해와 협조를 구하는 경우이다. 지방정부를 대표하는 지방4단체[3]도 지방의 이슈에 대해 중앙정부에 의사를 전달한다. 2014년 8월 전국시장 · 군수 · 구청장들이 국비의 지원이 없을 경우 복지 디폴트를 선언할 것이라는 의사 표시가 여기에 속한다.

---

3) 지방4단체는 전국시 · 도지사협의회, 전국시 · 도의회의장협의회, 전국시장 · 군수 · 구청장협의회, 전국시 · 군 · 구의회의장협의회를 의미한다.

5. 행정 · 행태적 관계

중앙정부는 중앙정부의 사무 및 위임사무를 집행할 때 다양한 방식과 행태로 지방정부와 교류를 실시한다. 업무 담당자 회의, 인사 교류, 컨설팅 및 정보 제공, 정책 협력 요청, 의견 제시 등의 행위가 중앙-지방정부 간에 발생한다. 지방정부의 공무원들은 중앙정부의 정책에 대해 다양한 방식으로 대응한다. 정책에 관한 각종 문의와 의견의 제시는 물론 행정적 · 재정적 지원을 요청하기도 한다. 지방정부 공무원의 행태는 적극적 때로는 소극적 행태로 나타난다.

6. 재정 · 행태적 관계

지방정부는 지방의 재정을 확충하는 데 국비를 확보하는 것이 매우 중요하다. 예산을 결정하는 연말이면 전국의 지방정부 간부들이 서울에 상주하면서 중앙정부의 관련 부처나 국회를 방문해 지방정부의 상황을 설명하고 협조를 요청하는 것이 상례화되어 있다. 국회의원들이 해당 지역구의 예산을 확보하는 행태를 '쪽지예산'이라는 용어로 표현하고 있다. 지방정부는 중앙정부가 보유하고 있는 특별교부세를 받기 위해 매우 다양한 형태의 로비를 전개하고 있다.

제 5 절 사례분석: 주민자치회 시범실시 사업에 대한 분석

1. 정치 · 제도적 관계

지방자치에 관한 정책은 중앙정부의 구성정책에 속한다. 중앙정부가 법령으로 지방자치에 관한 정책을 결정하면 지방정부는 정책을 집행하는 정치 · 제도적 관계이다. 지방행정체제개편법과 지방자치발전법에서 규정한 바에 따라 주민자치회의 도입이 가능하기 때문에 중앙정부가 시범 실시를 결정하고 지방정부가 이를 집행하는 관계로 진행되었다. 주민자치회의 도입이나 실시에 대해 지방정부으로부터 반대 등의 이견 제시는 없었다.

주민자치회의 집행을 앞두고 모형에 대해서는 이론이 존재했다. 주민자치회의 모형으로 협력형 · 통합형 · 주민조직형이 검토되었으며, 좀 더 혁신적인 모형을 실시해야 한다는 목소리도 높았다. 그러나 안전행정부가 법제처에 문의한 결과 현행법 하에서 협력형만이 합법적이라는 유권 해석에 따라 협력형 주민자치회를 2013년 7월부터 시범적으로 실시하게 되었다. 세종시 부강면의 경우 정치 · 제도적 관계에서는 여타의 시범지역과 동일한 상황이었다. 지역에서 좀 더 적극적인 형태인 통합형이나 주민조직형을 요청한 사례는 없었다.

2. 행정 · 제도적 관계

주민자치회의 도입이 결정되자 안전행정부는 실행 방안으로 전면적 실시보다는 시범 실시의 방안을 채택했다. 전국에 걸쳐 전면적으로 실시할 경우 발생할지도 모를 시행착오의 리스크(risk)를 예방하는 차원에서 시범 실시를 결정하게 되었다.

시범 실시지역을 선정하는 방식은 공모(公募)에 의한 것으로 결정하고 다수의 지방정부를 유인하기 위해 인센티브를 제공하는 사업의 형태로 추진했다. 주민자치회가 자유롭게 사용할 수 있는 재원을 지원하는 인센티브를 제공하는 방침을 결정했다. 인센티브가 제공되는 주민자치회 공모사업에 다수의 지역이 관심을 갖게 되었다.

166개 지역이 주민자치회 사업을 신청했으며, 평가를 거쳐 최종 31개 읍 · 면 · 동이 선정되었다. 31개 시범지역에 이 연구의 대상인 세종시 부강면이 포함되었다. 세종시 부강면도 공모에 참가해 시범지역으로 선정됨에 따라 경쟁 읍 · 면 · 동에 비해 우수한 자치 역량을 보여주었다.

주민자치회가 출범하기 위해서는 주민자치회의 구성, 권한, 기능 등에 관한 조례가 필요하다. 중앙정부는 주민자치회의 원활한 도입과 운영을 위해 모델 조례를 제정해 전국에 제공한다는 방침을 결정하고 시범지역에 제공했다. 지방정부는 중앙정부가 제공한 모델 조례를 기초로 지역에 적합한 조례를 제정했다.

3. 재정 · 제도적 관계

중앙정부가 읍 · 면 · 동의 주민자치회 시범 실시를 구상할 때 인센티브를 검토했다. 인센티브를 검토한 데에는 두 가지 이유가 내재되어 있었다.

첫 번째 이유는 주민자치회 시범사업에 읍 · 면 · 동의 참여를 제고하기 위해서였다. 이미 주민자치위원회가 구성되어 활동해 왔던 읍 · 면 · 동이 새로운 주민자치회에 어느 정도 관심을 갖고 참여할지를 확신할 수 없었던 상황 속에서 인센티브는 동기 유인의 중요한 수단이 될 수 있었다.

두 번째 이유는 주민자치회의 실질적인 활동과 관련있다. 주민자치회를 처음으로 도입해 출범하게 되면 주민자치회가 소기의 활동을 충실하게 수행해 주어야 주민자치회를 추진하는 소기의 목적을 거둘 수 있다. 주민자치회가 성공적으로 출범하더라도 소기의 활동 성과를 보여주지 못하면 출범의 의의가 없기 때문이다.

한편 주민자치회의 실질적인 활동을 위해 운영자금이 필요한 것은 재론의 여지가 없다. 따라서 중앙정부의 인센티브는 주민자치회의 운영자금을 보조하는 성격을 띤다. 주민자치회 구성을 위한 설명회를 개최할 때만 해도 중앙정부는 인센티브의 성격을 사용 용도가 자유로운 운영자금이 될 것이라고 언급했다. 그러나 중앙정부가 1억 원의 인센티브를 결정할 때에는 특별교부세로 지원하는 것으로 결정되었다.

인센티브로 시설비에만 사용할 수 있는 특별교부세로 결정됨에 따라 시범 읍 · 면 · 동의 반발을 야기했으며, 집행을 두고 읍 · 면 · 동 간에 커다란 편차를 보이는 결과가 발생했다. 논란에도 불구하고 중앙정부가 특별교부세로 지원하게 된 데에는 안전행정부가 가용할 수 있는 재원이 특별교부세 외에는 없었기 때문이었을 것으로 추론된다. 세종시 부강면의 경우 중앙정부의 특별교부세에 대해 매우 현명하게 대처함으로써 주민자치회 운영을 효과적으로 지원하게 된다. 이에 대해서는 아래에서 분석했다.

4. 정치 · 행태적 관계

주민자치회의 시범 실시를 앞두고 중앙-지방의 정치 · 행태적 관계는 주민자치회 모형과 관련해 형성되었다. 중앙정부는 새롭게 시도하는 주민자치회의 시행착오를 최소화하는 데에 정책적 초점을 두었던 반면 지방에서는 주민자치회 모형의 다양성에 관심이 높았다. 읍・면・동의 자치 역량에 따라 앞에서 논의했던 다양한 모형이 선택적으로 활용되기를 기대했다.

반면 중앙정부는 법제처에 주민자치회 모형에 대한 유권 해석을 의뢰했다. 법제처는 현행법 하에서 협력형 모형만이 합법적이라는 유권 해석을 내림으로써 이러한 의견 대립을 종결했다.

5. 행정・행태적 관계

주민자치회 사업과 관련해 가장 빈번하게 발생한 것이 행정・행태적 관계였다. 주민자치회 사업이 정책으로 결정된 이후 집행을 둘러싸고 중앙정부와 지방정부의 행정・행태적 관계가 가장 복잡하고 유기적인 관계를 형성하게 되었다.

중앙정부의 담당자는 우선 해당 시・군・구의 담당자를 소집해 해당 사업을 설명하는 등의 행정지도와 더불어 정책의 성공적 집행을 위한 협력을 요청했다. 중앙정부는 지원관과 컨설팅 자문단을 통해 읍・면・동에 대한 기술적 자문도 지속적으로 추진했다. 전문가 컨설팅단은 해당 지역을 배정받고 때로는 자발적으로 방문해, 때로는 주민자치회의 요청에 따라 각종 자문을 수행했다. 중앙정부는 워크숍을 통해 주민자치회 간 경험을 공유하고 주민자치회의 애로 사항을 경청하고 지원해 주는 활동을 지속했다.

평가작업도 중앙정부에 의해 실행되었다. 중앙정부는 중간평가를 실시해 주민자치회 사업을 실행 상황을 점검하는 기회로 활용했으며 최종평가는 주민자치회 사업의 지속 여부와 확장 여부를 결정하는 자료로 활용되었다. 평가에 앞서 지방정부는 중앙정부의 보고 요청에 따라 다양한 보고서를 제출하게 되었다. 주민자치회가 조직된 이후에는 실행보고, 주민자치회의 활동이 진행된 이후에는 중간보고, 2014년 말에는 최종평가를 위한 최종보고서를 제출했다.

지방정부는 워크숍과 관련자 회의를 통해 읍・면・동의 애로 사항과 요구 사항을 전달했다. 다양한 요구 사항 중에는 전문가 컨설팅 지원의 확대, 주민자치회의 위상과 권한 강화, 운영비의 자율성 확대, 예산의 지속적 지원 등이 포함되었다. 지역에 따라 다른 전문가들이 컨설팅 자문단 활동을 수행하다보니 적극성의 정도가 달라 적극적인 지원을 받았던 지역과 그렇지 못한 지역이 발생함에 따른 결과였다.

세종시 부강면을 포함해 대부분의 읍・면・동이 주민자치회의 위상과 권한의 강화를 요구했다. 새로운 주민자치회와 기존의 주민자치위원회가 앞에서 분석했듯이 상이한 법적 위상과 권한 면에서 차이가 있음에도 불구하고 현장에서 느껴지는 체감 차이는 없었다. 주민자치회가 재정의 확보를 위해 위탁사무의 확대 등이 필요한데 현실적인 벽이 매우 높다는 것을 인지한 읍・면・동이 이에 대한 적극적인 지원책을 요구하게 되었다.

또한 대부분 읍・면・동이 2014년 이후에도 재정적 지원이 계속되어야 한다는 점을 강조했다. 아울러 예산의 사용 용도에 자율성이 확보되어야 한다는 점도 수차례 강조했다. 이에 대해서는 아래에서 상세하게 논의했다.

6. 재정・행태적 관계

세종시 부강면이 여타의 읍・면・동과 괄목할 만한 차이를 보인 측면이 재정・행태적 관계이다. 특히 중앙정부와 세종시의 재정・행태적 관계가 주목할 만했다. 이 연구는 세종시의 선제적 대응에 초점을 두었음을 앞에서 언급했다.

세종시 담당자는 중앙-지방 관계자 회의에서 처음으로 중앙정부의 재정적 지원 형태가 특별교부세라는 점을 인지했다. 특별교부세는 재정의 성격상 시설비 외에는 사용할 수 없다는 점, 읍・면・동의 주민자치회가 기대하는 것은 용도가 자유로운 운영비라는 것을 인지한 담당자는 이의 해결에 적극적으로 나섰다.

우선 세종시 담당자는 예산담당자의 면담을 통해 중앙정부로부터 1억 원의 특별교부세가 세종시로 교부된다는 점을 알려주고 시설비에 편성된 세종시의 1억 원을 민간경상보조비로 전환해 줄 것을 요청했다. 예산담당자는 주민자치 담당자에게 중앙정부로부터 1억 원의 특별교부세 지원에 대한 사항을 재삼 확인한 후 추가경정예산 편성 시 시설비의 1억 원을 민간경상보조비로 전환해 세종시 부강면 주민자치회가 보유한 통장으로 지급했다.

특별교부세의 목적에 어긋나지 않는 범위 내에서 특별교부세는 시설비에 충당하고 본래 세종시의 자주재원 1억 원으로 주민자치회를 지원하는 기지를 발휘한 세종시 주민자치회 담당자는 창의적인 중앙-지방정부 간 재정·행태적 관계를 보여주었다.

31개의 시범지역 중 특별교부세를 운영비로 전환해 준 읍·면·동은 세종시 부강면 주민자치회가 유일한 사례였다. 2014년 10월~11월 주민자치 컨설팅 자문단이 31개 지역에서 컨설팅을 할 때까지 특별교부세 1억 원을 사용하지 못한 곳도 있을 정도로 인센티브 1억 원을 둘러싸고 커다란 편차를 보였다. 세종시 부강면의 주민자치회를 중심으로 중앙-지방정부 간 관계를 요약하면 〈표 9-3〉과 같다.

표 9-3 주민자치회를 통한 중앙-세종시 정부간 관계

	정치적 관계	행정적 관계	재정적 관계
제도	구성정책 주민자치회 도입 주민자치회의 모형	시범 실시 인센티브 제공 정부사업의 일종 모델 조례의 제공	지방재정 조정제도
행태	주민자치회 모형에 대한 의견 제시 법제처의 유권 해석 의뢰	관계자 회의 워크숍 실시 컨설팅 및 정보 제공 정책 협력 요청 의견 제시	특별교부세의 로비 운영비의 자율성 재정의 지속적 지원 특별교부금과 민간경상보조금의 교체

제 6 절 시사점과 결론

1. 시사점

1) 정부간 관계의 복잡성

국가와 시대에 따라 상이하지만 복잡성과 다양성은 중앙정부가 정책을 수립하고 중앙정부의 재정적 지원 하에 이를 지방정부가 집행할 때 나타난다(Wright, 1988). 중앙정부가 주민자치회의 도입을 시범사업정책으로 결정하고, 이를 공모하는 순간부터 지방정부와의 다양하고 복잡한 관계가 발생했음은 앞에서 상세하게 분석했다. 주민자치회 사업 경우에도 정부간 관계는 제도 및 행태적 차원과 정치적・행정적・재정적 측면 등이 조합을 이뤄 매우 복잡함을 확인했다. 향후 지방자치가 발전되면 지역의 의견과 목소리가 더욱 강해져 중앙-지방정부 간 관계는 더욱 복잡・다단해질 것이다.

이 연구에서는 세종시 부강면의 사례를 중심으로 논의했지만 다른 읍・면・동의 선정할 경우 다소 상이한 행태적 관계를 보여줄 것이다. 앞에서 약술했듯이 재정적 관계의 측면에서는 읍・면・동마다 상당한 차이를 보였다. 부강면 주민자치회의 경우처럼 1억 원을 주민자치회 통장에 입금해 주민자치회 활동을 이미 시작한 곳이 있는 반면 2014년 10월 기준으로 자금의 사용처도 결정하지 못한 주민자치회도 있었다. 어떤 주민자치회는 중앙정부가 지원한 1억 원 중 일부 금액만 주민자치회로 이전하고 일부는 기초지방정부가 사용한 지역도 있다(김순은 외, 2014).

2) 중앙-지방의 파트너십 중요

국세, 관세, 병무, 보훈 등의 사무와 같이 중앙정부가 직접 집행하는 것을 제외하면 국가의 사무는 중앙정부의 사무에 속하든, 지방정부의 사무에 속하든 중앙-지방정부 간의 협력과 교류가 필연적으로 뒤따른다. 중앙정부의 사무로서 중앙정부가 직접 집행하는 경우에도 지방정부의 저항이나 반대 등의 갈등 관계로 발전하기도 한다. 핵폐기물 매립장의 건설 과정에서 보여준 중앙-지방정부 간의 갈등, 제주도 해군기지의 건설을 둘러싼 갈등 등이 대표적인 사례이다.

우리나라와 같이 단체자치의 전통이 강한 국가에서 중앙-지방정부 간의 관계가 더욱 복잡・다단한 점은 위에서 논의했다. 위임사무의 경우는 물론 중앙정부의 사무 및 지방정부의 자치사무를 집행할 때도 중앙-지방정부 간 파트너십의 구축은 정책 집행의 성과를 높이는 데 매우 중요한 요인이다.

이 연구의 사례에서도 주민자치회 사업을 둘러싸고 중앙-지방정부 간의 파트너십이 사업 집행의 성과를 결정하는 핵심적인 요인임이 확인되었다. 중앙정부의 정책적 지원과 협력, 즉 재정적 지원, 정보의 제공, 모델 조례의 제시, 지원관과 컨설팅 자문단을 통한 기술 지원 등의 중앙정부의 노력은 물론 이에 대한 지방정부의 적극적 대응과 협력이 사업의 성패를 좌우하는 것이 분명해졌다.

3) 지방정부의 자치 역량

중앙정부와 지방정부 간의 파트너십 구축과 더불어 지방정부의 자치 역량이 주민자치회 사업에 중요한 영향을 미쳤다. 세종시 부강면의 주민자치회가 발족되고 활동이 수행되는 과정을 보면 세종시는 담당 공무원의 주민자치회에 대한 이해가 높고 태도가 매우 적극적이었다. 담당 공무원의 적극적인 태도가 있어 다른 지역에서는 발견할 수 없었던 창의적인 행정이 가능했다. 주민자치회의 원활한 운영을 위해 운영비가 필요하다는 것을 인지하고 특별교부세 1억 원을 세종시의 민간경상보조비와 교환하는 등의 아이디어는 담당 공무원의 창의성에 기초한 것이었다. 향후 주민자치회가 지방정부에 갈음해 지역의 복지와 삶의 질 제고에 반드시 기여할 수 있다는 담당자의 인식이 이러한 창의성을 낳게 했다고 보인다.

부강면 주민자치회 설치에 관한 사례는 향후 지방정부의 정책 집행에 무엇이 중요한가를 보여주는 대표적인 연구이다. 지방정부의 자치 역량과 지방정부의 각종 정책 성과와는 깊은 인과관계가 있음을 확인해 주었다. 특히 지방정부 공무원의 적극적인 태도와 인식 및 노력이 지방정부의 자치 역량을 결정하는 데 큰 기여를 할 것이다.

4) 공동체의 주민자치 역량

주민자치회는 지방자치의 근본이 되는 단위이다. "작은 것은 아름답다(Small is beautiful)"라는 표현이 시사하듯이 공동체는 인간의 스킨십을 토대로 공동체의 문제를 해결하고, 나아가 공동체 구성원의 삶의 질을 제고할 수 있다. 특히 공동체 단위로 문제를 해결하는 방식은 지방정부가 해결하는 것보다 효율적이고 민주적이다. 이를 실현하기 위한 것이 주민자치회 사업이었다.

이 연구의 사례는 주민자치회의 활동이 주민 및 공동체의 주민자치 역량에 따라 좌우됨을 보여주었다. 세종시 주민자치사업 담당자를 면접한 내용에 따르면 부강면은 주민자치회 설립 이전부터 주민들 사이에 상부상조하는 깊은 전통과 지역의 문제를 스스로 해결하려는 의지가 강한 지역이었다. 지역의 주민자치 역량이 지방정부에 영향을 미쳐 담당 공무원의 창의적 노력을 이끌어 냈다고 볼 수 있다. 지방자치 시대에 주민자치 역량의 중요성이 중요하다는 것을 보여주는 우수한 사례이다. 즉, 주민자치 역량이 간접적으로 중앙-지방정부 간의 관계에 영향을 미쳤다고 할 수 있다.

2. 결론

우리나라에서도 1991년 지방자치가 재개되면서 중앙-지방정부 간의 관계가 종전과는 다르게 변모해 왔다. 특히 2004년 참여정부의 지방분권이 본격적으로 추진되면서 정부간 관계는 새로운 단계로 진입했다. 지방정부의 위상이 정치적·제도적으로 제고되었고, 이에 기초한 행태적 관계도 크게 변화했다.

이 연구는 이러한 중앙-지방정부 간 관계를 세종시 부강면 주민자치회 시범실시 사업의 추진 과정을 통해 분석했다. 2013년 7월 주민자치회가 시범적으로 전국 31개 읍·면·동에 설치되는 과정을 세종시 부강면의 사례를 중심으로 체계적으로 논의했다. 부강면 주민자치회가 사례연구의 대상이 된 것은 세종시가 주민자치회 설치 과정을 통해 보여준 창의적 행정이 상당히 이례적이었기 때문이다. 그뿐만 아니라 중앙정부와 지방정부의 노력에 의해 중앙-지방정부 간의 관계가 국정의 효과성을 높이는 데 크게 기여한다는 점을 보여줄 수 있었기 때문이다.

세종시 부강면의 주민자치회 시범 실시 사례연구는 정부간 관계의 복잡·다단성과 다양성이 드러나는 대표적인 경우이다. 제도와 행태적인 차원과 정치적·행정적·재정적 측면이 상호 조합되어 정부간 관계의 특성을 단적으로 보여주었다. 이와 같은 분석에 기초해 향후 국정의 운영에는 중앙-지방의 파트너십과 지방정부의 자치 역량이 매우 중요한 영향 요인이 될 것임을 확인했다. 이외에도 지방자치가 굳건해지기 위해서는 궁극적으로 공동체의 자치 역량이 기초가 되어야 한다.

연구 문제

1. 주민자치의 협력형 외에 통합형, 주민조직형 등 다양한 모형이 도입되었다고 가정하고, 이에 따른 정부간 관계도 변화를 비교·설명해 보라.
2. 주민자치회 시범사업이 전국적으로 확대될 경우 지방자치에 미칠 긍정적·부정적 영향을 논해 보라.
3. 새로운 주민자치회 모형이 성공적으로 정착되기 위한 전제 조건 등을 설명해 보라.

참고 문헌

곽현근(2014). 주민자치회 시범사업의 문제점과 개선 방안. 한국지방자치학회 동계학술대회 발표논문.

김순은(2001). 영국과 일본의 지방분권 비교분석. 한국지방자치학회보, 13(2): 101-121.

_____(2005). 영국의 정부간 관계의 혁신적 모형: 거버넌스 모형의 시도. 지방행정연구, 19(2): 3-24.

_____(2006). 영국 중앙정부의 지방정부 혁신정책. 한국지방자치학회 발표 논문.

_____(2007). 일본의 정부간 관계. 김순은 · 임승빈 외 편, 일본의 공공혁신과 지방정부 성과에 관한 연구. 서울: 한국지방행정연구원(공동보고서).

_____(2011). 영국과 일본의 지방분권 개혁 비교분석: 거대사회론과 지역주권론을 중심으로. 지방정부연구, 15(2): 73-96.

_____(2013). 일본 지방분권과 시사점. 입법 & 정책, 2: 149-173.

김순은 · 한상우(2014). 주민자치회의 현황과 발전과제 및 방향. 한양대학교 지방자치연구소 국제학술대회 발표논문.

심익섭(2012). 주민자치회의 제도화 방안과 발전 방향에 관한 연구. 지방행정연구, 26(4): 57-84.

Hooghe, L. & Marks, G. (2003). Unravelling the Central State, but How? Types of Multi-level Governance. *American Political Science Review*, 97(May): 233-243.

Horie, F. & Nagata, N. (eds.) (1999). *The Challenges to New Governance in the Twenty-First Century: Achieving Effective Central-Local Relations*. Tokyo: National Institute for Research Advancement.

Kim, S. (1991). Factors Affecting Implementation Effectiveness: A Study of Community Development Block Grant. Ph. D. Dissertation at Kent State University.

Muramatsu, M. (2001). *Intergovernmental Relations in Japan: Models and Perspective*. World Bank Institute.

Office of the Deputy Prime Minister (2005). *Central Local Partnership*. London: HMSO.

Wright, D. (1988). *Understanding Intergovernmental Relations*, 3rd ed. Pacific Grove: Brooks/Cole Publishing Company.

今村都南雄 · 武智秀之(1995). 政府間關係の構造と過程. 社會保障研究所 編(1995). 福祉國家の政府間關係. 東京: 東京大學出版部.

社會保障研究所 編(1995). 福祉國家の政府間關係. 東京: 東京大學出版部.

西尾勝(1990). 行政學の基礎概念. 東京: 東京大學出版部.

辻清明(1976). 日本の地方自治. 東京: 岩波書店.

제 10 장

수요자 중심의 공공 서비스 전달 체계: 바우처 사례분석*

정 광 호

제 1 절 서론

공공 서비스의 최종 이용권자인 시민에게 선택권을 제공하고 공공 서비스의 다양한 수요를 반영하기 위한 여러 정책 수단이 개발되어 왔다. 이 사례에서는 다양한 정책 수단 중 바우처(voucher: 이용권으로 바우처라는 단어로 사용)를 소개하

* 이 글은 정광호(2007). "바우처 분석: 한국과 미국을 중심으로," 『행정논총』, 45(1): 61-109에 실린 논문을 수정 보완한 것이다. 그 밖에 필자의 아래 3개의 바우처 문헌, 그리고 최근 수요자 중심 재정 전달 체계와 전자 바우처 동향에 관한 문헌을 참고해 서술했다. 필자의 기존 바우처 문헌은 정광호(2006). 『바우처: 공공서비스 선택권과 경쟁』, 한국행정학회 학술대회 발표논문집, 721-744, 한국행정학회, 정광호(2008). 『바우처 분석: 이론과 현실』, 법문사, 그리고 정광호(2010). 미국 교육 바우처의 효과 분석: 무작위 실험 사례를 중심으로, 『행정논총』, 48: 25-64, 서울대학교 한국행정연구소와 같은 선행 연구이다. 또한 교육 바우처 그리고 개도국의 각종 수요자 중심 재정 지원 프로그램 등을 소개한 각종 참고 문헌을 추가로 포함했다.

고자 한다. 여기서는 기존에 작성한 바우처 논문을 중심으로 바우처의 개념과 바우처로 운영되는 프로그램, 그리고 공공 서비스 전달 체계에서 발생하는 쟁점을 중심으로 바우처라는 정책 수단 사례를 소개하고자 한다. 전형적인 수요자 중심 정책 수단인 바우처는 공공 서비스 전달 체계에서 다음과 같은 몇 가지 특징을 가진다.

첫째, 공공 서비스 이용자에게 선택권을 보장하고 제공함으로써 이용자로 하여금 공공 서비스의 내용을 알게 하고 다양한 선호에 따라 공공 서비스에 대한 목소리(요구 사항)를 내도록 장려하는 풀뿌리 민주주의 형태의 정책 수단이다.

둘째, 바우처는 공공 서비스 제공기관 간 경쟁을 유도하고 장려하고자 하며, 이를 통해 공공 서비스의 효과성을 제고하고자 한다. 시장의 경쟁 원리를 이용하는 것이다.

셋째, 최근 바우처는 전자 바우처 형태로 활용되며, 특히 모바일(mobile)이나 스마트 폰에 접목되어 각종 첨단기술 형태로 활용된다. 이를 통해 공공 서비스 전달 체계의 접근성과 투명성이 과거의 종이 방식과 비교해서 매우 향상되었고, 바우처 서비스 사용 현황도 실시간 방식으로 확인이 가능하게 되었다. 이러한 전자전달 체계는 공공 서비스의 효율성과 투명성에 크게 기여하고 있다.

넷째, 바우처는 기본적으로 준시장형－정부재원으로 관련 시장을 활용하거나 형성한다는 의미에서 민간에서 자연스럽게 만들어진 자발적 시장이 아닌 준시장형－형태의 공공 서비스 전달 체계이다. 바우처는 재원을 정부가 조달하지만, 제공은 민간기관이 하며 시민이 최종적으로 서비스나 상품을 선택하는 시장 원리를 활용한다. 정부가 만들어 내는 공공 서비스 시장이라 볼 수 있다. 또한 바우처는 민간의 다양한 제공기관의 역량을 효과적으로 활용할 수 있는 장점이 있는데, 반면 민간에서 아직 정부가 원하는 공공 서비스를 제공할 여건이나 환경이 갖춰지지 않았다면 사용할 수 없다는 한계도 있다.

바우처는 시장형 정책 수단으로서 이용자의 선호와 이용권을 존중한다는 점에서 전형적인 풀뿌리 민주주의－상향식 공공 서비스 전달 체계를 공공 서비스 전달 체계에 심어주며, 공공정책에 대한 시민 참여와 목소리를 내는 기제로 활용될 수 있다는 장점을 가진다. 기존에 정책결정에서 관료 독점이나, 공공 서비스 제공 과정에서 제공기관의 횡포와 무능력을 견제할 수 있는 전형적인 시민 중심의 전달 체계이다. 이러한 상향식 이용자 중심 바우처가 취약계층에 제공될 때 취약계층의 목소리를 정책 과정에 전달할 수 있어, 소수자의 권리와 정책 선호를 반영할 수 있는 형평성을 강조하는 정책 수단이라고도 할 수 있다. 나아가 기존에 공급자 중심 전달 체계에서 공공 서비스 독과점으로 안주해 온 제공기관으로 하여금 경쟁을 유도함으로써 효과성을 제고할 수 있는 장점을 가진다. 요약하면 바우처라는 정책 수단은 공공 서비스의 형평성과 효율성을 높이고, 공공 서비스 전달 체계에 시민의 목소리를 반영할 수 있는 제도적 장치를 제공하고 정부가 정부재정으로 공공 서비스 시장을 만들어 내는-준시장형 공공 서비스 시장-특성을 가진다.

이러한 배경 속에서 이 연구에서는 하나의 정책 수단 사례로 바우처를 선정해 한국과 전 세계에서 사용되는 바우처 현황을 간략히 소개하고자 한다. 특히 최근에는 개발도상국을 대상으로 세계은행과 유엔 등 국제기구에서 바우처 방식의 각종 개발정책을 시행하고, 바우처 관련 전달 체계가 전 세계 개발정책으로 확산되고 있다. 특히 정책설계나 결정보다 정책 집행에서 실제 정책 성과의 차이가 좌우됨에 따라 집행 단계의 핵심 중의 하나인 전달 체계의 효과성에 대한 관심이 많고, 이는 결국 바우처라는 정책 수단의 도입과 확산으로 나타나고 있다(Ensor, 2003; 2004). 아래에서는 한국의 바우처 사용 현황과 세계 각국에서 수요자 재정 중심의 전달 체계로서 바우처가 어떻게 사용되고 있는지 간략히 살펴보고자 한다. 그리고 여기서 나타난 주요 쟁점을 살펴본 후 향후 논의가 필요한 연구 과제를 제언하고자 한다.

제 2 절 사례의 개요

1. 공공 서비스 전달 체계로서 바우처

1) 정책 수단으로서 바우처의 의미

바우처(voucher)는 해당 상품이나 서비스를 이용할 수 있는 권리를 의미한다. 시장에서는 기업이 제공하는 각종 음식쿠폰, 도서쿠폰, 호텔이용권 등을 말하며, 정부가 보조금 형태로 제공하는 공공 서비스 이용권인데, 그 사용 권한을 정부가 보조금 형태로 보증해 주는 것이다. 미국의 공공재정학자들이 정의한 바에 따르면 바우처는 정부가 보조금 형태로 제공하는 지불인증서라고 할 수 있다.[1] 예를 들면, 정부가 발행한 식품권(명시적 바우처)을 가지고 음식을 구매한다든지 정부가 제공하는 유치원이나 학교선택권을 가지고 유치원이나 사립학교에 다닐 수 있는 것이다. 또한 명시적으로 쿠폰을 제공하지는 않지만, 한국의 의료보험처럼 의료보험에 가입한 국민이 의료 서비스를 이용할 수 있는 권리가 생기는데, 이를 묵시적 형태의 바우처로 볼 수 있다. 그 밖에 조세 감면이나 각종 세제 혜택 방식으로 해당 상품이나 서비스에 대해 정부가 보조를 해 줄 수 있는데, 여기서 1차적으로 정부가 지정한 해당 상품이나 서비스를 이용하고, 사후에 2차적으로 정부로부터 세금 혜택을 받는 경우도 바우처의 형식이라고 볼 수 있다(환급형 바우처).

정부가 제공하는 직접 현금보조 서비스와 달리 바우처는 다음과 같은 특징을 가진다. 첫째, 정부가 원하는 상품이나 서비스를 지정해 이 항목에 대해서는 바우처를 이용할 수 있도록 할 수 있다. 현금의 경우 아무런 제약이 없으나 바우처는 구매 품목에 다양한 제약을 둘 수 있다. 둘째, 바우처의 이용 범위뿐만 아니라 금액도 정부가 지정할 수 있다. 다만 추가로 바우처 금액에 더해 본인 부담으로 더 많은 상품이나 서비스를 구매할 수 있도록 허용할 수 있다(일종의 top-up 방식). 예를 들면, 의료보험 서비스에서 추가적 본인 부담이 여기에 해당된다. 셋째, 바우처 이용자와 제공기관에 대해 정부가 각종 규제를 할 수 있다. 본래 정부가 의도한 상품이나 서비스의 품질을 유지하기 위해 바우처로 제공되는 해당 항목에 대한 자세한 정보 공개와 더불어, 제공기관의 자격, 그리고 이용자의 수혜 자격에 대한 기준과 규제를 할 수 있다. 정부가 제공하는 바우처는 크게 보편적 바우처(universal voucher)와 선별적 바우처(targeting voucher)가 있는데, 전자는 모든 국민이 일정 조건(예: 성별, 나이, 결혼, 임신)을 충족하면 모두 사용할 수 있는 바우처이며, 후자는 대부분 저소득층이나 장애인을 대상으로만 제공되는 맞춤형 바우처이다.

---

1) 로센(Harvey S. Rosen)은 바우처를 "교육이나 의료 서비스와 같은 해당 품목을 사용할 수 있는 보조금(grants earmarked for particular commodities such as medical care or education, given individuals)"으로 본다(Rosen, 1995: 584). 스튜얼(C. Eugene Steuerle)은 바우처를 일정 범위의 상품이나 서비스를 선택해서 구매할 수 있는 권리를 부여한 보조금"(a subsidy that grants limited purchasing power to an individual to choose among a restricted set of goods and services)"으로 본다(Steuerle, 2000: 4).

2) 바우처의 사용 목적

바우처는 공공 서비스 전달 체계의 성과관리 차원에서 접근할 수 있다. 무엇보다 정부 성과나 정부 신뢰를 높이기 위해 정부는 각종 공공 서비스의 효과성과 만족도를 높이고자 한다.

첫째, 바우처는 대부분 공공 서비스 전달 체계의 혁신을 통해 효율성을 높이고자 도입된다(Bendick, 1989; Oberlander, 1998). 부분적으로 바우처 시행의 정치적 이유도 있지만, 대개 기존의 공공 서비스 전달 체계가 공급자 중심으로 되어 있어, 이로 인한 공공 서비스 독과점과 관료주의의 폐단을 제거하고자 이용자 중심의 선택권을 보장한 바우처를 시행하는 것이다(Savas, 1987; Bendick, 1989; Salamon, 1998). 특히 바우처는 공급자 중심의 재정 지원에서 나타나는 계약관리 비용(대리인 비용)을 줄일 수 있는 장점을 가진다(Salamon, 1989).

둘째, 바우처는 공공 서비스의 형평성을 높이기 위해 도입된다. 대부분 선별적으로 기존 공공 서비스 체계에서 소외된 집단이나 또는 취약계층에 집중적으로 공공 서비스를 투자할 필요가 있을 때 도입된다. 흔히 사회적 투자의 대부분은 취약계층에 투입되는데, 여기서 바우처가 중요한 정책 수단으로 활용된다.

셋째, 바우처는 공공 서비스 전달 체계에서 취약계층의 참여와 목소리를 담아내기 위해 도입된다. 정부의 재정 지원이 최종 수요자인 이용자에게 직접 제공되기 때문에 기존의 제공기관 중심의 공급자 패러다임에서 벗어나 직접 공공 서비스 이용자가 서비스를 선택하고 평가할 수 있도록 하기 위함이다. 이를 통해 공공 서비스 만족도와 참여도를 높여 정부정책에 대한 만족과 신뢰를 높이고자 한다.

넷째, 정부가 특정 지역이나 집단의 공공 서비스를 확대하거나 장려할 필요가 있을 때 맞춤형 공공 서비스가 필요한데 여기에 바우처가 활용될 수 있다. 나아가 공공 서비스 수혜자의 다양성을 높이기 위해 사용되기도 한다. 예를 들면, 중산층 이상이 주로 가는 사립학교나 사립유치원에 빈곤계층도 이용할 수 있도록 정부가 바우처 형태로 보조해 주는 것이다.

다섯째, 정부가 공공 서비스의 예산관리의 효과성을 높이기 위해 바우처를 사용하기도 한다. 정부가 현금 서비스로 제공하거나 아니면 공급자 방식으로 보조금을 지원할 경우 실제 소비될 수 있는 수준보다 적게 소비될 수 있음에도 불구하고 더 많이 불필요하게 소비되는 공공 서비스를 없애기 위해 바우처가 활용될 수 있다.

예를 들면, 정부가 돌봄 서비스를 제공할 경우 제공기관과 협의해 일정 기간 동안 수요자를 추정해 정부가 미리 예산으로 지불할 수도 있으나－또는 사후에 정부가 이용자 규모를 토대로 환급해 줄 수도 있으나－이는 불필요한 수요를 공급자가 만들어 내거나－공급자 창출 수요 형태(supplier induced demand: SID)－수요자를 과대 추정해 예산의 낭비를 초래할 수 있다. 바우처를 통해 실제 시민이 원하는 만큼의 공공 서비스를 제공하기 위해서는 정부나 제공기관이 아닌 수요자인 시민이 원하는 만큼 소비를 할 수 있도록 해야 한다. 실제 수요자가 원하는 만큼만 사용하도록 유도할 경우 이런 문제가 제거될 수 있는데, 바우처가 이를 위해 적절히 사용될 수 있다. 그 밖에 전자 바우처와 같이 공공 서비스 전달 체계의 정보화와 인터넷의 접목을 통해 공공 서비스의 접근성·투명성·가시성·실시간 관리성 등을 크게 높이기 위해 사용되기도 한다.

2) 바우처의 특성: 다른 정책 수단과 비교

정책 수단은 정책 산출물(예: 제도나 규범 자체 또는 공공 서비스), 정책 전달 기제(예: 정부 방식, 비영리조직 방식, 시장 방식), 그리고 양자의 특성에 따라 공공 서비스 제공기관이 달라진다. 정책 수단은 상징이나 규범과 같은 방식의 공공 캠페인 그리고 정보공개와 제공과 같은 제도만으로도 충분히 효과를 낼 수 있는 것이 있는데 제도설계와 시행만으로 가능하다. 반면 정부가 지원하는 각종 공공 서비스(예: 상하수도, 전기, 교육, 돌봄, 안전 등 각종 공공 서비스)는 실제로 정부가 직접 또는 다른 방식으로 제공해야 한다. 물론 공공 서비스를 제공하는 것도 제도와 규제를 동반하는 경우가 많다. 다시 말해 바우처라는 정책 수단은 바우처 관련 보조금을 제공하는 것만으로 충분하지 않으며 정보 공개나 바우처 제공기관에 대한 각종 규제나 평가제도 등도 함께 운영해야 작동된다.

전달 기제는 정부가 직접 제공하는 방식이 있지만, 그 밖에 정부가 민간비영리기관을 활용하거나 아니면 시장의 영리기업을 활용하는 방식이 있다. 아니면 이러한 제공 방식 모두를 혼합해 사용할 수도 있다(〈표 10-1〉 참고). 바우처의 경우 정책 산물은 해당 상품이나 서비스이며－물론 바우처 운영을 위한 제도와 규제는 필요함－전달 기제는 정부가 아닌 민간의 제공 기제를 활용한다. 제공기관도 영리와 비영리 모두 가능하며, 경우에 따라서는 정부도 제공기관으로 참여해 함께 민간기관과 경쟁할 수도 있다(예: 정부 운영 병원이나 의료시설이 민간기관과 경쟁할 경우).

바우처의 경우 재원 조달, 선택권, 경쟁, 바우처 주관기관 등을 고려해 다른 정책수단과 비교할 수 있다. 재원은 정부로부터 나오며, 경우에 따라 이용자가 자부담을 하여 함께 지불하는 방식을 설계할 수 있다. 한국의 경우 미국과 달리 자부담 형태의 바우처가 주류를 이룬다. 선택권도 기존의 공급자 방식에서는 존재하지 않았지만—정부와 계약 형태로 운영되는 보육시설이나 학교 등이 여기에 해당됨—바우처에서는 이용자가 직접 제공기관을 선택하도록 한다. 이를 통해 제공기관 간 경쟁을 더 한층 유도하고자 한다. 바우처 주관기관은 정부 그리고 정부와 밀접한 관련을 맺은 (준)공공기관이다.

표 10-1 정책 수단 간 공공 서비스 제공 방식(provision)의 특성

정책 수단 (tool)	정책 산물 (product/activity)	전달 기제 (vehicle)	정책설계-제공기관 (delivery system)
직접생산	상품/서비스	정부 직접 전달	정부
공기업	상품/서비스	정부 직접 전달/론(Loan)	준정부기관
사회규제	규제	규정/규범	규제위원회, 정부기관
경제규제	규제	진입/가격/품질통제	규제위원회, 정부기관
책임법 (Liability law)	사회적 보호	불법행위법 (Tort law)	사법부
계약	상품/서비스	계약/현금 지급	기업, 비영리조직
보조금(Grant)	상품/서비스	그랜트 부여/ 현금 지급	지방정부, 비영리조직
직접 대출	현금	론(Loan)	정부, 준정부조직
대출보증	현금	론(Loan)	민간은행
사회보험	보호/안전	보험정책	공공기관
조세지출	현금 인센티브	조세	정부 조세 체계
각종 요금 부과	재정 부담/벌금	조세	정부 재정 체계
바우처	상품/서비스	이용자(수요자) 보조금	공공기관-비(영리)민간기관

출처: Salamon(2002), 〈Table 1-5〉를 정리함.

표 10-2 정책 수단 간 선택과 경쟁의 정도 비교

생산 방식		재원 조달 (비용 부담 주체)	집행 조직	이용자 선택권 정도	제공기관 경쟁 정도	정부의 재정 지원 대상
정부생산	직접생산	정부	정부 관료제	낮다	낮다	제공기관 (정부관료제)
	간접생산 (위탁)	정부	비영리 조직	낮다	낮다	제공기관 (비영리 기관)
	간접생산 (위탁)	정부	민간 기업	높다	높다	제공기관 (민간기업)
	간접생산 (계약)	정부	비영리 조직	촉진	촉진	제공기관 (비영리 기관)
	간접생산 (계약)	정부	민간 기업	높다	높다	공급자 (민간기업)
	간접생산 (바우처)	정부	비영리 조직	촉진	촉진되지만 시장보다 낮다	이용자 (수급권자)
	간접생산 (바우처)	정부	시장	높다	높다	이용자 (수급권자)
비영리 부문 비영리조직 생산		비영리 조직	비영리 조직	소비자 선택권 제약	독과점 (회원 중심)	공사, 공단 협회 등
민간시장 기업생산		시장	시장	높다	높다	전통적으로 없으나 세제 혜택 가능

출처: 정광호(2006). 〈표 2〉를 참고로 작성.

3) 정책 수단의 기능적 특성

정책 수단은 몇 가지 특성을 갖는데, 이는 여러 정책 수단을 비교하고 각각의 정책 수단이 어떤 의미를 갖는지 판단하는 데 중요한 기준이 된다. 정책 수단의 주요 기능적 특성을 보면 직접성, 강제성, 자동성, 가시성 등으로 구분할 수 있다.

첫째, 정책 수단에서 가장 기본적 특성이 정부가 얼마나 직·간접적으로 개입하는가－한편으로는 시장이나 민간의 자원과 제공 기제를 얼마나 활용하는가－이다. 이와 관련해 직접성(directness)이라는 특성을 꼽을 수 있는, 이것은 공공 서비스 전달 체계와 과정에서 정부가 운영 권한(정책설계와 규제)과 재원 조달(정부의 재정 지원 정도) 측면에서 얼마나 개입(state intervention)하고 있느냐를 의미한다. 바우처의 경우 정부가 직접 조달하는 경우와 비교해서 직접성이 상대적으로 떨어진다. 정부 바우처 사업의 경우 재원은 정부가 대부분 조달하지만, 제공 기제와 전달 체계는 대부분 민간을 활용하기 때문이다. 전형적인 시장 친화적 시장 의존적 아웃소싱 전략인 것이다. 따라서 시장에 충분한 제공 기제가 존재하지 않을 경우 바우처는 그 효과를 제대로 발휘하기 어렵고, 이로 인해 한국의 경우 인위적으로 민간의 제공기관을 초기에 적극 육성하는 전략을 취했다. 이처럼 바우처의 경우 교육, 직업훈련, 돌봄과 같은 각종 사회 서비스 등에서 정부가 주도적으로 기본 정책을 설계하고 전달 체계에서는 민간의 여러 기관으로 하여금 복잡한 분업 체계를 형성하는 경우가 많다. 그리고 정부와 밀접한 관련을 맺는 준정부기관을 만들어 바우처 운영에 대한 관할권을 위임한다. 재원도 전적으로 정부재정이며, 대부분 바우처 이용자 개인의 본인 부담금이 10% 내외로 부과되어 운영된다.

둘째, 정책 수단의 특성 중 하나는 강제성(coerciveness)인데, 이는 규제를 통해 정부정책에 대한 순응을 유도하고, 그렇지 않을 경우 처벌이나 경제적 불이익을 받도록 설계된다. 강제성은 대개 1차적으로 당근-채찍 전략을 사용하고, 2차적으로 캠페인 등을 통해 자발적 참여를 유도한다. 바우처의 경우 제공기관에 대한 각종 서비스 관련 품질 규제가 가해진다. 이용자에게는 각종 부적정 행위에 대한 처벌 규정이 있다. 물론 이용자과 공급자 모두 바우처 사업에 참여하지 않아도 전혀 문제는 없으나, 정부가 주는 경제적 혜택에서 제외되기 때문에 이를 거부할 유인은 존재하지 않는다. 정부가 제공하는 학자금 대출, 보육 서비스, 의료 서비스는 거의 무료로서 이를 이용하지 않을 이유는 없다고 볼 수 있기 때문이다.

셋째, 정책 수단 특성 중의 하나로 자동성(automaticity)을 들 수 있는데, 이는 새로운 정책 수단을 시행할 때 얼마나 기존의 정책·조직·인력을 활용할 수 있는가를 의미한다. 정부 직접 제공의 경우 기존의 정부기관과 인력을 활용하면 쉽게 추가로 신정책 수단을 시행하는 데 큰 부담이 적다. 한편 정부 이외에 민간의 전달체계와 각종 자원을 이용할 수도 있다. 대부분의 민영화된 공공 서비스는 이러한 자동성이라는 조건을 충분히 갖추고 있는 경우가 많다. 그래야 민간의 자원과 전달 체계를 효과적으로 활용할 수 있기 때문이다. 바우처도 민간의 전달 체계를 적극 활용한다는 측면에서 자동성이 높은 정책 수단이라 할 수 있다.

넷째, 정책 수단의 특성 중 하나로 가시성(visibility)을 들 수 있는데, 이는 정책 수단의 투명성이라고도 볼 수 있다. 기본적으로 정책 재원 조달이나 전달 체계의 투명성이 높은 정도를 의미한다. 정책투명성은 이러한 전달 체계 측면에서의 투명성뿐만 아니라 정책설계와 참여 그리고 평가에 이르기까지 정책 전반의 투명성과 개방성을 의미한다는 점에서 가시정보다는 광의의 개념이라 할 수 있다. 특히 정책 수단의 가시성에서는 재원 부담의 정도와 주체, 혜택의 범위와 주체, 전달 체계에서 소요되는 각종 관리 및 운용 비용, 전달 체계에서 발생하는 각종 부적정 행위에 대한 투명성과 모니터링 정도가 모두 포함된다. 특히 비용 부담과 혜택이 일치할 경우는 큰 문제는 없으나 비용을 부담하는 집단과 혜택을 누리는 집단이 다를 경우-대부분의 재분배정책-상당한 정책 갈등이 수반된다.

2. 바우처 활용 사례

1) 한국 사례

한국에서 바우처는 2005년 노무현 정부에서 사회 서비스를 제공하면서 본격화되었다(국내 바우처 사례는 [부록 1] 참조). 그 이전에는 의료보험이 묵시적 바우처 형태로 운영되었고, 노동부의 직업훈련 프로그램, 농림부 등에서 제공한 각종 바우처(예: 창농인후견인제, 농업경영컨설팅)도 부분적으로 시행되고 있었다. 문화부에서도 문화 바우처를 시행하면서 복지·문화·노동에서 바우처가 확산되었다. 복지 분야의 경우 최근에는 노인·장애인·산모·어린이를 위한 각종 사회 서비스 바우처가 대표적이며, 여성부나 교육부에 시행하는 각종 각종 보육 관련 돌봄 서비스, 그리고 직업훈련 바우처에 해당되는 내일배움카드, 주여급여 형식으로 제공되는 주택 바우처, 에너지 바우처가 있다. 유치원의 경우도 보건복지부와 여성부의 보육 바우처 도입으로 기존의 공급자 중심에서 수요자 중심의 바우처로 전환되었다(2007년 당시 바우처 현황은 〈표 10-3〉 참조). 한편 학교선택권과 관련해 교육 바우처가 주요 쟁점이 될 수 있는데 한국은 학군을 광역화해 학교선택권을 확대하거나, 아니면 기존의 사립학교나 자율형 사립고 등을 통해 학부모의 학교선택권이 보장되고 있다. 공립학교에 대한 본격적인 학교선택권은 교원노조의 반대 등으로 시행되지 않고 있다.

표 10-3 초창기 바우처 현황(2007년 당시)

바우처 방식으로 기존에 해오던 사업			신규 바우처 사업		
사업	주관 부처	2006년도 예산(억 원)	사업	주관 부처	2007년도 상정 예산(억 원)
주택전세임대사업	건설교통부	88	방과 후 수강권	교육부	900
물류전문인력 양성	건설교통부	4	입양아 무상교육 지원	교육부	4
농업인턴제	농림부	3.5	노인돌보미	보건복지부	389
창업농후견인제	농림부	3.5	노인 실비 입소 이용 지원료	보건복지부	152
농업경영컨설팅	농림부	44	장애인 선택적 복시사업	보건복지부	295
국제결혼여성 한국어교육 지원	문화관광부	15	입양아 무상보육 지원	여성부	11
문화 바우처	문화관광부	26	장애아동 양육 지원	여성부	23
여행 바우처	문화관광부	20	어업인턴제	해양수산부	1.5
임산부 영유아 영양지원사업	보건복지부	46	창업어가 후견인제	해양수산부	1
생물다양성 관리계약	환경부	9	국가유공자 취업 바우처	국가보훈처	4
환경친화형 배합사료 지원사업	해양수산부	101			
수산물물류 표준화사업	해양수산부	18			
국가유공자 LPG 차량 지원사업	국가보훈처	257			
중소기업 컨설팅	중소기업청	186			
중소기업투자 유치 지원	중소기업청	11			

출처: 정광호(2007), 〈표 3〉 재인용.

2) 해외 사례

세계 각국에서도 바우처를 여러 공공 서비스에 활용하고 있다([부록 2] 참조). 미국의 경우 가장 대표적인 것으로 식품 바우처(food stamp)를 들 수 있고, 제대군인의 대학교육 바우처인 G. I. Bill, 취약계층 교육보조금 프로그램인 Pell Grant, 주택 바우처, 보육 바우처가 널리 활용되고 있다. 미국의 학교선택권(School Choice) 프로그램이 공공재원으로 운영되는 경우(밀워키와 클리블랜드 학교 바우처 사례)와 민간재단의 지원금으로 시범 운영되는 경우로 나눌 수 있다. 하지만 학교선택권은 주마나 시행 정도가 다르고 아직은 미국 교원노조의 반대로 전역에 걸쳐 광범위하게 사용되지 못하고 있다.

표 10-4 미국의 주요 바우처(2000년 기준)

바우처 프로그램(Voucher Program)	프로그램 영역	예산 (단위: billions)
어린이 보호 및 발전보조기금(Child Care and Development Fund Block Grant)	어린이 보호 (Child Care)	$ 1.2
연방교육보조금(Federal Pell Grants)	교육(Education) 주로 대학 학부생 대상	$ 7.9
식품인증 프로그램(Food Stamp Program)	음식 및 영양 (Food & Nutrition)	$ 21.2
여성 · 유아 · 어린이 프로그램(Women, Infants, and Children(WIC) Program)	음식 및 영양 (Food & Nutrition)	$ 4.0

출처: Salamon의 책 p.450, Table 14-1에서 발췌 정리함. 원래 출처는 Budget of the United States Government: Fiscal Year 2001, Appendix(Washington D.C.: US Government Printing Office, 2000)임. 정광호(2007), 〈표 5〉 재인용.

바우처 방식의 수요자(이용자) 중심 재정 지원 프로그램은 선진국이나 개발도상국에서도 널리 활용된다. 대표적 분야가 학교선택권이다(각국의 교육 바우처 사례는 [부록 3] 참조). 선진국의 경우도 사립학교 지원시 정부에서 각종 재정 지원을 해 주는데 호주, 벨기에, 영국 등 많이 나라들이 시행하고 있다(〈표 10-4〉 참조).

저개발국이나 개발도상국의 경우 세계은행이나 그 밖에 다른 국제기구에서 빈곤아동을 대상으로 각종 학교지원금을 제공해 준다. 특히 학교 출석이나 졸업에 대한 인센티브를 만들어 함께 제공하는데, 학교에 출석할 경우 지원금을 주거나 아니면 졸업할 경우 추가 인센티브를 주는 방식으로 운영된다(〈표 10-2〉, 〈표 10-3〉 참조). 이와 관련해 주목할 만한 사항이 두 가지가 있다. 첫째, 기존에 빈곤국가에 대한 지원은 공급자 중심이었는데, 이로 인해 지원금을 관리하는 빈곤국가의 전달 체계의 문제로 각종 부적정 행태나 부패가 만연했고 실제 지원금이 최종 수요자에게 도달하는 액수는 원래 액수보다 훨씬 적었다. 이러한 문제를 해결하기 위해 최종 수요자에게 직접 보조금을 전달하는 바우처 방식을 적극 활용하기 시작했다는 점이다. 최근에는 보건의료 분야에도 이러한 바우처 방식의 지원금이 빈곤국가의 의료 전달 체계에 널리 접목되어 활용되고 있다. 둘째, 빈곤국가를 대상으로

표 10-5 OECD 국가의 수요자 중심 재정 지원 교육 프로그램

국가	교육 바우처 프로그램 내용
호주	Assistance to private schools
벨기에	Students choose among public and private schools
캐나다	Capitation grants and assistance to private schools
체코슬로바키아	Students choose among public and private schools
덴마크	Public subsidies to private schools
영국	Assistance to private schools
프랑스	Private schools receive subsidies from Government
헝가리	Students choose among public and private schools
일본	Assistance to private schools
네덜란드	Students choose among public and private schools
뉴질랜드	Targeted funding, targeted vouchers
폴란드	Students choose among public and private schools
스콜틀랜드	Students choose among public schools
스페인	Pre-school voucher experiment
스웨덴	Capitation grants
미국	Public & private vouchers; charter schools

출처: Patrinos(2002), 〈Table 3〉(학교선택권 프로그램).

이러한 지원금이 전달되는 과정에서 무작위 실험에 근거해 비교집단과 실험집단을 설계해 정책실험을 하는 경우가 많고, 여기서 상당한 과학적 연구 결과들이 축적되고 있다.

표 10-6 개발도상국의 주요 수요자 중심 재정 교육 지원 프로그램
(세계은행이 아닌 다른 기관 지원 교육선택권 프로그램)

국가	교육선택권 프로그램
호주	Bono Escolar(학교 출석 지원비)
방글라데시	Food for Education(학교 출석 지원비)
브라질	(Bolsa Escola PETI: 빈곤 학생 학교 지원비)
보츠와나	매칭 그랜트(Matching-grant schemes)
칠레	(Subsidio Único Familiar: 15~18세 빈곤 가정 교육비)
에콰도르	Becas Escolares(stipends for school attendance)
감비아	Targeted stipends: capitation grants for all students
가나	매칭 그랜트(Matching-grant schemes)
아이티	Fonds de Parrainage National(사립학교 재학 빈곤 학생 지원비)
온두라스	Family Allowance Program(PRAF)
인도	매칭 그랜트(인센티브 제공)
모리셔스	매칭 그랜트
멕시코	Progresa(빈곤 지역 학생 출석 지원금)
미얀마	Community-sponsored schools
세네갈	Dakar 공립 및 사립학교 학생 장학금
스리랑카	Janasaviya Program (JSP), stipends to entrepreneurs for skill training
태국	시골지역 빈곤 학생의 자전거 지원 프로그램
베네수엘라	Subsidio Familiar
짐바브웨	학생당 그랜트 지원(Per capita grants)

출처: Patrinos, (2002), 〈Table 2〉.

표 10-7 개발도상국 수요자 중심 재정 교육 지원 프로그램
(세계은행 지원 학교선택권 프로그램)

국가(연도)	교육 바우처 프로그램	지원 대상: 예산($)(백만 원)*
방글라데시 (1993)	Female Secondary School Assistance	Stipends for Girls: 42
방글라데시 (2002)	Female Secondary School Assistance II	Stipends for Girls: 76
베냉 (2000)	Labor Force Development	Support Private Sector Training: 3
불가리아 (2000)	Education Modernization	Student Loan: 1
차드 (1993)	Basic Education	Community Financing: 1
중국 (1994)	Basic Education in Poor & Minority Areas	Targeted Bursary: 30
콜롬비아 (1993)	Second Education	Targeted Vouchers: 8
콜롬비아 (2001)	Human Capital Protection	Stipends for Poor: 49
도미니카공화국 (1995)	Second Basic Education	Support Private Schools: 4
엘살바도르 (1997)	Secondary Education	Stipends for Low-income: 3
과테말라 (1997)	Basic Education Reform	Stipends for Girls: 1
과테말라 (2001)	Universalization of Basic Education	Stipends for Girls: 5
인도네시아 (1996)	Sumatra Junior Secondary Education	Stipends for Poor: 13
인도네시아 (1996)	Central Junior Secondary Education	Stipends for Poor: 16
인도네시아 (1999)	Sumatera Basic Education	Stipends for Poor: 17
인도네시아 (1999)	Sulawesi & Eastern Islands Basic	Stipends for Poor: 15
자메이카 (1996)	Student Loan(Higher Education)	Student Loans: 29
자메이카 (2001)	Social Safety Net	Stipends for Poor: 40**
케냐 (1994)	Micro & Small Enterprise	Training Voucher: 6
케냐 (1997)	Early Childhood Development	Community Grants: 4
멕시코 (1998)	Higher Education Financing	Private student Loan: 180
멕시코 (1994)	Second Primary Education	Bursary for Poor: 421
멕시코 (1991)	Rural Basic Education	Stipends for Girls: 9
모잠비크 (1999)	Education Sector Strategic Program	Stipends for Girls: 9
네팔 (1999)	Basic and Primary Education	Stipends for Girls: 1
니카라과 (1999)	Second Basic Education	Stipends for Poor: 1
니카라과 (1998)	Social Investment Fund Programme	Stipends for Poor (?)
파키스탄 (1993)	Balochistan Primary Education	Stipends for Poor: 1
파나마 (2000)	Second Basic Education	Stipends: 9
탄자니아 (1997)	Human Resource Development Pilot	Stipends for Girls: 6
터키 (2002)	Social Risk Mitigation	Stipends for Poor: 260**
잠비아 (1999)	Basic Education Sub-sector Investment	Bursary for Poor: 1

주:1)*=Total financing of demand-side component: 2)**=: Includes health and other components

출처: Patrinos(2002), 〈Table 4〉 Demand-Side Financing in World Bank Education Projects)

제 3 절 공공 서비스 전달 체계로서 바우처 관련 이론

1. 공공 서비스 전달 체계 관련 주요 이론

바우처와 관련해 다양한 이론들을 활용할 수 있다. 무엇보다 공공 서비스 내부 생산이나 외부 생산(outsourcing-아웃소싱)을 둘러싼 쟁점이 제기될 수 있다. 최근 다국적 기업뿐만 아니라 국가도 다양한 외주 전략을 활용한다. 국가 자체가 국민이 원하는 모든 서비스를 적시적소에 효과적으로 제공하는 데는 한계가 있기 때문이다. 따라서 국민이 원하는 서비스를 민간이 잘 제공하고 있다면, 해당 민간기관과의 계약(contracting-out)을 통해－아웃소싱 전략－효과적으로 국민이 원하는 서비스를 제공할 수 있기 때문이다. 국가도 일종의 거대 자동차 회사처럼, 모든 전체 과정은 국가가 관리하지만 필요한 각종 서비스는 각종 공공기관이나 민간기관을 활용한 일종의 아웃소싱 전략을 활용하는 것이다. 여기서 국가와 계약을 맺는 공공 또는 민간기관 사이의 계약관리가 매우 중요한 영역으로 공공관리의 영역에서 떠오르고 있다. 경제학에서 논의되고 있는 대리인이론이 여기에 유용하게 활용된다. 국가가 계약을 통해 공공 서비스를 대행하는 제공기관을 잘 알고, 이들 기관의 계약 이행 과정을 잘 관리해 정부와 시민이 원하는 공공 서비스를 효과적으로 제공하기 위한 관리전략이 요구된다. 대리인이론에서 논의되는 정보 비대칭, 역선택, 도덕적 해이 등이 이론적 쟁점으로 공공 서비스 전달 체계에서도 중요한 부분을 차지한다. 특히 공공 서비스의 품질관리와 관련해 정보경제학이나 정보관리학이 적절하게 접목될 필요가 있다.

이러한 계약관리는 공급자 중심 전략과 수요자 중심 전략이 있다. 특히 정부가 계약을 통해 보조금을 지급하는 재원 지원 과정이 공급자 중심 또는 수요자 중심인가에 따라 다르다. 전통적으로 정부의 공공 서비스 아웃소싱 전략은 공급자 중심으로 이뤄져 왔고, 정부의 보조금이 공공 서비스 제공기관에 직접 지불되었다. 하지만 최근 바우처와 같이 정부보조금은 제공기관이 아닌 최종 수요자인 이용자에게 직접 제공되고 있다. 이를 수요자 중심 재정(demand-side financing: DSF)

이라고 부른다. 이러한 관점은 공공 서비스 수요자의 정책 효능감을 높이고 이들에게 정책 관심과 정책 참여를 장려하는 방식으로 공공 서비스가 관리된다. 이를 통해 풀뿌리 민주주의가 전달 체계 최일선에서 공공 서비스 전달 체계를 통해 구현될 수 있다. 특히 개발도상국의 관료 독점이나 민주주의의 결핍에 따른 각종 부패나 여성·아이 등 취약계층의 직접 정책 참여를 장려하기 위해 수요자 중심 재정전략이 널리 활용되고 있다(Ensor, 2003; 2004; Banerjee & Duflo, 2011).

최근 공공 서비스 전달 체계는 정책 집행 영역의 주요 쟁점으로 떠오르고 있다. 정책설계를 잘 하더라도 정책 집행 과정에서 많은 문제점이 발생하면 실제 정책효과가 반감하기 때문이다. 공공 서비스 전달 체계의 연구는 바로 정책 집행 영역의 공공 서비스 거버넌스와 관련된다. 위에서 언급한 것처럼 공공 서비스 전달의 주도권을 제공기관이 가질 것인가 아니면 최종 원래 공공 서비스의 수혜자인 이용자(수요자)가 가질 것인가를 두고 벌어지는 정치적 논쟁이다. 의사나 복지 전문가의 전문가주의는 오랫동안 공급자 중심의 전달 체계를 선호했지만 최근에는 소비자 주권 또는 소비자 보호운동이 확산되면서 공공 서비스 전달 체계도 소비자·수요자·이용자 중심으로 전환되고 있다. 가장 대표적인 사례가 학교선택권이며 프리드먼(Milton Friedman)이 공격한 공립학교 교원노조의 독점에 따른 학생과 학부모의 학교선택권과 배움의 기회 박탈 문제인데, 바우처와 같은 학교선택권을 활용해 공급자 중심의 독점을 깨뜨리자는 것이다. 민간기업이 거대 독점기업으로 발전할 경우 정부가 반독점법에 근거해 인위적으로 이를 분할해 서로 경쟁시키고, 이를 통해 소비자 후생을 증진시키고자 하는 것과 그 맥락이 유사하다고 할 수 있다. 공공 서비스라고 해서 굳이 정부나 제공기관 중심으로 운영될 필요가 없고 이용자인 시민의 선호와 욕구를 제대로 적절히 반영하고 반응할 수 있는 공공 서비스 전달 시스템을 만들자는 것이다. 이를 위해 공급자 중심이 아닌 이용자 중심의 전략이 필요하고, 최근 수요자 중심 재정 지원(DSF)이 대표적인 사례라 할 수 있다.

2. 공공 서비스 전달 체계 패러다임의 변화: 공급자 중심에서 수요자 중심으로

공공 서비스 제공의 패러다임은 크게 세 단계로 나눌 수 있다.

첫째, 로마 시대부터 국가가 직접 시민들에게 식수와 식량, 의료 등 생존의 가장 필요한 기본 재화나 서비스를 제공하는 것이다. 이는 국가의 직접 제공 방식(direct government)이라 할 수 있다. 정부가 직접 기획하고 재원을 조달하며 관리와 운영도 정부가 한다.

둘째, 고대 시대부터 전쟁을 하면서 정부는 각종 자원을 아웃소싱(outsourcing)을 통해 조달했다. 정부가 제공하고 싶은 각종 공공 서비스도 민간의 뛰어난 자원과 역량을 활용하고자 했던 것이다. 정부 자신이 시민이 필요한 모든 재화와 서비스를 가지고 있지 않기 때문에 정부 바깥의 민간 자원을 활용했던 것이다. 민간의 교육기관이나 의료시설이 대표적이다. 민간자원을 활용하는 방식은 정부가 직접 재원을 주면서 계약하고, 공공 서비스 제공기관이 그 대가로 서비스를 제공하는 계약 방식인데 여기에는 공급자 중심 계약 방식과 수요자 중심 계약 방식이 있다. 공급자 중심 계약 방식은 정부의 규제 틀에서 공급기관의 전문성과 독점을 어느 정도 인정하지만 이용자(수요자)가 어떤 제공기관을 선택할 것인가에 대한 선택권을 제공하지 않는다. 특정 행정구역 내에서 해당 학교, 보육, 의료시설만 이용하도록 함으로써 시민이 이용해야 할 기관이 사전에 공공 서비스 틀 안에서 정해지는 것이다. 반면 이용자(수요자) 중심 전달 체계는 최종 서비스 이용권자가 어떤 제공기관을 선택할 것인가를 선별할 수 있다. 이용자가 원하는 기관에 가서 공공 서비스를 이용하도록 하는 것이다. 민간에 다양한 여러 학교나 직업훈련기관이 있으면 이 중에서 마음에 드는 기관을 선택해서 이용하는 것이다. 여기서 중요한 차이점은 공급자 중심의 전달 체계는 정부의 재원이 민간의 제공기관에 직접 제공되지만, 수요자 중심의 전달 체계는 재원이 이용자에게 직접 제공되거나(상품권과 같은 명시적 바우처) 아니면 이용자가 제공기관을 선택해 서비스를 받은 후 제공기관이 사후에 정부에 지불을 요구하는 환급 방식(한국의 의료 서비스와 같은 환급형 묵시적 바우처)이 있다. 물론 공공 서비스 이용자가 먼저 원하는 제공기관을 선택해 서비스를 이용하면서 직접 비용을 지불하고, 사후에 정부로부터 세제 혜택(tax credit)을 받는 것도 있다.

셋째, 정부가 전혀 공공 서비스를 제공하지 않고 민간시장에 모든 것을 맡겨두는 방식이다. 여기서 정부는 공공 서비스에 대한 지원을 하지 않으며, 일반 시민이 시장에서 공공 서비스를 구매해서 이용하는 것이다. 전적으로 본인 부담하에 민간의 병원이나 학원을 이용하는 것이 여기에 해당한다. 노후 대책으로 민간영리 보험회사에 연금을 드는 것도 여기에 해당한다. 물론 여기에는 비영리기관이나 각종 종교기관 등이 직접 자체 재원으로 각종 공공 서비스를 제공할 수도 있다. 일종의 자원봉사나 기부 활동이 여기에 해당한다.

3. 전자 바우처: 스마트 기술과 공공 서비스 전달 체계의 혁신

최근 바우처는 전자 방식으로 운영되면서 각종 스마트 기술이 바우처 전달 체계에 접목되고 있다. 가장 대표적인 것이 종이 형태의 푸드 스탬프가 전자 방식의 카드(Electronic Benefit Transfer: EBT)로 전환되어 사용되는 것을 꼽을 수 있다. 한국의 경우 아이사랑카드, 내일배움카드 등 각종 바우처가 전자 바우처(electronic voucher) 카드로 형태로 기존의 신용카드나 정부가 발행한 전자카드 형태로 사용된다. 따라서 이러한 전자카드는 사용 시간과 장소를 실시간으로 파악할 수 있고, 사용 과정이 디지털 기록으로 남는다는 점에서 바우처 사용의 투명성을 제고할 수 있고, 편리성과 접근성도 종이 방식에 비해 매우 높다고 할 수 있다. 특히 기존에 종이 방식에 남아 있었던 각종 부적정 행위를 줄일 수 있다는 점에서 전자 방식의 바우처는 공공 서비스 전달 체계의 혁신을 선도하고 있다.

4. 바우처 관련 미시경제이론

바우처 시행은 해당 공공 서비스와 유사한 민간의 서비스 수요와 공급에도 영향을 줄 수 있다. 예를 들면, 식품 바우처를 시행할 경우 해당 식품의 기존 수요와 공급에 영향을 준다는 것이다. 해당 바우처가 정부의 재정 지원으로 이뤄져 수혜집단으로 하여금 일정량의 수요를 정부가 창출하기 때문에, 이러한 인위적 수요 창출이 기존 수요와 공급에 영향을 줄 수 있다. 미국 푸드 스탬프의 경우 잉여 식량을 대한 수요 창출 차원에서 만들어진 측면이 있다. 그렇지만 현재 미국의 푸드 스탬프는 취약계층에 대한 영양과 건강 향상이라는 사회안전의 제공 기능뿐만 아니라 관련 농산물 생산과 식품 산업에도 긍정적 영향을 준 것으로 인식된다. 그렇지만 경우에 따라 예상치 못한 부작용이 일어나기도 한다. 예를 들면, 주택 바우처의

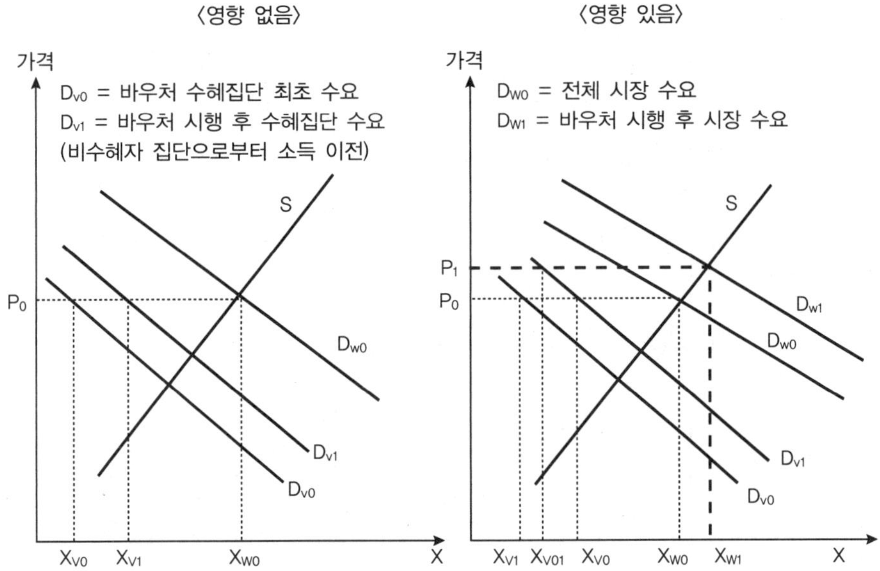

그림 10-1 바우처 시행에 따른 시장가격 영향

출처: 정광호(2007)의 [그림 1] 및 [그림 2]에서 재인용.

경우 인근 주택에 대한 수요 증가로 임대료 상승을 가져와 오히려 주택임대시장을 교란시켜 취약계층의 주택 상황을 더욱 어렵게 할 수도 있다. 여기에 해당되는 것이 [그림 10-1]에서 바우처 시행에 따른 해당 품목의 가격 상승 현상이다.

바우처의 시행은 해당 품목의 수요 증가와 수요 감소가 일어날 가능성이 존재한다. 하지만 이에 따라 정부의 재정은 후생 손실을 가져올 수 있다.[2] 예를 들면, [그림 10-2]에서 보듯이 바우처 시행 이전의 효용 수준은 (U1)에서 존재하지만, 바우처 시행 이후에는 (U2)로 존재한다. 하지만 바우처가 현금 지원으로 이뤄졌을 경우 효용 수준은 (U3)에서 더 높게 달성될 수 있다. 이 경우 [(U3)-(U2)]의 차이만큼 후생 손실이 발생한다. 이 경우 후생 손실은 현금 지원으로 이뤄질 경우 문제가 없지만—물론 현금 지원에 따른 각종 범죄와 같은 부정적 파급 효과가 존재하고, 사회적으로 부적절한 소비 성향으로 현금이 사용될 경우 부정적 파급 효과가 일어날 가능성이 존재함—바우처라는 정책 수단으로 지원되면서 일정 항목에 한

2) 바우처 설계 방식과 후생 소실에 대한 자세한 논의는 잭슨(Jackson, 1999)에 잘 정리되어 있다.

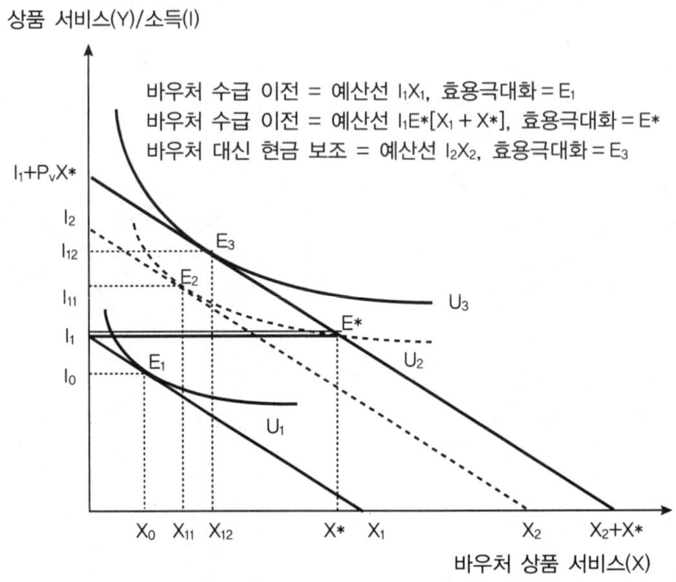

그림 10-2 바우처 설계와 후생 손실

출처: 정광호(2007)의 [그림 3]에서 재인용.

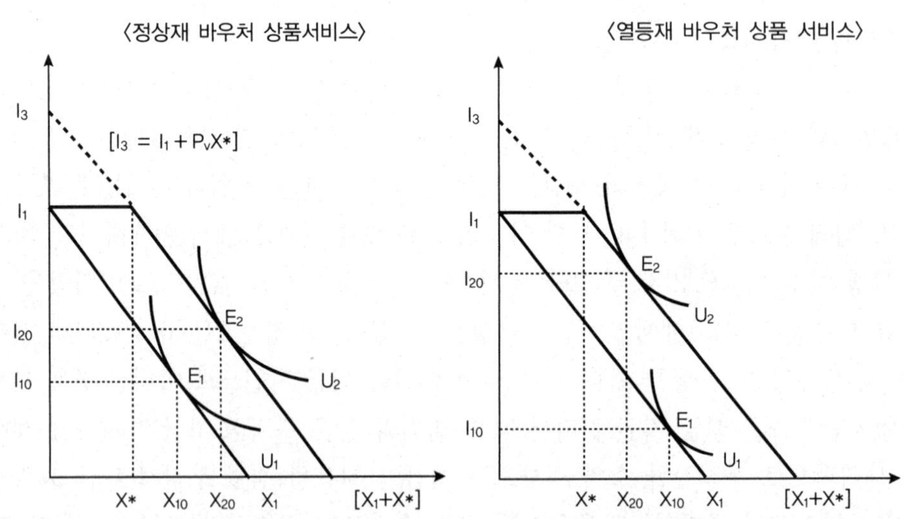

그림 10-3 바우처 시행에 따른 후생 손실 없음

출처: 정광호(2007)의 [그림 4] 및 [그림 5]에서 재인용.

해서만 소비가 이뤄지도록 규제가 가해져 후생 손실이 일어난다. 따라서 이러한 바우처의 소비 규제에 따른 후생 손실을 고려해 후생 손실이 최소화될 수 있도록 바우처 금액을 해당 바우처 수혜자집단의 바우처 관련 품목의 소득탄력성을 고려해 결정해야 한다. 논리적으로는 [그림 10-3]에서 보는 바와 같이 바우처 관련 품목의 정상재-열등재에 따라 지출 수준이 바우처 시행 후 달라지므로 이를 적절히 고려한 바우처로 충당되는 금액의 설계가 요구된다.

제 4 절 바우처 정책의 주요 쟁점들

1. 바우처와 시장 원리

1) 공공 서비스 이용자(수요자) 선택권

바우처를 시행하기 전 정부는 바우처를 제공하는 영리 및 비영리 제공기관(비정부기관)이 지역에 따라 얼마나 다양하게 존재하는지 조사해 보아야 한다. 이용자의 공공 서비스 선택권(choice)은 바로 이러한 제공기관이 많이 존재하고, 서로 경쟁할 수 있어야 충분히 보장받을 수 있다. 바우처의 성공 여부는 바로 공공 서비스 접근권과 선택 정도에 따라 크게 좌우되기 때문이다. 바우처 수혜자가 공공 서비스 내용에 대해 잘 알고, 자신이 어떤 서비스를 얼마나 어떻게 이용하면 되는지 잘 알고 있어야 한다. 이를 위해 정부는 바우처로 제공되는 서비스의 수혜 자격, 공공 서비스 내용과 이용 정보, 제공기관 정보 등 공공 서비스 품질을 잘 평가할 수 있도록 자세하고도 충분한 정보를 제공할 수 있어야 한다. 이러한 정보 제공이나 공개와 관련해 정부는 제공기관에 대해 강력한 규제를 통해 공공정보(public information) 수단을 적극 활용해야 한다. 즉, 바우처는 공공정보라는 수단과 결합해 함께 사용해야 바우처의 본래 취지인 공공 서비스 선택과 경쟁이라는 2개의 목적을 제대로 달성할 수 있다. 민간시장의 자동차 가격·품질·안전 등 각종 정보에 관한 소비자 리포트(consumer report)처럼 이용자의 선택권 보장을 위해 공공 서비스도 조직 성과 카드(organizational report card)를 제공·공개할 필요가 있다.

이와 관련해 공공 서비스에 대해 관심을 갖고 여러 정보를 잘 활용할 수 있는 이용자의 정책 리터러시(policy literacy)도 중요하다.

2) 공공 서비스 제공기관 사이의 경쟁 정도

일반적으로 바우처를 제공하는 공공 서비스 시장은 준시장(quasi-market)으로 불린다. 이처럼 완전시장이 아닌 준시장 특성을 갖는 요인 중의 하나가 충분한 제공기관(provider)이 없는 경우가 많다는 것이다. 대도시가 아닌 취약지역이나 산간벽지의 경우 다양한 공공 서비스를 제공하는 민간기관이 있을 리 만무하다. 예를 들면, 호주처럼 넓은 땅을 가진 나라의 경우 먼 오지의 어린이를 위해 보육 바우처나 학교선택권 프로그램을 이용한다는 것은 맞지 않다. 하지만 한국의 수도권처럼 인구가 밀집한 지역의 경우 다양한 제공기관이 다수 존재할 수 있다. 이 경우 상대적으로 다른 지역에 비해 바우처와 같은 시장 원리를 활용하는 정책 수단을 효과적으로 사용할 수 있다. 그럼 구체적으로 공급 측면에서 바우처 제공기관 사이의 경쟁(competition)을 촉발하거나 억제하는 요소를 살펴보자.

첫째, 바우처와 같은 정책 수단을 제공하기에 앞서 민간에 얼마나 많은 해당 서비스 제공기관이 존재하고 있느냐의 여부를 따져 보아야 한다. 미국의 푸드 스탬프(food stamp)와 같은 바우처의 경우 제공기관인 식료가게가 도처에 많이 있기 때문에 푸드 스탬프는 바우처 방식으로 시행하기에 가장 적절한 공공 서비스 품목이라 할 수 있다. 한국의 경우 사설학원이 도처에 많이 있기 때문에 사설학원 수강권 바우처를 시행하면 제공기관 간 경쟁을 충분히 유도할 수 있어 시장 원리를 제대로 살릴 수 있다. 이처럼 바우처 제공기관 사이의 경쟁은 해당 품목을 제공하는 기존의 제공기관 분포에 따라 크게 달라진다. 그렇지만 해당 제공기관이 없을 경우에도 바우처 시행으로 제공기관이 만들어져 바우처를 제공할 수 있다. 예를 들면, 한국의 장기요양보험제도가 시행되면서 전국 곳곳에 민간요양시설이 새로 만들어졌다. 장기요양을 원하는 이용자가 정부의 바우처를 받아(장기요양 수급 자격을 갖춘 이용자가 먼저 요양시설을 이용하고, 해당 요양시설이 정부에 사후에 서비스 요금을 청구하며, 정부가 그 적정성 여부를 심사한 후 환급해 주는 기존의 의료 시스템과 유사한 묵시적 바우처 방식) 민간요양시설을 이용하려고 했기 때문에, 이러한 정부 유도형 바우처 시장을 보고 민간에서 요양시설을 만들어 운영했던 것이다.

둘째, 바우처 관련 서비스 제공기관의 설립과 진입에 대한 각종 규제이다. 제공기관의 신규 진입에 대한 정부 규제가 심할 경우, 아무래도 새로 진입하는 제공기관이 만들어질 수 없고, 이로 인해 기존의 제공기관과 경쟁을 유도하기 어려울 것이다. 이 경우 제공기관의 독과점이 형성되어 제공기관 사이의 경쟁을 기대할 수 없다.

셋째, 바우처의 경우 제공기관에 대한 접근성이 중요하다. 제공기관 사이의 거리가 가깝고 접근이 편리할수록 이용자의 이용 가능성이 높아질 것이기 때문이다. 한국처럼 수도권 광역교통망이 잘 갖춰져 있을 경우 수도권 전체를 하나의 바우처 적용 지역으로 광역화해 설정할 수 있다. 다만 도서 산간벽지의 경우 제공기관을 충분히 둘 수 없기 때문에 인근의 주요 제공기관이 독점적으로 관리할 수밖에 없고, 이 경우 이용자의 선택권 상당히 제약을 받을 수밖에 없다. 이는 물리적 공간 제약으로 발생하는 시장화의 어려움인데, 이 경우 정부의 각종 교통 지원이나 제공기관에 특별보조금을 통해 취약지역에 대한 공공 서비스의 인프라망을 갖출 필요가 있다. 이런 경우는 시장에서 충분한 공공 서비스가 제공될 수 없기 때문에 정부가 상당한 비용을 들여 제공할 수밖에 없다.

3) 역선택과 편의적 선취

역선택은 정보 비대칭으로 서비스나 상품 구매자에 대한 정보를 제대로 알지못할 때 발생한다. 보험시장에서 보험 가입자에 대한 정보를 충분히 확보하지 못하면, 위험이 큰 가입자가 보험에 가입할 가능성이 크고 이로 인해 보험료가 상승하는 부작용이 일어날 수 있다. 그렇지만 바우처의 경우 수혜 대상자에 대한 정보와 상관없이 수혜자에 대한 혜택이 일정하기 때문에 이러한 역선택에 따른 부작용이 일어날 가능성은 적다. 하지만 바우처 제공기관 입장에서는 서비스 제공에 편리한 수혜자를 선별할 가능성이 있을 수 있다. 학교선택권에서 사립학교나 공립학교가 바우처를 이용해 신규로 입학하는 학생들에 대해 차별을 하지 못하도록 하는 것은 이러한 부작용을 예상했기 때문이다. 이처럼 바우처 수혜자를 선별할 가능성이 있는데 이를 편의적 선취(cream skimming 또는 cherry picking)라고 하며, 이러한 부적정 행위는 대부분 정부 규제를 통해 못하도록 막고 있다.

2. 바우처 설계 · 운영에서 나타나는 쟁점

1) 정책성 분석

바우처를 시행할 때 시 가장 중요한 것은 바우처를 통해 얼마나 효과적으로 사회적 문제 해결에 기여할 수 있느냐이다. 특히 사회안전망을 잘 구축하고 사회 통합에 바우처가 잘 기여할 수 있도록 바우처 사업을 설계하고 운영할 필요가 있다. 구체적으로 고려해야 할 정책 사항을 살펴보면, 전략적 사회안전망 구축(각종 사회적 문제에 대한 전략적 맞춤형 접근), 형평성 제고(주요 공공 서비스 소외계층에 대한 혜택과 참여 확대), 정부예산의 효율성 제고(바우처 사용에 따른 예산 절감, 서비스 효과성 향상)가 중요한 정책적 고려 사항이 된다. 또한 바우처는 특정 집단에 대한 맞춤형 전략을 주로 사용 때문에 바우처 수혜집단과 그렇지 못한 집단 사이의 갈등이나 사회 구성원 간 분리 현상(segregation)을 고려해야 하는데, 이는 흔히 낙인 효과(stigma)와 같은 부정적 측면을 초래할 수도 있기 때문이다. 바우처 관련 각종 노동공정거래 등 관련 법률 상충성과 같은 법적 사항도 당연히 검토해야 한다. 그 밖에 해당 바우처 관련 서비스와 산업에 대한 파급 효과와 유사 서비스산업에 대한 파급 효과도 고려해 전체적으로 바우처 사업이 미칠 효과를 조망할 필요가 있다.

2) 시장성 분석

바우처는 기본적으로 시장의 원리에 근거해 민간의 제공 인력과 시설을 활용하는 전략이다. 따라서 민간의 전달 체계가 시장 원리를 얼마나 잘 충족하고 있는가가 바우처 도입 시 중요한 고려 사항이 된다. 이와 관련해 이용자가 제대로 선택할 수 있는 여건을 갖추는 것이 중요한데, 바우처 관련 상세한 정보 공개 및 제공, 민원 전화 서비스 제공, 그리고 바우처 제공 상품 범위와 추가 구매에 대해 다양한 옵션을 개방적으로 허용하는 것이 필요하다. 한편 제공기관 간 경쟁을 통한 바우처 서비스의 품질과 만족도를 높일 필요가 있다. 공급 측면에서 제공기관의 특성으로 제공기관의 규모, 분포, 지역적 특성 그리고 서비스 전달 인력의 적정성(전문성, 돌봄 태도, 직업규범)을 사전에 잘 파악하고 있어야 한다. 그 밖에 바우처 부작용으로 흔히 발생하는 각종 시장실패 현상으로 역선택(adverse selection)이나 편의적 선취(cream skimming) 문제가 있다. 그 밖에 바우처 금액 설계가 최적화되지 못해 사회적 후생 손실(welfare-loss)을 초래하는 경우가 있고, 나아가 바우처 사용 과정에서 이용자나 제공기관을 중심으로 각종 부적정 행위에 따른 도덕적 해이(moral hazards)가 발생할 가능성도 있어 이에 대한 모니터링이 요구된다.

3) 바우처 사업관리

정부기관에서 초기 바우처 사업을 시행할 경우 바우처 관련 예산, 인력, 조직을 어떻게 만들어 운영할 것인가도 시급한 문제로 부각된다. 이와 관련해 바우처 관련 정책설계 및 집행 담당 기관, 바우처 관련 전문 관리 인력 그리고 기존의 바우처 경험 조직에 대한 관리 위탁 여부에 대한 논의가 필요하다. 최근에는 정부 각

표 10-8 바우처 설계와 운용시 고려 사항

공공정책과 시장	쟁점	내용
정책성 분석	사회안전망	- 각종 사회적 문제에 대한 전략적 맞춤형 접근
	형평성	- 주요 공공 서비스 소외계층에 대한 혜택과 참여 확대 등
	효율성	- 바우처 사용에 따른 예산 절감, 서비스 효과성 향상 등
	낙인 효과	- 바우처 사용에 따른 낙인 효과
	위법성	- 바우처 관련 각종 노동공정거래 등 관련 법률 상충성
	파급 효과	- 해당 바우처 관련 서비스와 산업에 대한 파급 효과 - 유사 서비스산업에 대한 파급 효과
시장성 분석	선택	- 바우처 관련 상세한 정보공개 및 제공 - 민원전화 서비스 제공 - 바우처 제공 상품 범위와 추가 구매 등
	경쟁	- 제공기관 규모, 분포, 지역적 특성 - 서비스 전달 인력의 적정성(전문성, 돌봄 태도, 직업 규범)
	시장실패	- 역선택 - 편의적 선취 - 사회적 후생 손실 - 부적정 행위에 따른 도덕적 해이
바우처 사업관리	예산 · 인력 · 조직	- 바우처 관련 정책설계 및 집행 담당 기관 - 바우처 관련 전문 관리 인력 - 기존의 바우처 경험 조직에 대한 관리 위탁 여부

출처: 정광호(2007)의 〈표 10〉을 재정리함.

부처나 기관에서 개별적으로 기관별 필요한 공공 서비스를 기관 고유의 바우처 예산과 관리기구로 운영하고 있다. 물론 부처 내에서도 개별 부서별 바우처가 부처 차원에서 통합되지 않고 운영되는 사례도 있다. 이에 최근 문화부는 각종 바우처 사업을 하나의 통합카드로 통합해 운영하고 있다. 나아가 개별 부처의 바우처 사업은 기존에 다른 부처에서 운영하는 바우처 사업에 추가해 관리 위탁할 수도 있다. 그렇지만 전 부처 차원에서 통합해 운영하는 바우처 사업을 기획해 운영하는 것도 바우처 사업의 효과성을 높이는 데 필요하기 때문에 이에 대한 정책적 고려가 있어야 한다.

3. 공급자 중심 정책 수단과의 성과 비교

바우처와 다른 정책 수단 사이의 효과를 비교해 보면 바우처가 어떤 상황과 조건 속에서 효과적인지 쉽게 파악할 수 있다. 실제로 동일한 공공 서비스를 대상으로 바우처와 다른 정책 수단－대부분 위탁(contrating-out)과 같은 공급자 중심 아웃소싱 수단－과 비교한 연구는 적다.[3] 그렇지만 사바스(Savas, 2002)의 연구와 샌드포트(Sandfort, 2008)의 연구가 대표적인데 그 내용을 간략히 살펴보자. 사바스(E. S. Savas)의 연구는 미국 뉴욕 시가 직업훈련 프로그램을 공급자 중심(contracting out)과 수요자 중심(voucher) 프로그램으로 나눠 진행한 것을 가지고 양자 간 효과를 비교했다(〈표 10-9〉 참고).[4] 물론 이 연구에서는 두 프로그램에 참여한 대상자들을 무작위로 배치해 실험한 연구는 아니기 때문에, 선택편향성(selection bias)의 가능성 때문에 두 집단간 타당성 있는 비교는 어렵다는 한계가 있다. 샌드포트(J. Sandfort)의 연구는 22개의 보육시설을 대상으로 그랜트(grant), 계약(contract), 바우처(voucher) 등 3개의 정책 수단의 효과를 관리역량(management capacity), 관리성과물(management outcomes), 프로그램 역량(pro-

3) 국내 연구로는 다문화가정 사회 서비스 전달 정책 수단으로 전자 바우처와 위탁 방식을 비교사례 방법론으로 분석한 정광호 · 최슬기 · 장윤희(2009)의 연구가 있다.

4) 사바스의 연구는 1998년 EDWAA(Economic Dislocation and Worker Adjustment Assistance Act) 프로그램을 대상으로 바우처와 위탁을 비교하고 있다. 이 연구에 따르면 무엇보다 1인당 프로그램 비용 측면에서 바우처는 3,445달러로 계약의 경우 6,130달러로 매우 저렴하다. 프로그램 성과를 보면 직업훈련 후 취업률의 경우 바우처 85%로 계약 74%보다 높다. 바우처를 통해 직업훈련을 받은 집단의 시간당 평균 임금은 13.59달러로 계약의 11.18달러보다 높다.

gram capacity), 프로그램 성과물(program outcomes)로 나눠 살펴보고 있다. 한편 교육 바우처와 같은 경우 기존의 공립학교 시스템(정부의 직접 제공 방식)과 비교할 때 사립학교 선택권을 줄 경우 학생 성과와 학부모의 만족도 향상 정도를 비교한 연구들이 미국과 저개발 국가를 중심으로 이뤄지고 있어, 이에 대한 종합 분석을 통해 교육 바우처의 효과를 어느 정도 가늠할 수 있다.[5]

표 10-9 정부 제공 직업훈련: 공급자 중심 재정 지원과 수요자 중심 재정 지원의 비교

비교 항목	바우처 (수요자 중심: A)	위탁계약 (공급자 중심: B)	A/B
Number of participants	1,942	1,772	1.10
Total program cost	$ 6,690,198	$10,862,290	0.62
Cost per participant	$ 3,445	$ 6,130	0.56
Placement rate upon completion	82%	74%	1.11
Average hourly wage at placement	$ 13.59	$ 11.18	1.22

출처: Savas(2002), 〈표 7〉 재정리.

제 5 절 결론 및 시사점

바우처와 같은 수요자(이용자) 중심 공공 전달 체계는 프리드먼(Friedman, 1962; 1993)이 공공 서비스 선택에 대한 이론적 정책적 배경을 강력하게 설파한

5) 미국의 학교선택권에 관한 무작위 실험 사례를 소개한 연구는 정광호(2010)를 참고하면 된다. 컬럼비아의 학교선택권 무작위 실험은 앵그리스트 외(Angrist et al., 2002; 2006)의 연구를 참고하면 된다. 그 밖에 학교 바우처 효과성에 대한 문헌은 상당히 많다. 대표적으로 미국 공립학교 비효율성을 비판한 스미스(Smith, 1994), 첩과 모(Chubb & Moe, 1988; 1990) 등의 연구가 있고, 학교선택권과 관련해 교육의 시장화 효과와 가능성을 논의한 쿨슨(Coulson, 1999)의 책도 있다. 구체적으로 무작위실험 자료를 가지고 컬럼비아 학교선택권의 효과를 분석한 앵그리스트 외(Angrist et al., 2002; 2006) 연구가 있다. 미국 밀워키 학교선택권 사례를 소개한 그린 외(Greene et al., 1998), 위트와 손(Witte & Thorn, 1996), 루스(Rouse, 1998) 등이 있다. 그리고 각국의 교육 바우처 프로그램 소개한 웨스트(West, 1997)와 최근 수요자 재정 중심의 연구를 종합해 정리한 엔저(Ensor, 2003; 2004) 등이 있다. 그 밖에 교육 바우처 연구를 비판적으로 종합 정리한 맥이완과 카노이(McEwan & Carnoy, 2000), 래드(Ladd, 2002), 레빈과 벨필드(Levin & Belfield, 2004) 등이 있다.

이후 공공 서비스에 시장 원리인 선택권과 경쟁을 접목하려는 다양한 시도가 이뤄져 왔다. 1980년대 이후 신보수주의가 정부 부문 운영 방식에 강력한 영향을 주면서 다양한 형태의 민영화가 이뤄졌다.[6] 또한 이런 공공 부문의 개혁 분위기 속에서 신공공관리론도 등장했다. 바우처는 이러한 시장 기제의 전형적 정책 수단이다. 최근에는 정부·민간비영리·시장을 아우르는 신거버넌스에 대한 논의가 등장하면서 샐러먼(Salamon, 2002)의 정책 수단 연구도 주목을 받고 있다. 기존의 정부 중심과 시장 중심의 정책에서 양자를 연계하고 종합하기 위한 영역으로 정책 수단에 대한 관심으로 이어지는데, 여기에는 정부 중심, 시장 중심, 양자 혼합모형 등으로 다양한 형태의 정책 수단이 만들어지고 있다. 바우처는 시장 원리를 중시하는 친시장형 정책 수단이지만, 한편으로 이러한 바우처를 도입하는 것은 정부이며, 정부의 정책설계와 규제가 수반된다는 점에서 정부 주도의 정책 수단으로 볼 수도 있다. 특히 바우처는 취약계층의 인적자원 투자, 건강, 범죄 문제를 해결하기 위해 맞춤형 방식으로 각국의 재정 지원이 이뤄지고 있는 가운데 강력한 정책 수단으로 자리매김하고 있다. 다시 말해 빈곤국가의 소외계층인 빈곤가구와 빈곤가구의 여성, 어린이, 노약자에게 집중적으로 투여되는 사회적 투자(social investment)가 바우처 형태로 이뤄지고 있다는 점에 주목할 필요가 있다.

이 바우처 사례 분석은 공공 서비스 전달 체계에 대한 소개와 더불어 향후 한국의 공공 서비스 전달 체계에 바우처를 활용할 경우 그 예상 효과와 부작용에 대한 다양한 정책적 함의를 제공해 줄 것으로 기대된다. 이미 문화, 사회 서비스 분야에 다양한 바우처 관련 연구들이 나오고 있다(정광호, 2007; 2008; 2010; 정광호·최병구, 2007; 최희진·정광호, 2012). 현재 모든 한국의 중앙부처에서 바우처 방식으로 다양한 공공 서비스를 제공하고 있다. 앞으로 바우처 사업의 운영과 사업 성과에 대한 이론적 배경에 대한 지식과 해외 사례의 다양한 경험을 정리해 소개하는 연구가 필요하다. 특히 바우처는 전 세계 국가와 국제기구에서 추진 중인 교육, 보건의료, 보육, 환경보호 등 각종 사회 서비스 관련 지원정책의 핵심 수단으로 자리 잡고 있다. 기존의 공급자 중심의 재정 지원 정책에서 수요자 중심 재정 지원 정책으로 공공 서비스 전달 체계의 패러다임을 주도하는 핵심 정책 수단으로서 바

6) 공공 서비스 민영화에 대한 비판적 논의로는 밴딕(Bandick, 1998), 내프 외(Knapp et al., 2001) 등을 참고하면 된다.

우처 전달 기제에 대한 세계 각국의 정책 사례와 경험을 배울 필요가 있다(West, 1997; Angrist et al., 2002; 2006; Ensor, 2003; 2004; Banerjee & Duflo, 2011). 해외 사례와 관련해 가장 대표 문헌을 꼽아 보자면, 미국의 분야별 바우처 사례와 바우처의 미시경제이론을 잘 정리한 스튜얼(C. Steuerle)과 그 동료들이 편집한 책이다(Steuerle et al., 2000). 이 책은 미국의 브루킹스연구소와 도시연구소가 공동으로 출간한 책으로 바우처 연구의 가장 대표적 문헌이라 할 수 있다. 그러면 앞으로 국내외 바우처 연구와 관련해 예상되는 연구 과제나 방향을 살펴보자.

첫째, 공공 서비스의 접근성과 선택에 관한 문제이다. 이 주제에 대한 연구는 상당하나 여전히 공공 서비스의 품질과 만족도와 관련해 지속적으로 중요한 주제가 될 것이다. 특히 공공 서비스를 수요자 중심으로 전환하더라도 도서 벽지에서 나타나는 제공기관의 부족과 접근성 문제, 그리고 시장 상황에 따라 제공기관의 규모나 종류에 한계가 있을 수밖에 없는데, 이 경우 정부가 지원·육성하는 방식으로 다양한 형태의 시장이 존재할 것으로 보인다. 이러한 공공 서비스의 준시장(quasi-market)을 둘러싸고 예상되는 정보 비대칭 문제, 품질관리 문제에 대한 관심이 필요하다. 이 부분은 제한된 공급자라는 공급 측면 문제와도 연결된다.

둘째, 수요자 중심의 재정 지원 체계는 다양한 형태의 수많은 제공기관을 전제로 한다. 하지만 다양한 형태의 제공기관이 없거나, 존재하더라도 특정 기관이 시장을 독과점해 발생하는 각종 시장실패 문제가 있다. 캘리포니아에서 전기를 민영화해 발생한 사례처럼 공공 서비스 가격이 상승하고 공급이 부족한 문제가 발생할 수 있다. 특히 최근에는 대부분의 국가에서 공공 서비스를 아웃소싱함으로써 공공 서비스를 전달하는 민간의 제공기관이 많다. 다시 말해 공공 서비스의 전달은 이제 민간기관이 대부분 전담하고 있는 것이다. 그렇지만 이들 제공기관이 이윤 추구라는 인센티브 이외에 얼마나 공공성과 책임성을 갖고 서비스를 제공하고 있는가에 대한 검토가 필요하다. 정부가 각종 규제와 계약관리를 통해 공공성을 담보하도록 규제를 하더라도 한계가 있을 수밖에 없어 이에 대한 지속적 관심과 관리가 필요하다.

셋째, 공공 서비스 전달 체계에 이제는 인터넷과 각종 웹 방식의 다양한 커뮤니케이션 기술이 개발되면서 정책 수단에 스마트 기술이 접목되고 있다. 이로 인해 과거에는 상상할 수 없었던 공공 서비스의 접근성과 편리성이 구현되고 있으며,

전달 체계의 투명성도 높아지고 있다. 특히 전달 체계의 제도와 물리적 인프라가 부족한 빈곤국가에 이러한 스마트 기술의 보급으로 모바일폰(mobile phone)을 이용한 공공 서비스 전달이 구현되고 있다. 앞으로 이러한 스마트 기술이 공공 서비스 전달 체계에 미치는 영향을 연구해 전달 체계의 효과성을 높일 수 있는 방안을 찾아야 할 것이다. 나아가 이러한 스마트기술은 정부 각 부처에서 제공하는 각종 공공 서비스를 통합해 운영하는 것을 가능하게 해줄 것이다. 또한 유엔이나 세계은행과 같은 국제기구에서도 수많은 각종 지원정책을 집행하고 있지만 이들 정책 간 통합 관리가 제대로 이뤄지지 않고 있어, 이러한 통합관리를 위해 스마트 기술이 활용될 것으로 예상된다.

이러한 바우처 연구는 정책 집행과 공공 서비스 전달 체계에 관한 이론적 함의도 제공해 주고 있다. 정책결정뿐만 아니라 집행 현장에 대한 연구를 바우처 사업을 통해 심도깊게 진행할 수 있다. 특히 집행 현장에 스마트폰과 같은 기술이 접목되면서 집행 모니터링이 효과적으로 기능하고, 수혜자의 만족도와 정책 참여가 가능해진다는 장점도 예상된다. 바우처 사업에서 나온 자료를 가지고 이에 대한 실증 연구가 나올 것으로 예상된다.[7] 공공 서비스 전달 체계의 혁신이 수요자 중심 재정 지원과 스마트 기술을 통해 일어나고 있는 만큼 이에 대한 향후 연구는 스마트 기술과 거버넌스, 스마트 기술과 정책 집행의 연관성에 대한 연구를 촉진할 것으로 기대된다.

참고 문헌

유한옥(2006). 재정효율성 제고를 위한 시장 원리 활용 방안: 바우처제도를 중심으로. KDI 정책연구시리즈 2006-02.

정광호(2006). 바우처: 공공서비스 선택권과 경쟁. 한국행정학회 학술대회 발표논문집, 721-744. 한국행정학회.

______(2007). 바우처 분석: 한국과 미국을 중심으로. 행정논총, 45(1): 61-109.

______(2008). 바우처 분석: 이론과 현실. 서울: 법문사.

______(2010). 미국 교육 바우처의 효과 분석: 무작위실험 사례를 중심으로. 행정논총, 48(3): 25-64.

정광호 · 최병구(2007). 문화격차 분석과 문화 바우처 정책설계. 지방정부연구, 10(4): 63-89.

---

7) 이와 관련된 최근 연구로 잭과 서리(Jack & Suri, 2013), 켄달과 부리스(Kendall & Voorhies, 2014) 등을 꼽을 수 있다.

정광호 · 최슬기 · 장윤희 (2009). 다문화 가정을 위한 사회서비스 전달 과정 분석: 위탁과 바우처 방식의 비교. 한국공공관리학보, 23(4): 231-255.

최희진 · 정광호 (2012). 의료서비스 분야의 편의적 선취(cream-skimming)에 관한 예비적 고찰. 지방정부연구, 16(2): 151-173.

Angrist, J., Bettinger, E., Bloom, E., King, E., & Kremer, M. (2002). Vouchers for Private Schooling in Colombia: Evidence from a Randomized Natural Experiment. *American Economic Review*, 92(5): 1535-1558.

Angrist, J., Bettinger, E., & Kremer, M. (2006). Long-Term Educational Consequences of Secondary School Vouchers: Evidence from Administrative Records in Colombia. *American Economic Review*, 96(3): 847-862.

Bandick, Marc, Jr. (1998). Privatizing Delivery of Services, In S. B. Kamerman & A. J. Kahn ed., *Privatization and the Welfare State*. Princeton University Press.

Chubb, J. E. & Moe, T. (1988). Politics, Markets, and the Organization of Schools. *American Political Science Review*, 82: 1065-1089.

______(1990). *Politics, Markets, and America's Schools*. Washington DC: The Brookings Institute.

Coulson, A. J. (1999). *Market Education. The Unknown History*. New Brunswick: Transaction Publishers.

Banerjee, Abhijit V. & Duflo, Esther (2011). *Poor Economics : A Radical Rethink of the Way to Fight Global Poverty*. New York: Public Affairs.

Ensor, T. (2003). *Consumer-led Demand side Financing for Health and Education: An International Review*. Oxford Policy Management.

______(2004). Consumer-led demand side financing in health and education and its relevance for low and middle income countries. *International Journal of Health Planning and Management*, 19(3): 267-285.

Friedman, Milton (1962). The role of government in education. In M. Friedman. *Capitalism and Freedom*. Chicago: Chicago University Press.

______(1993). Public schools: make them private. *Education Economics*, 1: 32-44.

Greene, Jay P., Peterson, Paul, & Du. Jiangtao (1998). School Choices in Milwaukee: A Randomized Experiment. In P. Peterson and B. Hassel, eds. *Learning from School Choice*. Brookings Institution.

Jack, B. & Suri, T. (2013). Risk Sharing and Transaction Costs: Evidence from Kenya's Mobile Money Revolution. *American Economic Review*, 204(1): 183 - 223.

Jackson, R. (1999). Identifying Voucher Plans without Welfare Losses. *Journal of Economic Education*, 30(2): 175-183.

Kendall, J. & Voorhies, R. (2014). The Mobile-Finance Revolution: How Cell Phones Can Spur Development. *Foreign Affairs*, March/April.

Knapp, M., Hardy, B., & Forder, J. (2001). Commissioning for quality: ten years of social care markets in England. *Journal of Social Policy*, 30(2): 2 83-306.

Ladd, Helen (2002). School Vouchers: A Critical View. *Journal of Economic Perspectives*, 16(4): 3 - 24.

Levin, H. & Belfield, C. (2004). Vouchers and Public Policy: When Ideology Trumps Evidence. *American Journal of Education*, 111: 548-567.

McEwan, P. J. & Carnoy, M. (2000). The Effectiveness and Efficiency of Private Schools in Chiles Voucher System. *Educational Evaluation and Policy Analysis*, 33(3): 213-239.

Patrinos, H. A. (2002). *A Review of Demand-Side Financing Initiatives in Education*. Washington, DC: World Bank.

Rosen, H. (1996). *Public Finance*. New York: McGraw-Hill.

Rouse, C. E. (1998). Private school vouchers and student achievement: An evaluation of the Milwaukee Parental Choice Program. *Quarterly Journal of Economics*, 113: 553-602.

Sandfort, Jodi, Selden, Sally C., & Sowa, Jessica (2008). Do the Tools Used by Government Influence Organizational Performance?: An Examination of Early Childhood Education Policy Implementation. *American Review of Public Administration*, 38(4): 412-438.

Salamon, Lester M. (ed.) (2002). *The Tools of Government: A Guide to the New Governance*. Oxford University Press.

Savas, E. S. (1987). Privatization. N.J.: Chatham House Publishers, Inc.

______ (2002). Competition and Choice in New York City Social Services. *Public Administration Review*, 62(1): 82-91.

Smith, K. B. (1994). Policy, Markets, and Bureaucracy: Reexamining School Choice. *Journal of Politics*, 56(2): 475-491.

Steuerle, C. Eugene, Ooms, Van Doorn, Peterson, George & Reischauer, Robert D. (2000). *Vouchers and the Provision of Public Services*. Washington D.C.: The Brookings Institution, Committee for Economic Development, and Urban Institute.

West, E. G. (1997). Education Vouchers in Principle and Practice: A Survey. *The World Bank Research Observer*, 12(1): 83-103.

Witte, J. F. & C. Thorn, A. (1996). "Who Chooses? Voucher and Interdistrict Choice Programs in Milwaukee. *American Journal of Education*, 104: 186-217.

부록 1: 국내 바우처 현황

종류	시행 시기	주관 부처	정책 목표	수혜 대상	공급자	바우처 금액	지불 형식
교육훈련 카드	1998년 9월	노동부	훈련생 만족도, 훈련기관 경쟁력	구직 등록 실직자	농동부 인가 직업훈련기관 /학교	훈련직종, 시간, 인원에 의거	암묵적
방과후 수강권	2006년 2학기 시범 실시	시 · 도 교육청 자율 결정	교육 기회 확대	저소득 초등학생	각급 학교	정액: 수강 금액(시 · 도 교육청 자율 결정)	명시적
만 5세 무상 보육 교육	199년 9월	여성부/ 교육부	취약계층 보육 지원/공급자 경쟁력 제고	가계 평균 소득 80% 이하	국공립정부 인가 보육기관/유치원/사립학원	정액: 15만 3천 원	암묵적
만 0~4세 보육료 지원	1991년 시범 시행 2004년 확대 시행	여성부	취약계층 보육 지원/공급자 경쟁력 제고	가계 평균 소득 60% 이하	국공립정부 인가 보육기관/유치원/사립학원	소득계층별/ 이동 연령별로 차등 지원	암묵적
문화 바우처	2005년 4월	문화 관광부	저소득층 문화향유권 확대	저소득 장애인/노인 (18천 명 사범 시행)	정부 선정 5개 비영리단체	정액: 5만 원 이하	명시적
여행 바우처	2005년 5월	문화 관광부	저소득층 관광복지 확대/ 관광산업 활성화	중소기업 근로자 (선착순 12천 명)	국내여행 취급 여행사	여행경비의 40% 15만 원 이내	암묵적
친환경농업 교육 바우처	2005년 6월	농림부	교육기관 경쟁력/수강생 만족도	우수지역 농업인 (45백 명)	5개 교육기관	교육과정별 기본 단가 설정	명시적
농업인턴제	2005년	농림부	농업 부문 인력 양성	미취업자 및 농업계 고등학생 및 대학생	자격 기준을 통과한 농가	1인당 매월 150만 원 최대 연 500만 원	묵시적
환경친화형 배합사료 생산	2004년	해양 수산부	친환경어업 기반 구축	희망어업인 및 어업인 단체	배합사료 사업자	수조리 양식장: 290원/kg당: 가두리 양식장: 320월/kg당	환금
국가유공자 LPG 차량 지원	2001년	국가 보훈처	특별소비세 인상분 보조	국가유공자/ 고엽제 환자	LPG 사업자	240원/ 리터당	묵시적
중소기업 컨설팅	1999년	중소 기업청	중소기업 경영 지원	유자격 중소기업	지역별 선정된 자문위원	1회 50만 원 한도 업체별 최대 4백만 원	묵시적

기술 바우처	2007년 시범 도입	중소 기업청	수요자 중심 기술 개발	유자격 중소기업	전문기관 바우처 발행/대학·연구기관 기술개발	100억 원, 업체당 최대 1억 원 지원, 총 금액의 75% 지원	명시적
연구장비 사용료	2007년	중소 기업청	연구장비가 부족한 중소기업 지원	유자격 중소기업	3천만 원 고가장비 50대 이상을 갖춘 연구기관 및 대학	전체 장비 사용료의 60% 지원	묵시적
산모신생아 도우미 지원	2006년	보건 복지부	취약계층 복리 증진 출산율 제고 일자리 창출	둘째 아이 출산가정 중 최저생계비 120% 이하 가구: 2007년 월평균 소득 60만 원 이하(4인 가족 208만 원) 출산 가구 36,883가구 12일 지원	도우미 교육훈련을 이수한 저소득층 여성	정액: 30만 원	명시적
불임시술 지원	2006년	보건 복지부	출산율 제고	근로자 평균소득 130% 이하 불임부부	전체 의료기관	1일당 150만 원 최대 2회 이용	묵시적
노인돌보미	2007년	보건 복지부	차상위 중증 노인 수발 지원	빈곤선 차상위 중증 노인 2만 2천 명	전체 사회의료 서비스기관	1인당 월 20만 원	명시적
노인부양가구 휴가 바우처	2007년 추진 예정	보건 복지부	노인 부양 스트레스 해소 및 여가 제공	노인 부양가구 (4인 가구 월 평균 350만 원 이하)	휴가 관련(숙식, 교통비, 시설 입장료 등) 업계	연 1회 20만 원씩, 2007년 기준 6만 1,483가구 대상	명시적
지역사회 서비스 혁신사업	2007년 예정	보건 복지부	8가지 사회서비스 사업을 통한 지역복지 증진: 1인당 월 20만 원 지원 시 6만 9,600명 수혜	임대아파트 어린이놀이터 소득사업, 저소득층 다자녀가구 육아용품과 장난감 대여 서비스, 저소득층 청소년 대상 영어캠프, 아동보호 서비스, 장애인 가구에 대한 가정 도우미 제공, 노인 대상 노후설계관리 서비스 등	지자체가 특성에 맞는 서비스를 개발해 보건복지부에 신청	2007년도 975억 원 책정 서울은 50% 나머지 지자체는 70% 국고보조	-
주택 바우처	2009년 실시 예정	건설 교통부	저소득층 임차인 임대료 지원	저소득 가구	민간 주택임대업자	미정	명시적

저소득 바우처	2007년 6월	경기도	저소득 가구 생활 지원	경기도 내 4인 가족 기준 월평균 353만 2천 원 이하	경기도와 협약을 맺어 특정 물건이나 서비스를 제공하는 기관	230억 원, 경기도 내 1만 5천 가구 대상	명시적
노인복지 도우미	2007년 예정	서울시	노인돌보미, 독거노인도우미, 방문보건 등	저소득 중병 노인	서울시와 계약한 도우미, 사회기관 등	노인 1인당 월 20만 원	명시적
안성 바우처 과학 클러스터 프로그램	2007년	안성 교육청	과학교육 지원	안성 교육청 관내 학생	국립중앙과학관 등 과학 관련 기관	–	–

자료: 유한옥(2006), 53페이지를 참고, 각종 신문보도 자료 참고. 한국일보, '복지도우미 대폭 늘어난다.' 2007년 1월 29일자. 아이뉴스 24, '중기 기술혁신자금 5천억 본격 투입,' 2007년 2월 8일자. 자치안성신문. '과학의 원리를 찾아 떠나는 겨울여행' 2007년 2월 13일자. 투데이 코리아. '대학 등 첨단장비 활용하면 정부 60% 지원' 2007년 2월 21일자. 내일신문. '6월부터 어린이 놀이터 소독 서비스.' 2007년 3월 6일자 17면. 세계일보. '저소득 가구에 바우처 제공.' 2007년 3월 7일자. 세계일보. '눈에 띄는 이색사업.' 2006년 6월 29일자 14면. 한국일보. '복지도우미 대폭 늘어난다,' 2007년 1월 29일자. 서울경제신문. '서울시, 사회 서비스 늘려 일자리 만든다' 2007년 1월 29일자. 서울경제신문. '중기부설연 310개 설치 지원.' 2007년 1월 25일자.

출처: 정광호(2007), 부록 1 재인용.

부록 2: 각국의 바우처 현황(학교교육 이외 분야)

바우처 종류	영역	서비스 내용	목적	지불 형태
Food Stamp Program(전국적)	식품영양	(주류나 담배 제외) 식료품 쿠폰 제공	복리 증진	명시적
Women, Infants, and children Program(WIC)(전국적)	식품영양	저소득층 임신/산후 여성 및 유아에 대한 우유, 치즈 등 구매 지원	복리 증진	명시적
WIC Garmer's Market Nutrition Program(전국적)	식품영양	WIC 자격이 있는 여성/아동 대상 과일채소 구입 쿠폰/수표 지원	복리 증진	명시적
오클라호마 Vouchers for Infants and Toddlers(공급자가 바우처 쿠폰 제출)	일반지원	모친이 TANF 등록 시 태어난 아동에게 음식, 의료 기타 필수품 보조	복리 증진	명시적 환급
사우스캐롤라이나 Family Independence Act	일반지원	모친이 TANF 등록 시 태어난 아이들에게 아동 관련 물품 보조	복리 증진	카운티별 상이
사우스캐롤라이나 Family Independence Act	일반지원	이사비용과 보육, 구직을 위한 이사 첫 달 임대료 보조	복리 증진	명시적 (바우처/현금)
오클라호마 Flexible Funding Source	일반지원	차 수리 등 각종 상품 서비스에 대한, 일시적 지원(고용 지원 보조)	복리 증진	공급자 환급
웨스트 버지니아 Clothing Vouvher	일반지원	옷과 바느질 도구에 대한 100달러 상당의 바우처(헤어 액서서리나 보석 등 제외)	복리 증진	공급자 환급
미시간 Project Zero	일반지원	복지 수혜자를 지정 장소에서 일하도록 함(이사나 의료, 교통, 차 구입과 수리 등)	복리 증진	공급자 환급
캘리포니아 Berkeley Cares(뉴헤이븐, 뉴욕시, 보스턴 시애틀도 시행)	일반지원	부랑아 집단을 위한 음식, 세탁, 버스 승차권 바우처(주류와 담배는 금지)	복리 증진	명시적
이동보건프로그램(Migrant Health Program, 전국적)	보건	이주자나 계정노동자의 의료기관 이용 바우처	복리 증진 특수 목적	공급자 환급
오리건 Family Health Insurance Assistance Program	보건	저소득층이나 고용주가 부담하는 민간 건강보험 구입 시에 제공되는 보조금	복리 증진	공급자 환급
매사추세츠 Employer-sponsored family coverage	보건	저소득 피고용자 건강보험 지원	복리 증진	명시적
매사추세츠 Senior Pharmacy Program	보건	고령자가 처방전에 따른 약을 구입 시 연간 750달러까지 보조(일보 약품 제한)	복리 증진	-
세인트루이스, 미주리 Vouchers for Medical sercices	보건	시 의료원이나 병원이 제공할 수 없는 필요한 의료 서비스를 구입하는 데 보조	복리 증진	공급자 환급
플로리다 파스토 카운티 Prescription Voucher Program	보건	무보험자 어린이 대상 약품/의료품 구입 자원 바우처	복리 증진	공급자 환급
Vouchers for treatment of cocaine dependence(볼티모어, 샌프란시스코 등)	보건	코카인을 끊은 환자가 취미 활동이나 건강 생활에 필요한 물품 구입 지원	특수 목적	명시적**
로스앤젤레스 Vouchers for pet neutering	보건	애완동물 난소 제거 또는 거세 수술 지원	특수 목적	공급자 환급

Hope for Kids(전국적) (뉴욕 할렘가에서 시작)	보건	면역 접종 지원, 음식·장난감 구입지원 바우처	복리 증진	-
Section 8 Housing vouchers and certificates	주거	최저소득층 가정을 위한 주택 임대료, 남은 돈은 자유 사용	복리 증진	묵시적
미네소타 Rental Assistance for Family Stabilization	주거	근로 참여 가정을 위한 임시 주택 바우처	복리 증진	묵시적
미네소타 Bridges	주거	정신질환자를 위한 임시 주택 바우처	복리 증진	묵시적
매사추세츠 Rental Voucher Program	주거	연방정부 빈곤선 200% 이하 소득 가구 대상	복리 증진	묵시적
매사추세츠 Alternative Housing Voucher	주거	젊은 장애인을 위한 주택 바우처(이사 가능)	복리 증진	묵시적
보스턴 AIDS rental subsidy	주거	HIV 양성 반응자를 위한 주택 임대 및 관련 서비스 지원	복리 증진	명시적
캘리포니아 롱비치 Voucher tool lending program	주거	500달러 상당의 연장 대여(집 외양 수리 등)	복리 증진	묵시적
로스앤젤레스	교통	취객 택시 승차 바우처(7 마을 한도)	특수 목적	묵시적
보스턴 Commuter Check	교통	월 60달러 상당의 대중교통 바우처	특수 목적	묵시적
플로리다 팜비치 Vouchers for disavled individuals	교통	예정된 목적지까지 매달 4번의 편도 승차 (집에서 15마일 내)	복리 증진 특수 목적	-
로스앤젤레스 카운티 Need Program	교통	학대받는 여성의 쉼터 등으로의 택시 승차 바우처 제공	복리 증진 특수 목적	명시적
Child Care & Development Fund Block Grant	보육	자격 있는 공급자에게 등록하거나 보육증서를 받는 선택권 부여	시장 전환 복리 증진	공급자 환급
위스콘신 Child Care Program	보육	TANF 가정 및 빈곤가정 대상	시장 전환 복리 증진	공급자 환급
매사추세츠 Child Care	보육	TANF 가정 및 빈곤가정 대상	시장 전환 복리 증진	공급자 환급
사우스캐롤라이나 Day Care(계약에서 바우처로 전환)	보육	TANF 가정 및 빈곤가정 대상	시장 전환 복리 증진	묵시적
Title III-A Employment and Training for Dislocated Workers(전국)	훈련 고용	실직자를 위한 직업 상담이나 기술 훈련 등의 지역 훈련과 고용 보조	시장 전환 복리 증진	명시적
Title III Dislocated Workers Career Management Grants(전국)	훈련 고용	13개 시범지역, 실직자를 위한 과도기적 고용 훈련	복리 증진	프로그램별 상이함
Trade Adjustment Assistance(TAA)(전국)	훈련 고용	개방에 따른 고용 피해 근로자의 시험/전직 관련 교육비나 여행경비 보조	특수 목적	주별로 상이함
미 시간 Work! Tool Chest	훈련 고용	고용 촉진을 위한 고등교육, 공공건강, 교통, 가족 보육 서비스 등에 이용	복리 증진 특수 목적	명시적
매사추세츠 Skills Plus program	훈련 고용	직업, 직업교육, 작업장, 개인기술 향상 훈련 등에 대한 보조	복리 증진 특수 목적	명시적
피닉스 Career Account Management Program(CAMP)	훈련 고용	고수요 직업에 대한 교육, 훈련, 고용 지원 서비스 제공	복리 증진 특수 목적	묵시적

캘리포니아 샌버너디노 카운티	훈련 고용	재취업에 곤란을 겪는 항공방위산업 분야 장기 실직자의 훈련	복리 증진 특수 목적	명시적**
플로리다 팜비치 카운티 RESTART	훈련 고용	고용을 위한 교육과 훈련	복리 증진	묵시적#
몬태나 갤러틴앤파크 카운티 District IV Welfare to Work Program	훈련 고용	개별화된 직업 유지 관리, 기술 훈련, 고용자 네트워크	복리 증진 특수 목적	묵시적
텍사스 Training Assistance	훈련 고용	고졸자 고용 기회 확대를 위해 수업료, 책값, 보육, 교통 등에 대한 보조	복리 증진 특수 목적	묵시적
펜실베이니아 리하이밸리 Vouchers for the mentally disabled	훈련 고용	직업훈련, 교통, 상담 등에 대한 보조	복리 증진 특수 목적	공급자 환급
피츠버그 Goods for Guns(콜럼버스, 뉴올리언즈, 뉴욕시, 필라델피아에 존재)	치안	총기류를 식품이나 소매상품 바우처와 교환	특수 목적	명시적**
오렌지 카운티 CHOC Thrifts Store Vouchers	치안	보호관찰자가 의류나 가구 판매 중고품 가게에서 상품 구입을 하는 바우처	특수 목적	명시적****
샌디에고 Ultra Low-Flush Toilet Voucher program	환경	용수 절약용 변기 구입 지원 바우처	특수 목적	명시적
애리조나 투산 Mow Down Pollution	환경	새로운 전기 잔디깎이 기계 구매를 위한 바우처	특수 목적	묵시적
싱카포르 사례: Vouchers for individuals who reduce household under consumption	환경	가정에서 물 소비를 줄인 경우 스포츠 용품을 살 수 있는 바우처 제공	특수 목적	명시적
텍사스 Specialized Telecommunications Devices Assistance Program	기타	장님, 귀머거리, 청각장애, 언어장애 텍사스인들이 특화된 통신 수단 장비 구입	특수 목적	공급자 환급
러시아 Voucher for market shares to encourage privatization	기타	경매를 통한 특정 회사나 뮤추얼 펀드의 주식 보유	특수 목적	-

주: TANF: Temporary Assistance for Needy Families. =알려져 있지 않음. *=공급자에게 환급하거나 혹은 수혜자에게 직접 지불함. **= 클리니컬 팀이 직접 구매해 제공함. ***=카운티 재정담당관이 직접 수표(check)를 수급자에게 발급함. ****=해당 프로그램 집행기관이 총기류 면허권이나 관련 물품을 직접 구매해 제공함. #=수급자 계좌에 직접 현금을 입금함. 자료 출처: Steuerle과 동료들이 편집한 책 부록 내용을 재정리함. Steuerls. C. E., etc. al., *Vouchers and the Provision of Public Services*, Washington DC: The Brookings Institution, 2000, pp. 522-539, Appendix 17A.

출처: 정광호(2007), 부록 2 재인용.

부록 3. 각국의 교육 바우처 현황

바우처 종류	서비스 내용	정책 목적	지불 형태
방글라데시(6~10학년 여성, 지정 지역)	공사립학교 최소 출석 및 과정 이수; 6학년에서 10학년까지 12에서 36.35달러까지 지원	복지 증진 특수 목적	묵시적
벨리즈(Belize, 초중등학생)	초등학생 75%, 중등학생 50%까지 바우처 사용	복지 증진 시장 전환	묵시적
캐나다 브리티시 컬럼비아(정부보조 없는 초중등 사립학교 대상, 설립후 3년 경과)	공립학교 학생 비용의 30%를 추가 지원(1978년 약 500달러 해당).	복지 증진 특수 목적	묵시적
캐나나 퀘벡(정부보조 없는 초중등 사립학교 대상)	공립학교 비용의 60% 지원 사립학교 교사는 공립학교 자격 요건 충족해야	복지 증진 특수 목적	묵시적
캐나다 마니토바(정부보조 없는 초중등 사립학교 대상)	1인당 공립학교 비용만큼 지원	복지 증진 특수 목적	묵시적
캐나다 서스캐처원(정부보조 없는 초중등 사립학교 대상)	1인당 공립학교 비용의 55% 지원	복지 증진 특수 목적	묵시적
캐나다 앨버타(정부보조 없는 초중등 사립학교 대상)	공립학교 비용의 50% 자유	복지 증진 특수 목적	묵시적
칠레(저소득 초중등학생)	1991년 학생 1인당 4,359페소	시장 전환	명시적
콜롬비아(1992년 1789개 학교에서 시행/저소득층 6학년 대상)	대부분 중등학교의 경우 사립이기 때문에 사립학교 입학 비용 지원	복지 증진 특수 목적	명시적
과테말라(빈곤지역 농촌의 7~14세 학생)	연평균 1인당 65달러 지원	복리 증진	명시적
일본(의무교육 적용을 받지 않는 15세 이상 학생)	사립고등학교 비용의 40%를 정부가 지원	복리 증진	묵시적
레소토 정부가 교사 양성·임용	대부분의 초중등 학생 지원	복지 증진	묵시적
네덜란드(의무교육 대상 아동)	공사립 구분 없이 동등한 지원을 받음	시장 전환	명시적
뉴질랜드(모든 학령 아동 대상)	정부보조가 없는 사립학교 학생 대상	시장 전환	명시적
폴란드(사립학교 대상)	일인당 지출의 50% 수준 지원	시장 전환	명시적
푸에르토리코(1995년까지, 학령아동 대상)	소득 18,000달러 이하 가정 대상, 학생 1인당 1,500달러 지원	시장 전환	명시적
스웨덴	의무교육 아동 대상	복리 증진	묵시적
스페인 발렌시아 Nursery voucher (1992년 실시)	발렌시아 6세 이하 아동. 시의회가 1개월용 10개 Cheque book 발급	복리 증진	명시적
핀란드 보육 바우처	1995~1997년 460개 시읍 중 33개 지역 실시	시장 전환	명시적
영국 보육 바우처	저소득층 학생 대상	시장 전환	명시적
미국 Federal Pell Grants(전역, 소득수준, 가족 규모, 고등교육 재학 가족 수 등 고려)	저소득층 학생부생의 고등교육 접근성 향상 (고등교육 입학 허가 이후 지원)	복리 증진	묵시적
미국 미네소타 K-12 Education Credit and Education Subtraction	수업료 등 K-12 교육 지출에 대한 tax deduction과 credit	복리 증진	묵시적 환급

미국 미네소타 Enrollment Opinion Program	거주지역 밖의 학교나 프로그램 수강권	복리 증진	묵시적
미국 미네소타 Post-secondary En-rollment Opinions	고등학교 2·3학년들이 대학 관련 교육을 받아 고등학교 학점을 이수할 수 있게 허용	복리 증진	묵시적 교통비 환급
미국 버몬트 교육바우처(246개 커뮤티니 중 약 95% 지역에서 공립중등학교 없음)	지역의 학생이 다른 지역 공사립학교에 갈 수 있는 수업료 지불	복리 증진	묵시적
미국 텍사스 휴스턴 교육 바우처(저학력 학교 저학력저 대상)	초·중등학교 학생들이 근처 학교 외의 학교를 다닐 수 있게 허용	복리 증진	묵시적
애리조나 Scholarship for Pupils with Disabilities Program(2006년 시행)	애리조나 주 장애인 학생, 12,4500명 대상이지만 2006년 시행으로 아직 등록된 학생은 없음.	복지 증진	묵시적
애리조나 Displaced Pupils Choice Grant Program(2006년 시행)	수양아이(foster care children)에 대한 장학금 지원	복지 증진	묵시적
애리조나 Corporate School Tuition Organization Tax Credit(2006년 시행)	기업소득공제 프로그램을 통한 장학금 기금 마련 및 저소득층 학교 선택 프로그램 장학금 지원	복지 증진	묵시적 환급
애리조나 Individual School Tuition Organization Tax Credit(2006년 시행)	개입의 기부 유도를 통한 저소득층 대상 학교 선택 프로그램 장학금 기금 마련	복지 증진	묵시적 환급
플로리다 A+Opportunity Scholarship Profram(1999년 시행)	저학력 학생이 더 나은 공사립학교 전학을 돕는 프로그램	복지 증진 특수 목적	묵시적
플로리다 Step Up Corporate Tax Credit Scholarship Program(2001년 시행)	기업의 장학금 기부금에 대한 소득공제, 저소득층 학생대상 지원(qualify for the federal free lunch)	복리 증진	묵시적 환급
플로리다 John M. Mckay Scholarship for Students with Disabillities(1999년 시행)	장애인 학생 학교 선택 지원 프로그램	복지 증진 특수 목적	묵시적
아이오와 Individual School Tuition Organization Tax Credit(2006년 승인)	장학금에 대한 개인기부금 소득공제(기부 액수의 65%), 연방정부 빈곤선 300% 이하 소득층	복리 증진	묵시적 환급
미국 매사추세츠 케임브리지 Controlled Choice	케임브리지 공립학교를 부모가 선택(K-8 학생 대상, 인종 간 차별 해소)	특수 목적	묵시적
미국 뉴욕 올버니 A Better Choice (ABC)	초등사립학교에 갈 수 있는 바우처(100명 정원, 연간 2,000달러 지원)	복리 증진	명시적
오하이오 Cleveland Scholarship and Tutoring Program	초·중등 교육 수업료 지원(최대 $2,500), 읽기, 쓰기 수학 등의 학교 입학 전후의 교습수업료 지원(최대 500달러)	복리 증진	환급
오하이오 Autism Scholarship Program (2003년 시행)	자폐성 어린이 대상 지원 프로그램 (5,406명 중 534명 참여)	복리 증진	환급
오하이오 Eduvational Choice Scho-larshop Pilot Program(2006년 시행)	사립학교에 갈 수 없는 저소득층 학생 지원, 34개 교육구 중에서 213개 학교 학생, 46,215명 중 2,272명 선택, K8의 경우 1인당 4,250달러, 고등학생의 경우 5,000달러 한도)	복지 증진 특수 목적	명시적
펜실베이니아 Educational Improvement Tax Credit (EITC), 2001년 시행	장학금용 기부금에 대한 소득공제, 연소득 5만 달러 이하 가구 학생을 대상으로 학교선택권 지원	복리 증진	묵시적 환급

로드아일랜드 Corporate Scholarship Tax Credit Program(2006년 승인, 2007년 시행)	연방 빈곤선 기준 250% 이하 저소득층 학생의 사립학교 선택권 지원	복리 증진	묵시적 환급
유타 Carson Smith Special Needs Scholarship(2005년 시행)	유타 주 장애인 학생 대상 학교선택권 지원	복리 증진 특수 목적	묵시적
미국 밀워키 Parental Choice Program	가족에서 quarterly voucher 제공(학생 1인당 1997-98 4, 500달러)	시장 전환	명시적
워싱턴 Washington, D.C. Opportunity Scholarship Program	연방정부 빈곤선 185% 이하 대상 저소득층 가구 K-12 학생의 제반 학비(교통비 포함) 지원	복리 증진	묵시적

출처: 아래 문헌의 내용을 종합해 재정리함. Edwin G. West (1997). "Education Vouchers in Principle and Practice: A Survey", *World Bank Research Observer*, 12(1): 88-90. Steuerle, C. E., et. al.(2000), "Vouchers and the Provision of Public Services," Washington DC: The Brookings Institution, pp. 522-539, Appendix 17A. Granell, G. (2002). "Education Voucherd in Spain: The Valencia Experience." *Education Economics*, 10(2): 119-132. Entrement, C., & Huetra, Luis A. (2007). Irreconcilable Differences? Eduvation Vouchers and the Subrban Response. *Educational Policy*, 21(1): 40-72. Alliance for School choice 프로그램 내용 참고, 웹사이트 주소: www.allianceforschoolchoice.org.

출처: 정광호(2007), 부록 3 재인용.

제 11 장

수요자 중심 시각에서 본 고용보험 서비스: 실업급여 사례를 중심으로*

권혁주 · 이광희 · 류이현

제 1 절 서론

한국의 복지정책은 외환위기 이후 급속한 성장을 거듭하면서 다양한 복지 서비스를 국민에게 제공하고 있다. 이 가운데 고용보험은 국민의료보험, 국민연금 등과 더불어 한국의 복지제도의 근간으로서 사회적 안전망을 형성하고 있다. 김대중 정부에 이어 노무현 정부, 박근혜 정부에서도 노동시장의 유연성을 유지, 확대하는 정책을 지속함에 따라 많은 노동자가 실업을 경험하거나 상시 실업의 위험에 직면하고 있다. 최근에는 비정규직 노동자의 고용 불안정성이 사회적으로 중요한 쟁점이 되고 있다. 이에 따라 고용보험제도에서 제공하는 실업급여와 그 밖의 고용안

* 이 연구는 한국행정연구원의 지원으로 수행했으며, 『사회적 기업과 정책연구』 제1권 2호에 게재된 내용을 일부 수정, 보완했음을 밝혀둔다. 게재를 허락해 준 저널에 감사드린다.

정사업, 직업능력 개발사업 등의 중요성이 더욱 커지고 있다.

그렇다면 우리나라 고용보험은 사회안전망으로서 효과적으로 집행되고 있는가? 지난 10년간의 외연적인 확대에도 불구하고 고용보험이 효과적으로 역할을 하지 못하고 있다면, 유연한 노동시장 구조 속에서 국민들은 사회적 위험에 지속적으로 노출되는 결과를 초래할 것이다. 이러한 맥락에서 고용보험의 효과성을 검토하고 여기서 제기되는 정책적 과제를 해결하는 것은 매우 중요한 일이라 하겠다. 고용보험의 효과성은 다음의 두 가지 측면에서 분석될 수 있다.

첫째, 고용보험이 실업이라는 사회적 위험에 노출되어 있는 시민들을 모두 보호하고 있는가? 이것은 고용보험의 외연적 포괄 범위에 관한 것이다. 원칙적으로 고용보험은 근로자를 사용하는 모든 사업 또는 사업장에게 적용되도록 법에 규정되어 있다. 그러나 이러한 법 규정을 강제적으로 시행하지 않는 것이 현실이며, 다양한 예외 규정이 있어 고용보험 적용률은 약 58% 정도에 그치고 있다. 최근 금재호(2003), 이승렬(2007), 김우경(2010) 등의 연구는 외연적 효과성의 측면에서 고용보험을 분석하고 있다.

둘째, 고용보험에 의해 보호를 받는 시민들의 경우, 그 서비스가 효과적으로 전달되어 적절한 사회적 보호가 이뤄지고 있는가? 이 질문은 고용보험의 내적 효과성에 관한 질문이다. 예를 들어 고용보험에서 제공하는 실업수당이 수요자가 일정한 경제생활을 영위하는 데 적절한가 하는 질문이 한 예라고 하겠다. 이러한 질문에 대해 적절성 · 만족성 등을 설문조사해 답을 제시할 수 있으나, 이같은 설문조사는 수요자로서 시민 한 사람, 한 사람이 어떠한 과정을 거쳐 서비스를 이용하는지 구체적인 경험과 애로를 분석하기에는 한계가 있다. 고용보험의 내적인 효과성을 제고하기 위해서는 만족도 조사를 넘어 시민의 시각에서, 각각의 구체적인 경제적 사정과 사회적 필요에 따라 적합한 서비스가 제공되고 있는지 파악할 필요가 있다. 더욱이 고용보험에서 제공되는 다양한 서비스는 고용지원센터뿐만 아니라 다양한 민간기관들에게 이양되어 전달되고 있기 때문에, 시민들의 시각에서 서비스를 활용할 때 주로 어떤 어려움을 겪는지 파악하고, 이러한 문제점을 해결하려는 노력이 필요하다.

이러한 문제 의식에서 이 연구는 수요자 중심의 시각에서 고용보험의 효과성을 분석해 보기로 한다. 수요자 중심의 시각이란 서비스 제공을 위한 제도, 제공 양태를 분석할 때 공공기관을 비롯한 공급자 중심이 아닌 서비스의 수요자인 국민의 시각에서 바라보고 분석하는 것이다. 수요자 중심의 시각에서는 분석된 결과를 제도 개선에 반영해 궁극적으로 공공 서비스가 수요자 중심으로 이뤄지도록 하는 것을 목적으로 한다.

제 2 절 사례의 개요: 실업급여 지급정책

1. 고용보험의 정책 현황

실업급여는 1995년 처음 도입된 고용보험의 하위 프로그램으로 운영되고 있다. 고용보험은 1997년 경제위기를 맞이해 급속히 확대되었으며, 그 이후 지속적으로 외연적으로 확대되어 왔다. 고용보험은 실업급여 외에 고용안정사업과 직업능력개발사업을 포함하고 있다. 이것은 실업자 보호라는 소극적인 보호를 넘어 적극적으로 실업을 방지하고, 능력 개발을 통해 취업을 장려하려는 한국의 발전형 복지국가의 특성을 반영하는 것이다(Kwon, 2005). 고용안정사업에는 고용 유지 지원, 고용 촉진 지원, 건설근로자 퇴직공제부금 지원 등이 포함되어 있으며, 직업능력개발사업은 사업주를 지원하는 사업과 근로자를 지원하는 사업으로 나뉘어 있다. 사업주 지원사업에는 사업주가 실시하는 직업훈련이나 직업 능력 개발을 위한 시설을 지원하는 사업 등이 있고, 근로자를 지원하는 프로그램은 재취업훈련, 직업훈련 수강 장려를 위한 지원금을 포함한다.

이 연구에서 다루는 실업급여는 구직급여와 취업촉진 수당을 포함하고 있다. 구직급여라는 명칭이 시사하듯이 지속적인 구직활동이 구직급여를 받기 위한 전제조건이 된다. 취업촉진 수당은 조기재취업수당과 직업개발 능력수당 등으로 나뉜다. 이 밖에도 모성보호 급여가 있는데 여기에는 출산휴가 급여, 육아휴직 급여가 포함되어 있다.

〈표 11-1〉은 최근 고용보험 가입자의 비율을 나타내고 있다. 2000년대 이후 고용보험 가입자의 비율이 점진적으로 확대되고 있음을 알 수 있다. 그러나 여전히

표 11-1 고용보험 가입자의 비율

(단위: %)

	2000.12	2002.12	2004.02	2006.12	2008.12
취업자 대비	32.1	32.5	33.7	37.1	40.4
임금근로자 대비	49.8	49.8	50.1	54.3	58.0
상시근로자 대비	60.0	60.2	59.0	62.9	66.3

출처: 고용보험통계연보(2008).

고용 형태별로 가입 비율에서 상당한 차이가 존재한다. 상시 근로자는 2008년 말 기준으로 66.3%의 가입 비율을 보이고 있으나 전체 취업근로자를 대비하면 40.4%에 불과하다. 특히 정규직과 비정규직에 따라 고용보험의 가입 비율이 크게 차이가 난다. 전체 고용보험 가입자 가운데 정규직이 약 81%를 차지하고 있으며, 비정규직은 18%에 불과하다(김우경, 2010). 실업의 위험이 높은 비정규직 노동자가 고용보험의 보호를 받지 못하고 있는 것이다.

〈표 11-2〉는 고용보험 가입자의 구성을 보여주고 있다. 이에 따르면 고용보험 가입자는 남성이 64.6%로 과반수를 차지하고 있으며, 여성 가입자는 작은 비율이지만 점진적으로 상승하고 있음을 알 수 있다. 연령별로는 30대의 가입자가 가장 높은 비율을 차지하고 있으며, 20대와 40대의 가입자도 높은 비율을 보이고 있다.

표 11-2 고용보험 가입자의 성별, 연령별 구성

(단위: 명, %)

		2005	2006	2007	2008
전체		8,063,797	8,536,966	9,063,301	9,385,239
성별	남	65.8	65.3	64.6	64.0
	여	34.2	34.7	35.4	36.0
연령	19세 이하	0.8	0.6	0.6	0.5
	20~29세	28.2	26.9	25.7	24.5
	30~39세	34.3	33.7	33.4	32.7
	40~49세	23.2	23.4	23.7	24.5
	50~59세	10.8	11.3	11.9	12.6
	60세 이상	2.7	4.2	4.8	5.2

출처: 한국고용정보원(2008).

특기할 만한 것은 50대와 60대의 고용보험 가입자가 지속적으로 증가하고 있다는 점이다. 이것은 한국 사회가 노령화를 경험하고 있으며, 장년 이상의 노동자가 점점 더 많아지고 있다는 것을 의미한다.

2. 실업급여 및 재취업 서비스 경로

실업급여는 고용보험 적용 사업장에서 이직한 실업자가 근로의 의사와 능력을 가지고 적극적으로 재취업활동을 하는 기간 동안 생계를 지원하는 급여이다. 상병급여[1]를 포함하는 구직급여와 취업촉진수당, 연장급여로 구성되어 있으며, 구직급여가 실업급여의 가장 핵심이 되는 급여이다.

고용지원센터는 고용보험팀과 취업지원팀으로 나뉘어 있으며 고용보험팀의 주된 업무가 실업급여 관련 업무이다. 고용지원센터에서 진행되고 있는 실업급여 지급 경로는 [그림 11-1]과 같고, 이것은 행정 주체 중심적 시각에서의 법적·제도적으로 규정되어 있는 경로로 볼 수 있다.

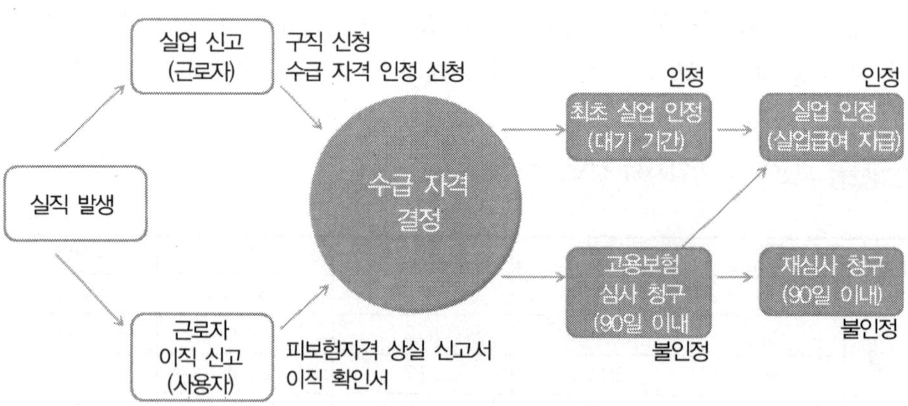

그림 11-1 실업급여 제공 경로

주: 소정 급여 만료 후 취직이 안 된 경우 특별 경우에 한해 특별연장급여, 개별연장급여 지급.
출처: 서울고용센터 www.work.go.kr/seoul

1) 구직급여 수급 중 질병, 부상, 출산 등 발생 시, 수요 자격자의 생계 안정을 지원하기 위해 구직급여 대신 지급하는 급여.

실업 발생 후 우선 관할지역 고용지원센터에 근로자가 실업 신고를 한다. 고용지원센터는 근로자에게 구직 신청 및 수급 자격 인정 신청을 받고 사용자에게는 피보험 자격 상실 신고서와 이직확인서를 포함한 근로자 이직 신고를 받는다. 고용지원센터는 근로자의 신청 후 14일 이내에 수급 자격 인정 여부를 결정해 통지한다. 이 결정에는 세 가지 자격 조건이 필요하다. 첫째, 실업급여 지급 대상인 실업급여 신청자가 실업 전 18개월 동안에 180일 이상 고용보험에 가입되어 있을 것과 둘째, 개인 사정이나 중대한 자기 잘못으로 해고되지 않아야 한다. 즉, 비자발적이어야 하고 과실에 의한 실업이 아니어야 한다. 마지막으로는 근로의 의사와 능력을 가지고 적극적으로 구직활동을 하는 것이 증명되어야 한다. 이 마지막 조건은 실업급여를 실업 기간 동안 지급받기 위해 반드시 요구되는 절차이다. 그 후 실업급여를 신청한 자가 수급자로 인정되어 실업급여 수급이 결정되면(최초 실업 인정) 대기 기간을 거쳐 실업급여를 지급하게 된다. 이때 고용지원센터에서는 실업자의 연령과 피보험 기간에 따라 〈표 11-3〉과 같이 급여 액수를 달리한다. 만약 고용지원센터에서 수급 자격을 불인정한다면 실업급여 신고자는 90일 내에 고용보험심사를 청구해야 하고, 또다시 불인정된다면 재심사를 청구할 수 있다(90일 이내). 최초 실업 인정 대기 기간 중에는 실업급여를 지급하지 않는다.

실업급여를 지속적으로 지급하기 위해 언급한 것과 같이 실업자들의 재취업활동을 장려하고 확인하는 과정이 필요하다. 수급자의 그동안의 구직활동 노력을 확인하기 위해서는 실업자가 매 1~4주마다 고용지원센터에 출석해 증명서류를 제

표 11-3 구직급여 지급 일수(소정 급여 일수)

연령 \ 피보험 기간	6개월 이상 1년 미만	1년 이상 3년 미만	3년 이상 5년 미만	5년 이상 10년 미만	10년 이상
30세 미만	90일	90일	120일	150일	180일
30세 이상 50세 미만	90일	120일	150일	180일	210일
50세 이상 또는 장애인	90일	150일	180일	210일	240일

출처: 서울고용센터 www.work.go.kr/seoul.

출하는 것이 필요하다.[2] 이러한 과정을 거쳐 급여를 지급하던 고용지원센터는 수급자가 취업을 하거나 수급 기간이 만료되면 실업급여 지급을 중단한다. 그러나 수급자가 실업급여 수급 잔여 기간보다 30일 이상 일찍 취업을 한다면 취업촉진수당인 조기재취업수당을 지급 한다. 단 6개월 이상 계속 고용되거나 6개월 이상 사업을 계속 영위하는 경우에 한하며 남은 소정 급여 일수의 1/2(장애인 및 55세 이상은 2/3)을 지급하게 된다.

제 3 절 고용보험 서비스 분석틀: 수요자 중심 접근 방법

고용보험의 서비스 제공 과정을 수요자 중심에서 분석해 서비스 수준과 특성을 도출하기에 앞서 수요자 중심의 접근 방법에 대해 구체적으로 논의해 볼 필요가 있다. 행정 서비스는 필요 재원을 조달하고 서비스를 제도화 및 집행하는 과정에서 정부와 공무원이 주도적인 역할을 하기 때문에 공급자 중심적인 시각에서 운영되기 쉽다. 그러나 행정 서비스를 실제로 이용하는 시민이 공공 서비스에 대해 느끼는 것은 정부 중심의 인식과는 많이 다를 수 있다. 따라서 수요자 중심의 분석은 정부기관과 공무원의 시각에서 파악하지 못한 문제점을 도출하고 이를 개선함으로써 궁극적으로 서비스가 목적하는 시민의 생활 향상에 기여할 것이다.

이 연구에서는 다음과 같은 세 가지 측면에서 수요자 중심적 분석을 구체화하기로 한다.

첫째, 행정 서비스는 단순히 한 번의 서비스가 정부기관으로부터 수요자에게 전달되는 것이 아니라, 일련의 과정으로 구성되어 있다. 따라서 서비스가 제공되는 전체 경로를 분석해야 한다. 이 연구에서 다루게 될 고용보험의 경우에 실업자가 실업수당을 수령하기 위해서는 그 이전에 고용보험에 가입하고 고용안정 기관에

---

2) 직접 방문: 구인공고문과 사업체 담당자 명함 또는 면담확인서
우편 접수: 구인공고문과 발송 등기우편물 수령증 제출, 팩스 송부 시 구인공고문과 전송증빙자료 제출
이메일 접수: 구인공고문과 접수 및 수신 화면 출력물 제출
취업포털 사이트 이용 시(민간 포털 사이트 포함): 구인공고문, 취업활동증명서 출력 후 제출

서 비자발적 실업으로 인정을 받는 등 일련의 과정을 거쳐야 한다. 그뿐만 아니라 이후에도 다양한 정책 과정이 이어지게 된다. 이 가운데 어느 특정한 행정 서비스만을 분석하게 되면 전체적인 서비스의 수준과 문제점을 파악하지 못할 수 있다. 이러한 맥락에서 이 연구는 실업을 한 사람이 실업급여를 신청하기 위해 지역의 고용지원센터를 찾아가고, 실업수당을 수령하고 재취업을 하는 전 과정을 일련의 경로(path)로서 파악하고 고용보험 서비스의 흐름을 분석한다. 특히 서비스의 수준을 좌우하는 핵심 경로(critical path)를 파악하고자 한다(Parsons, 1995: 474).

핵심 경로란 전체 과정의 질적 수준에 가장 중요한 영향을 끼치는 일부 지점을 말한다. 예를 들어 교통 체증을 유발하는 병목 지점이 이러한 핵심 경로라고 할 수 있다. 병목 지점을 제외하고 다른 곳에서 교통의 흐름이 원활하다고 하더라도 결과적으로 A 지점에서 B 지점으로 이동하는 시간은 그 사이에 있는 병목 지점에 의해 좌우되기 때문이다. 핵심 경로를 파악해 이곳을 우선적으로 관리하고 문제점을 개선하는 핵심 경로 관리(critical path management)를 통해 효과적이면서도 효율적으로 서비스의 질을 개선할 수 있다. 고용보험의 경우 고용보험 가입, 보험료 납부 등 가입 단계부터 실업 발생, 실업수당 수령, 재취업 지원 등 서비스 이용 단계와 재취업 및 재취업수당 수령 등 사후 단계에 이르는 일련의 과정이 전체 경로를 구성하고 있으며, 이 가운데 어떤 지점이 핵심 경로로서 서비스의 질을 좌우하게 되는가를 파악하면 효과적인 서비스 개선 방안이 도출될 수 있을 것이다.

둘째, 수요자는 다면적 성격을 갖는다. 행정 서비스의 경로에서 수요자는 다양한 모습으로 나타날 수 있으며, 이에 따라 행정 서비스를 제공하는 정부기관과 및 공무원과의 관계도 다르게 나타날 수 있다. 앨퍼드(Alford, 2002)의 유형 분류에 따르면, 행정 서비스의 수요자는 요금 지불자(paying customers), 수혜자(beneficiaries), 피규제자(obligatees)로 나눌 수 있다. 그런데 이 연구에서는 수요자가 어떠한 특정의 유형으로 고정되어 있는 것이 아니라 행정 서비스 이용 경로를 거치면서 상황에 따라 다른 유형을 취하게 된다는 점에 주목했다. 즉, 행정 서비스 수요자를 특정 유형으로 전제할 것이 아니라 서비스 경로에 따라 다른 유형으로 변모해 가는 점을 고려했다. 또한 이러한 유형 변화에 따라 행정 서비스를 제공하는 정부기관이나 공무원과의 관계도 다르게 나타나는 점을 유념하고자 했다. 고용보험의 경우 수요자가 서비스 경로에 따라 보험료 납부자로서, 실업수당 수혜자로서

표 11-4 수요자의 유형과 특징

유형	특징	예시
비용 지불자	비용 지불	납세자, 보험료 납부자
수혜자	서비스 제공	의료 이용자, 도로 이용자
피규제자	규제를 적용받음.	환경규제 대상자, 교통법규 대상자

출처: 황혜신(2010).

모습을 바꿔 나가게 되는데, 이에 따라 서비스 수준이 어떻게 영향받는지 파악해 좀 더 현실적인 문제 인식과 적절한 개선 방안을 도출할 수 있을 것이다.

셋째, 수요자는 다양한 사회, 경제적 상황에 처해 있으며, 이에 따라 다양한 욕구를 갖는다. 동일한 제도에 근거해 같은 서비스가 제공된다 해도 수요자의 교육 수준, 경제 수준에 따라 서비스를 활용하는 정도가 다르게 나타날 수 있다. 즉, 수요자는 매우 다양해 특정한 하나의 상황과 욕구를 전제할 수 없다. 그렇다면 이러한 다양한 상황과 욕구에 어떻게 대응할 것인가? 행정 중심적 시각에서는 일반적이고 평균적인 시민을 설정해 그 눈높이에서 서비스를 제공할 것이다. 수요자 중심의 시각에서는 그러한 일반화되고 표준화된 서비스는 각각의 특정한 상황에 비춰볼 때 적절하지 않은 것일 수 있다. 이러한 시각에서 보면 가능한 다양한 수요와 욕구에 적절히 대처할 수 있는 서비스의 유연성이 중요하게 부각된다.

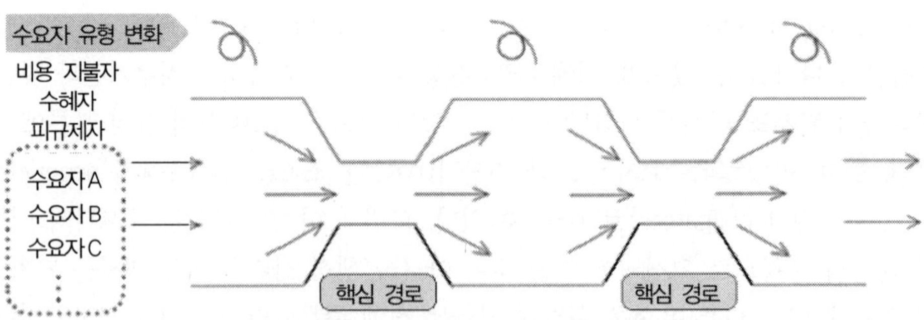

그림 11-2 행정 서비스 과정과 핵심 경로

이 연구에서는 이러한 세 가지 측면에서 고용보험 서비스를 분석하기 위해 문헌조사 및 제도분석과 함께 질적 연구방법론의 하나로서 포커스 그룹 인터뷰(Focus

Group Interview)를 채택했다. 포커스 그룹 인터뷰는 문제와 직접적인 연관이 있는 소수의 시민을 참여하게 하여 일정한 대화 주제를 제시하고 자연스러운 대화를 통해 자신의 경험과 생각을 표출하도록 하는 질적 조사 방법의 하나로서, 이 연구가 수행하고자 하는 수요자 중심의 연구에 가장 적실한 조사 방법이라고 판단된다. 그러나 포커스 그룹 인터뷰에 다양한 배경을 가지는 사람들을 참여시킨다고 하더라도 그 수가 매우 제한적이기 때문에 대표성에 한계를 갖는다. 이러한 한계는 대표성을 갖는 표본조사에 기초한 계량적 연구로 보완할 필요가 있다. 이 연구에서는 기존의 조사연구인 고용노동부의 「실업급여에 대한 고객만족도조사」(2005)를 활용했다. 이 조사는 고용지원센터 이용자들의 만족도 및 추가적인 요구를 파악해 서비스 질을 제고하기 위해 수행되었다. 구체적으로 2005년 상반기와 하반기의 실업급여 교육, 취업상담, 직업훈련 상담 등에 대한 고객만족도와 실업 인정주기, 실업급여 최고한도액, 조기 재취업 수당 등에 대한 제도 개선 사항의 효과성 및 개선 의견조사를 비교함으로써 실업급여제도 개선의 효과를 측정한 보고서이다. 이 밖에도 고용노동부가 최근 실시한 「실업급여 수급 종료자 생활실태 보고서」(2009)를 활용했다. 이 보고서는 실업급여 수요자의 급여 종료 이후의 생활 패턴을 조사한 것으로 실업급여 수급 기간 중 가구생활비에서 실업급여의 비율, 실업급여 이외 주된 가구 생활비 원천, 취업이나 창업 준비 시 예상 소요 기간 등을 전

표 11-5 포커스 그룹 인터뷰 참가자의 개인적 특성

이름	나이	전 직업	수급 기간[3]
A(남)	67년생(43세)	건설일용직	2010년 6월 17일~(수급 중)
B(남)	51년생(59세)	건설일용직	2010년 1월 11일~8월 9일
C(남)	72년생(34세)	택시운전	2010년 4월 30일~8월 27일
D(여)	76년생(34세)	간호조무직	1998년 9월부터 6개월
E(여)	81년생(29세)	미용직	2010년 5월 10일~7월 29일
F(여)	79년생(31세)	출판사무직	2010년 2월 2일~8월 9일

3) 인터뷰 일시 기준(2010년 8월 10일).

화면접 조사한 것이다. 보고서를 통해 인터뷰 참가자들의 사례와 정확히 일치하지는 않더라도 유사한 경향성을 확인할 수 있었고, 성별・연령별・학력별 차이를 파악할 수 있었다.

인터뷰의 대상자들은 실업급여 수급 과정에서 행정제도적 미비로 어려움을 주로 겪는 다양한 수요자의 인식을 반영하기 위해 20대에서 50대에 이르는 연령계층을 포괄하고 있다. 또한 남・여 각각 3명을 선택했으며, 이들의 실업 이전 직종은 출판사무직, 간호조무직, 택시운전, 미용직, 건설일용직이었다.

제 4 절 수요자 중심 실업급여제도 사례분석

1. 실업급여의 서비스 과정과 핵심 경로: FGI를 중심으로

'2001년 고용지원센터 고객만족도 평가'에 따르면 서비스 내용과 업무 담당자, 시설 및 환경에 대한 고객만족도는 200점을 기준으로 147.9점을 기록하고 있다. 그리고 「2005년 고객만족도 결과보고서」의 '일반민원 만족지수'[4]는 평가 항목의 차이는 있으나 100점을 기준으로 71.9를 기록하며 비교적 평이한 수준의 만족도를 보이고 있다. 그러나 이러한 종합적인 평점만으로 고용지원센터에 대해 수요자들이 어떤 점에서 만족도가 높은지, 어떤 점에서 불편함을 느끼고 있는지, 그 인식을 구체적으로 알 수는 없다. 전반적인 서비스 만족도는 일련의 과정으로 구성되어 있는 서비스 전달 경로를 분석할 수 없기 때문이다.

포커스 그룹 인터뷰는 실업자의 실업급여에 대한 사전지식 정도와 관할 고용지원센터를 처음 찾아가는 경험을 시작으로 실업 인정 과정, 실업급여 설명회 참석, 정기적인 재취업활동 보고, 수급 종료까지의 경로를 시간적 흐름에 따라 작성한 질문지에 기초했다(〈표 11-6〉 참조). 급여 수급 잔여 기간보다 30일 이상 일찍 취업한 경우에는 조기재취업수당을 지급받는 것으로 전체의 과정이 종료된다.

4) 일반민원 만족지수는 접근용이성, 편리성, 신속・정확성, 대응・환류성, 형평성으로 구성되어 있다.

표 11-6 포커스 그룹 인터뷰 질문 요약

구분		질문 내용
도입 질문		-언제부터 실업급여를 수급받으셨습니까? -지금은 취직을 하셨습니까?
소개 질문		-실직 전에 실업급여에 대해 어느 정도 알고 계셨습니까?
주요 질문	해당 고용지원센터 방문	-고용지원센터에서 관한 정보를 어떻게 접하셨습니까? -첫 방문 시 어떤 인상을 받았습니까? -자신에게 필요한 창구 및 담당 직원을 빠르게 발견할 수 있었습니까?
	실업급여 설명회	-실업급여 수급의 전체 과정에 대해 완전히 이해할 수 있었으며, 앞으로 일어날 일들에 대해서 예측할 수 있었습니까?
	수급 자격 인정신청서 제출	-신청서에 관한 질문을 했을 때 친절하고 성실한 답변을 받을 수 있었습니까?
실업 급여 수급 단계	기초 상담	-상담을 기다리는 과정과 상담 시간 및 상담 서비스가 공정하게 이뤄졌습니까? -자신이 처한 개인적인 상황(특수한 사정이나 어려움)이나 요구를 충분히 설명할 수 있는 기회가 있었습니까? -담당직원과 별도의 만남을 갖거나 금품을 제공하면 더 좋은 서비스를 신속하게 받을 수 있을 것이라는 생각이 들었습니까?
	재취업 활동보고	-재취업활동에 대한 보고가 형식적이라는 지적이 있습니다. 어떻게 생각하십니까? -4주에 한번 씩 고용지원센터에 방문해 재취업활동 보고를 하는 것이 반드시 필요하다고 생각하십니까? -2011년부터 온라인으로 활동보고 하도록 하는 제도 변경이 수요자들에게 도움이 될 것이라 생각하십니까?
	수급 기간	-수급 기간이 현실적으로 재취업 준비에 적절합니까? -재취업을 위한 준비를 위해 필요한 수급 기간은 어느 정도라고 생각하십니까?
	수급 액수	-수급 액수가 생계 유지와 재취업 준비를 위해 적절하다고 생각하십니까? -실업급여를 받는 동안 별도의 아르바이트를 하나 돈을 빌려본 경험이 있으십니까?
	기타	-불편 사항에 대한 개선 요구 등이 받아들여졌습니까? -현재 고용지원센터의 전산 서비스에 대해 어떻게 생각하십니까?
마무리 질문		-고용지원센터의 실업급여 서비스를 이용할 때 가장 우선적으로 개선되기를 바라는 것은 무엇입니까?

1) 첫 번째 경로: 실업급여 신청과 인정

(1) 실업급여 인정

지금까지의 연구에서는 우리나라 고용보험의 문제점 중 하나로 근로자의 대다수를 포괄하지 못하는 고용보험 대상자의 사각지대를 주목하고 있다. 물론 실업급여의 수혜가 많은 근로자에게 돌아가지 못하는 것은 애초에 작업장이 고용보험에 가입되어 있지 않은 경우가 많기 때문이기도 하다. 하지만 고용보험에 가입된 작업장이라 하더라도 고용보험법상의 실업 인정 조건들[5]이 지나치게 까다롭거나 현실을 제대로 반영하지 못하기 때문에 수급 대상에서 제외되는 경우도 고용보험 적용률을 낮추는 중요한 요인이다. 고용지원센터를 방문하기 앞서 실업수당을 지원받기 위해 반드시 필요한 것이 실업 전 직장에서 비자발적 실업이라는 것을 확인받아야 하는 것이다. 이런 조건은 다른 직종의 근로자들도 마찬가지지만 특히 사업장이 자주 바뀌고 한 달의 근로 횟수가 일정하지 않은 건설일용직의 경우 사회

---

5) 고용보험법 제2절 구직급여

제40조(구직급여의 수급 요건) ① 구직급여는 이직한 피보험자가 다음 각 호의 요건을 모두 갖춘 경우에 지급한다. 다만, 제5호와 제6호는 최종 이직 당시 일용근로자였던 자만 해당한다.

1. 이직일 이전 18개월간(이하 "기준 기간"이라 한다) 제41조에 따른 피보험 단위 기간이 통산하여 180일 이상일 것
2. 근로의 의사와 능력이 있음에도 불구하고 취업(영리를 목적으로 사업을 영위하는 경우를 포함한다. 이하 이 장에서 같다)하지 못한 상태에 있을 것
3. 이직 사유가 제58조에 따른 수급 자격의 제한 사유에 해당하지 아니할 것
4. 재취업을 위한 노력을 적극적으로 할 것
5. 제43조에 따른 수급자격 인정 신청일 이전 1개월 동안의 근로 일수가 10일 미만일 것
6. 최종 이직일 이전 기준 기간의 피보험 단위 기간 180일 중 다른 사업에서 제58조에 다른 수급 자격의 제한 사유에 해당하는 사유로 이직한 사실이 있는 경우에는 그 피보험 단위 기간 중 90일 이상을 일용근로자로 근로하였을 것

제58조(이직 사유에 따른 수급 자격의 제한) 제40조에도 불구하고 피보험자가 다음 각 호의 어느 하나에 해당한다고 직업안정기관의 장이 인정한 경우에는 수급 자격이 없는 것으로 본다.

1. 중대한 귀책 사유로 해고된 피보험자로서 다음 각 목의 어느 하나에 해당하는 경우
   가. 형법 또는 직무와 관련된 법률을 위반하여 금고 이상의 형을 선고받은 경우
   나. 사업에 막대한 지장을 초래하거나 재산상 손해를 끼친 경우로서 노동부령으로 정하는 기준에 해당하는 경우
   다. 정당한 사유 없이 근로계약 또는 취업규칙 등을 위반하여 장기간 무단 결근한 경우
2. 자기 사정으로 이직한 피보험자로서 다음 각 목의 어느 하나에 해당하는 경우
   가. 전직 또는 자영업을 하기 위하여 이직한 경우
   나. 제1호의 중대한 귀책 사유가 있는 자가 해고되지 아니하고 사업주의 권고로 이직한 경우
   다. 그 밖에 노동부령으로 정하는 정당한 사유에 해당하지 아니하는 사유로 이직한 경우

적 약자임에도 불구하고 수급 대상에서 제외되는 경우를 많이 발생시킨다. 인터뷰 대상자들 중 직장이 폐업을 한 경우나 직장 상사와의 개인적 친분으로 권고사직을 받아 실업급여를 수급받은 경우가 있었는데 자신과 같은 직종의 주변인들은 자격 조건의 비현실성과 까다로운 요건 때문에 급여를 받지 못하는 경우가 많다고 인식하고 있었다.

D(여): "강압적으로 퇴사하지 않으면 못 받으니, 실업급여를 10년 전에 받은 것 외에는 신청해 볼 수 없었다. 몸이 아파서, 혹은 산후 조리 등은 신청을 할 수 없다고 해서… (중략) 병원에서 꺼려하더라. 자르고 싶으면 힘든 부서로 돌린다. 응급실로, 3교대에 나이트 넣어서. 힘들고 지쳐서 그만두게끔 해서 자기 발로 나가게 하는 경우가 많다."

A(남): "나는 (실업급여를) 받기는 하지만 일용직에서는 실업급여를 받기가 희박하다. (중략) 건설회사는 될 수 있으면 (일한 날짜를) 안 올리려고 한다. 작년부터인가 국가 정책적으로 단속을 해서 나아지기는 했지만 일용직은 실업급여 받기가 진짜 힘들다."

이것은 실제로 실업보험 서비스의 질 문제가 아닌 실업급여를 받을 자격을 획득하기가 힘들다는 것으로 고용보험 서비스의 외연적 포괄 범위의 한계뿐만 아니라 고용보험이 적용되는 사업장의 근로자도 현실을 반영하지 못한 경직적 법·제도로 인해 실업급여 수급이 보장되지 않는다는 것을 보여준다. 고용보험이 적용되는 사업장에서 일한 근로자는 고용보험의 비용 지불자이다. 비용 지불자로서 수요자가 실업급여를 인정받는 경로에서 수혜자로서의 자격을 획득하기 위해서는 사업장 고용주의 비자발적 실업에 대한 인정이 필요한데, 고용주가 이를 꺼려한다. 사업주들이 이러한 태도를 갖는 이유는 다양하다. 사업주들은 자신의 사업장에서 비자발적 실업이 발생했다는 것에 대해 인정하기를 원치 않는 마음이 있으며, 또 실업을 인정하지 않는 유인으로서 정부의 지원이 있을 수 있다. 정부는 노동시장의 상황이 악화되는 경우에 실업이 발생하는 것을 막기 위해 기업들에게 정리해고 등을 자제하는 조건으로 금융 및 기타 지원을 하기도 하는데, 이러한 경우 기업들이 비자발적 실업을 인정하지 않으려는 경향을 보인다. 인터뷰 참가자의 설명과 이러한 점을 고려할 때 '실업 인정' 절차가 첫 번째 병목의 핵심 경로로 작용하는 것으로 판단된다. 한편 실업 인정 절차에서 F(여)의 경우는 다른 참가자들에 비해 상대적으로 용이하게 업무를 처리할 수 있었으며, 특별히 문제 의식을 느낄 만한 경험을 하지 못했다.

F(여): "저는 특별한 기억은 없지만 … (중략) 빨리 (실업급여 인정 절차를) 해결하려고 일부러 물어보지 않았고 신청할 때 특별히 문제된 것은 없었어요."

F는 인터뷰 참가자 중에서 유일하게 대학을 졸업했고 실업 전 직종도 출판사무직으로 비교적 안정적인 직종에서 근무했다. 그렇기 때문에 다른 참가자들과는 다르게 본인이 실업 전에도 지인들의 실업급여 이용을 보아 왔으며 비교적 쉽고 빠르게 실업 인정이라는 첫 번째 핵심 경로를 지나칠 수 있었던 것으로 보인다. 즉, 첫 번째 병목 현상이 벌어지는 '실업급여 인정' 경로는 실업자의 교육 수준과 실업 전 직장의 안정성 등에 따라 경험하게 되는 상황이 달라진다고 볼 수 있다.

(2) 고용지원센터의 첫 방문

수요자의 특성에 따라 자신에게 필요한 서비스 창구를 쉽게 찾아 빠르게 업무처리를 마치는 경우도 있었고 그렇지 않고 대기표를 뽑는 과정에서부터 센터 내부의 업무 창구를 파악하고 필요한 절차를 밟는 데 어려움을 겪는 경우도 있었다. 그러나 인터뷰 대상자들이 고용지원센터를 처음 방문해 받은 인상 중 공통된 것은 사람이 너무 많았다는 것이다. 이것은 인터뷰 말미에 고용지원센터 서비스의 개선사항에 관한 질문에 대해 답변을 할 때에도 "절실하다"는 표현으로 모든 대상자가 공통되게 강조한 부분이다.

D(여): "겨우 건물을 찾아 문을 열면 계단부터 사람들이 너무 많았다. 도떼기시장이라는 생각이 들었다. 자리도 다 차 있고 어떤 창구가 어떤 일을 하는 곳인지 알기 힘들었다. (중략) 인터넷에 가입을 하고 신청을 하라고 하는데 계단 쪽 컴퓨터로 가니 세 개의 컴퓨터에 줄이 너무 길었다."

F(여): “거기서 일하는 공무원들의 수에 비해 사람이 몰렸다는 생각이 들었다. 공무원들이 좀 지쳐 보였다. 사람이 감당하기 힘든 정도로 일이 많아 보였다.”

고용노동부의 고용지원 서비스는 전국의 84개 고용지원센터를 통해 이뤄지고 있다. 84개의 고용지원센터 가운데 47개의 고용지원센터를 취업 알선과 실업급여 지급 업무뿐만 아니라 각종 기업 지원 서비스까지 종합적으로 담당하는 종합센터로 운영하고 있고, 나머지 37개소는 취업 알선과 실업급여 지급 업무를 중심으로 운영되는 일반센터와 출장센터이다. 고용지원센터가 현재와 같이 전국적으로 설치된 것은 1997년 말 외환금융위기로부터 비롯된 고실업에 대응하기 위해서이다. 고실업 시기에는 120여 개소에 이를 정도로 고용지원센터가 확대 설치되었으나 이후 실업자 수가 줄어들고, 규모의 경제를 추구하면서 현재 84개소가 운영되고 있다(한국노동연구원, 2009: 284). 그렇기 때문에 고용지원센터가 줄어들기 전인 1998년에 실업급여를 수급한 경험이 있는 D(여)는 그 당시에는 사무실은 좁았지만 지금처럼 복잡하고 앉을 곳이 없지는 않았다고 기억했다. 업무 효율화를 위해 센터의 역할을 확대하는 대신 수를 줄여 몇 개의 지역구를 통합해 서비스를 제공하도록 한 정책이 고용보험 서비스의 전체적인 질을 떨어뜨리는 역효과를 가져온 것으로 판단된다. 이렇게 고용지원센터의 수가 적고 공무원 1인당 담당해야 할 구직자의 수와 업무의 양이 지나치게 많다는 문제는 이후의 경로에서도 지속적으로 서비스의 질을 낮추는 원인 중 하나라고 볼 수 있다.

2) 두 번째 경로: 실업급여 수급

(1) 실업급여 인정 신청서 제출과 기초 상담

고용지원센터를 방문해 처음으로 공무원과 대면하게 되는 단계가 실업급여 인정 신청서를 제출하며 자신이 고용보험법에서 지정하는 수급 대상에 포함되는지 여부를 확인하는 단계이다. 이 과정부터 서비스 수요자들과 국가공무원과의 지속적인 관계맺음이 시작된다. 그런데 수요자는 아직도 수혜자로서의 자격을 획득하지 못한 상태에서 공무원과 대면을 시작한다. 이 단계에서 실업급여를 받기 위해서는 제출한 각종 서류가 타당성을 갖는가를 공무원으로부터 확인을 받아야 한다. 이때 각자가 처한 상황에서의 역할과 입장의 차이에서 발생하는 갈등을 경험하게 된다.

F(여): "은행과 백화점처럼 친절한 분위기 속에 길들여져 있다가 (고용지원센터에 가니까) 조금만 말투가 달라도 유난히 기분 나쁘게 귀에 거슬리는 게 있다. 사람이 많으니까 그런 것 같다."

D(여): "공무원들이 평등하게 대하지 않는다. 나이가 있는 공무원들 중에는 반말을 사용하는 사람도 있다. "그랬어?", "애엄마구나?", "뭐하고 싶은데?", "이거 써봐.", "애가 몇이야?" 그분 생각에는 편하게 생각하는 것일 수도 있는데 나는 고객이고… 여자라서 무시당하는 것 같고, 언어 성희롱이라고 느껴진다. 듣기 거북하다."

수요자 각자의 담당 공무원이 다르기 때문에 구체적인 개인적 경험의 차이가 발생할 수밖에 없지만 일관된 문제는 대부분의 사람이 일상적으로 접하게 되는 민간의 서비스와 고용지원센터의 서비스 사이에서 현격한 차이를 체감한다는 것이다. 바로 여기서 규제자와 피규제자의 수직적 관계가 분명히 드러나게 된다. A(남)의 경우는 국가공무원의 서비스가 민간과 같아야 하지만 현실적으로 같을 수 없다는 것을 애초부터 전제하고 있었다. E(여)의 경우 실업급여 인정 과정에서 공무원이 어느 정도는 재량으로 모든 대상자에게 평등하지 않은 서비스를 제공한다고 했다. 재량의 범위가 좁다 하더라도 서비스 수요자의 입장에서는 충분히 불만을 가질 수 있고 또 이 재량의 문제는 이후 재취업활동 보고 과정에서 공무원과 수요자 사이에 갈등의 소지가 된다. 그러나 피규제자인 수요자 입장에서는 그러한 갈등을 수동적으로 받아들일 수밖에 없는 경우가 대부분일 것으로 예상할 수 있다.

한편 A(남)의 경우는 건설일용직의 직업적 특성에 대한 공무원의 몰이해 및 불합리한 처우로 인해 실업급여 수급이라는 자신의 정당한 권리를 행사하려 했음에도 불구하고 부당한 대우를 받았다고 매우 강하게 느끼고 있었다.

A(남): "국세청에서 고용 일수를 알려와서 고용지원센터에 찾아갔더니 전산상에서 확인이 안 된다고 하더라. 다시 확인해 달라고 했더니 남자분(공무원)이 버럭 화를 내며 말을 형편없이 하더라. 모멸감에 순간적으로 집으로 돌아왔다. 국세청에서 다시 고용 일수를 알려와서 고용지원센터에서 실업급여를 받을 수 있는 고용 일수가 넘

는다고 하더라. 성의가 있었다면 전산상 누락된 것이 있는지 확인해 볼 수도 있었을 텐데… 노가다, 일용직이라는 점에서 무시를 하는 것처럼 느껴졌다. 내가 남의 집에 동냥하러 간 것도 아니고… 너무 막 대하더라."

A(남)는 국세청에서 제공한 올바른 정보를 신뢰하고 자신의 권리를 행사하려 한 것임에도 불구하고 모멸감을 느낄 만큼 불쾌한 서비스를 경험했다. 하지만 그도 처음에는 자신 스스로 물러서는 태도를 취했고 스스로를 검열하고자 하는 소극적인 태도를 보였다. 일용직 근로자의 경우 작업의 특성상 관련 정보가 전산상에 누락되거나 정부부처끼리의 정보가 비동시적으로 공유되는 경우가 충분히 발생할 수 있음에도 공무원이 수요자의 요구를 충족시키기 위한 최선의 노력을 하지 않은 사례이다. 공무원이 규제자, 수요자가 피규제자인 상황에서 흔히 발생하는 이러한 불만은 좀 더 수요자 시각에 입각한 서비스의 필요성을 강조하는 대목이다.

(2) 실업급여설명회

실업급여설명회는 고용지원센터를 방문한 당일 실업급여인정신청서를 제출하고 센터에서 정해진 시각에 2시간 동안 진행된다. 교육 자료를 배부하고 강사가 교육을 진행하게 되는데 실업급여제도의 소개, 수급자들이 반드시 알아야 할 사항과 지켜야 할 사항, 앞으로 발생하게 될 일들에 대해 예상할 수 있도록 이해를 돕는 내용으로 구성되어 있다. 이 설명회는 고용지원센터에서 실업급여를 신청한 사람 중 99% 이상이 수강했고 그중 '조금 도움'과 '많이 도움'을 선택한 사람이 80% 이상을 차지했다(고용노동부, 2005: 3-4). 그러나 인터뷰 대상자들은 설명회의 목적에 대해서는 공감하며 그 필요성에 대해서는 대체로 긍정했지만 서비스의 내용과 서비스 환경의 측면에 대해서는 만족하지 못했다.

C(남): "성인들이니까 책자를 보라고 하면 되는데 … 강사가 오기 전에 빨리 보시는 분들은 (설명회 책자를) 다 보고 강의를 앞질러서 보고 있다. 긴 시간을 할 필요 없이 한 30분 정도 줄이면 좋을 것 같다."

F(여): "교육받는 사람이 너무 많으니 정신이 없다. 시간이 너무 긴 것을 빼고는 좋은 것 같다."

반면에 고용지원센터에 방문하는 사람이 너무 많고 소란스러워 오히려 첫 방문 시 꼼꼼하게 교육을 하는 것이 필요한 절차라는 반대 의견이 제시되었다.

> A(남): "첫날 가면 사람도 많고 생소해서 멍하다. 2시간 교육을 받는데 포인트를 짚어주니 좋다. (중략) 사람에 따라 이해도가 떨어지는 사람도 있으니 교육은 필요하다."

A(남)의 경우에는 설명회 시간에 모든 내용을 이해할 수 없어서 개인적으로 몇 번에 걸쳐 내용 숙지를 한 후에 전반적인 내용을 완전히 이해할 수 있었다고 했다. 실업급여설명회는 수급자들에게 앞으로 발생할 일들에 대한 가이드라인 정도는 제시해 줄 수 있으나 수요자 개개인의 여건이 다르고 앞으로 이용하게 될 서비스 역시 다르기 때문에 일괄적으로 2시간을 할애하는 보편적 교육은 수요자의 요구에 비해 과다한 서비스가 제공되는 것으로 볼 수 있다.

(3) 수급 기간과 액수

실업급여 수급 대상자로 인정되어 자신이 지금까지 지불했던 보험금과 자신의 나이 등 조건에 맞는 급여를 지급받게 되면 실업급여 인정 과정에서 피규제자였던 수요자는 수혜자적 성격의 수요자 유형으로 변화한다. 현재 실업급여는 최장 6개월간 이직 전 사업장에서 받던 평균 임금액의 50%를 지급받는다. 실업급여 최고액(하루 40,000원, 월 1,200,000원)에 대한 적정성 평가에서 전체적으로 '적정하다' 혹은 '많다'라는 응답 비율이 81.8%였으며, 인터뷰 대상자 전체 역시 수급 액수에 대한 불만족은 크지 않았다(고용노동부, 2005). 다만 A(남)는 실업급여가 많지는 않아도 생계를 유지할 수 있게 해주는 측면이 오히려 실업자를 무기력하게, 나태하게 만든다고 주장하며 기간과 액수의 문제가 아니라 실업급여의 제공 양태를 비판했다. 차라리 급여 액수를 줄이더라도 조기에 목돈을 지급하면 실업자들이 더 활발히 재취업활동을 할 것이고 근로 의욕이 커질 것이라고 설명했다.

수급 기간의 경우에도 재취업을 준비하기에 기간이 짧다기보다는 실업급여 덕분에 여유있게 자기 자신에 대한 투자를 할 수 있고 또 그것으로 인해 오히려 직업에 대한 눈높이가 높아져서 재취업에 더욱 신중을 기하게 되는 측면이 있다는 것을 F(여)와 C(남)는 강조했다. 그리고 최저 임금에 가까운 임금으로 생계를 유지했던 근로자의 경우에는 실업급여 1일 최저액이 소정 근로 시간으로 환산한 최저 임금액의 90%를 지급하기 때문에 낮은 수급 액수나 짧은 수급 기간에 대한 불만족보다는 수급액의 활용도를 높일 수 있도록 지급 방식에 대한 변화가 필요하다고 주장했다.

> A(남): "눈높이를 낮추면 언제라도, 어디라도 가서 3D업종 일을 할 수 있는데 저임금이라서 실업급여를 90~100만 원 받는 거나 20만 원 더 받고 차비 내며 (직장) 다니는 것과 솔직히 똑같다. 차라리 (실업급여는) 6개월 보장해 주는데… 3D업종에서 일하기 힘드니까 이쪽 저쪽 별 매력이 없다."

> D(여): "6개월이라는 긴 기간을 주지 말고 원래 줘야 할 것을 3개월로 큰돈으로 만들어 주면 직장을 빨리 구할 것이다."

대체적으로 급여의 수급 기간과 액수보다는 제공 양태에 대한 제도적 개선 사항을 요구했지만, 인터뷰 대상자들이 본인 외의 수입원이 존재하는 경우가 많아서 일반화하기가 쉽지 않다.

3) 세 번째 경로: 조기재취업수당 수급

(1) 재취업활동 보고

실업급여 수요자들은 수혜자의 입장에서 취업을 할 때까지 혹은 실업급여 수급이 종료될 때까지 재취업활동 보고를 통해 공무원과의 관계를 맺게 된다. 그러나 이때 수요자는 온전히 수혜만을 받는 대상이 아니라 재취업활동 보고의 과정에서는 정기적으로 공무원이 원하는 방식으로 자신의 활동을 보고하고 정해진 기준에 충족하기 위해 노력해야 하는 피규제자적 성격도 함께 띠게 된다. 재취업활동 보고는 실업급여 수요자에게 공무원과의 관계에서 많은 갈등을 형성하게 하는 지점이기도 한다.

실업급여는 실업자의 생활 안정, 재취업의 촉진, 소득재분배, 경기 조절의 기능을 수행하고 재취업활동 보고는 재취업 촉진의 기능을 더욱 활성화시키는 데 기여하게 하는 목적을 가지고 있다. 실업자가 정기적으로 출석해 재취업활동 보고를 함으로써 구인·구직에 관한 정보가 체계적으로 공유될 수 있고 국가적으로도 노동력의 이동 및 인력 수급 상황이 신속히 파악되어 적기에 실효성 있는 고용정책의 수립이 가능하게 하려는 것이다. 그러나 현실적으로 실업급여 수요자가 1~4주마다 고용지원센터를 직접 찾아가 재취업활동을 인정받아야 실업급여를 받을 수 있는 것은 번거롭고 형식적이라는 불만인 것으로 보인다.

> B(남): "불친절한 경우가 많다. (취업활동을 증명하기 위해) 명함을 받든가 전화번호를 적어오라고 하는데, 어떨 때는 기분 좋게 받아주고 (공무원의) 기분이 나쁠 때는 다시 작성해 오라고 한다."

> E(여): "명함을 가져다 줬더니 "내가 못 받게 하면 당신은 (실업급여를) 못 받을 수 있다. 그러면 (당신은) 할 말이 없는 거다."는 말에 굉장히 놀랐다. 명함을 준 것이 성의가 없다고, 확인을 할 수가 없다고 하더라. 그 다음부터는 인터넷에서 문서로 정리를 해서 줬다. 명함만 갖다 줘도 된다고 나와 있는데 그것을 상세히, 몇월 며칠 몇 시에 면접을 갔는지 상세히 적으라고 하더라."

공무원의 일관성 없는 규제와 업무 처리에 피규제자 입장인 수요자는 공무원에게 예속되는 느낌을 받게 된다. 이것은 수요자 측면에서 볼 때 가장 피해야 할 상황이다. 본질적인 내용보다 형식적인 측면이 부각되어 수요자와의 갈등이 초래되는 것이다. 그럼에도 불구하고 수요자는 비일관적인 규제를 고스란히 감내할 수밖에 없고 이것은 고용지원센터의 전체적인 서비스의 질을 떨어뜨리는 역할을 한다.

(2) 조기재취업수당

실업급여의 수급 경험이 있는 사람들 중 약 45%가 실업급여 수급이 종료된 이후 취직을 하거나 자영업으로 개업을 하게 된다. 취업을 한 경우는 실업급여 종료 후, 현 직장에 취업하기까지 소요 기간으로 3개월 이상 걸렸다는 사람이 57.3%, 자영업 개업자 중에는 개업까지의 소요 기간이 3개월 이상 걸렸다는 사람이 72.0%이다(고용노동부, 2009). 그런 가운데 왕성한 재취업활동으로 실업급여 수급 잔여일을 30일 이상 남겨두고 일찍 취직을 하게 되면 고용지원센터에서는 잔여일분 수

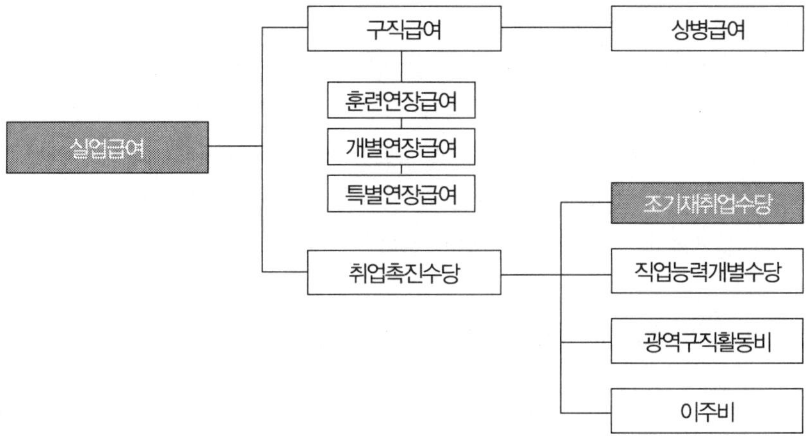

그림 11-3 실업급여 구성 체계

출처: 고용노동부(2010: 6).

급 액수의 50%를 지급한다(단, 6개월 이상 계속 고용되거나 6개월 이상 사업을 계속 영위하는 경우에 한해). 그렇기 때문에 실업자가 고용지원센터를 방문하면서 시작된 실업급여 서비스의 마지막은 조기재취업수당의 수급으로 마무리된다고 할 수 있다. 그리고 수요자가 피규제자적 입장이었던 재취업활동 보고 과정이 마무리되고 다시 수당을 지급받는 수혜자의 입장으로 수요자의 유형 변화가 일어나는 지점이다. 물론 이미 취직을 한 상태이기에 고용보험 서비스에서 비용 지불자이기도 하지만 실업급여 인정에서부터 조기재취업수당까지를 실업급여 서비스의 일련의 과정이라고 보았을 때 이 시점의 수요자는 수혜자의 성격이 강하다고 볼 수 있다.

조기재취업수당은 2009년까지 잔여 수급 액수의 70%를 지급했지만 2010년부터 50%로 바뀌었다. 액수의 삭감과 취업 후 6개월 뒤에 지급한다는 조건이 수요자로 하여금 불만을 느끼게 하고 있다. 이러한 변화로 생활에 큰 지장을 초래하는 것은 아니지만, 그 제도적 취지가 구직자가 조속히 취업을 할 수 있도록 동기를 부여하는 것이라고 볼 때 6개월 후의 조기재취업수당이 큰 유인이 되지 못한다는 지적이다. 오히려 당장 실업급여를 받으며 여유있게 취업 준비를 하거나 휴식을 취하는 것이 더 낫다는 판단을 한다는 것이다.

A(남): "조기재취업수당은 서로가 생산적으로, 적극적으로 취업하기 위해 만든 제도라고 생각한다. 다만, 수급 액수가 80~100만 원 사이인데 액수가 모호해서 (재취업에 대한) 기운이 안 난다. (일용직의 경우) 이 뙤약볕에 나가서 일할 자신도 없고 일도 많지 않고 … 6개월 뒤에 준다는 것은 사람을 늘어지게 만든다. 차라리 선불식으로 6개월 동안 받을 300만 원이 목돈으로 들어온다고 생각하면 기운이 펄펄 난다. 제도가 좋으니 생산적인 방향으로 유지해야 한다."

특히 일용직의 경우에는 조기재취업수당을 지급받을 수 있는 요건에 부합되기가 어려워서 제도 자체가 무의미한 상황이다.

B(남): "조기재취업수당은 한 회사에 6개월 동안 20일 이상 일을 해야 받을 수가 있다고 하던데 그것은 일용직들한테는 안 주겠다는 얘기와 똑같은 얘기다. 불합리하다."

물론 조기재취업수당이 없는 것보다는 낫겠지만 수요자들은 적은 돈이라도 한 번에 목돈으로 받아 돈의 활용도를 높이기를 원하고 있으며, 그것이 실질적으로 실업자와 국가 양자에게 이익이 되는 방법이라고 설명하고 있었다.

4) 기타 문제

(1) 홍보 문제

2009년 한국고용정보원이 개최한 고용지원센터 운영 및 활용도 제고 방안에 대한 정례 심포지엄에 따르면(한국고용정보원, 2009), 경기 침체 및 고용 위기로 인한 고용지원센터 이용자가 급증하고 있으며, 특히 실업급여 수요자가 증가하고 있음에도 불구하고 고용지원센터에 대한 이미지는 구체적이지 못하고 불명확한 것으로 조사되었다. 그리고 고용지원센터를 이용한 경험이 없는 구직자들의 경우 91.4%의 높은 인지도를 보였으나 인지하게 된 경로는 절반 정도가 '주변 사람'을 통해 알게 되었다고 응답했다.[6] 그리고 이용자가 고용지원센터를 알게 된 계기는 '이전 직장을 통해서'라는 응답이 있어, 실업에 직면해 고용지원센터를 알게 되는

6) 미이용자의 경우 40.6%, 이용자의 경우 55.7%(가중치 평균 48.5%)가 '주변 사람들'을 통해 고용지원센터를 알게 되었다고 응답함.

경우도 존재하는 것으로 보인다. 이 연구에서의 인터뷰 참여자들 역시 실업과 동시에 알게 되었거나 미리 알고 있었어도 자세하거나 정확한 정보를 가지고 있지는 못했던 것으로 드러났다.

> C(남): "(직장을) 그만두기 전 마지막에 알았다. (미리) 알았으면 많이 이용했을 것이다."

> F(여): "자격이나 수급 액수에 관해서 자세한 것은 몰랐고 주변에서 경험한 사람들의 경우를 보고 알게 되었다."

고용지원센터가 제공하는 서비스 중 취업 알선 서비스에 대한 인지도가 97.1%로 가장 높았으며, 그 다음으로 실업급여(77.7%)가 뒤를 이었다. 심층상담, 직업능력 진단과 같은 서비스에 대한 인지도는 30% 미만으로 비교적 낮았다. 그러나 실제로 고용지원센터 서비스 중 이용 경험이 가장 높은 것은 실업급여 서비스인 것으로 보아 서비스로 알고 기대한 것과 실제 이용하는 것과의 차이가 발생했음을 알 수 있다. 이에 대해 센터 내에 교육이나 서비스에 대한 자세한 공지나 홍보가 부족하기 때문에 다른 서비스는 이용하지 않고 실업급여 수급만을 위해 센터를 이용한다는 지적이 있다(한국고용정보원, 2009). 고용지원센터 자체와 실업급여, 그리고 센터에서 제공하는 기타 서비스에 관한 홍보 미흡은 각 지역별 고용지원센터 서비스 관련 의견에도 적지 않게 발견된다. 즉, 실업자가 실업급여 서비스의 전체 경로를 거치기에 앞서 고용지원센터에 대한 전반적인 홍보의 개선이 우선적으로 필요하다는 것을 알 수 있다.

(2) 전산화 문제

수요자가 워크넷이나 고용노동부의 사이트에 들어가 구직을 위한 정보나 그 밖의 정보를 얻기 위해서는 컴퓨터를 이용할 수 있는 기초적인 기반이 필요하다. 그리고 2011년부터 재취업활동을 전산으로 보고하고 인정하는 제도가 도입되는 상황에서 행정 업무의 전산화는 불가피한 현상이라고 볼 수 있다. 그러나 고용지원센터를 이용하는 수요자 중에서는 인터넷을 자유롭고 편하게 이용할 수 있는 사람도 분명 존재하지만 그렇지 않은 수요자들도 있으므로 이들에 대한 배려가 필요하다. 인터넷에서 정보를 검색하는 것에 비교적 익숙한 젊은 세대들은 정부기관의 사이트보다 홍보가 잘 되어 있는 민간 사이트를 더 편리하게 이용하는 경향이 있는 반면 인터넷 활용을 낯설어 하거나 자유롭게 이용하지 못하는 형편의 사람들은 지금의 전산화 수준도 타인의 도움을 받아야 하는 상황에서 행정 서비스의 전산화가 더 빠르게 진행된다면 어려움이 증폭될 것이다. 즉, 고용지원센터에서 제공하는 정보가 절실한 수요자들에게 오히려 정보 전달이 더 힘들게 되는 상황이 발생할 우려가 있다.

2. 수요자 중심의 실업급여 서비스 개선 방안

지금까지 수요자의 입장에서 실업급여 서비스 과정을 FGI를 통해 알아보았다. 구체적인 사정과 욕구가 다른 사람들에게 고용지원센터를 찾아가는 것을 시작으로 하여 재취업을 하기까지의 전체 과정에 적실성 있는 서비스가 제공되기 위해서는 전체 과정의 질적 수준을 결정하는 데 중요한 영향을 끼치는 핵심 경로를 찾아내는 것이 중요하다. 특히 고용보험 서비스는 핵심 경로가 수요자의 유형 변화와 맞물리면서 발생하는 특성을 보이기 때문에 국가를 대신하는 공무원과 수요자의 관계가 변화하는 경로에 따라 현실적인 문제 인식과 적절한 개선 방안을 다르게 도출할 수 있을 것이다.

수요자가 고용보험의 보험료를 납부하는 비용 지불자에서 실업급여 수급의 자격 조건이 되는지 확인받는 피규제자 유형으로 변화하는 '실업 급여 인정' 경로가 첫 번째 핵심 경로로 부각되었다. 이러한 핵심 경로의 문제를 개선하기 위해 실업급여를 신청하기 위한 가장 중요한 단계인 비자발적 실업 인정 과정에서 근로자가 고용주에게 인정서를 직접 받는 절차를 생략해야 한다. 본인이 고용지원센터에 신청하고 필요한 경우 고용지원센터에서 고용주에게 확인하도록 개선해 실질적으로 비자발적 실업이면서도 고용주의 확인 부재로 인해 실업급여를 신청하지 못하는 것을 막을 수 있을 것이다. 물론 이에 따라 고용지원센터의 업무 확대가 예상되나, 그 규모가 크지 않을 것으로 판단되며, 실업급여를 받아야 하는 사람이 실제로 해당 급여를 받을 수 있도록 할 것이다.

두 번째 핵심 경로는 피규제자였던 수요자가 실업급여 수급 자격이 인정되어 실제로 실업급여의 수혜자가 되는 '실업급여 수급' 경로이다. 이후 수요자는 실업급여 수급을 지속적으로 받기 위해 재취업활동 보고를 해야 하는데 이때 수요자의 유형은 다시 공무원에게 자신의 활동을 규제받는 피규제자 유형이라 볼 수 있다. 이때 고용지원센터의 근무자가 수요자인 시민에게 제공하는 서비스의 질적 수준이 개선되어야 한다. 이를 위해 고용지원센터 공무원 1인당 담당해야 하는 실업 신청자, 구직자 등의 수를 축소해야 한다. 현재 84개인 고용지원센터의 수를 늘리고 적정한 범위에서 고용지원센터의 근무자를 추가 확보해야 한다. 현재 고용지원센터로는 수요자가 방문하는 데 불편을 초래하고, 방문 시에 고용센터 체류 인원이 과다해 대기 시간이 길고, 대기 중에도 불쾌감을 유발하는 것으로 나타났기 때문이다. 또한 고용지원센터의 데이터를 연관 국가기관과 유기적으로 연동해 정보 공유를 활성화해야 한다. 특히 자료가 불충분하게 확보되어 있는 비정규직 근로자가 실업급여를 받을 수 있도록 필요한 정보 확보에 노력해야 할 것으로 보인다.

세 번째 핵심 경로는 '조기재취업수당' 신청 및 지급 경로로 나타났다. 이 경우 수요자들은 조기재취업수당을 일시에, 취업 즉시 지급할 것을 요청하고 있다.

이상의 세 가지 핵심 경로를 통해 비용 지불자에서 피규제자로, 혹은 피규제자에서 수혜자로의 유형 변화가 일어나고 이에 따라 제공되는 서비스 수준이 어떻게 달라지며, 그리고 수요자들이 요구하는 서비스 수준은 또 어떻게 영향을 받게 되는지 알 수 있다. 우선 피규제자 유형의 수요자들은 현재 마련되어 있는 법·제도의 원활한 운용과 더불어 현행 제도의 개선으로 더 높은 수준의 서비스를 기대하고 있다. 인터뷰의 참가자들은 피규제자로 유형 변화가 발생하는 실업급여 인정과정에서 비자발적 실업에 대한 인정을 전 직장을 통해 받아야 하는 조건은 현실의 상황을 제대로 반영하지 못하고 있다고 비판했으며, 실업급여가 제 역할을 다하기 위해 좀 더 현실 적합성 있는 조건으로 수정 혹은 변형되기를 바라고 있었다. 물론 모든 참가자가 동일하게 부당함을 경험하지는 않았지만 대체적으로 사업장 고용주가 비자발적 실업의 상황을 만들기를 꺼려하고 인정하려 하지 않는 사실이 실업자들이 첫 번째로 경험하는 병목 현상임을 인지할 수 있었다. 다음으로 수요자 유형이 피규제자에서 수혜자 유형으로 변화하는 핵심 경로에서는 인터뷰 참가자들은 공무원의 서비스 정신의 개선과 함께 현행 제도의 변화보다는 공무원의 친절하고 일관성 있는 태도를 요구하며 이미 마련되어 있는 제도의 정상적인 운용을 강조하는 경향을 보였다. 그리고 마지막 핵심 경로에서도 역시 조기재취업수당의 필요성 자체는 대부분의 인터뷰 참가자들이 긍정했으나 특히 건설일용직 종사자의 경우 자신들의 업무 환경에서는 제도의 혜택을 거의 받을 수 없다는 점을 들어 효과적인 개선 방안의 모색이 필요하다고 생각하고 있었다.

물론 제도의 개선은 현행법의 규제 및 제도 개선 이면에 발생 가능한 부작용을 고려해 신중하게 판단할 일이고 또 일정 정도 시험 기간을 거쳐 현실 적합성과 미흡한 점에 대한 보완책 마련도 필요할 것이다. 2011년부터 정식으로 시행된 온라인 재취업활동 보고는 이러한 노력의 일환이다. 고용노동부는 수급자가 재취업활동 계획서를 작성해 성실히 이행하면 고용지원센터가 이행 여부를 전산으로 확인해 구직활동을 인정하기로 했다. 이 제도는 2010년 8월부터 연말까지 시범 시행되고 특별한 부작용이 없으면 2011년 1월부터 전국으로 확대 적용할 방침이라고 한다. 이렇게 제도가 변화하면 매번 고용지원센터를 방문해야 하는 번거로움은 덜 수 있을 것으로 예상되고 또 활동 보고 시 정해진 형식이 존재할 것이므로 공무원의 비일관적인 인정 절차에 의한 갈등은 어느 정도 감소할 것으로 예상된다. 그러나 이 제도의 변화가 규제-피규제의 근본적인 관계를 변화시키는 것은 아니기 때문에 제도 개선이 비효율적이고 불합리한 제도를 변화시킨다 하더라도 공무원과 수요자의 관계에 실제로 적용될 수 있을지는 확신할 수 없다. 그리고 고용지원센터를 이용하는 수요자들 중에는 고령자나 컴퓨터와 같은 기계를 능숙하게 다루지 못하는 사람들도 적지 않은데 그런 상황에서 재취업활동 보고를 전산으로 처리하게 되었을 때 구직활동 보고나 구직활동 인정 절차에서 발생하게 될 새로운 문제들에 대한 대비가 요구된다. 언제 발생할지 모를 새로운 문제에 대한 대비를 철저하게 하지 않는다면 업무 효율성을 위한 결정이었지만 결국 수요자의 서비스 만족도를 저해하게 된 고용지원센터의 통합처럼 바람직하지 못한 결과를 초래하게 될 수도 있다.

이처럼 수요자 중심의 실업급여 개선 방안은 실업급여 지급 절차에 따라 병목 현상이 발생하는 핵심 경로와 수요자의 유형 변화와의 맞물리는 관계를 이해함으로써 서비스 개선이 필요한 지점과 개선의 정도 및 범위를 조절하는 것이 필요하다. 그리고 서비스 및 제도의 개선을 위해서는 이면에 발생할지 모를 부작용에 대한 철저한 대비가 반드시 요구된다.

3. 수요자 중심의 실업보험 시스템 성과관리 방안

지금까지 실업급여를 중심으로 수요자 중심의 시각에서 분석한 결과에 기초해 실업보험 시스템과 고용지원센터의 업무에서 개선 사항 및 성과관리 방안을 도출할 수 있다. 실업보험 시스템을 수요자 중심으로 개선하기 위해 필요한 사항으로는 다음 네 가지를 둘 수 있다.

1) 추가적 고용지원센터 확보 및 근무자 업무 개선

고용지원센터 및 근무자의 확대와 함께 고용지원센터 만족도 조사를 해당 센터별로 주기적으로 실시해야 한다. 수요자의 만족도 조사와 함께 근무자 1인당 담당해야 하는 실업 신청자, 구직자 등의 수와 실업급여 신청자의 대기 시간을 모니터해 이를 지속적으로 축소시키도록 해야 한다. 이를 통해 서비스 질을 향상하고 수요자 만족도를 제고해야 할 것이다. 또한 근무자 1인당 담당 구직자의 수를 OECD 평균에 근접하도록 해야 할 것이다.

2) 취업 지원에 대한 질적 성과관리

실업급여 수요자가 지속적으로 구직활동을 하고 있다는 것을 입증해야 하는 규제 위주의 취업지원제도를 내실화해야 한다. 또한 단순히 구직활동에 대한 점검을 넘어서 취업정보 제공 및 구직활동 조언 등 다양한 서비스를 제공해야 한다. 근무자에게는 상담을 통해 수요자가 취업을 한 경우 취업 지원 마일리지 제도 등을 도입해 일정한 성과를 누적하면 인센티브를 제공하는 방안도 고려해 볼 만하다. 한편 지적한 바와 같이 실업급여 신청 시 주요 설명은 일부 수요자에게는 유익한 반면 다른 수요자에게는 커다란 도움이 되지 않는 것으로 나타났다. 실업급여 신청자를 유형별로 분류해 그에 맞는 교육 프로그램을 개발하는 것도 필요하다고 보인다.

3) 조기재취업수당 지급의 유연화

실업급여 수급자의 구직활동을 모니터하고 적극적으로 구직활동에 임해 조기에 재취업을 한 수급자에게는 조기재취업수당을 선(先)지급하는 유인 체제를 도입해 조기 재취업을 유도할 필요가 있다. 이를 위해 조기재취업활동에 대한 모니터 및 관리 체제를 도입한다. 특히 실업급여 수급자들이 가능한 수급 기간을 모두 채우고 난 후에 적극적으로 취업활동에 나서는 경향을 보이는 것으로 미뤄, 이러한 조기재취업활동에 대한 유인 수단은 좀 더 적극적인 구직활동에 많은 영향을 줄 것이다. 또한 현재 수급자들이 제기한 조기재취업수당을 6개월 이후에 지급하는 문제를 일부 해소하는 결과를 가져올 것으로 보인다.

4) 비자발적 실업에 대한 데이터 구축 및 관리

실업급여 신청 시에 고용주의 확인제를 폐지하는 경우, 실업급여 신청자의 비자발적 실업 사실을 확인하는 데이터를 추가적으로 구축할 필요가 있다. 또한 일용직 및 비정규직 근로자들의 고용보험을 납부 기록에 대한 자료 구축과 효과적 관리가 필요하다.

제 5 절 결론

이 연구는 수요자 중심의 시각에서 고용보험의 효과성을 분석해 보았다. 수요자 중심의 시각이란 서비스 제공을 위한 제도, 행정관료, 제공 양태를 분석할 때 공공기관 중심이 아닌 수요자 시각에서 바라보고 분석하는 것으로, 이 연구에서는 실업급여를 받으려는 시민이 급여 신청에서 재취업수당 수급에 이르는 행정 경로를 수요자의 시각에서 분석했다. 또한 이러한 경로에서 다양한 수요자들이 직면하는 병목 현상으로 작용하는 핵심 경로를 파악해 서비스 개선을 효과적으로 할 수 있는 방안을 모색했다. 이러한 시각을 통해 분석된 결과를 제도 개선에 반영해 궁극적으로 공공 서비스가 수요자 중심으로 이뤄지도록 한다는 것이다.

분석을 통해 파악된 핵심 경로는 수요자가 비용 부담자, 수혜자, 피규제자 등으로 그 역할이 변모함에 따라 공무원과의 관계 변화가 이뤄지는 지점에서 주로 발생하는 것으로 나타났다. 구체적으로 실업급여를 신청하기 위한 비자발적 실업 확인, 실업 급여 인정 심사, 구직활동 보고, 조기재취업수당 지급 등이 핵심 경로였다. 특히 학력이 높지 않고, 비정규직・일용직 등에 종사했던 실업급여 신청자들이 핵심 경로에서 어려움을 겪는 것으로 나타났다.

이 연구에서는 비자발적 실업에 대한 고용주 확인제도 폐지와 함께 추가적 고용지원센터 확보 및 근무자 업무 개선, 취업 지원에 대한 질적 성과관리, 조기재취업수당 지급의 유연화, 비자발적 실업에 대한 데이터 구축 및 관리 등의 개선 방안을 제시했다.

최근 고용 없는 경제 성장과 실업 기간의 장기화라는 현상과 맞물려 실업자의 재취업이 점점 더 어려워지고 있는 상황에서 실업자의 소득 보호와 재취업 지원의 중요성이 더욱 부각되고 있다. 이러한 맥락에서 이 연구가 제시한 개선 방안이 수요자의 시각에서 좀 더 효과적인 실업급여 서비스 제공에 기여할 것으로 기대한다.

연구 문제

1. 사회안전망이 필요한 이유에 대해 생각해 보자.
2. 수요자 중심의 시각에서 다른 사회안전망 제도의 효과성에 대해 생각해 보자.
3. 우리나라와 다른 나라의 고용보험제도를 비교해 생각해 보자.

참고 문헌

고용노동부 (2009). 실업급여 수급 종료자 생활실태조사 보고서. 서울: 노동부.

______ (2010). 실업급여 업무편람. 서울: 노동부.

금재호 (2003). 고용안정사업의 효과: 재고용장려금과 장기실업자 고용촉진장려금을 중심으로. 노동정책연구, no. 1.

김복순 (2009). 실업급여 지원 현황 및 증가 원인. 노동리뷰, 3.

김우경 (2010). 고용보험 가입 영향 요인에 관한 연구. 서울대학교 행정대학원 석사학위논문.

노동부 (2006). 실업급여에 대한 고객만족도 조사. 서울: 노동부.

방하남 (2008). 일용근로자 실업급여제도. 노동리뷰, 5.

서울강남종합고용지원센터. 실업급여 수급을 위한 교육자료.

이상동(2010). 고용보험의 현황과 개혁 방안. 전국민고용안전망 확충 방안 모색 토론회 발제문, 고용보험 확대 및 실업부조 도입 연대회의.

이승렬(2007). 고용, 산재보험의 사회안전망 기능. 노동리뷰, no. 7.

한국고용정보원(2008). 고용보험 통계연보. 서울: 한국고용정보원.

______(2009). 고용위기 공공고용서비스 개선 방안은?: 고용지원센터 운영 및 활용도 제고 방안. 서울: 한국고용정보원.

한국노동연구원(2009). 고용안전망과 활성화 전략 연구. 서울: 한국노동연구원.

황혜신(2010). 수요자 중심의 행정시스템의 이론적 검토. 미발표 원고.

내일신문. 2010-04-23. '실업급여 임금대체율 밑바닥.'

조선일보. 2009-05-29. '생활이 안돼 잠시 막일했는데 실업급여까지 빼앗아가나.'

프레시안. 2010-03-04. '실업급여 수혜율 42%… "제 역할 못하는 고용보험."'

서울고용지원센터(2010). www.work.go.kr/seoul.

참여연대(2010). www.peoplepower21.org.

Alford, J. (2002). Defining the Client in the Public Sector: A Social-Exchange Perspective. *Public Administration Review*, Vol. 62. no. 3.

Kwon, H. (2005). *Transforming the Developmental Welfare State in East Asia*. London: Palgrave.

Parsons, D. W. (1995). *Public Policy: An Introduction to the Theory and Practice of Policy Analysis*. London: Edward Elgar.

제 12 장

공공기관의 재무건전성: 신용보증기금의 학자금 대출 모형 사례연구*

박 정 훈

제 1 절 서론

학자금 대출제도는 경제적으로 곤란한 학생들에게 안정적으로 학업을 지속할 수 있도록 학비를 대출해 주고 졸업 후 이를 상환하도록 하는 제도이다. 학자금 대출제도는 그 운영 시에 경제위기 시 연체율의 상승, 낮은 채무상환율 등으로 인해 정부 재정 부담 증가가 우려된다는 지적이 있는 반면, 간접 지원 형태로 이뤄지는 특성으로 인해 대출 금리가 상승하면 저소득층 학생과 학부모에게 큰 부담이 된다는 견해도 있어 다양한 갈등 관계에 놓여 있다. 복지제도가 발달한 유럽 국가의 경우 고등교육에 대한 정부 개입의 정도가 높고 사회적 형평성의 이념이 강조되고

* 이 사례는 박정훈 · 정용운(2010)에서 제시된 연구모형을 적용해 일부를 사례연구 목적에 맞게 모형을 단순화해 재분석했다. 이 사례에 적용된 모형은 일반적인 신용보증기금의 재무건전성을 이해하기 위한 목적으로 설정했으며, 실제 운용 방식과는 차이가 있을 수 있다.

있기 때문에 정부 재정 운영의 건전성과 사회적 형평성의 갈등 관계가 크게 부각되지 않고 있다. 반면에 미국이나 우리나라와 같이 고등교육의 사유화가 높은 국가에서는 상대적으로 두 이념 간의 갈등이 뚜렷하게 나타나고 있다.

최근까지 정부는 학자금 대출제도의 운영을 위해 해마다 상당한 규모의 정부출연금을 확대하고 있으며, 학자금 대출 수요의 증대에 따라 향후 지속적으로 확대될 가능성이 크다. 학자금 대출의 확대는 정부의 잠재적인 부채 증가로 이어져 장기적으로 정부재정 부담으로 작용할 가능성이 높다. 따라서 장기적으로 학자금 대출제도 시행에 따른 정부재정 부담의 장기적인 예측과 함께 재정건전성을 확보하기 위한 다양한 방법을 모색할 필요가 있다.

학자금 대출에서 대출 금리가 낮으면 대출에 따른 수혜자의 폭이 넓어지고 학생부담은 감소함에 따라 사회적 형평성 측면에서 긍정적인 효과가 있을 것이다. 반면 정부재정 부담 증가로 인해 재정 위험은 커지게 되므로 국가장학기금의 재정건전성과 사회적 형평성은 기본적으로 상충 관계에 있다. 학자금 대출제도는 정부재정 부담을 최소화하면서 고등교육 기회를 확대할 수 있는 우수한 정책 수단이지만, 그 전제로서 학자금 대출의 재정 위험을 관리할 수 있는 수준에서 통제할 필요가 있다. 결국 기금 운용의 효율성과 건전성 담보 없이는 장기적이고 안정적인 학자금 대출제도의 유지가 어렵다는 점에서 사회적 형평성과 재정건전성 간의 갈등 관계를 어떤 방식으로 조화시켜 나가야 할지를 심각하게 고민해야 할 필요가 있다.

이 사례에서는 학자금 대출제도의 운영 과정에서 발생하는 장학기금의 재정건전성과 사회적 형평성 간의 갈등 관계를 대출 금리 등 주요 변수에 대한 논의를 중심으로 살펴보고자 한다. 구체적으로 신용 보증 공급 규모 및 대손위험률, 대출 금리 등의 변화에 따라 필요한 정부재정 부담 정도를 시뮬레이션 모형을 통해 분석한다.

제 2 절 학자금대출 신용보증기금의 재정 위험

신용보증 및 유동화 방식[1]은 학자금 대출 차입자의 채무 불이행에 대해 정부가 설치한 보증기금이 대위변제함으로써 학자금 대출에 따른 대손위험을 제거하고(신용보증), 유동화 전문기관이 위험이 제거된 학자금 대출을 기초자산으로 하여 학자금 대출증권을 발행하고 투자에 대한 원리금 지급을 보증함으로써(유동화), 자본시장에서 장기 저리자금을 조달해 학자금 대출 재원으로 활용하는 방식을 의미한다.

일반적으로 재정 위험(fiscal risk)이란 넓은 의미로는 정부가 의도했던 재정정책의 목적을 일부 또는 전부를 달성하지 못할 가능성을 의미한다. 정부가 운영하는 신용보증제도의 하나로서 학자금대출 신용보증기금 또한 마찬가지로 재정 위험을 안고 있다. 예컨대 경제 사정이 악화될 경우 학자금 대출 채무자의 채무 불이행으로 인해 대규모 대위변제가 발생하고, 그에 따라 예상치 못한 정부의 재정 부담이 발생할 수 있다. 이러한 재정 부담의 위험성에도 불구하고 정부가 학자금 대출에 대해 신용보증을 하는 중요한 이유는 사회적 형평성 확보에 있다. 학자금 대출제도는 장기 저리로 학자금을 대출함으로써 '저소득층에 대한 교육 기회의 확대'라는 사회적 약자를 지원하는 성격이 강하다. 특히 학자금 대출은 공공성으로 인해 낮은 대출 이자율을 요구한다는 점, 채무자들이 일반 대출에 비해 대출금 상환에 대한 인식이 낮다는 점에서 학자금대출 신용보증기금의 재정 위험은 일반적으로 증대되는 경향이 있다.

정부의 재정 부담은 기존의 제도를 유지하기 위해 정부가 출연해야 하는 재정 규모이다. 학자금대출 신용보증기금에서 정부의 재정 부담은 주로 채무 불이행이 발생할 확률(이하 대손율)과 보증 공급 규모에 영향을 받는다. 일반적으로 대손율은 경기 상황에 많은 영향을 받을 것이다. 예상치 못한 경제 상황의 변화로 인해

---

1) 학술진흥 등에 관한 법률 제36조(학자금대출신용보증기금의 설치) 대학생이 금융기관으로부터 학자금을 대출받을 경우에 이에 대한 신용보증을 하기 위하여 학자금대출신용보증기금(이하 "기금"이라 한다)을 설치한다.

채무자의 채무 불이행이 확대되어 기금의 대손 손실액이 증가하는 경우, 이에 따른 위험을 제거하기 위해 정부재정 지출 규모가 증가하게 된다. 다시 말하면, 대손율이 기존보다 증가하는 경우 그만큼 기금의 재정위험성은 높아진다.

주요한 경제 여건의 변동이 없는 경우라 할지라도 보증 공급 규모의 확대는 정부의 재정 부담을 증대시킨다. 즉, 보증 공급 규모의 확대는 이전보다 위험한 대출자에 대해 보증이 이뤄질 가능성을 높이므로 채무 불이행 확률도 증가한다는 점에서 대손율이 상승하게 된다.

어떠한 경우이든 정부가 대손손실에 따른 기대비용을 부담한다면 재정 위험은 제거될 수 있다. 만약 정부가 기대비용에 미달하는 수준으로 재정 지원을 한다면, 그 차액만큼 재정 위험을 가져오게 된다. 일반적으로 대손 규모는 신용보증 공급 규모와 대손율의 함수이다. 따라서 기금의 대손율 변화의 추이가 재정위험도를 추정하는 데 중요한 역할을 하게 된다.

제 3 절 신용기금에 대한 정부재정 부담 및 재무건전성 분석 모델

1. 모형의 기본 가정

1) 보증 기간 및 상환 방식

학자금 대출의 대출 기간[2]은 거치 기간과 상환 기간으로 구성되어 있다. 실제 대출 규정상에서는 조기 상환[3]이 가능하며, 별도의 중도 상환 수수료는 없다. 원금과 이자의 상환 방식은 상환 기간 중 매월 원금이 동일하게 유지되고 이자는 대출 잔액에 따라 계산되는 원금 균등 분할상환 방식과 상환 기간 중 매월 원금과 이자

2) 실제 기금운영 관리규정상 거치 기간은 대출금에 대해 이자만을 상환하는 기간으로, 최장 거치 기간은 10년 이내이다. 상환 기간은 대출금의 원금과 이자를 상환하는 기간으로, 학생이 최장 10년 이내에서 선택하게 된다. 따라서 보증 기간은 최장 20년 이내에서 대출 기간과 동일하게 이뤄진다.

3) 조기 상환이란 상환 기간 이전(거치 기간 내)에 원금을 상환하는 경우를 말하며, 분석모형에서는 거치 기간 내에서는 이자수입만 발생할 뿐 거치 기간 내에서 원금 상환은 가정하지 않으며, 따라서 중도 상환 수수료도 없다.

의 합계가 동일한 금액으로 상환되는 원리금 균등 분할상환 방식 중에서 택일하게 되어 있다. 분석모형에서는 대출의 만기는 거치 기간과 상환 기간을 종합해 최장 20년을 가정한다. 또한 조기 상환은 존재하지 않으며, 상환 방식은 상환 기간 동안 균등하게 원금이 상환되는 것을 가정한다.

2) 대출 금리의 수준

대출 금리는 국고채 5년물을 기준으로 결정해 고시하며 대출 만기까지 일정하게 적용하는 고정금리이다. 또한 연체 발생일로부터 상환일까지 경과 기간에 따라 차등 적용되는 연체금리[4]가 있다. 일반적으로 신용보증 및 유동화 방식에서 대출 금리는 채권시장에서 학자금 대출증권을 발행하는 데 필요한 채권 조달 금리와 유동화 과정에서 소요되는 각종 비용을 종합해서 결정한다. 이 중에서 유동화 비용은 대체로 일정하므로 결국 학자금 대출증권 발행을 통한 조달 금리에 의해 대출 금리가 결정된다. 또한 거치 기간 동안 이자의 전부를 정부가 부담해 거치 기간 동안 학생은 이자를 부담하지 않는 무이자 보증과, 거치 기간 동안 약정 이율에서 정부가 부담하는 일정 부분의 금리를 차감한 만큼의 이율을 본인이 부담하는 저리보증 제도가 있다. 일반적으로 학자금 대출과 관련한 대출 금리는 채권 조달 금리와 연계되어 결정되며 기금의 이자수입은 유동화 비용과 상계되도록 기금이 설계되어 있다. 따라서 분석모형에서는 학자금 대출 금리 수준에 상관없이 기금의 이자수입과 유동화 비용은 상계하는 것으로 가정한다.

3) 신용보증기금의 보증 비율

학자금대출 신용보증은 부분 보증으로 운용하고 있다. 즉, 기금에서 대손손실금 전액에 대해 책임을 부담하는 것이 아니라, 학자금 대출 금액의 90%만을 보증[5]하는 부분 보증 방식이다. 다시 말해서 보증기금은 차입자의 채무 불이행으로 인한 대손 금액의 90%만을 대위변제하며 학자금 대출에 따른 대손위험의 10%는 학자금 대출 보유기관이 부담하게 된다. 이는 대출금융기관의 무분별한 대출 확대에 따른 도덕적 해이(moral hazard) 현상을 방지하기 위한 목적으로 규정된 것으로

4) 연체금리 3개월 이하 15%, 3개월 초과 17%.
5) 등록금, 생활비 및 보증료의 합계 금액에 보증 비율(90%)을 곱한 금액.

여겨진다. 분석모형에서는 모형의 단순화를 위해 대위변제 비용의 100%를 정부 부담으로 가정한다.

4) 기금 운용 배수

기금의 운용 배수는 신용보증 공급을 당해 연도 연말 기본 재산으로 나눈 값이다. 일반적으로 최적 운용 배수를 찾기에는 어려움이 있다. 운용 배수를 결정하는 데 특별한 이론적인 근거는 없으며 정부출연 금액에 따라서 자동적으로 산정되는 경우가 일반적이다. 일반적인 기업이나 은행권 금융기관과는 달리 신용보증기관의 경우에는 파산의 위험이 적으므로 최적 운용 배수를 결정하는 문제는 그다지 중요한 문제는 아니다. 법정 운용 배수의 범위 내에서 긴급한 대손위험 발생에 따른 보상 청구를 즉시 이행 가능한 충분한 유동성을 갖춘 상태라면 적정 운용 배수라고 할 수 있다.

현행법상으로는 “기금의 총보증한도는 보증재원출연금과 이월이익금의 20배 이내”로 규정해 운용 배수를 20배까지 운용할 수 있다. 운용 배수는 이론적으로 보았을 때 자기자본 비율(BIS)의 역수에 해당하는 개념이다. 따라서 대상 금융기관의 위험자산에 대해 최소 8% 이상의 자기자본을 유지하도록 한 국제 규정을 참고해 12.5배 정도의 운용 배수가 적당하다고 여겨진다. 분석모형에서는 적정 운용 배수로 12배를 가정하며, 운용 배수 변화에 따라 일정 신용보증 공급액을 유지시키기 위해 필요한 정부출연 금액의 증감을 관찰해 볼 것이다.

5) 학자금 대출에서 대손율 결정

일반적으로 대손율은 대출금에서 대손상각비용이 차지하는 비율을 말한다. 대손상각비용(bad debt expense)이란 회수가 불확실한 외상매출금을 말하는데, 채권에 대해 산출한 ‘대손 추산액’과 회수가 불가능한 ‘채권’을 상각 처리한 것이다. 즉, 대손율이란 간단히 말하면, 받아야 할 돈 중에서 받지 못한 돈의 비율을 의미한다. 대손율은 결산 시 채권의 회수 가능성을 면밀히 검토하고, 과거의 경험을 고려하며, 가능하다면 통계적 방법을 사용해 추정하는 것이 일반적인 방법으로 인식되고 있다. 신용보증 규모의 증가에 따라서 학자금 대출금에 대한 대손 위험이 증가할 우려가 있다. 특히 경제위기 상황에서는 연체율와 대손율이 급격하게 증가하게 되어 재정 부담이 과중할 우려가 있다. 따라서 안정적인 기금 운영을 위해 대손 위험에 따른 정부재정 지출액을 예측하는 일은 중요한 일이다. 이 분석에서는 대손율의 변화에 따라서 정부재정 지출액이 변하는 정도를 살펴볼 것이다.

6) 적정 보증료의 결정

학자금대출 신용보증기금은 대손손실비용과 기금관리비용을 정부출연금 및 보증료로 보전하는 구조이다. 여기서 보증료는 보증에 수반하는 위험 부담에 대한 보험료의 성격과 보증사무 처리에 대한 수수료라는 양면성을 가진다. 기금 조성의 주요 재원인 보증료 수입은 일반적으로 신용보증 공급액의 규모와 보증료율에 따라 결정된다. 즉, 신용보증 공급액과 보증료율의 곱이 보증료 수입이 된다. 높은 보증료율은 보증료 수익 및 자산 운용 수익만으로도 기금을 안정적으로 운영 가능하도록 함으로써 정부 재정지출 부담을 완화시켜 줄 것이다. 따라서 정부재정 부담을 경감시키고 안정적인 기금 운영을 위한 적정 보증료율 개발은 중요한 일이다. 보증료율 산정과 관련해 전적으로 시장 논리에 따를 경우에는 학자금 대출의 높은 위험성을 고려할 때, 보증료율은 일반적으로 높은 수준에서 결정될 것이다.

그러나 학자금 대출제도는 저소득층에 대한 교육 기회 확대와 양극화 해소와 같은 사회적 형평성을 보장하기 위한 수단으로서 중요한 의미가 있다. 학생과 학부모의 부담을 완화하기 위한 제도로서 학자금 융자제도의 특수성을 고려할 때 대출수요자에게 지나치게 높은 보증료율은 타당치 못하다. 보증료는 기금의 재원 확보 안정성을 고려하면서도, 차입자의 도덕적 해이를 방지하고 수익자 부담 원칙을 고려해서 부과할 필요가 있다. 보증료의 수준은 학자금 대출의 높은 위험성뿐만 아니라, 다른 보증기금의 보증료 수준, 차입자의 부담 정도, 보증기금의 공공성 등을 종합적으로 고려해 신중하게 결정해야 할 것이다. 분석모형에서는 기본적으로 현행 보증료율을 참조한다. 편의상 매년 보증 공급액의 일정 비율을 부과하는 것으로 가정하며 연간 보증료율이 0.1%에서 1% 사이에서 움직일 때 기금의 재정건전성을 분석한다.

2. 재무건전성 분석모형의 설정

1) 변수 설명

○ 기본 변수

G = 신용보증 공급
A = 기금 기본 재산
R = 상환액
k = 운용 배수

○ 수입

F = 보증료 수입
P = 기금 운영 수입
W = 정부 필요 출연금

○ 비용

O = 기금관리비용
C = 대위변제비용

2) 신용보증 잔고

신용보증 잔고ΣG(t) = 이전 잔고ΣG(t-1) + 해당 연도 신용보증G(t)
-상환액(R) - 대위변제비용(C)

신용보증 잔고 ΣG(t)는 해당 연도까지의 총대출 금액에 대한 보증 공급액의 누적 합을 말한다. 즉, 해당 연도까지 매년 발생하는 신용보증 공급(G)의 합계로 표현된다. 위 식에 따르면 신용보증 잔고 ΣG(t)는 이전 연도까지 신용보증 잔고 ΣG(t-1)와 당해 신용보증 공급 G(t)의 합에서 각각 상환액(R)과 대위변제비용(C)을 차감한 값으로 나타낼 수 있다. 상환액은 거치 기간 동안에는 발생하지 않으며 상환 기간 동안 균등 분할 상환을 가정한다.

3) 기금 기본 재산

(필요)기금 기본 재산A = ∑G / 운용 배수(k)

추가 재산 △A = 해당 연도 기본 재산A(t) - 이전 연도 기본 재산A(t-1)

△A= (F + P + W) - (C + O)

필요한 기금의 기본 재산(A)은 신용보증 잔고와 운용 배수에 따라 결정된다. 즉, 신용보증 잔고를 운용 배수로 나눈 값이 해당 연도에 필요한 기금의 기본 재산 A(t)가 된다. 이러한 기본 재산의 변화분은 △A로 나타낼 수 있으며, △A는 해당 연도 기본 재산 A(t)에서 이전 연도 기본 재산 A(t-1)를 차감한 값이 된다. 이는 곧 해당 연도에 발생하는 정부출연금(W)과 보증료 수입(F), 기금 운영 수입(P)에서 대위변제비용(O)과 기금관리비용(O)를 차감한 값으로 나타낼 수 있다. △A를 안정적으로 유지하거나 혹은 일정 수준으로 증가시킴으로써 기금의 재정위험성을 완화할 수 있다. △A의 변화 요인을 구체적으로 관찰하기 위해 해당하는 변수들의 함수 관계를 살펴보아야 한다.

4) 수입 항목

보증료 수입 F = 보증료율(f) * ∑G
기금 운용 수입 P = 수익률(p) * A = 수익률(p) * ∑G / 운용 배수(K)
정부 필요 출연금 W = (C + O) - (F + P) + △A

첫째, 보증료 수입(F)은 신용보증 잔고 ∑G에 비례한다. 보증료 수입은 신용보증 잔고에 보증료율(f)을 곱한 값으로 나타낼 수 있다. 위 식에서 보증료율의 변화와 신용보증 잔고의 변화가 기본 재산 변화(△A)에 영향을 주어 재정의 위험성에 영향을 준다.

둘째, 기금 운용 수입(P)은 기본 재산과 운용 수익률에 비례한다. 여기서 운용 수익률은 해당 연도의 시장이자율에 비례한다고 가정한다. 대출 기간 동안 이자율은 일정 수준으로 고정되는 고정이자율로 가정했으므로 기본적으로 기금 운용 수입은 기본 재산의 증가에 따라 비례적으로 증가하게 될 것이다.

셋째, 정부 필요 출연금(W)은 안정적으로 기금 기본 재산을 유지하기 위해 필요한 정부재정 부담액을 말한다. 위 식은 기금 기본 재산의 변화분(△A)에 관한 식을 변형해서 표현한 것이다. 이와 같은 수식을 통해 수입 항목에서 비용 항목을 차감한 부분이 필요한 기금 기본 재산을 유지시켜주지 못할 경우, 이를 정부 필요 출연금(W)으로 충당해야 함을 보여준다. 즉, 사후적으로 정부 필요 출연금(W)의 공급을 통해 기금의 재정위험도를 완화시킬 수 있게 된다.

5) 비용 항목

기금관리비용 O = 관리 비율(o) * ΣG
대위변제비용 C = 대손율(c) * 해당 연도 상환액(R)

비용 항목에서 기금관리비는 신용보증 잔고에 비례한다고 가정한다. 기금관리비(O)는 기금 운영에 관한 인건비, 위탁수수료 및 기타 경비 등으로 세분화되지만 여기서는 단순히 신용보증 잔고(ΣG)에 비례한다고 가정한다. 신용보증 잔액의 규모가 증가할수록 이에 따른 관리비용 증가가 예상되기 때문이다. 다음으로 기금의 재정안정성에 가장 큰 위협 요소로서 대위변제비용을 들 수 있다. 대위변제비용(C)은 해당 연도 상환액(R)에 대한 일정 비율(이하 대손율(c))의 곱으로 나타낼 수 있다. 위에서 언급한 바와 같이 대손율의 산정은 일반적으로 경제 상황에 따라 결정된다. 이 모형에서는 대손율의 변화에 따른 정부 필요 출연금의 변화의 추이를 분석하게 될 것이다.

제 4 절 사례분석: 신용기금에 대한 재무건전성 시뮬레이션 분석

1. 모형의 기본 가정

- ㅇ 5년 거치 5년 상환 가정
- ㅇ 보증 공급 G: 기준 연도 1조 원, 2년차 2조 원, 3년차 3조 원, 4년차 3.5조 원, 5년차부터 매년 4조 원씩 공급 가정
- ㅇ 운용 배수 k = 12배
- ㅇ 관리 비율 o = 0.5%, 연간 기금관리비용 O = o * 신용보증 잔고(ΣG)
- ㅇ 연간 보증료율 f = 0.28%, 연간 보증료 수입 F = f * 신용보증 잔고(ΣG)
- ㅇ 기금 운용 수익률 p = 5%, 기금 운용 수익 P = p * 기금 기본 재산(A)
- ㅇ 대손율 c =10%, 대위변제비용 C = c * 해당 연도 상환 금액(R)

2. 5년 거치 5년 상환 기본모형의 현금흐름 분석

다음의 분석표는 5년 거치, 5년 상환 모형의 연도별 현금흐름을 분석한 것이다. 당해 신용보증 공급(G)을 1년차에서부터 4년차까지는 각각 1조, 2조, 3조, 3.5조 원으로 점차적으로 증가시켰다. 그리고 5년차부터는 당해 신용보증 공급(G)이 일정 수준인 4조 원으로 고정되는 것으로 가정했다. 또한 기금의 운용 배수는 12배로 고정시키고, 연간 관리비와 보증료 수입은 신용보증 잔고(ΣG) 대비 각각 0.5%와 0.28%로 가정했다. 또한 기금 운용 수입은 기금 기본 재산(A) 대비 5%로 설정했으며, 대손율은 당해 상환예정 금액(R)의 10%로 가정했다.

장기적으로 신용보증액(G)이 고정적으로 투입된다면, 초기 몇년간에 투입되는 신용보증액(G)의 변화와는 상관없이 기금 운영은 장기 균형(long-term equilibrium) 상태에 이르게 된다. 즉, 초기 5년간은 신용보증액(G)이 점차적으로 증가하며 장기적으로는 신용보증액이 4조 원으로 고정되면 14년차부터는 기금 운영이 장기 균형 상태에 이르게 된다. 장기 균형 상태에서는 필요 추가 재산 △A가 0이 되며 주

표 12-1 기본모형: 5년거치 5년 (원금균등)상환 기금운영 분석표

(단위: 억 원)

연차	1	2	3	4	5	6	7	8	9	10
당해 보증액(G)	10,000	20,000	30,000	35,000	40,000	40,000	40,000	40,000	40,000	40,000
신용보증잔고(ΣG)	10,000	30,000	60,000	95,000	135,000	173,000	207,000	235,000	256,000	269,000
기금 기본재산(A)	833	2,500	5,000	7,917	11,250	14,417	17,250	19,583	21,333	22,417
필요 추가 재산(ΔA)	833	1,667	2,500	2,917	3,333	3,167	2,833	2,333	1,750	1,083
대위변제비용(C)	0	0	0	0	0	200	600	1,200	1,900	2,700
관리비(O)	50	150	300	475	675	865	1,035	1,175	1,280	1,345
보증료 수입(F)	28	84	168	266	378	484	580	658	717	753
운용 수익(P)	42	125	250	396	563	721	863	979	1,067	1,121
상환액+대위변제	0	0	0	0	0	2,000	6,000	12,000	19,000	27,000
누적 상환액+대위변제	0	0	0	0	0	2,000	8,000	20,000	39,000	66,000
정부 필요 출연금(W)	814	1,608	2,382	2,730	3,068	3,026	3,026	3,071	3,147	3,254
연차	11	12	13	14	15	16	17	18	19	20
당해 보증액(G)	40,000	40,000	40,000	40,000	40,000	40,000	40,000	40,000	40,000	40,000
신용보증잔고(ΣG)	276,000	279,000	280,000	280,000	280,000	280,000	280,000	280,000	280,000	280,000
기금 기본재산(A)	23,000	23,250	23,333	23,333	23,333	23,333	23,333	23,333	23,333	23,333
필요 추가재산(ΔA)	583	250	83	0	0	0	0	0	0	0
대위변제비용(C)	3,300	3,700	3,900	4,000	4,000	4,000	4,000	4,000	4,000	4,000
관리비(O)	1,380	1,395	1,400	1,400	1,400	1,400	1,400	1,400	1,400	1,400
보증료 수입(F)	773	781	784	784	784	784	784	784	784	784
운용수익(P)	1,150	1,163	1,167	1,167	1,167	1,167	1,167	1,167	1,167	1,167
상환액+대위변제	33,000	37,000	39,000	40,000	40,000	40,000	40,000	40,000	40,000	40,000
누적 상환액+대위변제	99,000	136,000	175,000	215,000	255,000	295,000	335,000	375,000	415,000	455,000
정부 필요 출연금(W)	3,341	3,401	3,433	3,449	3,449	3,449	3,449	3,449	3,449	3,449

어진 가정하에서 기금 운영과 관련한 모형의 항목들 값이 고정된다. 5년 거치 5년 상환 모형은 기금 운영 14년차에서부터 장기적으로 균형을 이루게 된다. 이때 예

상되는 신용보증 잔고(ΣG)는 28조 원, 기금 기본 재산(A)은 운용 배수 12배를 적용하면 2조 3,333억 원, 연간 대위변제비용(C)은 4,000억 원, 관리비(O)는 1,400억 원, 보증료 수입(F)은 781억 원, 운용 수입(P)은 1,167억 원이며, 연간 3,449억 원에 해당하는 정부출연금(W)이 필요하다.

3. 장기 균형 상태에서 신용보증 공급 규모(G) 변화에 따른 정부 필요 출연금(W) 변화 분석

장기 균형 상태에서 매년 균형적으로 공급되는 신용보증 공급(G)의 규모에 따라서 학자금 대출기금의 규모와 정부 필요 출연 금액(W)이 영향을 받을 것이다. 현실적으로도 신용보증 공급(G)의 규모는 학자금 대출 수요의 확대(대학 등록금 인상, 물가 상승, 대출 수요자의 확대 등)에 따라 일정 비율로 증가할 것으로 예상되며, 장기적으로 신용보증 공급(G)에 대한 수요 예측에 관한 연구도 필요하다. 다음은 장기 균형 상태에서 매년 균형적으로 공급되는 신용보증 공급(G)의 변화에 따라서 기금 운영의 변화를 예측한 것이다. 장기 균형 상태에서는 연간 보증 공급액이 1조 원씩 증가할 때마다 신용보증 잔고는 7조씩 증가하며 정부 필요 출연금도 862억 원씩 증가한다.

표 12-2 장기균형 상태에서 연간 신용보증 공급 규모(G) 변화에 따른 기금 분석표

(단위: 억 원)

연간 보증 공급액(G)	1조	2조	3조	4조	5조
균형 신용보증 잔고(ΣG)	70,000	140,000	210,000	280,000	350,000
균형 기금 기본 재산(A)	5,833	11,667	17,500	23,333	29,167
필요 추가 재산(ΔA)	0	0	0	0	0
대위변제비용(C)	1,000	2,000	3,000	4,000	5,000
관리비(O)	350	700	1,050	1,400	1,750
보증료 수입(F)	196	392	588	784	980
운용 수익(P)	292	583	875	1,167	1,458
상환액+대위변제(R+C)	10,000	20,000	30,000	40,000	50,000
연간 정부 필요 출연금(W)	862	1,725	2,587	3,449	4,312

4. 운용 배수(k) 변화에 따른 정부 필요 출연금(W) 변화 분석

운용 배수의 변화가 기금 운영에 미치는 영향을 살펴본다. 위에서 언급한 바와 같이 학자금 대출에서 운용 배수를 결정하는 특별한 이론적인 근거는 없으며, 정부 출연 금액에 따라서 자동적으로 산정[6]되는 것이 일반적이다. 장기 균형 상태에서 운용 배수의 변화에 따라 기금 운영의 변화를 분석하면 〈표 12-3〉과 같다.

장기 균형 상태에서 운용 배수가 커지면 요구되는 연간 정부 필요 출연금도 증가하게 된다. 이는 운용 배수의 증가로 기금 기본 재산(A)이 감소하게 되며, 따라서 기금 운용 수익의 감소를 초래해 정부 필요 출연금은 오히려 증가하는 효과를 가져온다. 예를 들어 운용 배수를 10에서 12로 증가시킬 경우 일시적으로 기금 기본 재산(A)은 2.8조 원에서 2.33조 원으로 감소한다. 따라서 일시적으로 약 4,700억 원만큼의 정부 필요 출연금이 감소할 것이다. 그러나 운용 배수를 12로 계속 유

표 12-3 운용 배수 변화에 따른 기금 운영 변화 분석표

(단위: 억 원)

운용 배수	8	10	12	15	20
당해 보증액(G)	40,000	40,000	40,000	40,000	40,000
균형 신용보증 잔고(ΣG)	280,000	280,000	280,000	280,000	280,000
균형 기금 기본 재산(A)	35,000	28,000	23,333	18,667	14,000
필요 추가 재산(△A)	0	0	0	0	0
대위변제비용(C)	4,000	4,000	4,000	4,000	4,000
관리비(O)	1,400	1,400	1,400	1,400	1,400
보증료 수입(F)	784	784	784	784	784
운용 수익(P)	1,750	1,400	1,167	933	700
상환액+대위변제(R+C)	40,000	40,000	40,000	40,000	40,000
정부 필요 출연금(W)	2,866	3,216	3,449	3,683	3,916

6) 일반적으로 운용 배수는 연말 신용보증 잔액(ΣG) 대비 기금 기본 재산(A)의 비율을 의미한다. 기금 기본 재산의 주요 재원은 정부 출연 금액(W)이므로 운용 배수는 정부 출연 금액의 크기에 따라서 사후적으로 결정되는 것이 일반적이다.

지하기 위해서는 연간 3,449억 원의 정부 필요 출연금이 요구되며, 이는 운영 배수 10인 경우보다 매년 정부 필요 출연금이 233억 원(3,449억 원-3,216억 원)이 추가적으로 요구된다.

5. 대손율(c) 변화에 따른 기금 운영 변화 분석

대손율(c)과 대위변제비용(C)이 정부 필요 출연금(W)에 미치는 영향을 살펴본다. 대위변제비용(C)은 위에서 언급한 바와 같이 해당 연도 상환액(R)과 대손율(c)의 곱으로 나타낼 수 있다. 여기에서 대손율은 일반적으로 당해의 경제 상황과 관련이 높다. 미래의 경제 상황은 미리 예측하기가 어렵기 때문에 그만큼 대손율의 예측도 쉽지 않다. 일반적으로 경제위기 시에 대손율은 큰 폭으로 상승할 것으로 예상된다. 대손율을 3~20%까지 변화시켰을 때 정부 필요 출연금(W)의 추이를 살펴보면 〈표 12-4〉와 같다.

다른 변수에 비해 대손율(c)의 변화에 따른 정부 필요 출연금(W)의 영향은 매우 크다. 예를 들어 대손율이 10%인 경우 정부 필요 출연금은 3,449억 원이나, 대손율이 20%로 급증하게 되면 정부 필요 출연금은 7,449억 원으로 거의 2배로 증가하게

표 12-4 대손율 변화에 따른 기금 운영 변화 분석표

(단위: 억 원)

대손율(c)	3%	5%	8%	10%	12%	15%	20%
당해 보증액(G)	40,000	40,000	40,000	40,000	40,000	40,000	40,000
신용보증 잔고(ΣG)	280,000	280,000	280,000	280,000	280,000	280,000	280,000
기금 기본 재산(A)	23,333	23,333	23,333	23,333	23,333	23,333	23,333
필요 추가 재산(ΔA)	0	0	0	0	0	0	0
대위변제비용(C)	1,200	2,000	3,200	4,000	4,800	6,000	8,000
관리비(O)	1,400	1,400	1,400	1,400	1,400	1,400	1,400
보증료 수입(F)	784	784	784	784	784	784	784
운용 수익(P)	1,167	1,167	1,167	1,167	1,167	1,167	1,167
상환액+대위변제(R+C)	40,000	40,000	40,000	40,000	40,000	40,000	40,000
정부 필요 출연금(W)	- 649	1,449	2,649	3,449	4,249	5,449	7,449

된다. 즉, 대손율이 10%에서 20%로 증가하면 대위변제비용(C)도 4,000억 원에서 8,000억으로 증가하며, 차액의 대부분을 정부 필요 출연금으로 보충해야 한다. 대손율이 기금 운영에 미치는 영향이 큰 만큼 대손율에 대한 장기적인 예측기법 개발 노력과 대손율 감소를 위한 노력이 요구된다. 예를 들면 대손비용에 대한 일정 비율을 대출기관에 부담을 지워 도덕적 해이를 방지하거나, 대출자격 심사를 강화하는 등의 노력이 요구된다. 또한 추가적으로 발생하는 대위변제비용을 상쇄하기 위해서는 보증료를 현실화하는 것도 한 방법이 될 것이다. 예를 들어 연간 보증료율을 추가적으로 1%p 증가시키면 균형 신용보증 잔고(ΣG) 28조 원에서 2,800억 원의 수입이 추가적으로 발생해 대위변제비용의 상당 부분을 상쇄할 수도 있을 것이다.

6. 대손율(c) 변화에 따른 균형 보증료율(f) 분석

이전 분석에서 대손율(c)의 변화가 정부 필요 출연금(W)에 많은 영향을 주는 것으로 나타났다. 다음의 분석표는 대손율(c) 변화에 따른 정부 필요 출연금(W)을 0로 만드는 균형 보증료율(f)을 분석한 것이다.

대손율이 3~20%로 변화함에 따라 균형 보증료율은 0.51%에서 2.95%로 변화한다. 일반적으로 대손율 10%를 가정할 때 균형 일시납 보증료율은 11.11%이며, 현재 기금 운영에서 5년 거치 5년 상환 대출에 부과하는 일시납 보증료율과는 많은 괴리가 있다.

표 11-5 대손율 변화에 따른 균형 보증료율 분석표

(단위: 억 원)

대손율(c)	3%	5%	8%	10%	12%	15%	20%
균형 연간 보증료율(f)*	0.51%	0.80%	1.23%	1.51%	1.80%	2.23%	2.94%
일시납 현재가 보증료율**	3.75%	5.89%	9.05%	11.11%	13.25%	16.41%	21.64%
당해 보증액(G)	40,000	40,000	40,000	40,000	40,000	40,000	40,000
신용보증잔고(ΣG)	280,000	280,000	280,000	280,000	280,000	280,000	280,000
기금 기본 재산(A)	23,333	23,333	23,333	23,333	23,333	23,333	23,333
필요 추가 재산(△A)	0	0	0	0	0	0	0
대위변제비용(C)	1,200	2,000	3,200	4,000	4,800	6,000	8,000

관리비(O)	1,400	1,400	1,400	1,400	1,400	1,400	1,400
보증료수입(F)	1,433	2,233	3,433	4,233	5,033	6,233	8,233
운용수익(P)	1,167	1,167	1,167	1,167	1,167	1,167	1,167
상환액+대위변제(R+C)	40,000	40,000	40,000	40,000	40,000	40,000	40,000
정부 필요 출연금(W)	0	0	0	0	0	0	0

* 연간 정부필요출연금을 0로 만드는 균형 보증료율

** 10년간 연간 보증료를 대출 시점에 일시납으로 수령 시 현재가로 환산한 보증료율(할인율 연 6% 적용)

제 5 절 결론

장기 균형 상태에서 연간 보증 공급액 4조 원, 대손율 10%, 운영 배수 12배 가정 시 5년 거치 5년 상환 모델의 경우 신용보증 잔고는 28조 원, 기금 기본 재산은 2조 3,333억 원으로 나타났다. 10년 거치 10년 상환 모델의 경우 신용보증 잔고는 58조 원, 기금 기본 재산은 4조 8,333억 원으로 나타난다. 일시납 보증료를 3% 수준으로 받는 현 기금 운영 방식을 유지하면 대손율 10% 가정 시 장기적으로 정부 필요 출연금은 연간 3,000억 원 전 후로 추정된다.

장기 균형 상태에서는 연간 보증 공급액이 증가하면 신용보증 잔고와 정부 필요 출연금도 비례해서 증가한다. 대손율 10%와 연간 보증료 0.28% 가정 시 5년 거치 5년 상환 모델의 경우 연간 보증 공급액이 1조 원씩 증가할 때마다 신용보증 잔고는 7조 원씩 증가하며 정부 필요 출연금은 862억 원씩 증가한다. 10년 거치 10년 상환 모델의 경우 연간 보증 공급액이 1조 원씩 증가할 때마다 신용보증 잔고는 14.5조 원씩 증가하며 정부 필요 출연금도 686억 원씩 증가한다.

장기 균형 상태에서 운용 배수를 높이면 일시적으로는 정부 필요 출연금이 감소할 것이다. 하지만 해당 연도 이후로는 요구되는 연간 정부 필요 출연금도 증가하게 된다. 이는 운용 배수의 증가로 기금 기본 재산이 감소하게 되며, 따라서 기금 운용 수익의 감소를 초래해 정부 필요 출연금은 오히려 증가하는 효과를 가져온다. 예를 들어 5년 거치 5년 상환 모델의 경우 운용 배수를 10에서 12로 증가시키면 일시적으로 기금 기본 재산은 2.8조 원에서 2.33조 원으로 감소한다. 따라서 일시적으로 해당 연도에 약 4,700억 원만큼의 정부 필요 출연금이 감소할 것이다. 그러나 운용 배수를 12로 계속 유지하기 위해서는 연간 3,449억 원의 정부 필요 출연금이 요구되며, 이는 운영 배수 10인 경우보다 매년 정부 필요 출연금이 233억 원(3,449억 원-3,216억 원)이 추가적으로 요구된다. 경기 상황에 따라 일시적으로 대손율이 급격히 증가하거나 하여 정부재정 부담이 증대되는 경우, 목표 운용 배수를 늘리는 방식을 통해 일시적으로 정부재정 부담을 완화시킬 수 있다. 하지만 장기적으로 이러한 방식은 연간 정부 필요 출연금의 증가를 가져올 것이다.

보증료율이 증가할수록 정부 필요 출연금은 감소한다. 일시납 보증료를 3% 수준으로 받는 현 기금 운영 방식을 유지하면 대손율 10% 가정 시 장기적으로 정부 필요 출연금은 연간 3,000억 원 전후로 추정된다. 균형 상태에서 추가적인 정부출연금 없이 기금이 운영되려면 5년 거치 5년 상환 모델의 경우 일시납 보증료율은 11.1%이며, 10년 거치 10년 상환 모델의 경우 일시납 보증료율은 8.83%가 되어야 한다.

대손율이 증가할수록 정부 필요 출연금도 증가한다. 대손율은 일반적으로 당해의 경제 상황과 관련이 높다. 미래의 경제 상황은 미리 예측하기가 어렵기 때문에 그만큼 대손율의 예측도 쉽지 않다. 일반적으로 경제위기 시에 대손율은 큰 폭으로 상승할 것으로 예상된다. 예를 들어 대손율이 10%에서 20%로 증가하면 대위변제비용도 4,000억 원에서 8,000억 원으로 증가하며 기금의 다른 변수가 고정되어 있는 경우 차액의 대부분을 정부 필요 출연금으로 보전해야 한다.

대손율이 증가할수록 정부 필요 출연금을 0으로 유지하는 균형 보증료율도 증가한다. 일시납 보증료를 3% 수준으로 받는 현 기금 운영 방식을 유지하면 대손율이 3% 이하로 유지될 때에는 정부 필요 출연금이 0에 근접할 것으로 예측된다. 하지만 대손율 10% 가정 시에는 정부 필요 출연금을 0으로 만드는 균형 보증료율은 5년 거치 5년 상환 모형의 경우는 11.1%, 10년 거치 10년 상환의 경우는 8.83%이다. 현재 기금 운영에서 부과하는 일시납 보증료율 3.0% 전후와는 많은 차이가 존재한다. 결국 균형 보증료율과 실제 부과하는 보증료율 간의 차이만큼을 정부출연금 등으로 보전해야 기금의 건전성이 유지될 것이다.

대손율이 기금 운영에 미치는 영향이 큰 만큼 대손율에 대한 장기적인 예측기법 개발 노력과 대손율 감소를 위한 노력이 요구된다. 예를 들면 대손비용에 대한 일정 비율을 대출기관에 부담을 지워 도덕적 해이를 방지하거나, 대출 자격심사를 강화하는 등의 노력이 요구된다. 또한 추가적으로 발생하는 대위변제비용을 상쇄하기 위해서는 보증료를 현실화하는 것이 한 방법이 될 것이다. 예를 들어 연간 보증료율을 1%p 증가시키면 균형 신용보증 잔고(ΣG)(5년 거치 5년 상환의 경우 28조원, 10년 거치 10년 상환의 경우 58조 원)에서 추가적인 수입(2,800억 원, 또는 5,800억 원)이 발생해 대위변제비용(대손율이 10%에서 20%로 증가하면 4,000억 원이 추가로 발생함)의 상당 부분을 상쇄할 수 있을 것이다. 대위변제비용의 대부분은 보증료 수입과 정부출연금으로 보전해야 한다. 이는 결국 대손 손실을 정책 수혜자와 정부 중 누가 어느 정도로 부담하며 정부가 부담해야 할 정책적 적정선은 어느 정도인지의 문제로 귀결될 것이다.

연구 문제

1. 학자금 대출 금리에 대한 지속적인 인하 요구에도 불구하고 금리 인하가 왜 현실적으로 쉽지 않은지에 대해 기금의 재정건전성 분석모형을 통해 설명하라.
2. 국가장학기금의 재무건전성과 대출 금리 인하를 통한 사회적 형평성 확보 문제는 상충 관계에 있음을 설명하라.
3. 기금의 재정건전성을 유지하면서도 사회적 형평성을 확보할 수 있는 바람직하고 합리적인 정책 방안을 토의해 보라.

참고 문헌

김도기(2005) 정부보증 학자금 융자제도의 공평성 분석: 선발 전(前)단계를 중심으로. 교육재정경제연구, 14(2): 167-204.

김안나(2005). 대학 학자금 융자제도 활성화를 위한 신용보증 및 유동화 방식의 정책효과 분석. 한국교육, 32(1): 123-143.

김정주(2009). 우리나라의 정부보증 학자금 대출제도. 한국정책지식센터.

박정훈 · 정용운(2010). 학자금 대출제도의 사회적 형평성과 재정건전성: 갈등관계의 시뮬레이션 분석연구. 행정논총, 48(4): 325-355.

박형수 · 전병목 · 박상원 · 박기백 · 김현아 · 이창용 · 이항용(2007). 재정위험 측정 및 관리에 관한 연구. 한국조세연구원.

이기영(2006). 국내 중소기업 신용보증제도의 평가 및 개편 방향. 재정논집, 20(2): 203-229.

찾아보기

ㄱ

ㄴ

저자 소개

박순애
(현)서울대학교 행정대학원 교수
(현)공공기관운영위원회 위원
한국행정학회 연구위원장
동아일보 객원논설위원
감사원 국민감사청구 심사위원
지속가능위원회 민간위원
서울대학교 경력개발센터 소장
University of Michigan 행정학(Planning) 박사

고길곤
(현)서울대학교 행정대학원 부교수
University of Pittsburgh 행정학 박사

권일웅
(현)서울대학교 행정대학원 부교수
State University of New York at Albany 경제학과 조교수
University of Michigan 경제학과 조교수
Harvard University 경제학 박사

권혁주
(현)서울대학교 행정대학원 교수
(현)한국행정학보 편집위원장
(현)공무원연금기금 운영위원
(전) UN Research Institute for Social Development 연구조정관
University of Oxford 정치학 박사

김병섭
(현)서울대학교 행정대학원 교수
서울대학교 행정대학원장
정부혁신지방분권위원회 위원장
한국행정학회장
University of Georgia 행정학 박사

김봉환
(현)서울대학교 행정대학원 부교수
기획재정부 국가회계제도심의위원회 민간위원
기획재정부 공공기관 경영평가단 위원
제36회 행정고시 (재경직) 합격
Washington University in St. Louis 경영학 박사

김상헌
(현)서울대학교 행정대학원 교수
기획재정부 부담금 평가단장
한국재정학회 이사
한국도로공사 자문위원
University of Chicago 정책학 박사

김순은
(현)서울대학교 행정대학원 교수
행정자치부지방행정혁신단 위원
전국시도의회의장협의회 정책자문위원회 위원장
서울특별시 주민자치연구회 위원장
Kent State University 행정학 박사

박정훈

(현)서울대학교 행정대학원 교수
중앙대학교 부교수, 중앙전산원 원장
한국지역정보개발원 선임이사
국가정보화평가위원회, 행정정보공유추진위원회 위원
Univ. of Minnesota 경영학 박사

이석원

(현)서울대학교 행정대학원 교수
서울대학교 국제개발협력평가센터 센터장
(재)서울대학교발전기금 발전본부장
감사원 정책자문위원
New York University 정책학 박사

이수영

(현)서울대학교 행정대학원 부교수
University of Georgia 행정학 박사

정광호

(현)서울대학교 행정대학원 교수
기획재정부 부담금심의위원
서울경찰청 손실보상심의위원
Syracuse University 행정학 박사

최태현

(현)서울대학교 행정대학원 교수
기획재정부 공공기관경영평가단 위원
서울행정학회 및 행정논총 편집위원
University of Hawaii at Manoa 교수
University of Southern California 행정학 박사

김정인

(현)수원대학교 행정학과 조교수
University of Georgia 행정학 박사

이광희

(현)한국행정연구원 선임연구위원
국무조정실 국정과제자문단 위원
지방자치단체 합동평가단 위원
서울대학교 정치학 박사

행정학 사례연구: 성과와 교훈

펴낸날 / 제1판 제1쇄 2015년 3월 31일
제1판 제2쇄 2022년 8월 25일

엮은이 / 박순애(서울대학교 행정대학원 공공성과관리연구센터장)
지은이 / 고길곤 · 권일웅 · 권혁주 · 김병섭 · 김봉환
김상헌 · 김순은 · 박정훈 · 이석원 · 이수영
정광호 · 최태현 · 김정인 · 이광희
펴낸이 / 임춘환
펴낸곳 / 도서출판 대영문화사
주소 / (본사) 사무실: 경기도 고양시 일산서구 주화로 70
우신프라자 307호 (㊄ 10387)
(본사) 물류센터: 경기도 고양시 일산서구 덕산로
107번길 68-50 (㊄ 10205)
등록 / 1975년 12월 26일 제3-16호
전화 / (031) 913-3062, (031) 914-3884~5
FAX / (031) 913-3839
홈페이지 / http://www.dymbook.co.kr

ISBN 978-89-7644-525-4

〔값 23,000원〕

이 책은 서울대학교 행정대학원 공공성과관리연구센터 연구총서로 발간되었음.